# 인류와 역사의 최대이슈

## 죽음의 세계 [상권]
### "사람은 죽을때 어떻게 되는가"

송 기 호 목사 저
(송기호 목사 95번째 저서)

정오출판사

## 책의 서두에 부치는 글

 모든 인생에게는 하나님이 그에게 주시는 사명도 있고 소명도 있습니다. 필자 역시 어려서부터 하늘의 소명과 사명을 받고서 이 나이가 되도록 날마다 최선을 다하며 살 수 있다는 것이 기쁨이고 행복이고 즐거움이 아닐 수 없습니다.
 예수 그리스도 안에서 필자는 어려서부터(10대 중반) 어떻게 하면 하늘이 나에게 주신 사명과 소명을 버리거나 외시하지 아니하고 지키고 따르려고 노력과 수고를 아끼지 아니한 것은 사실입니다. 그래서 언제나 감사하면서 살다가 보니 필자의 나이(금년 79세)가 되도록 최선을 다 할 수가 있었고 그리고 기독교의 목사로서 이제까지 책들도 94권이나 출간이 되었고 이번에 출간이 된 "죽음의 세계" 상권이 필자의 저서로서는 "제 95권"이 되었으니 이것이 바로 은총과 축복이 아니고 그 무엇입니까?
 이번에 하나님이 나에게 지시하신 바와 뜻이 있어서 "인류와 역사의 최대 이슈"인 죽음의 세계 상권과 하권을 연구하고 그 상권을 먼저 출간하게 된 것을 고맙게 생각합니다.

 앞에서 나타난 이 죽음의 세계는 상하권으로 나누어져 있는데 형편상 상권은 제 1장-8장까지로 하였고 그리고 하권에는 제 9장-27장까지로 나누어서 출간하게 되는데 상권은 이번에 그리고 하권은 2018년 11월 말이나 2018년 12월에 출간을 예정하고 있습니다. 그러기에 먼저 독자들의 아낌이 없는 협조와 양해를 부탁드립니다.

솔직히 말을 해서 "인류와 역사의 최대 이슈"는 바로 다음의 두 가지인데 그럼에도 그것이 첨단과학이나 기성 종교들의 문제가 아니고 철두철미 다음의 두 가지인 것은 사실이니 이를 바로 알아야 합니다.
　① 먼저 그 하나는 "죽음의 세계"에 대한 문제이고
　② 다른 그 하나는 "사후의 세계"의 문제입니다. 이 사후의 세계는 "천국과 지옥, 낙원(극락)과 음부, 무저갱과 깊은 옥, 기타 등입니다.
　이 두 가지의 문제가 지상과 인류의 양대 이슈임에도 불구하고 기존의 모든 종교들이 지상주의와 세속주의와 현세주의에 빠져서 가장 이슈화를 해야할 이 두 가지의 문제 등에는 수천년 동안 별로 관심들이 없으니 이를 어찌할 것인가 함입니다. 그럼에도 이를 놓고서 각 종교나 종파 안에서 연구를 하는 이들도 거의 없고 이 문제를 놓고서 각 종교들이 자체적으로나 각 종단에서 연구나 검토나 분석을 하는 이들도 거의 없으니 참으로 난감한 현실이 아닐 수가 없습니다.
　지금까지 그리고 앞으로도 이 두 문제가 세상과 인류와 역사의 최대 이슈이지만 이에 대하여 하나 같이 일언반구가 없을 뿐만 아니라 "기존의 모든 종교들이 기복신앙"만을 추구하고 꿈꾸고 내세우고들 있으니 큰일이 아닙니까? 폐일언하고 우리들 모두가 생사의 갈림길에서 볼 것을 바로 보고 그리고 알 것을 바로 알아야 하는데 그것이 아니니 문제가 아닐 수 없습니다. 바른 이해들이 요구되고 있습니다.

2018년 10월 13일 토요일

저 자　송 기 호 목사

## 차 례

사람은 죽으면 어떻게 되는가? ·····················9

제 1장, 사람은 그 누구도 한번은 죽는다 ···············15

제 1절, 인간은 왜 한번은 죽어야 하는가? ················ 15
제 2절, 인간들에게 오는 죽음은 그 무엇인가? ············ 30
제 3절, 불신자(일반인)들에게 임하는 죽음 ··············· 36
제 4절, 죽음에 대한 일반적 견해 ························ 44
제 5절, 죽음을 맞이하는 인간의 자세는? ················· 53
제 6절, 죽음에의 정의란 그 무엇인가? ··················· 61
제 7절, 죽음에 대한 우리의 견해 ························ 67
제 8절, 일반적으로 보는 죽음에 대하여(죽음의 의미) ··· 74

제 2장, 왜 죽음이 인생에게 오는가? ·····················85

제 1절, 죽음은 그 어디에서 오는가? ····················· 85
제 2절, 왜 죽음이 인생에게 오는가? ···················· 105
제 3절, 인간의 죽음은 자연적 현상인가? ················ 116
제 4절, 죽음은 범죄에 대한 보복인가? ·················· 122
제 5절, 인생은 반드시 한번은 죽는다. 그러면 죽지
        아니할 수는 없는가? ··························· 127
제 6절, 인생의 죽음은 타락적 현상인가?
        과연 그런가? ·································· 136

제 7절, 인생의 죽음은 신의 섭리인가? ················· 143
제 8절, 사람의 죽음은 창조의 원리와 기본인가? ······ 149
제 9절, 인생의 죽음은 하나님의 명령을 불순종함으로서
       얻어진 결과인가? ································· 157
제 10절, 인생의 죽음은 인간을 무에로 돌리는
       것인가? ············································ 165
제 11절, 죽음은 우리로 하여금 기본과 원리로 돌아가게
       하는 것이다 ······································· 171

## 제 3장, 죽음이란 그 무엇인가? ························175

제 1절, 죽음에의 개요 ········································ 175
제 2절, 죽음이란 그 어디로부터 오게 되는가? 그러면
       왜 그런 것인가? ·································· 185
제 3절, 죽음이란 육과 영의 분리에서 오는 것인가? ··· 196
제 4절, 죽음이란 그 무엇인가?(죽음에의 정의) ········ 208
제 5절, 그러면 죽음은 모든 것의 끝인가? ··············· 212
제 6절, 죽음이란 모든 것이 시작인가? ··················· 217
제 7절, 죽음은 인생을 원리대로 돌아가게 하는
       것인가? ············································ 221

## 제 4장, 죽음이 가져다 준 것은 그 무엇인가? ·········225

제 1절, 죽음은 그 본래대로 돌려보내는 것인가? ······ 226
제 2절, 죽음은 이별인 것이다 ······························ 231
제 3절, 죽음은 각기 자기 고향을 찾아가는 것이다 ···· 236
제 4절, 죽음은 괴로운 것이고 고통스러운 것이다 ····· 239

제 5절, 죽음이 우리에게 가져다 준 것은 사후의 세계
　　　　곧 내세이다. 그 곳은 낙원이고 음부이다.
　　　　그리고 다시 천국과 지옥이다 ················· 244
제 6절, 죽음은 인생의 영과 육의 분리이다 ············· 247
제 7절, 죽음은 인생의 모든 것의 포기인가? ············ 251
제 8절, 그러면 다음에 속한 자들을 보라 ··············· 256

## 제 5장, 죽음에의 순간...............................260

제 1절, 죽음은 어디서 어떻게 오는가? ················· 260
제 2절, 인간은 거의가 자기에게 오는 죽음의 순간을
　　　　직감 하게 된다(순간적과 보편적으로) ·········· 267
제 3절, 죽음이란 그 무엇인가? ························· 273
제 4절, 죽음은 그 누구에게도 선과 악이 그 눈과 마음을
　　　　가리고 사로잡는 것인가? 과연 그런 것인가? ··· 277
제 5절, 죽음의 사자가 순간적으로 눈에 보이기도 한다·· 281
제 6절, 죽음이 서서히 임하면 그에게 캄캄한 흑암이
　　　　다가오고 나타나기도 한다 ······················ 287
제 7절, 죽음을 통하여 인생은 하나같이 깊은 미궁과
　　　　수렁속으로 마구 떨어지고 빠지기도 한다 ······ 292
제 8절, 악한 영들이 임종하려는 그를 부르는 소리를
　　　　듣는다 ············································ 296
제 9절, 죽음 앞에서 거의가 심히 두려움(공포)을
　　　　느끼는 경우도 있다 ····························· 302
제 10절, 어떤 이는 조용히 죽음을 맞는 경우도 있다·· 306
제 11절, 죽음과 자살에 대하여 ························· 311
제 12절, 상당수의 사람들은 죽음에의 그 순간에

마음과 정신적인 이상 증세를 느끼거나
일으키기도 한다 ·············································· 315
제 13절, 인생에게 죽음의 순간이 오면 심한 반발을
일으키게 된다 ············································ 317
제 14절, 죽음의 순간이 오면? ································· 320

## 제 6장, 죽고난 이후의 시신처리와 영혼에 대하여....324

제 1절, 누구도 죽기 이전의 세상과 현실 ················· 324
제 2절, 일단 죽고 난 이후에는 시신이 어느 한 곳에
머물러 있는데? ·········································· 328
제 3절, 죽은 자의 시체가 머무는 그 주위에 가면 상당한
이상과 무서움을 발견하고 느끼게 되는데? ···· 331
제 4절, 죽은 자의 시신이 가정이나 영안실에서 밖으로
나갈 그 때까지 그의 영혼이 자신의 시체 주위를
맴돌고 있는가? ··········································· 334
제 5절, 시체가 가정에 있을 그때에? ······················· 338
제 6절, 사람들은 하나같이 무덤의 주위(주변)를 왜
무서워 하는가? ··········································· 342
제 7절, 죽음은 인간의 시신을 무덤으로 보낸다
(어떤 이는 화장터로) ·································· 348
제 8절, 시신과 무덤과의 상호관계 ·························· 352

## 제 7장, 죽음과 화장 또한 죽음과 매장....................356

제 1절, 사람은 일단 죽으면 영혼과 육신이
분리가 되는데 ············································· 356

제 2절, 너와 내가 죽으면 화장을 해야 하는가? ········ 359
제 3절, 죽으면 무덤에 묻어야 하는가? ····················· 362
제 4절, 죽음에서 시신정리는 장단점이 있는 것인데? ·· 366


## 제 8장, 죽음의 세계에서의 신비와 비밀··················368

제 1절, 죽음의 세계에서의 신비와 비밀(1) ············· 368
제 2절, 죽음의 세계에서의 신비와 비밀(2) ············· 372
제 3절, 죽음의 세계에서의 신비와 비밀(3) ············· 378
제 4절, 죽음의 세계에서의 신비와 비밀(4) ············· 382

@ 죽음의 세게 하권 목차들···················385

@ 송가호목사 출간 저서들 95권 소개···················386
  (송기호목사 저서들은 타인의 지적소유권을 거의
   침범한 것이 없음)

## 본서는 그 제목이 "죽음의 세계"이다.

　죽음의 세계란 그 무엇인가? 죽음의 세계란 인간에게 있어서 이편 세상과 저편 세상 그리고 다시 차안의 세상과 피안의 세상 그 사이에 끼어 있는 순간의 세상을 말씀하고 있는 것이기에 다양한 문제를 현실과 현세에서 다루고 있는 것이기에 참으로 흥미롭고 모든 인간에게 의미를 많게 하고 있음이 분명하다.

　사람들은 이생과 저생 사이에 끼어 있는 이 죽음과 죽음의 세계에 대하여 비상한 관심사를 가지고들 있기는 하나 그들의 지식과 인격이 워낙 다양하고 복잡다단하기에 이 죽음의 문제와 죽음의 세계 문제에서 다양하고 비상한 과제를 인격적으로 직시하지 못하고 있기에 그냥들 넘어가는 그것이 통상례이다. 그러니 이에 대한 바른 이해가 너에게도 없고 나에게도 없는 그것이 문제인 것이다. 누구도 이를 바로 알라.

### "먼저 앞에다 부치는 글"
### 사람은 죽으면(죽을 때) 어떻게 되는가?

　※ 사람은 죽으면 그 어디로 가고 그리고 사람은 죽으면 그 어떻게 되는가 함이다. 그럼에도 이에 대한 바른 이해나 인식이나 사고가 오늘의 너와 나에게 있는가? 아니면 이에 대하여는 어떠한 관심도 가지지 못하고 있는가 하는 것이다.

그러기에 본 과제(본서)는 "죽음의 세계"에 대한 이 세상적인 진리와 진의와 정의를 다소나마 말하려 하고 있는 것이다. 거두절미하고 사람은 죽어서 어떻게 되는가? 또는 그 어디로 가는가 함의 이 문제는 심사숙고를 거듭해야 하고 그리고 두고 두고 역사와 현실 위에서 화제와 수수께끼가 되고 있음은 사실이다. 거두절미하고 이런 문제를 두고 당신은 그 무슨 생각들을 해 보고 있는가? 아니면 전혀 생각들을 해보지 아니하고 있는가? 그러면 "생사"의 갈림 길에서 생은 보고 사는 버리는 것이 현실과 역사가 아닌가? 그래서 죽음이나 죽음의 이리가 오면 큰 낭패를 당하는 것들이 아닌가?

예나 기금에서 너를 보고 나를 보라. 그리고 세상을 보고 현실을 보고 역사를 보고 인생들을 보라. 참으로 다들 아이러니하고 현명하지 못하고 한심하지 아니한가? 모두가 사는 것과 생각과 생활을 하는 그것보다 또는 늙고와 젊고의 문제도 문제이려니와 그것보다 더 큰 문제가 바로 생 그 다음에 오는 사 곧 "죽음의 문제"로서 바로 "죽음의 세계와 그 이후의 세계" 문제가 아니겠는가? 본서의 제목과 그 내용이 바로 이 문제를 심사숙고하게 다루는 것이니 만큼 바른 이해와 분석이 여기서는 심히 요구되고 있다. 그러면 당신은 당신을 향하여 날마다 그것도 쉬지 아니하고 달려오고 있는 이 죽음의 세계 문제에서 솔직히 그 무엇을 생각을 하고 있는 것인가? 이에 대하여 아직까지 아무런 관심이 없고 생각도 별로 없는가? 그러면 당신은 이생적인 생각들뿐인데 너무나 가련하고 불쌍한 인생을 살고 있는 것이 아닌가?

## 서 론(먼저 앞에다 두려고 하는 말)

여기서는 그 무엇보다 먼저 이 죽음의 세계문제를 심사숙고하게 생각하고 다루려고 하기에 바른 이해를 다들 가지지 못하면 결코 아니 되는 것이다.

그러면 다음을 보라.

① 사람은 죽어서 어찌 되는 것인가?
② 사람은 죽어서 무(없어짐)로 돌아가는가?
③ 사람은 죽어서 무효화 하고 마는가?
④ 사람은 죽어서 어디로 가는가? 불교나 타 종교에서 말하고 있는 바 그대로 6도 윤회로 과연 돌아가는 것인가?
⑤ 사람은 죽어서 그 무엇이 되는가? 그런데 여기서는 기독교적인 내세관을 선택할 것인가? 그것이 아니면 동양과 한국적인 철학과 미신과 토착적인 내세관과 신앙관들을 그대로 받아드릴 것인가?
⑥ 그것이 아니면 사람은 죽어서 6도 윤회에 의하여 극락이나 아니면 지옥으로 갈 것인가? 이런 것마저도 동양이나 한국적인 6도 윤회에 속하여 있는 것이라 한다면 그것을 믿고 따를 것인가? 아니면 이를 반대할 것인가?

그러기 때문에 위에서 지적한 바 그대로 이런 문제를 놓고서 수많은 사람들이 고민을 하고 번뇌를 하고 괴로워하는 것임은 사실이 아닌가? 사후세계의 문제나 죽음의 세계에 대한 문제는 그 누구도 그렇게 쉽게 이해가 되고 깨달아지는 것 아님을 유의해야 한다.

그렇다면 사람은 죽으면?

① 없어지는가? "바람이 되고 물이 되고 불이 되고 연기가 되어서" 역사와 현실 속에서 조용히 사라지고 마는가?

② 경우에 따라 무효화 하고 마는가? 솔직히 "연기가 되고 열(불)이 되고 구름이 되어서 어디론가 날아가 버리는가?"
③ 아니
면 극락 또는 낙원으로 가게 되는가? 불교나 각종 미신 종교들에서는 사람이 죽고 나면 시신이 있는 그 주위에다가 식탁(제사 음식)을 차리고 "목탁을 치면서 극락왕생"을 외치는데 그것이 과연 필요하고 가능한 것인가?
④ 동양 철학과 사상과 신앙에서 은근히 믿거나 주장하고 있는 바 그대로 전생에서의 6도 윤회를 하게 되는가? 과연 그런 것인가?
⑤ 그것이 아니면 각종 미신이나 우상이나 신화나 사이비 적으로 가게 되는 것인가? 그것이 아니면 닥치는 데로 각종 부적을 부치고 주변을 요란스럽게 하는 것인가?

그리고 아주 잘못된 종교나 민족의 지도자들이나 목사들이나 교인들이 또한 악한 사이비 지도자들이 주장을 하는 것을 보면 "6도 윤회에 의해서" 사람이 죽으면 악령이나 귀신이 (사귀도에 의해서) 되는데 그 때에 그들의 기본 수명은 120년이니(창세기 6:3) 그가 50세나 60세가 되어서 죽으면 그가 이생에서 산 그것을 빼면 그 남은 기간 동안은 윤회가 되어서 귀신(악령)이 된다고 주장들을 한다. 그런데 그 남는 기간이 끝이 나면 그 때에 다시 6도 윤회가 되어서 이생의 업보 그대로 벌을 받게 되는데 그 때에는 축생도로 가든지 아니면 각종 지옥으로 가든지 할 것이라는 것이다. 이것이 기독교 성서와는 완전히 다른 교리와 사상이다. 각기 다른 신앙을 가지고 있으니 현실과 역사를 바로 보아야 한다.
그러나 이런 사고나 의식이나 신앙은 아주 미신적이고 비

신앙적이고 비내세적이고 신화화적임을 모르면 결코 아니 되는 것이다.

 ※ 거두절미하고 사람은 죽어서 어찌 되고 그 어디로 가는 것인가? 그러면 무나 무효화가 되어서 조용히 없어지는 것인가? 그래서 일만 년을 소리 없이 내려온 것인가? 그럼에도 대다수의 사람들은 허무주의에 젖어서 "죽으면 그만이지"라고들 말을 하는데? 그러면 6도 윤회가 되어서 어디로 가서 수십 년이나 수백 년 그 이상 동안 머물러 있다가 다시 윤회가 되어서 "인도환생"을 하게 되는가? 사람들은 이런 환생을 믿거나 바라고 있는 것인가? 그것이 아니라고 한다면....?

 그러면 여기서 반드시 유의하고 넘어가야 할 것은(이미 앞에서도 지적한 바 그대로)
 ① 사람은 죽어서 어디로 가는가? 아니면 그 반대인가?
 ② 사람은 죽어서 어찌 되는가? 어찌 되어야 하는가?
 ③ 사람은 죽어서 없어지는가? 화장을 하는 자들이 화장을 할 그 때를 보면 하나 같이 물과 불과 연기와 구름이 되어서 사라지는데 과연 그렇게 해서 없어지는 것인가? 힌두교나 불교나 동양의 제반 종교들에서는 그렇게 해서 사라진다고 주장들을 하는데 당신은 어떻게 생각을 하고 있는가? 그렇게 믿고들 있는가?

 ④ 사람은 죽어서 각종 윤회(6도 윤회)를 하는가? 짐승(축생도)이나 귀신(시귀도)이나 선녀외 신선(신선도)이나 사람(인간도) 등으로 윤회를 계속해서 가게 되는 것인가? 그래서 사람들은 보편적으로 질문 하기를 전생에서 너는 그 무엇이고 그리고 그 누구이었는가 라는 말들을 자주 사용들을 하고

있는데 여기서는 당신도 이를 받아드려 믿고 있는가?
  ⑤ 그것이 아니면 그 무엇에 대한 개념이나 사고나 의식이나 미련이 전혀 없이 역사 속으로 소리소문 없이 사라지려 하고 있는가? 다들 그렇게 하면서 살아가고들 하는데?

  ※ 각종 동양사상이나 신앙에서는 그리고 동양철학에서는 사람이 죽으면 거의가 그 끝이 나거나 아니면 바라문교에서 시작하고 주장한 범신론적으로 흘러서 각종 6도 윤회가 일어나고 인도 환생설까지 나타나고 일어나고 퍼지는 것일까? 그것이 아니면 모든 것들이 무나 무효화가 되어서 흔적 없이 사라져 가는 것일까? 이런 문제에서는 너도 나도 예외가 아닐 것인데....과연 그런 것인가? 인간은 일생동안 범죄를 하면서 살기에 마지막 죽을 그 때에 그 죄에 대한 책임을 "육신이 져야 하는가? 그것이 아니면 그 책임을 "그의 영혼이 져야 하는가" 함이다. 그러기에 죽을 그 때에 이 문제를 놓고서 "그의 육신과 영혼이 서로 그 책임의 문제"를 놓고서 괴리 현상을 가지기에 문제가 심각하여 진다. 그런데 인생이 보편적으로 일생동안 짓는 그 죄의 무게는 "180KG" 정도이다. 이는 예수의 십자가의 무게와 같은 경우이다. 예수의 십자가가 180KG 정도이니 그 모든 자들의 죄의 무게 180KG를 대신지시고 책임을 지시는 것이다. 이 문제는 죽음의 세계 하권에서 심도 있게 다루려고 한다.
  그러면 우리는 이하에서 이 모든 문제점들을 하나씩 검토와 연구와 분석을 해 보기로 하자. 이래야 바른 판단이 되고 이해가 되는 것이다.

## 제 1장, 사람은 그 누구도 한번은 죽는다
### (신약성서: 히브리 9:27)

제1절, 인간은 왜 한번은 죽어야 하는가?

1, 사람은 기본 원리적으로 그 누구도 한번은 죽는다(히브리 9:27상반절). 이것이 기독교 성서의 가르침이고 하나님의 말씀이다. 하나님은 아담과 하와가 범죄를 하고 에덴에서 도적질을 하니(창세기 3:1-6) 그들에게 "너는 흙이니 흙으로 돌아가라"고 경고하셨다(창세기 3:19). 그러기에 인간은 "죽고 싶다고 죽고 죽기 싫다고 해서 죽지 아니하는 것은 결코 아니라"는 것이다.
 오늘에서 우리들의 주변들을 보라.
 Ⓐ 그래서 너도 가도 나도 죽음의 아가리속으로 쉬지 아니하고 빨려 들어가고 만다. 그럼에도 불구하고 이 문제에서는 다들 너무나 관대하여 관심들이 별로 없으니 문제가 심각하여 진다. 그러면서 죽음에의 종착점을 향하여 마구잡이로 달리고 있다. 더워도 달리고 추워도 달리고 또한 비가 오고 눈이 와도 달리고 각종 질병에 걸려서 허우적 그리면서도 열심히들 달려가고 있다. 참으로 민망하고 안타까운 현상이다.

 Ⓑ 그런데 다들 죽음에의 그 대문 앞에서는 속으며 산다. 그러면 기독교의 성서 시편 49:15절을 보고 그리고 다시 전도서 5:15-16절을 유의하여 보라고 경고하고 있다. 그런데도 이를 다들 깨닫지를 못하고 있으니 민망과 난감하다.

ⓒ 인생은 어차피 너도 나도 다 공수래공수거가 아닌가? 성서 욥기 1:21절과 그리고 디모데 전서 6:7절을 보라. 그런데 문제는 하나 같이 자기가 가진 이 땅위의 모든 소유물들을 다 가지고 가려고 야단법석들을 떨고 있으니 크게 문제가 되고 있다. 그러면 신약성서 누가복음 12:16-21절에 나타난 그 부자를 보고 그리고 다시 마태복음 19:21-24절에 나타난 부자청년을 보라. 다들 이 세상의 것들을 이고 지고 잡고 넣고 감추어서 가려고 하고들 있으니 이 세상에서는 부자들이고 권세자들이나 모두가 다가오고 있는 죽음 앞에서 그런 것들은 다 휴지이고 버려야 할 못쓰는 매개물들이 아닌가? 오늘에서도 당신이 쥐고 있는 그것이 당신을 일찍 죽이거나 그것이 당신을 지옥으로 보내는 명심보감이 될 것이다.

　2. 그러하다면 사람은 이생에서 왜 한번은 죽어야 하는가? 여기에서는 너도 나도 결코 예외가 아닌데 말이다. 그러면 당신은 지금에서 죽으려고 달려가고 있는가? 그것이 아니면 살려고 달려가고 있는가? 차안의 세상에서 살려고 달려가는 자는 그 어디에도 없다. 인생은 모두가 죽음으로 달려가고 있으니 매우 심란하고 안타깝다. 70- 80대가 되어보라.

　Ⓐ 그러면 인생은 왜 죽어야 하는가? 그것은 신의 창조의 뜻이고 요구사항이고 원리이기 때문이 아닌가? 태어난 이후에 너도 나도 부지런히 달리다 보니 함께 달려오던 자들은 내 주위에서 그 어디에로 갔는지 거의가 보이지 아니한다. 그러면 당신 주위의 친구나 이웃들이 다 어디로 가고 없을까? 어떤 이는 화장터로 어떤 이는 묘지나 공동묘지로 달려간 것이니 이를 어쩌해야 하는가? 안타깝고 눈물이 난다.

Ⓑ 그러면 다시 기독교의 성서 창세기 2:7절과 그리고 창세기 3:19절을 유의하여 보라고 요구하고 있다. 창조주께서는 우리에게 "너는 흙이니 흙으로 돌아가라"고 경고 하신다. 창조주께서 왜 이런 명령을 하시는가? 그러기 때문에 다들 열심히 흙으로 돌아가고 있다.
　Ⓒ 그리고 다시 시편 104:29절을 보라. 사람은 그 누구도 한번은 죽는데 그럼에도 불구하고 문제는 그 자신의 그 본래적인 흙으로 올라가는 것이 기본이라는 것이다. 사람이 죽어서 그 자신의 본래적인 흙으로 돌아간다는 것은 사회와 역사와 현실의 아이러니가 아닐 수 없다.
　Ⓓ 사람은 그 누구도 두번 죽는 것이 아니고 한번만 죽으니 여기서 문제가 크게 확대 된다. 그러니 누가복음 16:22 상반절의 거지 나사로의 죽음을 보고 그리고 다시 누가복음 16:22하반절의 홍포를 입은 부자의 죽음을 보라는 경고이다. 둘 다 한 번씩 죽으니 홍포를 입은 부자의 죽음이 거지 나사로의 죽음 보다 너무나 초라하고 비참하고 천하고 불쌍하니 그것이 문제가 된다. 그런데 문제는 바로 당신이 오늘이나 내일에 가서 죽음이 온다면 어찌될 것인가?

　3, 사람은 한번 죽은 이후에 왜 이생에서의 행한 그 모든 것들에 대한(누가복음 16:19) 심판을 받아야만 하는가?(누가복음 16:22-31, 히브리 9:27) 그것이 그 누구의 요구이고 뜻인가 하는 것이다.
　Ⓐ 이 세상이나 인간의 현실과 역사를 보면 인간의 심판은 이미 예고가 된 것이 아닌가? 그러니 기독교 성서의 로마서 14:10-14절을 먼저 보라. 이것이 그 무엇을 알리시고 있는가? 그런데 이는 계시록 20:11-15절과 밀접한 관계가 있

고 되는 것이 아닌가? 그러나 현금당대의 기독교는 이에 대하여 별로 관심이나 마음들이 없다. 보편적으로 불교나 한국의 사회가 받아드려서 믿고 있는 6도 윤회의 지옥도나 축생도와도 이것들이 밀접한 관계가 있고 되는 것이 아닌가?

　Ⓑ 그러면 사람은 죽음과 동시에 사후의 세계인 극락(낙원) 세상으로 가는가? 그러면 먼저는 누가복음 16:22상반절을 유의하여 보라. 거지 나사로는 이 세상의 믿음과 선의에 **따라서 극락낙원으로 들어간 것이 아닌가? 이를 이 세상적으로는 "전생의 업보" 결과라 하고들 있지 아니하는가?
　Ⓒ 그런데 예수께서도 죽으시면서 자기의 영혼을 하나님 아버지께(누가복음 23:46) 부탁을 하고 있는 것을 보라. 그러면 이것이 그 무엇을 가르치고 있는가?
　Ⓓ 그리고 스데반 집사 역시 임종 시에 그 자신의 영혼을 주 예수에게 부탁드리고 있음을 보라(사도행전 7:59). 이런 것들은 하나 같이 "사후의 세계" 곧 죽음 이후의 세계가 있다는 것을 알리시는 대목이 아닌가?

　4, 하인을 막론하고 인간은 한번은 죽는다. 너도 가고 나도 간다. 그것이 히브리 9:27절과 그리고 다시 창세기 3:19절의 전 내용이고 원리이고 그 기본인 것이다. 눈들이 있으면 나이를 먹은 노인들을 보고 너를 보고 나를 보라.
　Ⓐ 그러면 사람은 죽음과 동시에 죽음의 사자가 데려 가는 것인가? 과연 그런 것인가? 한국의 종교들 가운데 기독교를 제외한 타 종교들이나 민속종교나 사회에서는 사람은 죽은 이후에 3-4일간 그의 영혼이 시신이 머무는 그 가정이나 자리를 떠나지 아니하고 머물러 있다고 주장들을 한다. 그런데

이에 대하여 성서 역시 이를 거부하지 아니하고 받아드리고 있다.
　그러면 구약성서 욥기 19:26절을 보라.
　"나의 이 가죽 이것이 썩은 후에 내가 육체 밖에서 하나님을 보라라"고
　그리고 다시 욥기 19:27절을 유의하여 보라.
　"내가 친히 그를 보리니 내 눈으로 그를 보기를 외인처럼 하지 않을 것이라 내 마음이 초급하구나"라고 하심을 보라.
　위의 성서에서는 누구도 죽으면 그의 영혼이 "죽음과 동시에" 그 곳을 벗어나거나 떠나는 것이 아니고 시신이 머물고 있는 그 집이나 장례식장에서 떠나기 이전 곧 시신이 머무는 그 3-4일 동안에는 그 곳에 머물 것임을 암시하고 있는데 이는 의미하는 바가 심히 많은 것이다.

　Ⓑ 그런데 위의 성서와는 달리 신약성서 누가복음 16:22 상반절을 보면 "거지 나사로가 죽으니 천사들이 와서 그의 영혼을 데리고 낙원(극락)의 아브라함의 품으로 들어갔다고 기술하고 있는데 그것이 그 즉시인지 아니면 욥기 19:26절의 말씀과 동일한 것인지 그것은 알 수가 없다. 그리고 다시 누가복음 23:46절을 보라. 예수께서는 십자가 상에서 죽으시며 자기의 영혼을 부탁하고 있는데 그것이 그 즉시인지 아니면 잠시간 머물다가 하늘로 올라가는 것인지는 알 수가 없다. 그러니 이를 바로 아는 그것이 시급한 과제이다.

　5, 사람은 반드시 한번은 죽는데 모름지기 이 죽음과 삶의 그 가운데에는 그 무엇이 존재하고 있는가? 그러면 사람이 죽어서 가는 그 곳은 어디인가?

Ⓐ 예수 그리스도에 의해서 정상적으로 사후의 세계로 가게 되는가? 그러면 그것이 성서적 합법인가? 그것이 아니면 잘못 되고 못된 기독교 지도자들이 주장하고 있는 그것에 의한 것인가? 현금당대의 기독교 안에는 성서적 내세론 보다 하나 같이 자의적 내세론에 빠져서 허덕이는 자들이 많다.

Ⓑ 그러면 오늘에서 기독교에 의한 상사적 천국 또는 사후의 세계에로 가는가? 이런 것은 아주 잘못된 것인가? 오늘의 기독교에서 문제가 되는 것은 상당수가 "천국 또는 낙원 상사병에 걸려서 죽어가고 있다는 그것이 문제이다.

Ⓒ 그것이 아니면 두뇌적 천국 또는 두뇌에 의한 우상적이거나 사후의 세계가 문제가 되는 것인가?

Ⓓ 그것이 아니면 유토피아적 천국 또는 만물상적 천국으로 가는 것인가? 이것에 상당수의 사람들이 부화뇌동이 되어져 있는데 말이다.

Ⓔ 그것이 아니면 사고나 개념적 천국 또는 누뇌적 천국으로 다들 가고 있는 것인가? 그러면서도 그것을 합리나 합법화하고 있는 것인가?

Ⓕ 사상적 천국이나 논리나 심리적 천국이나 아니면 사후에 대한 아지랑이적 개념의 극락세계로 가고 있는 것인가? 과연 그런 것인가? 이에 대한 바른 이해가 있는가? 아니면 전혀 없는 것인가?

6. 그러면 모두가 한번 죽는 그 죽음의 세계는 어떤 것인가? 그럼에도 불구하고 죽음의 세계는 무도 아니고 무효도 아니다. 유의할 것은 죽음의 세계는 현실이고 역사이며 현장의 증거인 것이다.

Ⓐ 인생은 한번은 죽는 것이 기본법이고 원리이다. 그러면 먼저 창세기 3:19절을 보라.

Ⓑ 그런데 사람은 자신에게 임하고 있는 그 죽음이나 죽음의 순간순간을 보거나 알게 되는 것인가? 아니면 죽음의 그 순간들을 전혀 모르는 것인가? 누구도 그 죽음에의 순간들은 반드시 알게 된다는 것이다.

Ⓒ 하나님께서는 그 누구에게도 사전에 임하는 죽음과 죽음의 세계를 보이신다. 그 누구에게도 이 죽음에의 순간을 보이시지 아니하고 서는 그 누구도 데려가지 아니하신다. 그래서 죽음이 일찍이 오고 아는 자는 이미 2-3년 전이고 어떤 이는 1년 전이고 어떤 이는 2-3개월 전이고 어떤 이는 2-3주 전이고 어떤 이는 2-3일전에 이미 보이기도 한다. 그리고 어떤 이는 죽기 하루 전에 또는 몇 시간 전에 보여주기도 한다. 그러면 왜 이것을 보이시는가? 인간은 인격체이니.

Ⓓ 그런데 여기서 유의할 것은 바로 그 누구에게도 임하는 이 죽음이나 죽음에의 사자는 반드시 나타나고 보인다는 것이다(이는 하권에서 찾아라). 사람은 그 누구도 이 죽음에의 사자를 한번 보고나면 그만 넋과 혼과 이성을 잃는다는 것이다. 그래서 죽음에의 사자를 다른 말로는 "죽음에의 사자 또는 저승차사"라고 부르기도 한다. 이 죽음에의 사자가 그 손에 들고 있는 검은 무시무시한 것으로서 그 길이가 약 1,20-1,30Cm 정도인데 그 칼에서는 엄청난 빛이 밤과 낮을 가리지 아니하고 나기에 무서움의 대명사나 상징이 되기고 한다.

Ⓔ 그런데 여기서 유념할 것은 그 누구도 이 죽음의 사자

가 들고 있는 그 칼의 무서움과 위력을 한번 보게 되면 그 누구도 아래로 오줌과 똥을 그 즉석 사게 되고 경우에 따라서는 입으로나 하체로 피똥을 사지고 한다. 그리고 어떤 이는 이로 인하여 심장마비나 심경색증을 일으키기도 하고 어떤 이는 기절을 하고 어떤 이는 그 자리에서 죽거나 정신병자가 되기도 하고 어떤이는 심신의 병과 정신의 병을 앓기도 한다.

Ⓕ 그래서 이런 경우는 그의 행동이나 말이 어눌하여 지기도 하고 오락가락 하기도 하고 그리고 어떤 이는 이상한 말을 사용하기도 해서 가족이나 형제나 이웃이나 벗들이 "저 사람 말이 이상하다"거나 행여나 죽으려고 미리 터를 닦는 것이 아닐까 하며 의심을 하는데 얼마 후에 보니 그는 죽고 없다.

Ⓖ 어떤 이는 이 죽음의 사자를 한번 보고나면 직장이나 직업이나 사업도 그만두고 출세와 성공도 버리고 포기를 한다. 모든 것을 자포 포기하기에 가족이나 형제들도 우려를 하면서 염려하고 걱정들을 하게 된다.

7, 인간은 이 죽음에의 병마에 대한 바른 이해와 인식이 되어져 있는가? 아니면 그와는 정반대인가?

Ⓐ 전혀 그렇지 아니하다. 솔직히 인생은 이 죽음에 대하여 알고 싶지도 아니하고 알려 하지도 아니한다.

Ⓑ 그 누구도 이 죽음에 대하여 연구나 검토나 분석하고 싶지가 아니하기에 스스로 죽음의 세계에 대하여 너무나 무지하고 무식하기까지 하다. 오늘에서 당신은 어떤가? 이 죽음에 대하여 당신은 알고 싶은 것이 있는가?

Ⓒ 그러면 왜 인간들은 하나 같이 이 죽음의 세계나 사후

의 세계에 대하여 별로 관심들이 없는가? 이에 대하여 가장 관심을 두고 생각해야 할 기독교나 목사들이 이에 대하여 거의 관심들이 없고 연구도 별로 없고 단지 입으로나 수다사로만 죽음의 세계를 논하고 있을 것뿐이니 문제가 심각하여 진다. 그러면 당신은 오늘에서 기독교인 인가? 그러면 당신은 죽음에의 세계나 사후의 세계를 조금이나마 알고 있는가? 그리고 이에 대한 준비나 대비책을 세우고 있는가 함이다.

 8, 기독교인들이나 일반인으로서 이 죽음의 세계 곧 내세를 바로 알지 못하면 되겠는가?
 Ⓐ 그것은 결코 아니 되는 것이다. 인간은 하인을 막론하고 죽기 그 직전이나 오래 전에 이미 그 자신이 죽음의 세계를 맛보게 되는 것은 일반 상식선이다. 그 누구도 그 자신의 눈으로 죽음의 세계를 엿보게 되고 맛보게 되고 깨달아서 알게 되는 것이 원리이다. 요즘 보면 교회당의 상당수의 목사들도 이를 바로 알지 못하고 있기에 기독교가 캄캄하다.

 Ⓑ 그러나 여기서 유의하고 문제가 된 것은 바로 그 누구도 그 자신이 죽음과 죽음의 사자를 만난 것에 대하여는 일언반구가 없다는 것이다. 그 누구도 이에 대하여 발설을 하게 되면 미친 자나 정신이상자나 정신상태에 혼돈과 공허함이 온 자로 낙인이 찍히게 되기에 누구도 발설을 할 수가 없다는 것이다. 이는 그 누구도 마찬가지이다. 그러니 자기 혼자만 알고 이상한 망령과 마음의 병을 알고 있다는 것을 잊지 말다. 그러니 헛소리와 공허한 소리를 하며 서서히 죽음에의 병을 앓게 되고 심신이 죽어가고 있다는 증거인 것이다. 이것은 심각한 질병이고 큰 병이지만 어찌할 대안이 전혀 없

다는 것이 문제이다.
　ⓒ 이 시점에서 당신은 사후의 세계를 믿는가? 아니면 믿지 아니하는 가에 따라서 모든 것의 초점과 판도가 완전히 달라질 것이다. 믿는 자라면 이에 대하여 기독교식으로 믿고 있는가? 아니면 한국의 교유적인 신앙과 토착적인 신앙에 의한 죽음의 세계를 믿는가 하는 것이다. 한국에서는 기독교적 사후신앙을 믿는 자는 겨우 10-15% 정도이고 한국적 토착적이고 고유신앙을 은근히 믿고 있는 자는 80-85% 정도이니 놀랍지 아니한가? 이에 대하여는 사전에 충분한 준비를 해야 할 것이고 그 반대라면 수수방관을 하고 말 것이다.
　ⓓ 사람이 심히 어리석으면 천국 상사병에 걸리거나 넘어지기도 한다. 이것은 그 누구에게도 이로운 것이 아니다.
　ⓔ 오늘의 기독교나 교회당이나 목사나 교인들은 사후의 세계에 대하여 수수방관을 왜 하는가? 그것이 아니면 충분한 준비와 대비책을 세우고 있는가? 그리고 오늘의 기독교는 이 "죽음의 세계"를 어떻게 보고 있는가? 이에 대한 바른 이해가 있는가? 아니면 여전히 수수방관들을 하고 있는가?

　9. 본서의 이 "죽음의 세계"는 삶과 죽음의 그 중간지점에서 나타나는 현상이니 이 과정에서 인간이 바라고 요구하는 것은 그 무엇인가?
　Ⓐ 여기서 반드시 알아야 할 것은 오른편은 삶이고 그 왼편은 죽음 곧 죽음의 세계이다. 이편은 세상이고 저 편은 죽음의 건너편인데 그 과정에서 이편 세상에서 저편 세상으로 건너가는 그 곳에서 그 다리를 건너가는 그것이 죽음에의 한 역사이고 순간이 아닌가?
　Ⓑ 그 누구도 이편 세상에서 죽음의 세계 곧 건너편의 고

차원적인 세계로 넘어가는 것은 결코 쉬운 일이 아니다. 그래서 죽어가는 자들의 면면을 보라. 그 일이 결코 쉽지가 아니함을 모두기 친히 엿보게 된다.

ⓒ 인간이 태어나며 고고지성을 부른 이후에 가장 어렵고 고통스럽고 수고스러운 일과 작업이 바로 죽음의 세계에로 건너가는 바로 그 현장작업인 것이다. 그 누구도 결코 예외가 아니다.

ⓓ 동양인들 특히 한국민들은 미신과 신화와 우상에 사로잡히고 젖어 있기에 범신론이 그 속에서 그 주류를 이루고 있다. 그러면서도 그 자신은 범신론자가 아니고 신사이고 숙녀라고 떠들거나 우기고 있으나 그러니 하나 같이 모든 것에서 범신론에 빠져 있는 것은 사실이다. 이 세상만이 아니고 사후의 세계도 범신론의 세상이고 극락이나 지옥 역시 범신론적이니 그래서 만가지가 범신론적이니 문제가 생긴다. 거두절미하고 당신은 범신론을 어떻게 보고 있는가?

10, 그러면 인간들은 죽음과 죽음의 세계에 대한 이해나 바른 개념이 있는가? 아니면 없는가? 당신은 어떤가?

ⓐ 이에 대한 답은 거의가 없다는 것이다. 비 종교인들도 그러하고 타 종교와 그 종교의 지도자들도 결코 예외가 아니라는 것이다. 그러니 하나 같이 그 결과가 없다.

ⓑ 그러면 기독교는 어떤가? 교회당이나 목사나 장로나 교인들 역시 이 문제에 대하여는 하나같이 맹점이 많고 관심들이 거의 없으니 큰일이다.

ⓒ 모름지기 인간은 이 죽음에의 함정과 굴레에서 벗어나지를 못하고 있다. 출생에의 그 과정에서 왜 고고지성인가? 왜? 출생 시에 웃고 태어나면 아니 되어서 울면서 출생을 하

는가? 그것은 출생 그 자체가 생와 삶을 위해서 달려가고 뛰어가려는 것이 아니고 죽음을 향하여 가야 하기에 그런 것인가? 솔직히 너는 언제 죽으려고 작심을 하는가? 오늘인가? 아니면 내일인가? 아니면 그 다음인가?

Ⓓ 인간은 그가 그 누구이든지 간에 그 자신을 향하여 달려오고 있는 그 죽음에의 이리를 죽기 이전에 또는 죽음의 세계를 다 알게 된다. 그것이 아주 깊이 있게 알게 되는가? 아니면 어느 선까지 또는 적당히 그것을 보고 알게 되는가 함이다. 그러면 신약성서 누가복음 16:22상반절과 하반절을 보라. 거지도 죽고 부자도 죽는다. 왜 그런가?

11, 그러면 동양철학과 동양사상과 신앙에 의한 "죽음과 삶" 그리고 "극락세상과 지옥세상"은 그 무엇을 의미하거나 비교와 가르치고 있는가?

Ⓐ 여기서 너와 내가 유의할 것이 있다. 그것은 바로 동양사상과 신앙과 철학에서는 모든 것을 "6도 윤희설과 윤희 사상과 신앙에" 두고 있는데 이에 대한 바른 이해가 있는가? 아니면 그것을 전혀 모르고 있는가 함이다

Ⓑ 본질적으로 동양철학과 사상은 성서의 개념이나 이해와는 상당한 차이점을 보이고 있기에 문제가 되고 있다. 기본적으로 성서의 가르침과 한국적인 사고나 사상이나 내세관은 너무나 다르기 때문에 항상 부딪치게 된다.

Ⓒ 이 동양철학과 신앙과 사상은 항상 샤머니즘적인 내세관으로서 완벽한 신화와 미신에 젖고 속하여 있기에 바른 이해가 심히 요구 되고 있는 것이다. 그러나 현대인들은 차원과 개념이 다른 곳으로 가서 머물기에 문제가 생긴다.

12, 지금에서 우리는 우리에게 열심히 다가오고 있는 이

죽음에 대하여 확고부동한 신념과 의지가 있는가? 아니면 그것에 대한 바른 이해나 인식이 전혀 없는가?

Ⓐ 이 문제는 처음부터 신앙이 확고부동해야 하고 그리고 그 누구도 내세에 대한 신념과 의지가 있어야만 한다. 그렇지 못하면 그 누구도 후회를 하고 통곡하게 된다. 지나간 영웅들을 보고 세계를 지배하려고 한 황제나 장군들을 보라. 대개가 30대나 40대에 자신이 소망한 바를 거의가 이루지 못하고 죽고만 것이 아닌가?

Ⓑ 사람들이 그 자신에게 다가오고 있는 죽음과 사후의 세계에 대한 확고부동한 의지와 신념이 있어서 종말사와 다가올 대환란과 극락(낙원) 곧 사후의 세계에 대한 신념이 있어야만 한다.

Ⓒ 여기서 이에 대한 바른 신앙과 신념과 의지가 없으면 결코 아니 되는 것이다. 창조주께서 여기서 요구하시는 바가 그 무엇인가? 이 시점에서 당신은 바로 앞에 있는 이 "죽음의 세계"에 대하여 염려하고 걱정을 하고 있는가? 그것이 아니면 지금에서도 잊어버리고 수수방관을 하고 있는가? 그러다가 세상을 등지고 어느 날 갑자기 떠나고 말 것인가?

13, 그러면 왜 인생은 그 자신을 향하여 쉬지 아니하고 날마다 다가오고 있는 죽음에의 이리를(요한복음 10:12) 전혀 모르거나 전혀 관심들이 없는가? 그러면 문제가 심각하여 지는데 이에 대하여 당신은 그 얼마나 관심이 있는가? 아니면 이에 대하여 전혀 모르고 있는가 함이다. 이를 목사나 그리스도인들도 바로 깨닫고 알아야 하는데 현실은 그것의 정반대이니 안타깝다.

Ⓐ 그러면 누가복음 12:20절에서 하나님이 돈이 많은 부

자에게 경고한 것이 그 무엇인가? "너는 오늘 죽는다" 이다
  Ⓑ 그리고 다시 마태복음 19:21절과 19:22절을 보면서 하나님이 부자 청년에게 요구한 그것이 그 무엇인가? 그것은 "너는 지옥이다" 함이다
  Ⓒ 그리고 다시 사도행전 7:55-56절을 보면 죽음의 건너편인 하늘에의 세계를 보는 것은 그 무엇이고 하늘이 인간에게 그 곳에서 바라시는 것은 그 무엇인가?

  14. 그러면 당신은 죽어서 그 어디로 가려고 작심을 하는가? 솔직히 여기서 당신은 죽음에의 문제를 생각하고 있는가? 이 죽음의 건너편에서는 무엇이 당신을 기다리고 있고 그 어떤 세계가 자리를 잡고 있는 것인가?
  Ⓐ 이 시점에서 당신은 죽음을 생각하고 있는가? 그러하다면 그 죽음이 당신에게 어떤(무엇) 것인가?
  Ⓑ 그러면 당신을 향하여 서서히 다가오고 있는 그 죽음의 순간을 보고 있는가? 아니면 눈이 복이 없고 닫혀서(마태복음 13:13-15) 그것을 전혀 보지 못하고 있는가?
  Ⓒ 이 시점에서 당신은 죽음의 세계를 알고 있는가? 아니면 전혀 모르고 있는가?

  Ⓓ 솔직히 그와는 반대로서 주검이 있는 곳에는(마태복음 24:25) 독수리들이 모인다고 하는데 그러면 그 저의는 무엇인가? 이를 바로 알고 있는가? 전혀 모르고 있는가?
  Ⓔ 유념할 것은 죽음은 어느 날 어느 시간에 갑자기 찾아오는 것이 결코 아니다. 이 문제는 뒤에서 다시 심사숙고 하게 다루어져야만 한다. 그 누구에게도 이를 사전에 다 알려 주시고 있다. 그런데 각자에게 다소의 시간적인 차이는 있으

나 다 알려 주시고 또한 다 보여 주시고 계신다. 이는 어디까지나 하늘의 신비이고 숨겨진 비밀인 것이다.

Ⓕ 그래서 사람의 죽음을 보면 "죽는 자들은" 그 죽음의 이리가 그에게 접근을 하는데 빨리오는 자는 2-3년 전이거나 1년 전에 또는 여러 달이나 최소는 며칠 전이나 1-2일 전에 오기도 하고 어떤 이는 몇 시간 전에 와서 직접이나 간접적으로 보여 주기도 한다.

Ⓖ 여기서 유의할 것은 "이것이 다소 미신적인 측면도 있으나" 조심할 것은 그 누구도 "밤 10시"가 넘어서 길거리를 돌아다니는 자와 "밤 12시"가 넘어서와 "밤중 2-3시나" 그리고 "밤 4시까지" 길거리나 유흥가를 돌아다니는 것은 아주 위험하니 삼가고 조심해야만 한다. 이런 자들에게 죽음의 이리가 대단히 빨리 찾아온다는 것을 잊지 말라. 밤 늦게 돌아다니면 죽음의 이리가 눈에 종종 보이기도 한다.

위의 이 시간대에 길거리나 유흥가로 자주 돌아다니면 그 무엇이 눈에 종종 보이기도 한다. 그래서 이런 자들이 말하기를 "왜 헛것이 내 눈에 종종 보이는가" 또는 "밤 12시나 1-2시" 사이에 또는 "밤 10-4시" 사이에 내 눈에 그 무엇이 보이고 누가 내 뒤를 따르는 것이 보이고 나타나기도 하는데.. 라는 말을 하기도 하는데 그 말은 거의 맞는 말이다.

그러니 그 누구도 늦은 밤에는 다니지 아니하는 것이 좋다. 늦은 밤에 다니면 죽음의 사자를 보게 되는데 그러면 계속해서 눈에 보이게 되고 얼마 못가서 그 자신은 죽음의 사자에게 잡혀서 빨리 죽게 되니 이를 조심하라.

15, 그럼에도 불구하고 사람은 죽음과 죽음의 세계를 생

각하거나 믿고 있는가? 그리고 다시 죽음의 건너편 세상을 바라보고 생각들을 하고 있는가? 죽음의 세계를 잊거나 모르고 살면 심히 무지하고 어리석음이니 그는 누가복음 12:16-21절의 유형꼴이 되고 말 것이다. 이런 자들은 돈 보따리나 각종 계획과 계좌나 펀드의 비밀 통장을 손에 쥐고서 죽을 것이니 이를 어찌하겠는가?

### 제 2절, 인간들에게 오는 죽음은 그 무엇인가?

1, 각종 종교인들이나 신자라고 해서 죽음이 피하여 가겠는가? 그것은 결코 아니라는 것이다. 누구도 이를 명심하라.
Ⓐ 신자들에게도 죽음은 반드시 온다.
Ⓑ 불신자들에게도 죽음은 반드시 온다.
Ⓒ 비신자들에게도 죽음은 반드시 온다.
Ⓓ 너와 나에게도 죽음은 반드시 온다.
Ⓔ 죽음은 그 누구에게도 공정하고 공의로운 것이다.
Ⓔ 죽음은 시간과 공간을 벗어나서 공의적으로 온다.
Ⓕ 죽음은 시간과 공간을 가리지 아니하고 반드시 온다.
Ⓖ 그러니 이 죽음에 대하여 우리는 누가복음 12:16-21절과 그리고 다시 누가복음 16:22상반절을 보고 하반절을 다시 보아야 한다.

유념할 것은 죽음은 노인이나 병이든 자나 허약한 자들에게만 오는 것이 아니다. 청년에게도 장년에게도 오고 유년이나 소년에게도 오고 태어나면서도 오고 한다. 죽음은 출생과는 완전히 다르다. 출생은 어려운 것이 10%이고 죽음은 90%이니 이 죽음에의 문턱이 그 얼마나 어렵고 힘이 든다는 것을 바로 알아야 한다.

2. 신자들에게도 죽음은 반드시 온다.
Ⓐ 사도행전 7:54-56절을 보라. 여기서 스데반은 죽음의 순간을 맞는다. 그런데 스데반은 이 죽음의 순간에 이르러 사후의 세계의 한 장면을 고스란히 보고 있다.
Ⓑ 아브라함이나 이삭이나 야곱에게도 죽음은 온다. 그래서 아브라함은 죽고 이삭도 죽고 야곱도 죽었다. 그런데 마태복음 8:11절을 유념해서 찾아보라. 죽음은 과연 어떤 것이고 그 무엇인지를 고스란히 나타내고 있다.
Ⓒ 이사야나 예레미야에게도 죽음이 온 것은 사실이다. 이사야는 톱으로 켜임을 당하고(히브리 11:37) 그리고 예레미야는 생매장을 당하여 죽었다. 선지자도 죽고 의인들도 죽고 대인들도 죽는다. 이 죽음 앞에서는 그 누구도 큰 소리를 치지 못하고 다 당하게 되어져 있다.
Ⓓ 기독교적 대인인 바울을 보라(디모데 후서 4:7-9). 그에게도 죽음이 오는 것은 어찌할 도리가 없었다. 그는 사후의 세계를 이미 가서 보고 온 사람이다(고린도 후서 12:1-4). 그만이 아니고 작금에서도 죽었다가 여러날 또는 1-2일 후에 그리고 어떤 이는 여러 시간이후에 다시 살아서 "죽어서 그 어디인가로 끌려갔다가 다시 돌아왔음을" 실토들 하고 있음을 엿보게 된다.

Ⓔ 오늘에서도 "목사들과 장로들과 교인들에게도" 쉬지 아니하고 죽음의 순간이 찾아오고 있다. 너를 향해서도 달려오고 나를 향해서도 달려온다. 솔직히 죽음의 이리는 쉬지 아니하고 달려온다. 그것이 기독교의 신자이거나 아니면 타 종교의 신자이거나 아니면 불신자이거나를 가리지 아니한다. 그리고 그가 여자이거나 아니면 남자이거나를 가리지 아니하

고 온다. 학생이거나 청소년이거나 장년이거나를 가리지 아니한다. 그래서 한국 사람들은 아침 인사가 "밤새 안녕히 주무셨어요"라고 한다. 그리고 아침에 출근을 하면서 "안녕히 다녀 오겠습니다"라고 한다. 이런 말들의 속에는 암암리에 "죽음의 문제"가 예속되어져 있음을 발견하게 된다.

3. 그리고 세계사의 일만 년의 역사를 보라. 그 속에서 사람들은 죽고 또 죽었다. 지금도 쉬지 아니하고 죽어가고 있다. 그런 와중에서 기독교나 불교의 지도자들도 하나같이 죽어 갔다. 지금도 예외가 아니다. 참으로 아이러니 하다.

Ⓐ 이스라엘의 최고 지도자인 모세도 죽었다. 그리고 그의 후계자인 여호수아도 죽었다. 그러니 이 죽음은 그 누구에게도 쉬지 아니하고 달려오고 있다. 이 죽음은 그 무엇보다 잘 보이는 눈이 있는 것도 아닌데 기가 막히게 각 사람에게로 그리고 그 자리(장소)로 밤과 낮을 가리지 아니하고 잘도 찾아오고 있다.

Ⓑ 대 제사장들이나 제사장들도 죽었고 서기관들 역시 모두가 죽어 갔다. 이들에 대한 공과를 찾아볼 필요는 없다.

Ⓒ 그리고 기독교의 12사도나 속 사도나 이방 사도들도 다 죽었다. 지금도 죽음은 쉬지 아니하고 인간들을 향하여 달려오고 있다. 그러니 인간은 그 누구도 낮보다 밤을 조심하라. 죽음의 이리는 낮에 보다 밤에 더 찾아온다.

Ⓓ 그리고 밤에는 먼저 "대문이나 출입문 주위를" 조심해야 하고 그리고 다음은 "부엌 주변을 주위"해야 하고 그리고 그 다음은 "변소 주변과 그 안을 주위"해야 한다. 이런 곳에서 넘어지면 주당을 맞는 것이니 주로 중풍을 맞기도 하고 경우

에 따라서 죽기도 하고 크고 작은 질병에 의해 심히 시달리기도 한다.

4, 그러면 왜 모든 자들에게 쉬지 아니하고 죽음이 다가오고 있는가? 그것이 그 무엇 때문인가?
Ⓐ 구약성서 창세기 3:19절을 보고 다시 창세기 2:7절을 보라. 죽음은 하나님이 인간에게 "너는 흙이니 흙으로 돌아가라"고 명령을 했기 때문이다.
Ⓑ 그러기에 이 "죽음의 순간"은 쉬지 아니하고 인간을 향하여 다가오고 있다. 그럼에도 불구하고 이에 대한 애착도 관심도 없는 것이 인생이다. 그러니 인생은 참으로 어리석다. 그럼에도 죽음 앞에서 우리가 얻는 것은 그 무엇인가?

5, 그러면 누가복음 16:22상반절을 보라.
Ⓐ 거지 나사로는 죽음의 건너편으로 가고 없다. 거지 나사로는 이생을 버리고 저 생으로 갔다. 이때에 거지 나사로가 얻은 것은 그 무엇인가? 그것은 구원이고 영생이다.
Ⓑ 야고보 사도 역시 갔다. 사도행전 12:1-2절을 유의 하여 보라. "죽음과 나의 관계를" 여기서 찾아야 한다.
Ⓒ 스데반 역시 갔다. 사도행전 7:54-60절을 보라. 스데반이 본 사후의 세계는 어떤 것이었을까? 그리고 거지 나사로가 본 사후의 세계는 어떤 것이고 무엇이었을까? 이 세상의 각종 집들이나 도성이나 궁궐이나 기타 그렇고 그런 곳일까? 그 누가 보아도 그런 것은 결코 아닌 것이다. 그러니 다가오는 사태를 바로 보라는 것이다.

6, 오늘에서도 각종 종교들이 부자 장로나 교인이 죽으면 "천국 환송예배"를 드려주고 일반 교인들이나 가난한 교인이

죽으면 그냥 소천이나 낙원으로 갔다고 하여 이중 잣대를 내세우고 있다. 이런 것은 기성종교나 교회당들이 "썩는 냄새가 나는 기생들의 아양을 부자들을 향하여 떨고 있는 중"이니 기가 막히고 있다.

Ⓐ 돈이 많은 장로가 죽으면 그 교회당에서 XXX 장로 천국 환송예배까지 드려주고 있는 판국이니 지금의 한국기독교가 가는 그 길이 무엇이고 그 어디인가? 그러면 6도 윤회에서 3하도의 지옥도로 가고 있는 중인가?(마태복음 23:15)

Ⓑ 그러면 한국적 기독교에서 장로나 집사가 죽으면 과연 극락(낙원)에 입성하는 그것이 가능한가? 그러면 신약성서 마태복음 19:16-24절을 보고 그리고 누가복음 16:22하반절을 유념하여 보라. 천국환송예배는 기독교적 부끄러운 몰골을 역사와 현실위에다 올려놓는 심히 악한 처사가 아닌가?

7, 그러면 인간에게 다가오고 있는 죽음의 문제 그 하나를 놓고서 왜 이렇게 큰 차이를 보이고 있는가? 그것이 그 무엇과 그 누구 때문인가?

Ⓐ 솔직히 말을 해서 죽음은 그 누구 때문에 오는가?

Ⓑ 그리고 죽음은 그 무엇 때문에 오는가? 그것이 바로 시간성 안의 나이 때문인가? 그것이 아니면 각종 질병 때문인가? 그것이 아니면 각종 사회적 현상과 부조리와 어리석음 때문인가?

Ⓒ 위의 이런 것들이 아니면 그 무엇 때문에 오는 것인가? 신의 경고와 징벌 때문인가? 그러면 자실은 왜 하는 것인가? 왜 살인과 청부살인 사건이 생기는 것인가?

8, 그러면 누가복음 8:55-56절을 보라. 그리고 다시 시편 116:15절을 보라. 여기서 하나님은 성도의 죽음을 어떻

게 보고 있는가? 그리고 이어서 현실과 역사를 보라. 죽었던 아이가 그의 영혼이 돌아오니 그 아이가 다시 살아나고 있다. 그런데 여기서 유의할 것은 아이가 죽었으니 죽은 그 아이의 영이 떠나 "죽음의 건너편 저 세상"으로 즉시 간 것인데 그 영이 그 곳에서 다시 돌아온 것인가? 그것이 아니면 시신이 그 집과 그 주위에 남아 있으니 죽은 그 아이의 영혼도 지금 그 곳에 남아 있다가 다시 그 아이에게로 돌아온 것인가? 그러하다면 이 후자는 구약 욥기서 19:26-27절의 말씀에 준한 것이 아닐까?

9. 하나님께서는 예수의 제자인 야고보사도의 죽음을 보시고(사도행전 12:1-2) 그리고 다시 사도나 제자들의 죽음도 다 보시고 계신다(계시록 6:11). 이는 역사와 현실 위에서 의미하는 바를 심히 많게 하고 있는 것이다.

※ 인생의 죽음은 사람들의 장중이나 역사 속에 속하여 있는 것이 아니고 신의 장중에 속하여 있는 것이다. 그리고 죽음은 이 세상에만 속한 것이 아니다. 죽음은 현실과 역사와 시간과 공간에 속하여 있기에 누구도 바른 이해가 심히 요구되고 있다. 물론 죽음은 이 차안의 세상을 떠나 하늘과도 관계가 있고 되는 것은 사실이다. 그래서 바른 이해만을 요구하고 있는 것이다.

10. 하나님께서는 자기의 아들 예수 그리스도의 십자가에서의 죽으심도 보시고 있다(마태복음 27:32-50). 그것을 아시기에 예수께서는 그 자신의 영혼을 아버지에게 부탁드리고 있다(누가복음 23:46). 그러니 위에서 지적한 그대로 죽음에서 이 육신은 세상과 땅에 속한 것이고 그것과는 달이

영혼은 철저히 하늘과 하나님께 속한 것이니 그래서 이 죽음은 땅만 요구하는 것이 아니고 하늘만 요구해도 되는 것이 결코 아니다. 죽음은 하늘과 땅이 공히 요구해야 이루어지는 것이다. 그래서 누가복음 12:20절을 보라고 강조하신다.

11, 이 문제는 우리들 모두에게 주시는 경고이고 교훈이다. 성서는 언제나 사람의 죽음은 먼저 하나님이 요구해야 하고(누가복음 12:20) 그리고 그 다음은 땅이 그의 피를 요구해야 한다. 창세기 4:8-10절을 보라. 땅이 아벨의 피에 대하여 하소연 하고 있지 아니하는가? 그러니 죽음은 이 땅이 그의 육신을 요구하고 하늘이 그의 영혼을 부르시니 죽는 것이다. 그러니 죽음은 "하늘과 땅의 합작품"인 것이다.

### 제 3절, 불신자들에게(일반인들) 임하는 죽음

1, 죽음이 이 세상에서 그 누구는 대려 가고 그 누구는 벗어나서(빗나가서) 가는 것이 아니다. 죽음이 그 누구네 집의 문패나 번지를 보고 넘어가거나 아니면 찾아 가는 것은 결코 아니다. 이런 사고나 사상이나 신앙은 신화적 어리석음이다.
　Ⓐ 죽음은 영웅이나 호걸이나 대인들에게도 오고 목사나 신자들에게도 온다. 시편 116:15절을 보라. 하나님은 성도들의 죽음을 귀히 여기시기도 하신다(보신다).
　Ⓑ 누가복음 16:22상반절을 보라. 하나님은 가난한 거지의 죽음을 보시고 계신다. 왜 그런가?
　Ⓒ 그런데 누가복음 16:22하반절을 유의하여 보라. 죽음은 홍포를 입은 부자에게도 반드시 온다. 그러니 참으로 죽음은 안타까움을 이 역사위에다 가져다 주시는 것이다.

2. 죽음에의 사자가 신자나 불신자를 잡아가거나 데려 가려고 할 그 때에 그의 이름이나 그 집의 번지에 대하여 정확하게 가지고 오는 것이기에 그 누구도 이에 대하여 왈가왈부를 하면 결코 아니 된다. 어떤 이들은 "저승사자가 눈이 삐었지" 또는 "저승사자가 번지를 잘못 알고 왔기에 죽어야 할 자는 멀정 하게 살아 있고 착한 사람이 죽었다" 라고 하면서 원망을 하고 탓하는 것을 보기도 한다.

Ⓐ 인생은 출생을 할 그 때의 기준과 기본이 있다. 그러니 함부로 출생을 하는 것이 아니다. 이를 두고 우리는 "출생의 순서 또는 비밀"이라고 한다.

Ⓑ 그러나 인생에게는 죽음의 순서가 있는데 모두가 그 죽음에의 순서대로 간다. 이 순서에 따라서 너도 가고 나도 간다. 가지 아니 하려고 발광을 하고 소리를 지르고 타락과 탈선을 하나 아무런 의미가 없는 것이다. 그래서 사람은 60세가 넘으면 그 때부터 "죽음에로 갈 준비"들을 하지 아니하면 "멸망하는 짐승이 된다"(시편 49:20). 그러나 요즘의 60세 이상의 인간들을 보라. 다들 어디로 달려가고 있는지 참으로 아리송하다. 정년을 퇴임한 성직자들도 보니 그들은 더 아리송하여 불쌍하기까지 하다.

Ⓒ 인생이 죽음에 있어서는 누가복음 12:20절에 의한 것이거나 그것이 아니면 누가복음 16:22상반절과 16:22하반절에 의한 것이거나 간에 그것을 보면서 죽음을 맞아야 한다. 사회학적으로나 일반학적으로 보면 위에서 지적한 이들은 어떤 이는 극락(낙원) 세상으로 가고 어떤 이는 음부 곧 지옥 세상으로 가고 있다. 그런데 문제는 원통하게도 여기에 "너와 나의 이름과 순서"도 들어가 있다는 그것이다.

3, 그러면 거두절미하고 누가복음 12:16-21절에 나타난 인간을 보라. 그러면 그는 그 누구인가?

Ⓐ 여기서 하나님은 부자에게 그의 무능과 무인격과 어리석음을 질타하며 누가복음 12:20절에서 너에게 주어진 영혼을 데려간다고 경고하신다. 사람의 몸에서 영혼이 떠나고 없으면 어찌되는가? 그것이 바로 죽음이 아닌가?

Ⓑ 사람이 죽음을 맞이 할 그 때에 신이 그의 영혼을 데려가지 아니하고 그냥 두면 어찌 되겠는가? 그러면 우주의 미아가 되는가? 아니면 지옥의 대문 밖에서 미아로 살아야 하는가? 그것이 아니면?

Ⓒ 그러면 왜 그의 육신은 땅에 두고 영혼만을 데리고 가는가?(누가복음 12:20) 이는 의미하는 바가 심히 많은데 (전도서 3:20-21) 그 원리와 기본은 무엇인가? 그것이 한국적 신앙차원에서 6도 환생을 위한 것인가?

Ⓓ 하나님이 우리의 영혼만을 데려가고 그 육신은 산의 흙으로 돌려보내신다(시편 104:29). 그러면 이것이 바로 창세기 3:19절의 명령과 원리를 이루시려는 것인가? 그것이 아니면?

4, 그러면 시편 17:14절을 보라. 이 사람은 성직자 같으나 그의 행위와 행동거지 일체는 아주 불량하고 불신적이고 비진리와 비복음적이 아닌가?

Ⓐ 그러면 시편 17:12절과 다시 시편 17:14절의 이런 자는 참으로 어리석고 우둔하고 미련한 자가 아닌가? 이것이 오늘의 인간 표본이고 군상과 현상들이 아닌가? 그리고 너와 내가 아닌가?

Ⓑ 죽기 이전에 인생은 누가복음 16:19절과 같이 엔조이

하면서 산다는 것이다. 그리고 남은 재산을 유산이란 명목 아래 후손에게 넘기고 사라지니 어리석은 자들의 전형 행진곡이 아닌가? 그러니 이런 자들에게 후생이 있겠으며 죽음 이후에 극락왕생보다는 불 지옥으로의 입성이 정상적인 코스가 아니겠는가?

ⓒ 인생에게 있어서 죽음은 영과 육의 분리인데 그러함에도 불구하고 죽음의 직전에 땅이 인간에게 요구하고 경고한 것이 있다. 당신이 죽을 그 때에는 땅과 육신에게 속한 것은 그것이 어느 것이고 무엇이든지 간에 "어느 것 하나도 가지고 가지 말라"는 것이다. 창세기 3:19절과 그리고 다시 욥기 1:21절의 원리와 기본 그대로 티끌이나 먼지 하나나 동전 하나도 이 땅에 두고 가라는 명령과 경고이다.

ⓓ 그러면 다시 마태복음 8:20절을 보라. 하나님의 아들 예수도 무소유가 아닌가? 그러하니 그도 죽으면서 빈손으로 가고 말았다. 그러니 다시 시편 49:17절과 다시 전도서 5:13-15절을 유의하여 보라. 거두절미하고 당신은 죽으면서 그 무엇을 가져가려고 그림과 발악을 하고 수고하고 노력을 하는가? 손은 빈손이고 가슴은 텅 비었고 눈에는 색깔 뿐인데 남는 것이 그 어디에 있겠는가?

5, 그러면 불신자들의 죽음 그 앞에서의 행태들
ⓐ 이런 유형들은 하나같이 죽음의 세계를 불신한다. 아니 모른다고 우긴다. 어떤 이들은 고의적으로 알고 싶어 하지를 아니한다. 왜 그런가? 그것은 자기에게로 다가오고 있는 그 죽음이 너무나 무섭고 겁이 나기 때문이다. 죽음은 그 누구에게도 출생보다는 9배나 어렵고 무서운 것이다. 출생을

10%로 잡으면 죽음은 90%로 잡아야 한다.
　Ⓑ 인간은 하나같이 죽음의 세계를 잘 모른다. 전혀 모르는 것이 아니고 알려고 하지를 아니한다. 그것은 모두가 다가오는 죽음과 죽음의 사자가 너무 무섭기 때문이다. 죽음은 1-2초 사이에 인간에게 다가오는 것이 절대로 아니다. 이미 앞에서도 논하였거니와 어떤 이들에게는 죽음이 2-3년 전부터 와서 육신과 영혼과 심신을 괴롭히고 마르게 만든다. 어떤 이는 1년 전부터 어떤 이는 6개월 전부터 와서 낮에도 밤에도 쉬지 아니하고 가자고 심히 괴롭힌다.

　Ⓒ 그러기에 하나같이 죽음을 싫어하고 아주 무서워한다. 그것은 죽음의 순간이 오면 땅이 먼저 그에게 소리를 지르고 있다. 아무 것도 가지고 가려는 사고나 속성이나 의지나 의식을 갖지 말라고 경고를 한다. 심지어는 너는 땅에서 소유한 것들 중에서 "지푸라기나 먼지 하나도" 가지고 가지를 못한다. 다 내려 놓아라. 여기서부터 크게 문제가 생긴다.

　6. 특히 불신자들은 거의가 이 사후의 세계 곧 죽음의 세계를 거의 모르기 때문에 하나같이 준비나 각오 없이 죽음의 순간을 맞게 되고 쓰러지고 만다.
　Ⓐ 죽음이란 그 누구에게도 오는 것인데 먼저는 이것이 땅에 속하였다는 것이다. 죽음은 땅이 먼저 허락을 해야 하고 용납해야만 한다. 그것은 이 육신이 땅에 속한 것이지 하늘에 속한 것이 아니기 때문이다.
　Ⓑ 그리고 다음은 이 죽음은 하늘에 속한 것이다. 하늘에 속한 것이기에 그와 함께 삶과 영생과 구원을 동시에 동반하는 것이기에 바른 이해가 있어야만 한다.

죽음의 세계    41

ⓒ 일단 죽음이 인간에게 오면 땅이 먼저 요구하는 것이 있고 이어서는 하늘이 인간에게 요구하는 것이 있다. 그것이 바로 당신(너는)은 죽음과 함께 땅에 속한 것은 그 무엇이든지 간에 가지고 오지 말라. 땅에 속한 것은 그것이 그 무엇이든지 간에 아주 불결하고 더러운 것들이니 가지고 오지를 말라. 네가 반드시 가지고 올 것은 "그 하나는 그리스도의 이름이고 다른 그 하나는 너의 이름이다." 이것 이 외에는 아무 것도 하늘에서는 필요가 없다. 그러니 누가복음 16:22상반절을 먼저 보고 이어서 누가복음 16:22하반절을 보라. 어느 누구도 아무것도 가지고 가지를 못하였다. 물 한 방울도 가지고 가지 못하였다. 이를 바로 깨달아라.

7, 죽음은 그 자체 또는 기본이 어느 한 순간에 오는 것이 결코 아니고 서서히 오는 것이다. 어떤 이는 죽음이 1-2초 사이에 온다고 주장을 하나 그것은 자기 오해이고 죽음에 대한 바른 이해가 없는 자의 착각인 것이다.

Ⓐ 그러면 먼저 누가복음 12:20절을 보라. 이는 부자에게 내리고 임하는 하나님의 경고가 아닌가? 여기서는 "오늘 밤에 네게 준 영혼을 도로 찾겠다"고 말이다. 그러면 오늘밤에 죽는다는 것인데? 그것도 낮이 아닌 밤에 말이다. 그런다고 해도 죽음은 최소한 몇 시간 이상이 걸린다(소요)는 것을 유념해야만 한다.

Ⓑ 주로 죽음은 밤에 자다가 오는 것이 통상례이다. 그러면 욥기 34:20절과 34:25절을 보고 그리고 다시 이사야 17:14절을 보라. 이 죽음이란 것이 주로 언제 오는지를 말이다.

ⓒ 그러면 다시 욥기 34:20절을 보라. 이는 밤에 어두운

그 순간에 인간들에게 죽음이 주로 오게 되는데 그러면 그 저의는 과연 무엇인가?

Ⓓ 그러면 여기서 다시 이사야 17:14절을 보라. 밤에 자다가 하나같이 죽으니(죽음의 사자가 잡아가니) 인사가 한국에서는 "밤새 안녕하셨셔요"라고들 한다.
Ⓔ 구약성서 시편 101:8절을 보면 "아침(새벽)마다 하나님이 악인을 죽이시는 것이 그의 선하신 뜻이심을 알리시고 있다. 그러면 왜 이런 현상이 나타나는 것인가? 그것은 죽음의 사자의 활동이 낮이나 밝을 때보다는 밤과 어두울 때에 활동이 더 강하게 나타나기 때문이다.

8, 인간들에게 오는 죽음은 시도 때도 없이 찾아온다. 그러니 그 누구도 이를 두고서 사전에 충분한 준비와 각오가 없으면 아니 된다.
Ⓐ 그러기에 죽음의 이리는 무방비 상태에서 그리고 법이나 뜻이나 계획 하나 없이 오는 것이 아닌 만큼 죽음에의 깊이와 넓이를 바로 알아야 한다. 솔직히 죽음은 막연히 계획이나 설계도 없이 오는 것이 아니다.
Ⓑ 죽음은 절대적으로 순서나 순리나 절차에 따라서 오는 것이다. 이것을 일컬어서 "죽음에의 순서와 절차"라고 부른다. 어떤 이들은 죽음이 무방비 상태에서 순서나 절차도 없이 하리케인마냥 오는 것으로 아나 그것은 결코 아니다. 왜냐 하니 인간은 인격체이고 완전체이니 죽음의 바람이나 이리도 함부로 올 수는 없다.
Ⓒ 모름지기 죽음은 인간을 양분화 시키는데 그의 육신은 땅으로(전도서 3:20, 창세기 3:19) 그리고 그의 영혼은 원

래의 그 곳으로 돌려보내니(전도서 3:21) 감사이다.

9, 그래서 전체 인간들의 90% 가까이가 죽음의 세계 곧 사후의 세계는 생각하기가 싫다고들 한다. 그러기에 그 저의를 바로 아는 그것이 그 무엇보다 중요한 과제이다.
※ 인간은 그 육신이 원래의 자기 땅으로 돌아간다(시편 104:29). 그래서 전도서 3:20-21절은 우리에게 많은 의미를 제공하고 있다.
그런데 이 "죽음은 우리"를 양분 시키는데 그 하나는 육신과 영혼을 갈라놓는 일이고 다른 그 하나는 바로 창조주와 피조물의 원리와 근원과 기본을 나누어 놓는 일이다. 그러니 그 하나는 영혼을 위로 올리우는 것이고(전도서 3:21) 다른 그 하나는 육신을 땅으로 돌려보내는 일(작업)이니 놀라움이 아닐 수가 없다. 그러니 죽음은 하늘의 신비와 비밀이다.

10, 그러기에 그 누구도 앞을 보고 뒤를 바로 보아야 한다. 예수께서는 강조하시기를 그 "죽음에의 이리"가 와서(요한복음 10:12) 너도 나도 마구 잡아 간다고 하신다. 그러면 누가복음 7:11-16절을 유의하여 보라. 나인성의 과부의 아들 청년이 죽어서 지금 무덤으로 가고 있지 아니하는가? 그러면 죽은 그 청년이 왜 무덤으로 달려가고 있는가?
기본적으로 죽음은 나누어지는 것이다. 누가복음 12:20절을 보고 그리고 다시 누가복음 23:46절을 보고 그리고 다시 사도행전 7:59절을 보라. 모름지기 죽음은 각기 원상회복을 하는 것이다. 육신은 그 원래의(창세기 3:19) 흙으로 돌아가는 것이고(시편 104:29) 그리고 영혼은 그 소유주가 바로 하나님이시니 하늘로 올라간다는 것이다. 그러면 그것이 한국적 신앙과 사상과 원리에 의한 6도 환생에서 그의 영혼이 극락세상으로 올라간다는 것인가? 그것이 아니면 지옥 세상으로 내려간다는 것인가?

### 제 4절, 죽음에 대한 일반적 견해

1, 이 문제에서 우리가 반드시 유념해야 할 것은 바로 "그 누구에게도 일단 죽음의 시간이 오면" 그에게서 제일 먼저 나타나는 현상이 눈에 안개나 구름 같은 것들이 끼거나 덮히게 되고 보이는 것들이 서서히 사라지고 없다는 것이다.

Ⓐ 그 누구도 인생은 피조물이지 조물주가 아니다. 그러니 모두가 흙에서 났으니 흙으로 돌아가는 그것이 기본이고 원리이다. 그러기에 이 죽음에의 정의는 그 하나가 "육과 영"의 분리이고 다른 그 하나는 각기 자신의 본향으로 돌아가는 그것이다. 성서의 알리심과 같이 그의 영혼은 하나님에게로 돌아가는 것이고(누가복음 12:20) 그리고 그의 육신은 그를 만드신 그 본래의 흙의 자리로 돌아가는 것이다(시편 104:29). 이는 바로 하나님께서 아담을 보시고 "너는 흙이니 흙으로 돌아가라"고 창세기 3:19절에서 경고 하신바 그대로 인간은 결과적으로 그 땅으로 돌아가게 되는 것이다. 그러기 위해서는 먼저 에덴에서 추방시키신 것이다(창세기 3:23-24).

2, 인간에게 죽음에의 시간과 순간이 이르면 누구도 아무 것도 모르게 되고 무방비와 무감각과 무의식과 무의지와 무사고가 되고 만다는 것이다. 그 순간에 무의식과 무감각이 되기에 생각하는 것도 없고 느끼고 깨닫는 것도 없고 아는 것과 의식하는 것도 없으니 모든 것이 캄캄하고 어둡고 혼비

백산이 되고 보이는 것은 하나도 없게 된다.
 그러기 때문에 사람들은 그 상태 그대로 죽어서 황천이나 북만 상천으로 간다고들 한다. 그러다 보니 인간은 이 죽음에의 시간이나 순간이 오면 100체를 내려놓거나 5장6부를 내려놓고 만다.

 그래서 대인과 성인들은 죽음의 이리가 그 자신이나 너와 나를 찾아오기 이전에 각자에게 주어지고 맡겨진 그 일들을 유감없이 실천과 실행을 하라고 가르치고 있는 것이다. 그러니 각자가 정신들을 차리지(베드로 전서 4:7중반절) 못하면 결코 아니되는 것이다. 하늘이 무너져도 정신을 차리면 살아날 구멍이 있다고 하듯이 말이다. 솔직히 인생이 한 편에는 생을 놓고 그리고 다른 한 편에는 사를 놓고서 살고 있는데 그럼에도 그 한 생에는 이나 벼룩이나 빈데나 쥐나 바퀴벌레 유형으로 살고 있으면서 그와는 반대로 다가오고 있는 죽음의 문제에 대해서는 무의미하고 무감각하고 무지식과 무지혜와 무인격적이니 그래서 예레미야 5:3-4절적이고 그리고 에스겔 2:4절적이니 큰일이 아닌가? 그래서 성서는 구약성서 예레미야 17:9-11절을 보라고 경고까지 하고 있다.

 3, 죽음의 순간이 오면 인간은 혼미와 혼돈과 적막상태에 떨어지고 빠진다. 처음부터 끝까지 무서움과 공포와 두려움들뿐이다. 그런 와중에서 철저히 자기 혼자뿐이고 외톨이가 된다. 무서움의 대명사이고 상징인 저승사자에게 무방비 상태에서 혼자 잡혀서 끌려다니게 되고 시종일관 당하게 된다.

 그러면 그 한 실례로서

Ⓐ 누가복음 16:22하반절의 홍포를 입은 부자를 보라. 그는 무방비나 무의식상태에서 저승사자에게 개가 끌리듯이 끌려 다니고 결국은 죽고 음부 또는 지옥세상으로 떨어진다.

Ⓑ 그리고 다시 누가복음 12:20-21절의 부자를 보라. 하나님은 그 인간에게 경고하시기를 오늘 이 밤 이 시간이 바로 너의 죽음의 날이고 시간이고 순간이심을 친히 알리시면서 그 밤에 그를 서서히 죽이신다. 이런 자를 죽이시는데 그렇게 바쁠 것이 없다. 이런 청천벽력적 죽음의 순간과 와중에서 그가 웃으면서 죽었을까? 그것은 결코 아니다.

Ⓒ 마태복음 2:18-19절의 헤롯왕과 그의 일당들을 하늘이 가차없이 다 죽으신다. 그들은 하나같이 이에 대한 준비 하나 없이 죽었다. 그런 자들을 그냥 죽이시겠는가? 하루나 3일 5일 또는 7일이나 그 이상을 죽음에의 상태에 빠지게 만들고 그들의 기와 신과 풀을 완전히 박살을 낸 연후에 죽였을 것이다.

여기서 한 가지 유의할 것은 이는 필자가 믿고 있는 하나님께서 죽음에 대하여 친히 가르쳐 주신 바인데

그 하나는 사람은 죽음의 순간과 시간과 그 날이 오면 졸도나 아니면 넘어지거나 아니면 가슴과 숨(심장)이 막히게 되는데 그래서 의사들은 그런 현상과 현실을 보고 임종이 다가 왔으니 가족들에게 준비를 하라고 말하는데 그럼에도 막상 그것이 짧게는 하루나 이틀 또는 그 이상 지속이 된다는 그것이다. 그러면 그 때에 그의 영혼은 어찌되는가? 그 때는 거의가 그의 몸 밖으로 끌려나오게 된다.

그러면 그 때에 저승사자는 몸 밖으로 끌려나온 그의 영혼

을 데리고 며칠 동안 무서운 구렁속에 넣고서 목을 묶어서 끌고 다니는데 어떤 경우는 수백리 또는 수 천리 되는 통속으로 그의 영혼을 처넣고서 굴리거나 여러 날씩 끌고다녀서 넋을 빼고 그에게서 이생에 대한 미련이나 감정이나 기타 등을 완전히 버리고 포기하게 만든다는 것이다. 참으로 무서운 현실이고 악한 열기이다.

  그래서 대다수의 죽은 시신들의 온몸을 보면 여러날 집이나 병원에서 조용히 누워 있었는데도 몸의 전체에 푸르거나 검붉은 멍과 흔적들 뿐이니 죽음의 순간이 그 얼마나 아이러니한 형벌인지를 알만 한.것이다. 누구든지 죽은 자들의 시신을 점검하여 보라. 그럼에도 전체는 아니지만 죽음에의 그 순간과 시간을 맞은 자들이 그 순간에 얼마나 고통과 고난을 겪었는지 알만한 것이다(이에 대하여는 모든 시신들이 다 그런 것은 아니지만 이를 명심하라). .

  다른 경우는 죽음에의 상태에 빠져서 3일이나 5일 정도도 가고 7일이나 10일 정도도 가고 여러 달 가기도 한다. 이런 경우는 이미 혼비백산이 되고 모든 것을 상실당하고 생명 그 자체까지 위협과 포기를 당하고 만다. 이런 경우는 저승사자가 하늘에서 쇠사슬을 가지고 와서 그 인간의 목에다 묶고서 수백리 또는 수 천리가 되는 통 속에 넣고서 그 기간 동안 끌고 다니기에 살려달라고 아우성을 치고 빌어도 그것이 이생에서는 그 누구에게도 들리지 아니한다는 것이다.

  어떤 경우는 그 기간 동안 두 손목을 하늘에의 밧줄로 묶어서 어둡고 컴컴한 그 어디론가로 마구 끌고 돌아다닌 다는 것이다. 그 곳은 심히 어둡고 고약한 냄새가 나고 상상이 아니 되는 곳이니 이런 맛을 합번 본 인간은 말문이 닫히고 혀가 고꾸라지고 눈이 충혈과 어눌해 지고 만사가 포기 된다는 것이다. 그 누구도 죽음에의 그 순간과 시간을 여러 날씩 맛을 보고 온 자들은 아무런 말도 하지를 아니한다. 왜 그런가? 너무나 겁이나고 무서운 맛을 이미 보고 왔기 때문이다.

그런데 여기서 반드시 유의하고 넘어갈 것은 2-3일이나 5일 또는 7일이나 그 이상의 날을 죽음에의 순간과 상태에 빠졌다가 다시 깨어난 자들의 목의 그 주변을 현미경으로 보면 어떤 밧줄에 묶여서 끌려다닌 흔적이 나타나고 보인다는 것이다. 그리고 그런 자들의 손목을 다시 현미경으로 보면 그도 역시 이상한 밧줄에 묶여서 끌려다닌 흔적을 발견하게 되는데 이런 경우는 그 누구도 너무 겁이 나서 누구를 알아보거나 찾아볼 엄두를 내지 못한다는 것이 문제이다.

그래서 2-3일이나 5일 그리고 7일 그리고 10일 그리고 그 이상을 죽음에의 잠을 자고 다시 깨어난 자들에게 그 때의 상태들을 물으면 그 누구도 입을 열지 아니한다. 이는 찾아온 그 죽음에의 사자 그에게 무슨 경고를 받았는지 그 입을 여는 자는 아무도 없다. 그것이 그 세계의 비밀과 신비이다. 당신도 여기서는 결코 예외가 아니고 나도 예외가 아닐 것임을 바로 알라. 무섭고 두려움은 누구에게도 일반이다.

그러면 왜 이런 무시무시한 현상과 현실이 죽음의 순간이나 직전에 있는 자들에게 하늘은 "여러날 동안 보이고 가르치시는 것인가?" 그것은 죽음의 그 직전에 "죽음의 건너편 세상"이 어떠하다는 것을 가르치고 보이시기 위한 한 과정이다. 그래서 홍포를 입은 부자는 음부(지옥)의 불속에서 고백하기를(누가복음 16:30) "그렇게 되면 저들이 이생에서 회개하리이다"라고 고백하고 있다. 이는 참으로 의미하는 바를 심히 많게 하는 것이다.

그러면 앞에서 지적한 사도행전 12:20-23절을 보라. 헤롯 아그립바 1세 왕은 죽음의 사자와 질병이 그 자신에게 오는 것을 과연 몰랐을까? 그것은 결코 아니라고 본다. 그는 하나님의 영광을 갈취하는 죄를 범했으니 말이다.

다니엘 5:1-4절과 다니엘 5:30-31절의 바벨론왕은 죽음이 자기에게 다가오고 있는 것을 모르고서 그런 더럽고 추한 죄를 범하고서 죽었을까? 그것은 결코 아닐 것이다. 하늘과 땅은 행한대로 갚으시는 것이 아닌가?

4, 이생에서 보면 죽음은 그 누구도 심연의 나락으로 떨어지는 것이다. 그러다 보니 죽음의 순간과 시간이 오면 하나같이 가슴이 답답해지고 손과 발은 기동(행동)이 멈추어지고 눈에는 참으로 무시무시한 죽음의 사자만 보이지 다른 것 곧 가족이나 형제나 이웃이나 기존의 종교나 교회당의 목사나 교인들은 일체 보이지 아니한다. 그들은 다 어디로 갔는지 모른다. 임종이 오니 상당 수의 사람들이 바로 자기 옆에 있으나 하나같이 유야무야가 되고 있다.

그 때에 그의 귀에는 아무 것도 들리는 것이 없다. 이미 막혔고 봉하여져 있다. 죽음의 시간과 순간에 눈에 보이고 나타나는 자는 저승사자뿐이다. 검고 뿌연 연기가 주변을 완전히 덮고 있다. 그 누구도 어리석고 우둔하고 신에 대하여 배은망덕을 하게 되면 사울 왕이나 이스라엘의 지도자 홉니와 비느하스 마냥 누가 말하지 아니해도 죽음에 처하게 된다.

헤롯왕이나(마태복음 2:18-19) 대 헤롯의 장손인 헤롯 아그립바 1세 왕이나(사도행전 12:20-23) 어리석은 빌라도 마냥 사지 100체가 찢겨서 죽임을 당하게 된다. 이런 자들은 그 자신을 향하여 다가오고 있는 죽음은 아니 보고 반대로 상대방의 죽음만을 보고 있으니 참으로 어리석고 한심하고 아이러니 하다.

인생은 언제나 자신을 향하여 달려오고 있는 "자신의 죽음"은 아니 보고 타인의 죽음을 보거나 날마다 신문이나 TV에 나오는 그 누구의 죽음만을 보고 있으니 한심하다. 지금 그 자신을 향하여 달려오고 있는 "자신의 죽음"부터 먼저 보라.

5, 참으로 기이하고 신기하고 이상한 것은 죽음 앞에서 대다수는 후회를 하고 낙심하고 그 자신을 질책한다. 그러면서 죽음에의 순간과 시간에 자기의 망각이나 망상 상태에 빠지고 떨어지니 어느 것 하나도 낙심과 실망하지 아니할 것이 없다. 살아온 그것 자체가 말이다. 그러니 살아온 자기 인생을 탓하고 원망하고 비방한다. 그 자신이 가졌던 그 종교를 원망하고 목사와 교인들을 탓하고 원망까지 한다. 그 자신을 바로 잡아 주지 못한 그것을 원망하고 탓하고 시비를 건다.

모름지기 그 누구에게도 죽음에의 순간과 찰라가 오면 살아온 인생살이가 후회스럽고 수치스럽고 부끄럽고 한심해지기까지 한다. 자기가 산 그것이 추하고 더럽고 아니꼽다. 자기의 인생관이 전혀 이해가 아니 되고 그것들이 바로 자신을 삼키고 피를 빠는 이나 벼룩이나 바퀴벌레나 쥐의 인생이지 사람의 인생이 아니라고 욕하고 비방을 하고 오열까지 한다. 그래서 온 몸이 검게 타고 허약해 지고 몸에서 이상현상까지 나타내기도 한다. 이런 것은 어느 누구만의 문제가 아니다.

6, 우리가 죽음에의 날과 시간과 순간을 맞을 그 때에 그리고 그것의 건너편 다리 곧 이 차원과 저 차원 곧 피안과 차안의 세계 사이에서 아주 조심을 할 것은(이것은 필자의 소리임) 바로 다음의 이것들부터 바로 알아두어야 한다.

Ⓐ 그 하나는 "죽음에의 순간에' 이 세상에서 그 자신이 목사(종교의 지도자)이었다는 소리를 말하지 말 것이다. 왜냐하니 이런 자들은 세상에서 너무 많이 수다를 떨었고 구화술에 능하다. 그러니 다들 설교로 속이고 공갈과 협박을 일삼으나 하나 같이 업적과 실적이 거의 없으니 문제이다. 이들은 거의 성서연구서적들도 거의 없고 설교집들도 거의 없다. 솔직히 죽음과 죽음의 사자와 심판대 앞에 서면 말이다. 죽음 앞에서 목사라고 말을 한다면 성서연구와 설교집을 합하여 (300페이지 이상 책들) 30권 정도는 되어야 하는 것이 기본과 원리가 아닌가? 자신의 저서들이 거의 없으면서 구화술 곧 입만 살아 있으니 그 누구도 부끄러움과 챙피를 죽음과 무덤 건너편에서 크게 당하지 아니하려면 죽을 때에 "나는 목사요" 라는 말을 사용하지 아니하는 것이 좋다.

Ⓑ 다른 그 하나는 그가 이 세상에서 저 건너편 세상으로 죽음을 통하여 건너가는 그 과정과 길 목에서 크고 작은 사업과 장사를 했다는 그것을 말하거나 발설하지를 말라. 이런 자들은 이편 세상에서 하도 많이 속이고 거짓말을 잘하였으며 경우에 따라서는 밤과 낮에 야누스가 되어서 입을 열고 일을 하고 그리고 남의 것을 빼앗고 숨어서 피를 흘리거나 마시고 그리고 어리석음에 치우치며 살았으니 말을 함부로 하지를 말라. 이런 자들은 누가복음 12:16-21절의 부자나

다시 누가복음 16:19-31절의 부자를 생각하면서 말을 줄이고 하지 아니하는 그것이 더 좋다. 죽음의 건너편 세상을 보라. 이런 장사꾼들이 발을 붙이고 살 곳이 있겠는가?

ⓒ 또 다른 그 하나는 "죽음의 날과 시간과 순간"에 이르러서 그 자신은 세상에서 정치나 권력자가 되어서 사람들의 그 주변을 맴돌며 오고 가면서 살았다는 그런 소리를 하지 말라. 주로 이런 자들은 겉과 속이 너무 다르고 어제와 오늘이 다르고 앞과 뒤가 다르고 부정과 부패를 자주 일삼으며 언제 어디서나 그 누구 앞에서나 아주 야누스적이니 이편 세상에서도 그렇고 저편 세상에서도 너무나 필요가 없는 자들이니 죽음에의 문턱에서 "나는 세상에서 정치를 하다가" 왔습니다 라는 말을 사용하지 말라. 말을 한번 잘못하면 죽음의 세계 건너편에서 크게 희롱과 조롱을 당하게 된다.

거두절미하고 죽음의 건너편 세계로는 "차안에서 피안"으로 넘어가는 그 과정이기에 그 누구도 이를 조심해야만 한다. 필자는 위에서 지적한 이 3종류를 보고 권면과 권고를 하려고 한다. 이들은 너무나 탁월하게 머리가 좋고 유능한 자들이니 그 누구도 이에 대한 바른 지식과 이해가 없으면 아니 된다는 것이다. 그러면 필자가 죽음의 문턱에서 왜 이 3종류가 크게 문제가 된다고 하는가? 그것은 이런 유형들은 언제 어디서나 잠언 30:15상반절에 속하여 무조건 "다고 다고"만을 쉬지 아니하고 거듭하는 거머리과 유형이니 어찌할 도리가 없다는 것이다. 받는 것은 알고 주는 것을 잘 모르니.

7, 이 죽음에 대한 일반적이고 일상적인 견해는 무견해이

고 무정의이고 무질서이고 무계획이고 무감각이고 무의식이니 그래서 구약성서 시편 17:14절이 나오고 그리고 다시 누가복음 12:16-21절의 황당하고 황망한 사고와 속성과 현실과 역사가 나오게 되는 것이다. 이런 사람들의 눈 앞에는 이미 죽음과 죽음의 사자인 이리가 그 앞에 와서 서 있고 앉아 있고 누워 있고 밧줄로 목이나 두 손을 묶으려 하고 있다는 것이다. 그러나 하나 같이 거만하고 교만한 그들의 행동을 보라. 그러니 누가복음 12:18-19절을 보라. 그래서 하나님께서는 누가복음 12:20절로 그를 그 밤에 죽이신다.

그러면 왜 그런 것인가? 그 누구도 하나님을 웃기지 말라는 경고이다(시편 2:4). 그런 자는 이미 죽으려고 발악하고 준비를 한 자들이지 살려고 준비한 자는 아니기 때문이다. 누가복음 12:20하반절을 보라. 이런 유형들은 이 세상에 너무나 가득하다. 미래사를 찾아보면서 부자나 정치가나 권력자들을 바로 보라.

### 제 5절, 죽음을 맞이 하는 인간의 자세는?

1, 인간들은 하나 같이 죽음 앞에서 모든 것을 내려놓고 있는 자들이 너무나 많다. 그러면 왜 죽음 앞에서 모든 것을 내려놓고 살고들 있는가? 허무주의에 빠진 것인가? 지나친 자본주의나 인본주의나 허무욕구주의에 빠져서 모든 것을 잃고 있는 것인가?

Ⓐ 그러면 누가복음 12:16-21절을 보라. 이 사람의 인생관은 그 무엇이고 생의 만족과 가치관은 그 무엇이고 그리고 다시 이 사람의 "죽음의 정의와 죽음의 가치관"은 그 무엇이고 그 어디에 있는가 함이다. 그는 왜 죽음 앞에서 고작 누

가복음 12:16-19절의 무능한 자세를 취하고 있는가?
   Ⓑ 그러면 다시 누가복음 16:19-31절의 엄청난 부자를 보라. 이런 자가 죽으면 이 세상은 박수를 치고 기뻐한다. 왜 그럴까? 그것은 그 누가 보아도 이런 자가 죽으면 세금을 아주 많이 거두어드릴 것이니 박수를 치고 축하할 일이지 슬퍼할 일은 아니다. 물론 종교적으로는 그가 죽으면 11조나 감사헌금이나 시주를 많이 할 것이니 축하할 일이 아니겠는가? 당신도 부자이면 이에서 생각과 관심을 두어야 한다.
   ※ 솔직히 국가나 사회나 국민들은 가난한 자가 죽으면 슬퍼하나 부자가 죽으면 박수를 치는 것이 원리이고 기본이다. 왜? 국가가 세금을 왕창 거두어야 하니 말이다. 오늘에서 당신은 세상적으로 부자인가? 가진 것이 얼마나 되는가? 반대로 가난한가? 오히려 국가가 당신의 장례를 치려야 하는가?. 어떤가? 부자의 장례식보다 가난한 거지의 장례식이 국가가 치르니 더 거창한 것이 아닌가?

   2. 현금당대의 너와 나를 향하여 죽음의 이리는 쉬지 아니하고 서서히 또는 빨리 다가오고 있는데(요한복음 10:12) 그럼에도 불구하고 너와 나는 두 손을 놓고 있는 참으로 어리석고 무능하고 나태한 인간과 소속이 아닌가? 여기서 우리가 반드시 유념해야 할 것은 바로
   Ⓐ 그 하나는 년도적으로 문제가 있고
   Ⓑ 그 하나는 달과 날자적으로 문제가 있고
   Ⓒ 그 하나는 시간적인데 그것이 낮인가? 아니면 밤인가 함에도 문제가 있고
   Ⓓ 그 하나는 시간으로서 순간과 찰라적임에서 문제가 있는 것이 기본과 원리이다.

그러기에 그 누구도 이 죽음에의 시간성 문제를 바로 아는 그것이 무엇보다 시급한 과제인 것이다. 그 누구도 이를 놓고 누구도 왈가왈부를 해서는 결코 아니 된다.

Ⓐ 그러면 마태복음 26:14-16절의 가룟 유다라는 사람을 보라. 그는 돈에 눈이 어두워서 자신의 스승을 팔고 돈을 챙겼다. 그러나 그에게는 지금 죽음의 이리가 서서히 턱밑까지 다가오고 있는데 그는 그것을 보지 못하였기에 그는 마태복음 27:3-5절 그대로 그 다음날 자살로 생을 마감 하였는데 그럼에도 그는 하나는 보았는데 둘은 보지 못하였으니 오늘은 돈을 챙기려 가고 이틀 후에는 자살을 하려고 간 것이다. 왜 그런 것인가? 그것이 어리석은 인생사이고 죽음 앞에선 인간의 오만불손한 모습과 행동이 아니겠는가?

Ⓑ 그러면 신약성서에 나타난 죽음의 사건들 중에 그 하나가 바로 사도행전 5:1-11절에 나타난 아나니아와 삽비라의 사건임을 바로 알라. 그들은 교회당으로 죽으려 가고 있는 자들이지 돈을 바치려고 가는 자들이 아니다. 왜냐 하니 기다리고 있는 교회당에서는 이들의 갑작스러운 죽음을 기다리고 있다. 한 시간 아니 30분 앞으로 다가오고 있는 자신들의 죽음을 보면서.... 오늘에서 우리가 느끼고 깨닫는 것이 그 무엇인가? 답답하고 황당하고 갑갑하다는 것뿐이다.

Ⓒ 지금에서도 대사업가나 그의 이름이 널리 알려져 있는 대회사의 회장과 사장들이 그 자신들에게 죽음에의 이리가 이유도 목적도 없이 마구 다가오고 있는 것도 모르고 바쁘게 돌아 다니고 있다가 어떤 이는 투신이나 자살로 끝맺음을 하기도 한다. 그리고 어떤 이들은 여러 해를 각종 질병에 시달

리다가 결국은 죽고 만다. 어떤 이는 각종 병원 등에 수년씩 누워 있기도 한다. 이런 것들을 보고 있는 우리들의 태도는 과연 어떤 것일까? 죽음을 향하여 달려가고 있는 인간군상들을 보면서 말이다.

 3, 그리고 다시 사무엘 상 2:12절, 2:13-17절의 제사장들인 홉니와 비느하스를 보라. 그들에게 죽음이 다가오고 있음에도 불구하고 그것을 전혀 모르고 있다. 그러니 그들은 자신이 죽는 것도 모르고 전쟁터로 달려나가 결과적으로 나라도 잃고 그리고 그 자신들도 전쟁터에서 죽고 만다(사무엘 상 4:10). 이것이 인간의 현재사이고 역사가 아닌가?
 결과적으로 그로 인하여 아비인 엘리 제사장은 40년간 나라와 백성을 인도하고 일을 한 그 모든 것들을 뒤로 하고 죽음을 맞고 만다(사무엘 상 4:17-18). 이들은 하나같이 자신의 죽음이 임박한 것도 모르고 자신의 헛되고 허망한 길을 가다가 죽고 말았다. 그런데 하나같이 문제가 되는 것은 인생은 생과 삶을 향해서 뛰거나 걸어가는 것이 아니고 결과적으로 죽음을 향해 모두가 뛰어가고 있으니 그것이 문제라는 것이다. 왜 다들 밤에도 일을 하다가 죽고 마는가?(누가복음 12:16-21) 왜 밤에 자다가 순간적으로 죽게 되는가?(욥기 34:20, 34:25) 그러면 그것이 그 누구를 위한 것이고 그 무엇과 그 누구 때문에 죽는 것인가?

 4, 그러면 역사의 현장위에서 사울 왕과 그의 3아들을 보라. 그들에게 죽음이 다가 오고 있으나(사무엘 상 31:1-6) 그것을 모르고 전쟁터로 나갔다가 전쟁터에서 죽고 만다. 사울왕 혼자만이 아니고 그의 3아들들도 함께 죽고 말았다. 죽음

의 이리가 이 4명의 식구들에게 한꺼번에 오고 있는데 어찌 된 것인지는 모르나 누구 하나도 그것을 모르고 있다. 참으로 어이가 없고 안타까운 일이다.

이스라엘의 역사나 기존의 현장의 현실들을 보라. 이스라엘의 850명의 선지자들이(열왕기 상 18:19) 한꺼번에 떼 죽임을 당할 것도 모르고 있다. 이들은 모두가 이스라엘의 지도자들이 아닌가? 그런데 그들 모두가 한꺼번에 떼죽음을 당하였다(열왕기 상 18:40). 저들은 지도자들인데 그들 중에 하나도 이를 사전에 모르고 있다는 그것이 말이 되는가? 참된 선지자 엘리야 하나에게 850명의 거짓 선지자들이 떼 죽임을 당했다는 그것이 말이 아니 된다. 그러면 이들 850명은 그 무엇을 믿고 있었기에 자신들에게 죽음이 그 날에 달려오는 것을 단 한명도 몰랐다는 것인가?

5, 그러면 다시 누가복음 12:20절을 보라. 하나님께서는 한 부자에게 "네 영혼을 오늘 밤에 도로 찾겠다"고 말씀하신다. 그가 죽을 그 날과 그 시간이 바로 오늘 밤이다. 그런데 성서는 우리에게 인간은 밤에 자다가 급히 죽는 자가 아주 많이 생긴다고 경고까지 하고 있으나 인간들은 이에 대하여 마이동풍이니 하나 같이 멸망하는 짐승으로 죽는 것이다(시편 49:20).

모름지기 위에서 왕과 그의 3아들이 한꺼번에 전쟁터에서 죽는 현실의 역사를 보면서(사무엘 상 31:1-6) 그리고 종교와 민족의 지도자인 홉니와 비느하스 형제에게 죽음이 오니 두 제사장들이 한꺼번에 전쟁터에서 죽는 것을 보라(사무엘 상 4:10-11). 그러면 이들은 분명 현실적으로 현재의 왕이고 왕자들이고 제사장들이 아닌가? 하나같이 이스라엘의 지도자들인데 그 자신들에게 다가오는 죽음의 사자들을 보지 못하여 죽고 마는 그 저의는 과연 무엇인가? 하나 같이 생과 삶은 잘도 보면서 왜 그 자신에게 다가오는 죽음을 보지 못하는가? 그것은 바로 시편 49:14절의 "사망이 저의 목자"이기 때문인가?

6. 인간들은 그 자신에게 다가오고 있는 죽음의 사자나 이리를 왜 한치 앞을 보지를 못하고 있는가? 그것이 그 누구의 탓인가? 그러면 마태복음 2:18-19절에 나타난 헤롯왕과 그의 추종세력들을 보라. 그리고 사도행전 12:20-23절의 헤롯 아그립바 1세 왕을 보라. 이들은 왕으로서 그 자신에게 달려오고 있는 죽음 그것 하나도 모르고 교만과 거만에 차서 오고 가다가 충이 먹어서 죽는 역사적 죄인으로 남게 되기도 한다는 것이다.

사람이 죽으면서 죽음의 건너편이나 하늘의 세계를 본다는 것은 결코 쉽지 아니하다. 스데반이 죽음의 그 순간에 예수 그리스도께서 하나님의 우편에 서신 것을 보게 되었다(사도행전 7:55-56). 그래서 그것을 친히 증거하고 있다. 이런 것은 두고두고 역사와 죽음의 세계를 연구 하는 자들에게 하나의 큰 소망을 주는 사건이 아닐 수가 없다.

7. 그러면 왜 우리는 죽음에 대한 예의도 없고 준비도 없고 확인이나 확신도 없는가? 죽음에 대한 관심이 없는 것은 고사하고 먼 산을 바라 보듯이 하고 있는가? 지금에서 당신의 주위를 둘러보라. 사후의 세계인 극락이나 음부에 대하여 이웃들도 가고 목사들도 가고 교인들도 가고 부모들도 가고 형제들도 가고 있지를 아니 하는가?

그리고 사람들은 병원에서도 가고 양노원에서도 가고 양노

병원 등지에서도 가고 교통사고나 각종 내적 질병에 의해서도 가고들 있다. 그럼에도 그 누구도 이 죽음의 문제에 대하여 질문을 하는 자가 전혀 없고 당신은 언제 죽을 것인지를 질문하는 자도 없다. 왜 그런 것일까? 다들 너무 무섭고 두려워서일까? 상천하지에서 인생에게 죽음보다 더 무섭고 두려운 것이 있겠는가? 없다. 왜 그런 것인가?

8, 그러면 왜 우리는 죽음에 대하여 지금까지 수수방관을 하거나 먼산을 바라보듯이 하는가? 지금의 자기 자신은 영적으로 또는 내적으로 쉬지 아니하고 죽어 가고 있으면서도 말이다. 그 누구도 죽음의 사자 앞에서는 단 1초나 단 1분도 못 간다고 하는 이가 없고 죽음 앞에서 좀 쉬어서 가자고 하소연 하는 이도 없다. 죽음에의 사자 앞에서 무엇을 좀 먹고 또는 먹으며 가지고 속삭이는 자도 없고 그리고 나는 절대로 못 간다거나 아니 간다거나 아니면 나 대신에 부모나 자녀나 형제나 이웃이나 벗이나 노예나 종이나 관노나 그 누구를 대신 잡아 가면 아니 되는 지를 죽음의 사자 앞에게 하소연 하거나 질문하는 이도 없었다. 왜 그런 것인가? 그것은 이미 너무 큰 무서움과 두려움과 공포를 당하고 있기 때문이 아닌가? 이를 바로 알라.

앞에서 이미 "인생의 죽음에 대하여" 강조와 기술하면서 그 무시무시한 죽음의 사자가 인생을 하루 또는 3-4일 또는 5-6일 또는 7-10일 또는 그 이상 동안을 무자비하게 영과 육을 끌고 돌아다니며 어떤 짓을 하는지를 강조한바가 있다. 그것은 그 인간의 몸에서 평생 동안 지은 죄를 닦고 다소는 씻고 세탁을 해야 하니 하는 수가 없는 현실이다. 그럼에도 불교에서는 악으로 가득하게 찬 인간을 극락으로 보내려고 사찰 등지에서 극락왕생을 날마다 외치고 있고 기독교에서는 이런 인간을 교회당으로 끌어다가 "낙원"으로 보내려고 갖은 수작들을 교회당과 목사들이 부리고 있으니 난감하고 아름답지 못하다.

  9, 그러면 그 누가 죽음을 향해 역으로 찾아가고 그리고 죽음을 만나 보려고 달려가고 죽음과 함께 며칠간이라도 동고동락을 하려고 작심을 하고 덤빌 것인가? 그 누구도 그럴 수는 없다. 그런 것은 용서도 용납도 아니 되는 현실이다. 인생은 삶이나 생을 얻으려고 쉬지 아니하면서 달려가고 있으나 그러나 죽음에의 날과 시간과 순간과 찰라가 오면 가지거나 쥐고 있는 것들을 다 버리게 된다.
  솔직히 이 세상에서 한 평생이 지나가고 난 그 뒤에 정신을 차리고 보니 이미 백발이 되었고 몸과 손과 발과 몸의 100체는 이미 다 무너져 있고 5장6부만이 아니고 모든 것들이 계속해서 죽음을 향해 달려가고 찾아가고 있으니 그런 행색 그 자체가 꼴불견이다. 어제의 너를 보고 오늘의 너를 보라. 솔직히 기다리고 있는 것은 그 무엇이고 남겨진 것은 그 무엇인가? 하나 같이 늙고 병들고 후패하고 죽어가는 그것들 뿐이 아닌가?
  거두절미하고 누가복음 12:16-21절에서 부자라고 자만을 떨든 그 인간이나 마태복음 2:18-19절에서 왕이고 권력자라 해서 칼을 마구 휘두른 그 꼴보기 싫은 인간이나 누가복음 16:19-25절에서 나타난 홍포를 입은 부자를 보라. 이들은 하나 같이 죽음 앞에서 고슴도치들 같다. 그러니 하나 같이 죽음을 기다리는 그런 인생을 살고 있지 아니하는가? 사무엘 상 31:1-6절의 사울 왕이나 그의 3아들을 보라. 기다리는 죽음의 항아리 속으로 4명이 한꺼번에 들어가고 있지를 아니하는가? 이들이 바라고 요구하는 것이 그 무엇인가? 그럼에도 이들이 어제의 사람들이고 오늘에서는 바로 너와 나임을 잊지 말라. 이들은 하나 같이 이름이 없는 자들이 가는 그 곳으로 개가 끌려가듯이 끌려가고 만 것이 아닌가?

## 제 6절, 죽음에의 정의란 그 무엇인가?

1, 거두절미하고 죽음에도 정의란 것이 있는가? 당연히 있다. 그 무엇에도 그 정의가 없는 것이 없듯이 여기서도 결코 예외가 아니다. 그러니 그 누구도 이를 바로 아는 그것이 매우 중요하다.

그러면 죽음은 그 어디로부터 오는가? 죽음은 기본적으로 하늘로부터 내려온다. 그리고 이어서는 이 세상(땅)으로부터 온다. 여기서 유의할 것은 설령 하늘이 그를 죽이고 그의 영혼을 데려가려고 해도 땅이 이를 거부를 하면 대단히 곤란하여 진다. 왜 그런가? 그것은 인간은 창조가 될 그 때로부터 창조가 된 인격체이기 때문이다. 그러니 하나님이 하늘에서 명하시니 땅이 그것을 받아서 인간에게 전달하고 명해야 죽음에의 정의가 형성이 되는 것이다. 그래야 그의 육신은 본래의 그 흙으로 돌아가게 된다(시편 104:29). 그리고 그 곳에서 고스란히 썩어지게 된다(창세기 3:19). 그래서 시편 146:3-4절을 성서는 보라고 요구하신다.

2, 그러면 죽음이란 이리는 왜 쉬지를 아니하고 달려오는가? 그것은 창세기 3:1-6절에 대한 하나님의 진노에서 오는 것이 아닌가? 창세기 3:19절을 보면 하나님은 인간의 타락

과 배신의 대가로 "너는 흙이니 흙으로 돌아가라"고 명하셨다. 이 말씀을 뒤집거나 분석을 해 보면 창세기 2:7절 그대로 너를 흙으로 돌려보내면서 내가 너에게 준 "영혼 또는 생명"을 도로 찾아 갈 것이니 이것을 바로 알라는 경고이다. 너는 흙이니 흙으로 돌아가라는 것은 "하나님이 주신 그 영혼"을 하나님이 도로 찾으신다는 원리와 기본인 것이다(누가복음 12:20). 그러니 죽음의 원리부터 바로 알라.

3, 그러면 죽음의 정의는 그 무엇인가? 죽음은 하나님이 주신 영혼과 이 세상이 준 또는 흙에서 가지고 나온 육신과의 구별과 이별 그리고 또한 분리가 되는 그 순간을 의미하는 것이다. 그러기에 창세기 3:19절과 누가복음 12:20절은 기독교적 차원에서는 의미가 참으로 많은 것이다. 그리고 나타난 부자 청년을 보라(마태복음 19:16-20). 그러면 그는 살기 위한 것 그리고 내세적인 것과 하늘의 것이나 영원하고 완전한 것을 구하고 찾는 것이 아니고 임시적이고 일시적이며 시간성 적이고 유한성적인 것들을 찾고 구한 것이 아니고 무엇인가 하는 것이다.

4, 그러면 죽음에의 그 표준은 누구이고 그 무엇인가? 답은 바로 우리 주 예수 그리스도이시다. 솔직히 인간에게 죽음과 사는 삶과 그 길이 있다면 어느 것과 어느 길을 선택할 것인가? 기본적으로 인간들은 하나 같이 죽는 길이나 그리고 천국과 지옥의 길이 앞에 있으면 지옥으로 가는 그 길을 정하고 선택을 할 것이니(마태복음 23:15) 그 결과가 어찌 되는 것인가? 어떤 경우에서고 간에 이런 것은 절대로 아니 되는 것이다.

다시 마태복음 19:21-22절을 보라. 그리고 다시 누가복음 16:19-25절을 보라. 그리고 사도행전 12:20-23절을 보라. 하나같이 이들의 길은 사는 길이 아니고 죽는 길이고 지옥이나 음부로 내려가는 길이 아니고 그 무엇인가?

5. 그러면 인간은 모두가 죽음을 맞지 아니할 수는 없는가? 결코 없다. 창세기 3:19절을 보고 그리고 다시 히브리 9:27상반절을 보라. 한번 죽는 것은 전 인류의 기본과 원리가 아닌가? 왜냐 하니 인간은 하나로 뭉쳐진 존재가 아니고 둘로 뭉쳐져서 하나가 된 존재가 아닌가? 그런데 그 하나는 하늘에서 내려온 영혼 또는 생명이라는 것이고 다른 그 하나는 이 땅위에서 흙으로 만들려진(시편 104:29) 육신이란 것이 아닌가? 그러기 때문에 죽음이란 바로 "이 둘이 각기 그 본향으로 돌아가는 것이다". 그것이 죽음에의 정의와 기본이 바로 이런 것이 아닌가?

6. 죽음을 바로 앞에 놓고서 낮아지는 자세와 겸손한 마음과 섬기는 사고와 신앙으로 죽음을 받아드릴 그 때에 모든 것은 원상회복이 되는 것이다. 그러니 인간에게 죽음이란 그 무엇인가? 각기 원상회복이 되는 그것이 아닌가? 그러니 창세기 2:7절에서 하나님의 생명 곧 영혼(생기)과 땅의 소산인 흙을 합해서 하나의 인간으로 만드셨으니 죽음은 이 양자를 분리 시켜서(누가복음 12:20) 하나는 하늘로 다른 그 하나는 흙으로 돌려보내는 작업이(전도서 3:20-21) 바로 죽음에의 정의가 아닌가? 그러니 죽음은 어제만의 문제가 아니고 어제와 오늘과 내일의 동시적인 문제임을 바로 알라. .

7. 거두절미하고 죽음의 이리가 너와 나를 밤과 낮을 가리지 아니하고 찾아오면(요한복음 10:12) 우리는 그것을 고스란히 받아드릴 것인가? 그것이 아니면 깨끗이 그것을 거부하고 맞아 드리지 아니할 것인가? 그래서 날을 새우고 싸움을 하려고 준비를 할 것인가?

Ⓐ 마태복음 16:21절을 보라. 찾아오는 죽음을 그리스도께서는 그것을 고스란히 맞아드리려 하고 있다. 예수께서는 여기서 십자가를 통하여 죽으실 것을 말씀하신다. 그는 요한복음 1:14절, 1:18절의 성서대로 도성인신을 하신 분이 아니신가? 그럼에도 여기서 그가 죽으심을 선택한 그 이유는 무엇이고 그 어디에 있는 것인가?

Ⓑ 사도행전 7:55-56절의 스데반을 보라. 그는 순교에의 그 순간에 하늘에 있는 그 나라와 예수 그리스도를 친히 목격하고 이를 증거하고 있다. 그가 여기서 본 것은 하늘의 세계이니 죽음의 건너편 피안의 세계이다.

Ⓒ 사도행전 12:1-2절을 보고 그리고 그와는 대조적으로 사도행전 12:20-23절을 보라. 이들의 죽음은 상반된 것이고 너무나 대조적인 것임을 잊으면 아니 된다. 솔직히 이 둘의 죽음이 비교와 대조가 되는 것은 그 무엇 때문인가?

8. 그러면 죽음에의 정의에서 그 무엇이 문제가 되는 것인가? 이에 대한 바른 이해가 있는가? 아니면 전혀 없는가? 죽음에의 정의는 이 땅에서만 내리는 것이 아니고 하늘에서도 내리는 것임을 결코 잊지 말라.

그러면 노아 때에는 하나님이 수천만 명을 죽이시고 방주로 겨우 8명만 구원하시는 그 저의는 과연 무엇인가 하는 것이다. 창세기 6장에서 8장까지를 보라. 그 큰 노아의 방주가 겨우 8명을 구했다면 오늘의 기독교회당들이 과연 몇 명씩이나 구원할 수 있는지 의문이다. 모름지기 죽음은 쉬지 아니하고 달려오고 있는데 이에 대한 아무런 대비책이 교회당이나 성당이나 사찰이나 성전 등지에서 없으니 이를 어찌해야 하는가? 오늘에서 목사들을 보고 신부와 주교들을 보고 스님들을 보라. 그들에게 교인이나 중생들을 구원할 대책이나 묘수가 있는가? 죽음에의 사자 앞에서 자기 한 몸 세우기도 급급한데 말이다.

9, 그러면 죽음에 대한 바른 이해가 있는가? 아무리 보아도 거의가 이에 대한 대비책이 없으니 암담하고 캄캄하다. 그리고 죽음에 대한 정의에서 바른 이해를 전혀 갖지를 못하면 어찌 되는 것인가? 어떤 경우에서도 세상과 사회와 인간은 죽음에 대한 바른 이해를 가져야 하는데 그것이 없는 것이 문제이다. 그럼에도 하나 같이 죽음에 대한 바른 인식이나 이해가 거의 없으니 그것이 큰일이 아니겠는가? 기독교가 있고 회당들도 있고 목사나 신부나 스님들도 있는데 그럼에도 이들은 거의가 사후 또는 죽음에 대하여 염려나 걱정이나 생각지 아니하고 있으니 그것이 크게 문제가 되고 있다. 솔직히 당신이 종교의 지도자라면 이에 대한 어떤 생각이나 개념을 갖고 있는가? 아직도 멍한 상태에 놓여 있는가?

10, 인간은 거의가 이 죽음과 죽음의 사자에 대한 정의나 표준이나 설계나 계획 하나 없이 살거나 오고 가다가 너도 가고 나고 끌려가서 죽는 것이 현실과 역사가 아닌가? 그러면 왜 다들 그렇게 되는 것인가? 하나같이 미련하고(마태복음 25:1-12) 우둔하기 때문이고 지나치게 약거나 세속적이

고 계산이나 사업적이기에(누가복음 12:16-21) 그렇게 되는 것이 아니겠는가?

구약의 사울왕은 정치권력과 악한 영에 의해 준비를 전혀 하지 못하고 죽었다(사무엘 상 31:1-6). 그리고 이스라엘의 제사장들인 홉니와 비느하스를 보라(사무엘 상 4:10-11). 어처구니가 없는 것은 왕이나 제사장이라고 하는 자들이 죽으면서 자신들이 왜 죽는지 그리고 그 무엇을 위해서 죽는지 그것을 모르고 죽었다. 수천년이 지난 오늘에서 "너와 나는 왜 죽는지" 또는 "그 누구와 그 무엇을 위해서 죽으려고 하는지" 그것 조차 생각하지 못하고 있으니 먼저 죽은 그들 보다 오늘의 우리들이 더 큰 문제가 아니고 그 무엇인가? 죽음에의 이리는 어제도 오늘도 "너와 나"를 노리고 있다. 왜? 죽음에의 건너편으로 끌어가려고.

11, 성서를 보면 하나님께서는 인간을 만세전에 창조 하시기로(에베소 1:4-6) 예정하시었다. 그리고서 인간을 조성하셨다(창세기 2:7). 그럼에도 인간들이 하나님을 버리고 마귀와 그 손을 잡음으로서(창세기 3:1-6) 결국에 에덴에서 추방을 당하게 되었고(창세기 3:23-24) 그로 인하여 한번 죽는 것이 죽음에의 정의와 기본이 되었다(히브리 9:27상반절). 이 모든 것들이 하나님으로 부터인데 하나님께서는 인간에게 "너는 흙이니 흙으로 돌아가라"는 명령을 내리게 되었다(창세기 3:19). 이것이 버림에의 청천벽력이고 저주와 심판의 시초가 된 것이 아닌가? 이 때로부터 죽음의 이리는 인간을 따라서 행동을 하고 있으니 두렵고 떨린다.

그러면 이스라엘의 제사장들로서 바알과 아세라 선지자들 850명을 보라(열왕기 상 18:19). 그들이 한꺼번에 엘리야에 의해서 전원이 한 곳에서 떼 죽음을 당하게 되었는데(열왕기 상 18:40) 그러면 이들 중에는 그 자신들에게 죽음이 오는 것을 단 한명도 알지 못하고 있다가 전원이 떼죽음을 당한 것이 아닌가? 그들은 다 이스라엘의 지도자들인데.... 왜 그렇게도 무지막지하게 당한 것인가? 이런 것을 가지고 개꼴이라 하는가?

### 제 7절, 죽음에 대한 우리의 견해

1, 분명한 것은 전 인류에게는 반드시 죽음이 온다는 것이다. 그것이 음으로도 오고 양으로도 온다. 그것이 낮에도 오고 밤에도 온다. 그것이 유아에게도 오고 장년과 노년에게도 온다. 빈부귀천이나 유무식이나 청년과 처녀와 이혼녀와 이혼남과 아버지와 어머니에게도 온다. 왜 그런 것인가?
 죽음은 인간의 타락의 현상이고 소산이다. 그 누구에게도 죽음이란 분명히 요구하지도 바라지도 아니한 불청객이고 반갑지 아니한 손님이다. 그 누가 저승차사라고 하는 그 죽음의 사자를 요구하거나 바라겠는가? 너도 나도 절대로 바라지 아니한다. 그러나 계속해서 그는 달려오고 다가오고 있다. 그런데 어떤 이들은 모시려 오고(누가복음 16:22상반절) 어떤 이는 잡아가려고 온다. 후자에게는 맨손으로 오는 것이 아니고 오른 손에는 무시무시한 검을 들었고 그의 왼손에는 밧줄이나 그물 등을 그리고 좌우의 옆구리에는 쇠사슬과 고랑과 몽둥이와 갈고리와 각종 고문의 기구들을 차고서 나타나니 보기만 해도 인간들은 하나 같이 귀가 죽고 정신을 잃고 매사에서 혼비백산을 할 지경이다. 그 앞에서는 누구도 말문이 막히고 정신과 사상과 의지가 사라지고 없어진다.

사람들은 그 자신의 부모도 형제도 이웃도 교회당의 목사도 교인들이나 벗들 역시 죽음의 사자에게 끌려가는 그것을 보면서도 다들 정신들을 차리지 못하고 있다. 자기도 때가 되면 끌려가야 하는 그것은 인식과 인정을 하고 은근히 기다리거나 아니면 안타깝고 심히 답답하게 생각을 하면서도 죽음을 먼산 바라다만 보고 있을 것뿐이다. 그러니 하루하루가 지루하고 우울하고 착잡하고 불안하고 초조하기만 하다. 그러다 보니 인간은 생 그 자체를 포기하고 하나 같이 죽음을 기다리며 살고들 있다. 모든 것을 포기한 상태에서 말이다.

2, 여기서 유의할 것은 "죽음은 육신과 영혼의 분리"를 가져오게 하는 것이다. 그러면 왜 그런 것인가? 누가복음 12:16-21절의 부자에게서 12:20절을 보라. 그는 안타깝게도 그의 영혼을 하나님이 데려가니 그는 그 밤에 죽고 말았다. 그래서 죽음에의 정의는 영과 육의 분리 또는 그 순간이 되게 하는 것이다. 왜 그런가? 그것이 창세기 2:7절에 의한 것이기 때문이다. 그런데 누가복음 8:52-55절에서 12세 소녀가 죽었다가 그 여아의 영혼이 떠났다가 다시 돌아오니(누가복음 8:55) 죽은 그 여아가 되살아 나고 있다. 분명한 것은 이것이 생사이고 또한 생사의 갈림길이고 연합에 의한 생이 되는 것이 아닌가?

3, 죽음은 하나님으로부터 주어진(창세기 2:7) 영혼 곧 생명이 다시 하나님에게로 돌아가는 것을 의미 한다. 그러면 누가복음 12:20절을 보라. 그리고 다시 야이로의 딸의 죽은 것에서 "그 아이의 영혼이 돌아오니"(누가복음 8:54-55) 그 여아가 다시 살아남을 보라. 이것이 하늘의 신비이고 숨

겨진 창조의 비밀과 능력과 역사가 아닌가?
 그러기에 이미 위에서 수차례 언급을 하였고 강조를 한 바 그대로 일단 죽었으나 또 육신에서 죽음에 의해 떠난 그 영혼이 돌아오면 다시 살아나는 것이다. 요한복음 11:1-44절에서 죽은 나사로를 보라. 그는 장례를 치른 이후에도 무덤에서 그리스도에 의해 다시 살아나지 아니하는가?

 4, 죽음은 각기 주어진 그 본래의 곳으로 가는 것이다. 육신은 흙에서 났으니(창세기 2:7, 3:19, 전도서 3:20) 본래의 흙으로 돌아가는 것이고(창세기 3:19, 시편 104:29) 위로부터 내려온 하나님의 생명 곧 우리의 영혼은 위로 올라가는 것이다(전도서 3:21). 그러면 누가복음 16:22상반절을 보라. 그의 영혼이 천사들에 의해서 하늘로 올라가니 일단은 죽은 것이 된다.
 ※ 그래서 성서는 경우에 따라 어리석고 못난 부자에게 "오늘 밤에 네 영혼을 도로 찾으리니"(누가복음 12:20) 라고 하신다. 영혼을 도로 찾아가는 것은 주인의 영광된 자유이고 은총이고 사랑의 보답이 아닌가? 창조주께서는 죽일 수도 있고 살릴 수도 있다(사무엘 상 2:6). 그 주신바 영혼을 도로 찾아 갈수도 있고 빼앗아 갈수도 있다. 그러니 인간은 현실을 바로 직시하고 조심해야 한다.

 5, 그럼에도 불구하고 인간은 이 죽음에 대하여 너무나도 관심들이 없으니 죽음의 세계에 대하여는 심히 무지하고 무식하다. 그러기에 죽음이나 죽음의 세계에 대하여 "준비와 각도"도 거의 없고 그리고 사전에 충분한 "연구나 검토나 분석"도 없고 생각이나 계획함도 없으니 참으로 아리송하고 한심

하다.

 그러니 성서에 나오는 사울왕의 죽음을 보고(사무엘 상 30:1-6) 그리고 다시 가룟 유다의 죽음을 보고(마태복음 27:3-5) 그리고 성령을 속이려다가 죽은 아나니아와 삽비라를 보라(사도행전 5:1-11). 이런 인간들의 그 코 밑에는 언제나 죽음의 그림자가 와서 머물고 있는데 그것을 모르고들 있다. 코의 구멍이 둘인 것은 하나는 생명선이고 다른 하나는 사망선이다. 그러기에 잘못하면 순식간에 죽게 된다. 이에 대하여는 너도 나도 결코 예외가 아닌 것이다.

 6, 그러하다면 인간은 죽지 아니할 수는 없는가? 죽음이 피하여 가고 옆으로 피하여 갈 수는 없는가? 왕이나 황제나 재벌들이 이 죽음의 문제를 해결하려고 불노초나 불사초를 구하려 다니고 이에 대하여 안간 힘을 쏟고들 있다.
 그러면 인간에게 필요한 불사주나 불사약이나 불사초는 그 무엇인가? 이에 대한 바른 이해가 있는가? 그러면 왜 진시황은 이런 약초를 구하려고 한국으로 신하들을 보냈고 보내심을 받은 각종 신하들은 한국의 원주시의 옆에 있는 차악산으로 와서 불노초나 불사초를 찾고 구하려 노력하였는데 그 이유는 무엇이었는가? 그러나 그 누구도 불노초나 불사초를 구하지 못한 것은 아이러니한 현실이 아닐 수가 없다(그런데 이 치악산의 바위산에는 불노초에 비슷한 풀이 있는 것은 사실이다). 그럼에도 이에 대한 이 세상적인 각종 이해는 없고 다만 하나님의 말씀뿐임을 바로 알아야 한다.

 7, 그러면 죽음은 모든 것의 그 끝인가? 아니면 그 시작인가? 이런 문제 때문에 인간들이 고안하고 착안한 것들이 바

로 우리가 죽어서 극락(낙원) 세상에 가면 한국이나 동양적으로 흔히들 말을 하는 옥황상제께서 그 곳에 계시는데 그는 그 곳으로 오는 자들에게 이슬이나 신선주를 주어서 마시게 한다거나 그리고 그 곳에는 천도복숭아 라고 하는 열매가 그 곳의 복숭아 나무에 주렁주렁 달려 있는데 그 천도복숭아 한 개를 먹으면 그 곳에서 일천년을 산다고 하며 보편적으로 2-3개 정도를 먹고서 그 곳에서 살다가 다시 이 세상으로 인도환생이(윤회) 되어 온다고들 이야기를 하는데 그것이 과연 가능하냐는 것이다. 그러면 이런 것들이 과연 황당무계한 거짓이고 위선인가 하는 것이다.

8, 왜 우리는 솔직히 사후의 세계 보다 죽음의 세계를 더 무서워하고 두려워하는가? 그것은 죽음이란 것이 이 세상이나 부모나 형제자매나 이웃이나 기타 모든 것들의 연을 끊게 하고 종지부를 찍게 하는 형식과 톱니바퀴이니 그것이 보다 더 무섭고 두렵다는 것이다. 이에 대하여는 그 누구도 왈가왈부를 하지 아니한다. 아니 못 한다. 그 누가 그 무서운 죽음에의 톱나바퀴를 보고 겁을 먹지 아니하겠는가?.

그러면 시편 17:14절에 나타난 인간을 보라. 이런 사람은 하나님이 주신 돈을 가지고 생전에 그 자신과 가족과 형제만을 위해서 사용을 할 만큼 사용하고서는 남는 것은 자녀에게 유산으로 나누어주고 죽는다는 것이다. 그 결과는 바로 누가복음 16:27-30절의 꼴이 되고 보면 그런 결과가 어찌 되겠는가 함이다. 이것이 한심한 인간들의 수치스러운 몰골과 수작의 그 결과가 아니고 그 무엇인가?

솔직히 시편 17:14절의 인간은 어제와 오늘의 "너와 나"

의 몰골과 현실과 역사와 생활의 패턴이 아니고 그 무엇인가? 오늘의 너와 내가 바로 이런 인간의 몰골로 골몰무가 하면서 살고 있는 것이 아닌가? 그럼에도 저 세상에 가서는 다시 누가복음 16:27-30절로 살려고 하는 것이 아닌가?

 9, 인생은 왜 죽음의 세계와 죽음 그 자체를 멀리 하고 두려워하고 무서워하고 싫어하는가? 왜 이 죽음에 대하여는 그렇게도 관심들이 없는가? 그러면 과거나 현재의 각종 종교들을 보라. 그들이 합법적이고 정상적인 종교적 교리나 사상이나 취지나 현실이나 역사 그리고 내세적이고 그리고 인간에게 오는 삶과 죽음에의 문제를 바로 가르치고 있는가? 전혀 그것이 아니고 비진리적이고 비성서적이고 비정상적이고 비합법적인 것을 골라가면서 가르치고들 있으니 그것을 듣고 배우려는 중생들의 귀에 복음이나 진리가 아닌 사약인 마태복음 23:13, 23:15절의 자본주의적인 냄새가 나는 것들에 불과하니 그런 것들은 결코 아니 되는 것이다.
 솔직히 사람들이 바라고 추구하고 요구하는 것으로서의 죽음의 건너편 세상에는 솔직히 신선도 있고 선녀도 있는 것이 사실인가? 기독교적으로는 없다. 그러니 이들에 의한 그 무엇도 전혀 없으니 인위적이고 가공적인 역사나 현실에 의해서 이런 것들이 잘 포장이 되어서 나타나는 것은 아이러니한 역사와 사건이 아니겠는가?

 2017년도 말의 한국의 공식적 종교분포는 인구 5300여만명 중에서 기독교가 일천만 명이고 불교가 팔백만 명이고 천주교가 300만 명이고 기타 종교인이 3-400만명 선이다. 그런데 기독교인으로서(기독교와 천주교 연합) 죽음의 세계와 사후의 세계 곧 천국과 지옥, 낙원과 음부와 무저갱을 믿고 있는 자들은 겨우 300여만 명 미만에 불과하고 그 외에는 불교나 유교나 단군신교나 미신종교나 우상종교나 바라문의 범신론을 그냥 그대로 믿고 받아드리는 사람들이 3,000여만 명이 넘고 있기에 한국은 종교나 신앙의 주류가 바라문교적이지 기독교나 불교가 아님을 유념해야 한다. 기독교의 목사들이 아무리 떠들고 씻고 박고 쑤시고 찌르고 하여도 한국인의 사상과 신앙과 인격과 의지와 의식의 구조는 바라문의 범신론적임을 잊으면 결코 아니 된다.

10. 그러면 종교적으로 믿는 자들이나 불신자들의 죽음에 대한 각종 견해는 어떠한가? 아니 그 무엇인가? 그러기 때문에 여기에서 인간들에게 "종교나 사회적"으로 문제가 크게 생기는 것은 당연한 것이 아닌가?

그럼에도 불구하고 여기서는 합리와 합법적인 것이 아닌 인간의 사악한 괴변과 악습과 어리석음의 각종 모순이 생겨나고 노출되는 것은 어찌할 도리가 없는 것이다. 반드시 유념할 것은 각인의 죽음의 건너편 세상에는 고상하고 찬란한 가공적인 인물인 "옥황상제와 염라대왕"이 나타나고 있는데 원래 이런 자들은 없는 오직 가공적인 자들인 것이다. 그러나 기독교의 소수신자들을 제외하고는 한국인의 신앙과 의식 구조속에서 대다수가 이들 옥황상제와 염라대왕을 믿거나 받아드리고 있는 실정이니 이를 어찌하는가? 당연히 기독교의 소수적 입장에서 이들은 가공적인 인물에 불과하다고 주장들을 하지만 말이다.

한국에서 불교나 유교나 타 종교들에 소속이 되어져 있는 자들이나 무신론자들은 은근히 이들의 출처나 근거나 역사나 현실에 대하여는 전혀 근거가 없는 것이 아님을 이모나 저모로 토로나 고백이나 인지하고 있으니 이를 유념해야 한다. 이런 자들은 기본적으로 아주 머리가 좋은 종교인들이 가공적으로 만들어낸 허구성이니 존재론적으로 큰 가치의 대상이 아니라는 것이다.

바라문교에서는 모든 생명에는 신(영혼)이 있다고 주장하고 만들어 내니 그것을 동양이나 세계적으로 앞을 다투어 가면서 그것을 받아드리 듯이 한국 역시 이에서 예외는 아닌 듯하다. 그럼에도 불구하고 한국이나 동양에서는 모든 종교인들이 이를 믿고 받아드리고 있으니 그것이 바로 문제라는 것이다.

그러다 보니 그 옥황상제가 있는 천상이나 염라국으로 가서 이슬이나 신선주를 은근히 얻어먹으려 하고 천도복숭아를 따서 하나만을 먹으면 일천년을 산다고 하는 사이비나 미신이나 우상이나 신화성에 사로집혀서 벗어나지를 못하고 점점 그런 미화사상과 사이비교리와 비정상적인 의식속으로 빠져들고 있으니 그것이 문제가 아니겠는가? 오늘의 한국적 미신과 우상과 각종 잡신들의 사상과 신앙과 의식구조와 현실을 보라. 참으로 아이러니하고 아리송하지 아니한가?

### 제 8절, 일반적으로 보는 죽음에 대하여(죽음의 의미)

1, 일반인들은 이 죽음 이후의 세계를 알지 못한다. 아니 알려고 하지를 아니 한다. 왜 그런 것인가? 그것은 죽음의 세계가 너무나 무섭고 두렵고 떨리기 때문이다. 그러면 거두절미하고 죽음이란 그 무엇인가?

Ⓐ 죽음은 바로 원상회복을 의미한다. 죽음은 바로 원상회복이니 우리의 육신은 흙으로 그리고 우리의 영혼은 하늘로 (전도서 3:20-21) 올라가게 되는 것을 의미 한다. 이것이 바로 원상회복의 진리와 진의이다.

Ⓑ 죽음은 모든 것들을 원상으로 다 돌려보내는 작업이도 일이다. 이 육신은 시편 104:29절 그대로 그리고 우리의 영혼은 하나님께로(누가복음 12:20) 돌려보내는 작업이다. 그런데 유의할 것은 이 육신과 관계가 있고 된 것들은 어느 것 하나도 빼지 아니하고 그대로 돌려보내는 작업이 죽음이다. 각종 부동산이나 동산이나 귀금속이나 가진 지위나 명예나 이권이나 출세나 성공이나 기타 세력들이나 모두를 원상으로 다 돌려보내는 작업이 죽음이다.

Ⓒ 그리고 죽음은 하늘의 것과 땅의 것을 그리고 영원하고 완전한 것과 일시적이고 임시적이며 시간과 공간성 안에 있는 것들을 완벽하게 구별을 하는 작업이 바로 죽음이라 하는 그것이다.

Ⓓ 그런데 죽음을 통하여 "육신과 영혼"이 오늘은 그리고 일시적으로는 해어지지만 그러나 이 양자가 장차 그리스도가 재림을 할 그 때에 그와 함께 부활의 완성체를 입기 위해서 (빌립보 3:21) 다시 하나가 되는 대 역사를 맛보게 되는 역사를 나타내야 하는 그 작업이 죽음인 것이다. 그래서 죽음은 한 편은 감사와 축하이고 다른 한편은 영광인 것이다.

2, 죽음은 인간의 모든 것들을 완벽하게 소멸하고 없이 하는 대 작업이라고 규정하고 있다.

Ⓐ 그럼에도 여기서 바로 알 것은 인간은 태초로부터 인격

체이니 하나같이 죽음은 하늘이 먼저 허락을 해야 하고 그리고 이어서는 땅도 허락을 해야만 이루어지는 것이다. 이 양자가 함께 승낙을 하지 아니하면 아니 된다. 그러면 그 이유는 무엇이고 그 어디에 있는 것인가? 그것은 인격체에 대한 가치성과 존재성 지불이기 때문이다.

　Ⓑ 그러면 여기서 다시 산을 보고 땅을 보고 하늘을 보라. 여기서는 죽음이 그 무엇인지를 바로 알리시고 있다. 그러면 왜 이렇게 되는 것인가? 그것은 땅과 하늘이 하나님의 영광을 나타내듯이 인간 역시 피조물로서 그 자신의 인격체와 영광을 나타내야 하기 때문이다.
　Ⓒ 데살로니가 전서 4:14-17절을 유의하여 보라. 그리스도께서는 먼저 간 그리스도인들을 극락(낙원) 세상에서 모두 다 이끌어 내신다. 그리고 이어서 부활의 완전체와 인격체를 입게 하실 것임을 알리시고 있다. 이것이 바로 기독교의 성서가 강조하고 있는 죽음과 그 이후의 세상임을 바로 알아야 하는 것이다.
　3. 일반적으로 사람들 곧 너와 나에게 죽음이 임하면 어떻게 되고 그리고 어떤 자세와 태도를 취하게 되는가?

　Ⓐ 그 하나는 그 주위가 캄캄해지고 어두워지고 사나워지고 몸이 오삭하여 진다. 먼저는 눈이 어두워지고 귀가 막히기 그 시작을 한다. 그래서 눈에는 보이는 것이 없어지고 귀는 막혀서 아무런 소리를 거의가 듣지를 못하게 된다. 그래서 그 누구도 죽음에의 순간과 찰라가 오면 무의식적으로 손과 발과 입과 그 몸으로 누군가를 계속해서 찾고 부르고를 거듭하나 그 소리를 아무도 듣지를 못한다.

이미 그 입이 굳어졌고 혀가 제 구실을 못하고 음성이나 소리가 사라지고 없으니 답답하여 진다. 그래서 자신의 곁에는 의식이나 무의식적으로 아무도 없는 것과 같은 착각과 망상과 허상을 느끼기에 심각한 우려를 자아내게 된다. 그래서 사람들은 임종 직전에 가족이나 자녀들이나 교회당의 목사나 신부나 교인들에게 자신을 위해서 찬송을 크게 불러 달라고 요구하는 것이다. 그러나 귀가 막혀서 그 소리를 하나도 듣지를 못하니 심각한 우려를 야기 시키게 되는 것이다.  .

ⓑ 그리고 죽음의 순간과 찰라가 임하면 다른 사람들이 그의 눈에 전혀 보이지 아니 한다. 이미 위에서 지적한 사항 역시 동일함을 유념하라. 아무 것도 보이지 아니하고 들리지 아니하는 가운데 주위가 안개와 같은 기운과 상태에 떨어진다. 그러면서 죽음은 거의가 결코 빨리오지 아니하고 서서히 온다. 어떤 이들은 3-4일이나 5-7일이나 10일 이상씩 죽음에의 혼수상태에 떨어져서 죽음에의 잠을 계속해서 자는 경우들도 허다하다. 그러다가 죽음으로 가는 자도 있으나 상당수는 죽음에의 그 잠과 심연에서 다시 깨어나기도 한다.
그러면 일단 말문에 막히고 무의식 상태에서 만사를 귀찮아 한다. 말이 없어지고 침대에 누워서 눈을 감고 살아간다. 그런데 그런 사람들의 몸을 주시하여 보라. 누군가에게 또는 그 무엇에 맞은 흔적들이 몸의 전체에서 고스란히 나타나고 목이나 손목에는 밧줄이나 쇠줄로 묶은 흔적들이 그대로 나타나고 있다. 물론 그러다가 죽는 자들 역시 예외는 아니니 이를 참조하여야 한다. 너도 나도 죽을 그 때에는 온 몸에 상처 곧 검은 멍이나 붉은 피멍은 감안을 해야만 한다. 그 누구도 이를 우습게 생각하지를 말라. 물론 이에 대하여 범

죄의 경중의 차이는 있을 것이다. 물론 혹자들은 죽음에의 순간에 피의 역류현상에 의해서 피멍이 드는 경우도 있으나 그것은 단숨에 보아도 다른 현상들이니 이를 바로 알라.

 그러기 때문에 그 누구도 며칠이나 하루나 이틀의 죽음의 순간과 맛을 본 자들은 이미 일반인과는 완전히 다른 태도와 자세와 상태에 떨어진다는 것을 잊지 말라. 말이나 행동이 그리고 이생에 대한 자세나 미련이나 애착이나 태도가 완전히 달라져 있다가 얼마 못가서 스스로 죽고 만다.
 누구도 다가 오는 이 죽음에의 순간들 하나 하나의 구조나 조직이나 자세와 태도를 그 누구도 바로 알이 못하면 그런 자들은 음부의 불속과 지옥적임을 잊으면 결코 아니 된다(마태복음 8:12). 어느 누구도 이것을 바로 알라.
 구약성서에 나타난 홉니와 비느하스의 죽음은(사무엘 상 4:10-11) 어디서 오고 그리고 사울왕의 죽음과 그의 3아들들의 죽음은(사무엘 상 31:1-6) 그 어디로부터 왔고 그리고 홍포를 입은 그 부자의 죽음은(누가복음 16:22하반절) 그 어디로부터 온 것인가? 그러면 이들의 죽음은 하나 같이 저 승사자들이 가지고 와서 잡아간 것인가?

 그러면 이 시점에서 당신은 그 어떤 죽음을 기다리고 있는가? 이미 필자가 위에서 지적한 바의 바로 그런 죽음을 기다리고 있는 중인가? 그것이 아니면 그 어떤 그리고 그 무슨 죽음을 기다리고 있는가? 이에 대한 바른 이해가 있는가? 아니면 아직까지도 이 죽음의 문제에 대하여 바른 이해가 없고 생각도 해보지를 아니하였고 그러면서도 한 걸음씩 죽음을 향하여 달려가고 있는 중인가? 당신의 주위와 이웃들을 보라. 하나씩 둘씩 지금에서 열심히 가고 있지 아니 하는가?

4, 모름지기 죽음은 어제도 오늘도 전 인류에게 무서움과 두려움과 공포증을 가져다주고 있지 아니하는가? 어제에서도 사람들은 무리지어서 갔고 오늘에서도 무리지어서 소리를 지르며 열심히들 가고 있지 아니하는가? 다들 앞서거니 뒤서거니 하면서 말이다.

Ⓐ 그러면 왜 그런 것인가? 그것은 언제나 죽음이란 이리가 전 인류를 향하여 오고 또 임하는 것이니 과연 이 죽음에의 범주와 사상과 사고에서 벗어 날수가 있는가? 절대로 없다. 그런데 이 죽음은 어떤이에게는 칼이고 어떤 이에게는 창이고 어떤 이에게는 총이고 어떤 이에게는 대포이고 어떤 이에게는 타작 마당이고 어떤 이에게는 몸의 100체 중에서 형용하기 어려운 각종 질병들이고 그리고 어떤 이들에게는 기타 등이 아니겠는가?

Ⓑ 기본적으로 이 죽음은 인격체에게 오는 것이기에 사람으로서 인격체를 입은 자는 죽어서도 사람이지 인격체로서 죽으면 짐승이나 비금주수나(축생도) 사귀나(사귀도) 선녀나 신선이(신선도) 되는 것은 결코 아니라는 것이다. 그러니 그 누구도 이 문제에서 성서를 오해하면 아니 된다. 고로 마태복음 22:29절과 22:30절을 기필코 유의하여 보라.

Ⓒ 그럼에도 불구하고 기독교 안에서 아주 잘못된 목사들이나 교인들이 사람이 죽어서 6도에 의해서 사귀(귀신)가 된다고 주장들을 하고 가르치기까지 하고 있으니 큰일이 아닌

가? 이것을 주장하고 있는 목사들은 상당히 영향력이 있는 교회당과 목사들이기에 이들에 의해서 기독교가 개판으로 흐르고 있다. 이들은 주장하기를 악한 자는 죽어서 귀신이 되는데 사람의 수명은 120년인데(창세기 6:3) 악한 자가 50이나 60이 되어서 죽으면 120-50이나 120-60년이면 70이나 60년이 남는데 그런 자들은 죽어서 귀신이 되어 그 남은 기간 동안 살아야 한다고 주장들을 하고 있다. 그러나 이런 주장과 사고는 샤머니즘이고 신화성임을 잊지 말라.

그러나 인간은 인격체이니 죽어도 사람이고 살아도 사람이라는 것을 잊으면 결코 아니 된다. 인격체가 어떻게 죽어서 축생이나 사귀로 변할 수가 있는가 하는 것이다. 이런 사고나 신앙이나 주장은 참으로 황당하고 아이러니한 주장과 신앙이다. 그것은 종교적 속임수이고 그것은 동양철학가 사상과 신앙에 가미와 영합이 되고 몰수된 비진리임을 바로 알아야 한다.

5, 그러니 그 누구에게든지 죽음의 순간과 찰라가 오면?
Ⓐ 그 하나는 그 누구도 그 누구에게 말을 하기가 싫어지기에 악을 쓰기도 하고 허무주의나 비관주의나 아니면 자해에 휘말리거나 아니면 그 반대인 낙천주의에 걸리거나 휘말리기도 하고 입을 아주 많이 열거나 다물어버리기도 한다.
Ⓑ 다른 그 하나는 그 누구도 그 누구를 만나거나 보기가 싫어진다는 것이다. 그래서 고독을 즐기고 외부와는 차단된 인생을 살고 어두운 곳이나 빛이 없는 곳이나 으시시한 장소나 고독한 산이나 강가나 깊은 계곡이나 아니면 춥고 배가 고프고 한 곳이나 그것이 아니면 밤과 낮을 가리지 아니하고

계속해서 누워있거나 잠을 자기도 한다. 그러다 어떤 이는 집을 나가서 행려병자가 되기도 한다. 어차피 죽음에의 세계로는 자기 혼자 끌려간다는 사고나 사상이나 의식을 하기에 말이다.

ⓒ 다른 그 하나는 그 누구도 그 누구를 만나거나 누구와 대화를 주고 받거나 아니면 속세를 떠나서 산이나 들이나 섬으로 나가서 혼자 고독을 즐기거나 지금에서 죽음의 사자가 와서 자기를 보고 "가자"거나 아니면 "내가 다시 오겠다" 그 때 가서 "나를 따라서 갈 준비를 해 두거라" 고하는 말을 전달을 받고 싶지 아니하다며 혼자가 사는 자들도 더러 있다. 이런 자들은 누구에게 부대부담 없이 살다가 죽음에의 사자가 와서 가자고 하면 부대부담 없이 가겠다는 자들이다.

ⓓ 그러기에 죽음에의 사자를 본 자들은 그 누구를 만나거나 그 누구와 대화를 갖거나 더불어서 사는 그것을 싫어하고 멀리한다. 그러기에 죽음에의 사자를 본 자들은 세상이 싫어지고 사는 것이 싫어지고 먹고 마시는 것이 싫어지고 여행이나 구경을 다니는 것이 싫어지고 직장을 다니는 것이 싫어지고 사업이나 장사를 하는 그것 자체가 싫어지고 사업이나 장사를 해서 돈을 버는 그것이 싫어진다. 그 누구도 필자가 위에서 지적한 바의 이런 것들이 멀어지고 싫어지면 그를 두고 그 누구도 몇 번씩은 생각을 해 보아야 한다. 이런 경우는 결코 아니 되는 경우이기 때문이다.

※ 거두절미하고 당신에게 생과 활력과 삶의 사자가 아니고 죽음에의 사자인 저승사자가 찾아오고 방문을 한다면 어

찌할 것인가? 그가 오는 그것을 찬성을 하고 받아드릴 것인 가? 그것이 아니면 비토를 하고 반대를 할 것인가? 그리고 예수를 믿는다고 큰 소리를 치는 당신에게 "오늘에서 천사가 찾아오면" 그러면 당신은 그에게 무슨 말을 하려고 하는가? 거두절미하고 솔직히 당신은 천사를 만나본 적이 있는가? 죽음의 사자를 만나본 적이 있는가? 아니면 죽음의 사자를 만나본 적이 아직까지 한 번도 없는가? 그런 당신이 과연 예수를 믿고 있는 것인가? 그것이 아니면 예수의 뒤에서 100M 정도쯤 떨어져서 따라가고 있는 상태와 처지인가?

6, 그 누구도 이 죽음에의 관문을 통과 하거나 이편 세상에서 저편 세상으로 건너가는 그 과정이 너무나 두렵고 무서우니 그 누구에게는 자신이 경험을 하고 본 이 죽음의 세계에 대하여 발설하는 그것이 너무나 싫다는 것이다. 그것을 발설하면 다른 사람들은 그것을 믿지 아니하며 나를 미친자나 정신 이상자로 취급을 할 것이니 더욱더 그러하다.

※ 거두절미하고 죽음에의 순간이나 이리 앞에서 너는 누구이고 나는 누구인가? 이것이 바로 수수께끼가 아닌가? 그리고 죽음의 사자 앞에서 솔직히 나는 선인과 의인인가? 아니면 죄인이고 아주 악한 자인가? 그것이 아니면 필요가 없어서 벼려져야 할 자인가? 아니면 이름이 썩고 넘새가 나서 (잠언 10:7하반절) 없는 자인가? 그래서 우리는 죽음을 앞에 놓고 있으면서도 겁이나서 말을 못하고 있는 자인가?

7, 그 누구도 다가올 죽음에의 그 순간이 너무나 무섭고 두렵다는 것이다. 찾아온 죽음의 사자 곧 저승차사가 너무나

무섭고 그리고 건너 편에 보이고 있는 그 세상이 너무 겁이 난다는 것이다.

사도행전 7:55-56절을 보면 스데반에게 건너편 세상은 귀하고 복된 아름다움의 그 나라가 아닌가? 찾아온 저승사자는 우리들 자신을 보고 "너는 음부의 불의 구덩이에 떨어진다" 또는 무시무시한 죽음 건너편의 그 불이(누가복음 16:24) 지금 너를 기다린다. 너는 심연의 지옥불 속이다. 나는 저승사자로서 지금의 너를 끌고 지옥의 불 항아리 속으로 내려가고 있다며 공갈과 협박을 마구 일삼으며 말로는 표현이 불가능한 언어로 무서움과 두려움을 현실적으로 주고 있다. 죽음의 사자께서는 그 말 자체가 죄인과 악인을 또한 무신론자나 염세주의자나 허무주의자나 비신앙자들에게 주는 그 위압감과 공포는 헤아리기가 심히 어렵고 괴롭고 고통스럽고 무서운 존재와 대상인 것이다. 이를 잊지 말라.

8, 누가복음 12:20-21절에서 어리석음의 부자에게 찾아온 그 저승차사와의 관계나 현실이나 역사는 어떠했을까? 그리고 누가복음 16:19-22하반절에 나타난 홍포를 입은 부자나 죽음 그리고 죽음의 사자와의 관계에서 그 무엇을 얻었고 받았으며 그 무엇을 찾고 발견하였을까 함이다.

예나 지금에서 죽음의 사자는 너와 나에게 그 무엇을 가져다 주고 있는가? 너와 나를 찾아온 저승사자는 하나님이 보내신 사자들인가?(누가복음 16:22상반절) 그것이 아니면 그러면서도 정말로 무섭고 두려운 존재와 대상인가?(누가복음 16:22상반절, 마태복음 19:21-24) 그러하니 하나님의 사자로서의 천사를 맞을 것인가? 그것이 아니면 심판자의 사자로서 죽음의 사자를 맞이할 것인가? 지금에서 당신은 어떤 종교를 믿고 있는가? 그 종교를 통하여 죽음의 사자를 본 적이 있는가? 아니면 전혀 본적이 없는가? 그러면서도 지금 당신은 그 종교를 믿고 있는가?

9. 너무도 빨리 너와 나를 향하여 다가 오는 죽음을 보고 있는 우리들이나 찾아오는 죽음의 이리를 맞는 인간의 자세나 역사와 현실은 어떤 것인가? 그러면 인간은 죽음과 저승사자를 사랑하고 동정하고 있는 것인가? 과연 그런 것인가? 그럼에도 인생은 결코 저승사자와 죽음을 좋아 하거나 결코 반기지는 아니한다. 그러면 그 이유는 무엇인가? 죽음은 이리로서(요한복음 10:12) 인생을 사로잡으려고 오는 무서운 이빨이고 톱니가 아니겠는가? 그 누구라서 이것을 모른다고 할 것인가?

※ 그러하다면 생시에 저승차사를 눈으로 실제 본 그들은 어찌 되는가? 그것은 그가 그리스도인이거나 성령이나 말씀의 사람이라면 몰라도 다른 영역에 속한 자라면 문제는 심각하여 지는 것은 도리가 없다.

## 제 2장, 왜 죽음이 인생에게 오는가?

그러면 왜 죽음이 인생들 모두에게 어제도 오고 오늘도 오고 내일에서도 오는가? 그러면 여기서 창세기 2:7절을 보라. 이때까지는 죽음이 인생에게 오지 아니 하였다. 창세기 3:1-6절의 이전 시대에는 인생에게 죽음의 이리가 오지 아니한 것은 사실이다.

그러면 인생에게 오는 죽음은 그 실체가 있는 것인가? 어니면 죽음은 여전히 그 실체가 없는 것인가? 그래서 죽음은 아주 단순하게 오는 것인가? 그러면 인생에게 오는 그 죽음은 검은 색인가? 아니면 흰색인가? 아니면 노랑색이고 청색인가 하는 것이다. 이에 대한 바른 이해가 우리들 모두에게 있는 것인가?

그러면 왜 인생들에게 죽음이란 것이 오는 것인가? 그러면 그 누구와 그 무엇에 의해서 죽음이란 이리가 오는가? 그리고 이 죽음에의 힘은 아주 강력한 것인가? 아니면 아주 미미하면서 봄바람 같이 아주 미세하게 오는 것인가? 모름지기 죽음은 천지창조 시에는 없는 것이었는데 범죄의 소산으로 생긴 것이 아닌가?(창세기 3:19). 그러기에 그 누구도 이 죽음과 인생의 역학관계를 바로 알지 못하면 아니 된다.

### 제 1절, 그러면 죽음은 그 어디에서 오는가?

1, 그러면 거두절미하고 인생의 죽음은 그 어디에서 오는가? 그 누구도 이를 모르면 아니 된다.

그러면 사람들은 죽음의 문제에서는 황천을 운운하기도 하는데 죽음은 황천에서 그 시작을 하는가? 아니면 죽음은 하나님을 배신하고 떠나고 등진 그 상태에서 오는 것인가? 그것이 아니면 하나님을 배신한 그 대가로서 누구든지 얻는 것인가? 히브리 9:27상반절에서 "한번은 죽는 것은 사람에게 정하신 것"이라고 하는데 그러면 그것도 저주의 대가에서 오는 것인가?

그러면 신약성서 로마서 6:8-11절을 보라. 한 사람 아담의 범죄로 인하여 모든 사람에게 죽음과 죽음의 기운과 사자가 와서 죽이는데 이에 대하여 어떤 방안과 대안이 있는가 하는 것이다. 그러기에 문제는 죽지 아니할 수는 없는가? 인생은 반드시 다 죽어야만 하는가?

2, 모든 인생에게 쉬지 아니하고 다가오는 죽음은 그 누구로부터 또 의해서 오는 것인가? 그 누구도 이를 바로 아는 그것이 무엇보다 중요한 과제이다.

Ⓐ 그러면 솔직히 말을 해서 그 스스로 수명과 년한이 다 하면 죽음이 오는 것인가? 과연 그런 것인가? 사람들은 죽는 자들을 보고 년한이나 수명이 다해서 죽는다고들 말을 하는데? 그러나 사람이 이 세상을 살다보면 년한이나 자신의 수명 그대로 사는 자는 겨우 10-20%의 수준이고 80-90%는 그 자신의 수명 그대로 살지를 못한다. 어떤 이는 자기의 수명보다 더 사는 자들도 있고(히스기야 왕이나 그와 유사한 자들) 그와는 반대로 다수는 그 절반도 못살고 죽는다. 이를 명심하라.

Ⓑ 그 자신이 태어날 그 때로부터 생사가 다시 한번 뒤바뀌는 경우도 허다 하다. 세계의 도처에서 태어나는 아이들을

보라. 인간은 하나 같이 주어지는 시간들이 있는데 그것에 의해서 하나씩 죽어가는 것인가? 과연 그런 것인가?

ⓒ 인간에게 임하는 죽음은 인간에게 있어서 정사각형과 같은 것이어서 입구는 있으나 도무지 그 출구를 찾을 수가 없는 사각형의 함정과 같은 것이 아닌가? 그러기에 시간과 공간에 의해서 죽는 경우도 있고 적반하장의 울타리 함정에 빠져서 죽거나 그리고 생각지도 아니면 질병에 의해서 죽는 경우도 허다 하고 악한 영들이나 마음과 정신의 질병에 의해서 죽는 경우도 있고 그리고 급살병에 의해서 병원이나 약이 필요가 없는 자들도 있다

ⓓ 그것이 아니면 죽음은 각기 자기 자신의 본향 집을 찾아가는 과정이 아닌가? 전도서 3:20-21절을 보고 그리고 다시 시편 104:29절을 그래서 성서는 보라고 강조하고 있는 것이다.

3. 그러하다면 인생의 죽음은?
Ⓐ 하늘로부터 오는 것인가?
Ⓑ 세상과 사회로부터 오는 것인가?
Ⓒ 이 땅으로부터 오는 것인가?
Ⓓ 자연이나 물이나 불이나 질병이나 악한 균들이나 각종 박태리아나 기타 등에 의해서 오는 것인가?
Ⓔ 그것이 아니면 아직도 인간들이 모르고 인간들이 밝혀 내지 못한 힘이나 능력이나 각종 균들이나 기타 등에 의해서 오는 것인가?
Ⓕ 그래서 죽음은 악한 균이거나 각종 질병인가? 그러니 이 악한 질병에 걸리고 물리고 몰리면 그 누구도 지체 없이 병들고 죽고 하는 것인가?

ⓖ 오늘에서 이 악한 질병인 죽음에의 병은 이제에서 바로 너를 보고 있고 나를 보고 있다. 그러면서 질문을 한다. 그러면서 언제 당신은 죽음의 건너편 세상으로 가겠는가 라고? 그러나 이에 대하여 대답을 하는 이가 없으니 어이가 없다.

4. 이 죽음이나 죽음의 사자에 대하여?

Ⓐ 불신자나 악한 자들에게는 달려오는 죽음이나 죽음에의 사자가 아주 검게 보이는 그것은 정상적이다. 왜 그런가? 죽음의 시간과 순간이 오면 죽음을 맞을 자의 눈과 얼굴에 구름이나 안개와 같은 것들이 덮히고 끼이게 된다. 그러면 그 순간에 눈이 멀어지고 눈에 보이는 것은 검은 안개나 구름이나 검은 빛이나 자연적으로 검은 독소에 의한 검은 것들이 나타나는 사자와 같이 보이게 된다. 의복이나 신이나 모자나 장갑이나 기타 전부가 검게 보이게 된다. 그래서 사람들은 죽음에의 사자가 검다고 생각한다.

Ⓑ 그리고 못되고 아주 악한 자들에게는 다가오는 죽음의 기운과 힘과 그림자가 악의 검은 그림자나 아주 독한 검은 안개나 검정 독가스 등으로 보인다. 경우에 따라서는 인간이 전혀 상상이 아니 되는 악의 독창이나 그물이나 무서운 함정과 같이 보이기도 한다. 그래서 검게 보인다는 것이다.

Ⓒ 그러나 이와는 달리 선인이나 의인이나 대인에게 죽음은 아주 선하게 보이고 의롭게 보이고 하나님의 사자가 그 자신을 데리려 또는 모시려 오는 것임을 알게 된다(누가복음 16:22상반절). 그러기 때문에 인생은 그 누구도 죽음에의 날이나 시간이나 순간이 오면 어떻게 받아드리느냐에 따라서 완전히 기본 색깔이 달라진다. 거지 나사로가 보는 그 죽음

에의 색깔과 홍포를 입은 부자가 보는 그 죽음에의 색깔이 다른 것임을 바로 알라.

※ 인생은 하나같이 죽음으로 또는 죽음에의 건너편 세상으로 가는 각종 질병들을 앓고 있다. 어떤 이는 입맛과 밥맛이 없어서 음식을 먹지 못해서 가는 이도 있고 어떤 이는 잠을 못자서 신경쇠약으로 가기도 하고 어떤 이는 각종 크고 작은 몸의 질병에 시달리다가 가기도 하고 어떤 이는 각종 장식이나 룰이나 질서나 규칙에 시달리다가 가기도 하니 참으로 죽음으로 가는 그 길도 가지각색임을 엿보게 된다.

5, 그러기에 그 누구보다도 선하고 의롭고 진실하고 바르게 산 자에게는 죽음이 빛으로 사랑으로 영광과 광체로 나타나고 보이지만 그 반대인 악인들과 죄인들에게는 정반대로 보이는 것이니 이것을 바로 알아야 한다. 그 누가 무엇이라고 해도 죽음은 하나님으로부터 얻어진 생명(창세기 2:7) 곧 그의 영혼이 인간 곧 그에게로부터 벗어나고 떠나가는 그것이니(누가복음 12:20) 이것이 무엇 보다 문제가 되지 아니할 수는 없다.

그럼에도 불구하고 예수께서는 죽음을 이리라고 규정하고 있으니(요한복음 10:12) 그것은 악하고 못된 것일 수 밖에 없다. 죽음의 이리는 육신에게 오는 것이지 와서는 아니 될 것이 온 것은 결코 아니다. 그러니 그 누구도 이에 대한 바른 이해가 없으면 결코 아니 된다.

6, 그러면 죽음이란 그 무엇인가? 죽음은 창세기 2:7절의 기본과 원리를 파괴시키는 타락의 원흉인 것이다. 그래서 창

세기 3:1-6절을 보신 하나님은 남자와 여자를 에덴에서 추방을 시키시며 "너는 흙이니 흙으로 돌아가라"고 명하신 것이다(창세기 3:19). 그러면서 에덴에서 흙의 세상으로 내어쫓으신 것이다(창세기 3:23-24). 그러니 죽음은 타락에 의한 질병인 것이다.

※ 그러므로 죽음은 이 육신과 영혼의 분리 됨이기는 하나 그럼에도 그것은 그렇게 쉬운 것이 아니라는 것이다. 어느 누구도 그 자신이 죽으려고 하면 "영혼과 육신의 분리" 라는 것이 결코 쉬운 격식과 형식이 아니기에 죽으려고 하여도 결국은 죽지 아니하고 다시 살아나는 경우이다. 잘못된 상태에서 육신과 영혼이 분리가 되면 "영혼은 우주의 미아가 되고" 그의 영혼이 오고 갈 때가 없는 것과 같이 이 육신도 그렇게 되는 그것이 기본과 원리이다. 그러니 모든 것은 주어지는 기회와 때가 있어야만 한다.

그 누구에게도 그 때가 되면 누가복음 12:20절과 같이 하나님이 그의 영혼을 받으실 그 때가 되었으니 그 영혼이 하나님에게로 천군이나 천사들을 통하여 데려가는 "그 때"가 되어야 하는 것이다. 그럼과 동시에 그 본래의 땅이 그 인간의 육신을 받아드릴 만반의 준비를 해야 한다는 것이다.

하늘에서도 그 사람의 영혼을 받을 준비가 되어야 하고 그리고 이 땅 역시 그 인간의 몸을 받을 만반의 준비가 되었으니 그 인간에게는 죽음에의 순간이 오게 된다는 것이다. 양자 중에서 어느 하나가 이를 거부하면 그는 계속해서 병중에 병원에 있게 되고 그리고 식물인간이 되어서 몇 년씩이나 세상의 병원 병상에 그냥 누워서 머물러 있게 된다는 것이 원리이다. 이를 바로 알라.

 그러기에 그 결과가 어찌 되는 것인가? 죽음에의 이리 또는 죽음에의 사자는 쉬지 아니하고 인간들을 향하여 달려오고 있는데 그리고 와서는 물고 찢고 피를 보고 죽이기까지 하는데 심지어는 하늘에 있는 쇠사슬이나 고랑이나 밧줄을 가지고 와서 그의 몸을 칭칭 묶고 하루나 이틀 그리고 여러 날씩 마꾸 끌고 돌아다니는데 인간은 이에 대하여 누구도 속수무책적으로 당하고 이에 대하여 왈가왈부를 할 능력과 힘이 하나도 없으니 슬픔이고 고통이고 괴로움이란 것이다.

 7. 그러면 죽음의 정의와 특색은 그 무엇인가?
 Ⓐ 죽음에의 특색은 누가복음 16:22상반절 마냥 천사를 통하여 선한 자가 죽으면 그와 동시에 그 사람의 영혼을 극락(낙원) 세계로 데리고 간다는 것이다. 하늘은 착하고 정직한 자의 영혼을 함부로 이 땅에다 버리지 아니한다는 것이 죽음에의 특색이다. 버리면 다른 죽음의 사자와 와서 길가나 땅에 떨어진 씨앗을 주워서 먹듯이(마태복음 13:4) 한다는 것이다.
 Ⓑ 예수께서는 죽으시면서 자기의 영혼을 부탁 하신다. 그것도 하늘에 계신 아버지에게(누가복음 23:46) 말이다. 그러면 이것은 그 무엇을 우리에게 알리시는 것인가? 우리의 영혼의 존재가치성을 알리시며 영혼은 그 누구도 함부로 돌릴 수가 없다는 것을 단말마적으로 가르치는 것이 아닌가?

 Ⓒ 그리고 스데반은 죽으시면서 하나님 우편에 계신 예수 그리스도를 먼저 증거하고(사도행전 7:55-56) 그 다음으로는 자기의 영혼을 주 예수께 부탁드리고 있다(사도행전 7:

59). 인생은 그 누구도 그 자신의 영혼이 가장 큰 문제이니 이를 조물주에게 받아주시기를 부탁드리는 것이 기본과 원리이다.

ⓓ 선구자 세례요한은 요한복음 3:29-30절에서 그 자신의 유언을 먼저 남기시고 마태복음 14:1-2절, 14:3-12절에서 자기가 찾고 알고 있는 그 메시야의 곁에서(요한복음 1:19-34) 그 자신을 드리고 있다. 그것이 그의 생과 삶의 마지막 길이었다. 이는 그가 사람답게 살다가 사람답게 죽는 것이 그 무엇인지 그것을 보이고 가르치신 것이다.

※ 그러면 죽음에의 정의와 특색과 능력과 그 역사는 그 무엇이고 그 어디에 있는가?

Ⓐ 각 사람의 죽음은 먼저 하늘이 선택과 승낙과 요구하는 그것이 특색이고 능력이다(누가복음 12:20). 그래야 그 사람의 죽음에의 연월일시와 분과 초가 결정이 되는 것이다. 왜 그런가? 기본적으로 인생은 인격체이기 때문이다.

Ⓑ 그리고 다음은 그 본래의 땅의 흙(몸)이(시편 104:29) 보내서 몸이 된 인간의 그 흙을 요구하고 받아드려야 한다는 것이다. 그래서 죽으니 각기 그 흙으로 돌아가게 되는 것이다. 그 본래의 흙이 요구치 아니하면 문제가 생긴다.

Ⓒ 그리고 위에서 지적한 바 죽음에의 정의 그대로 그의 죽음의 년, 월, 일, 시, 분, 초가 적용과 적중되어야 한다는 것이다. 인간은 하나님의 걸작품이니 함부로 다루지 아니하시는 신의 뜻을 바로 알라.

Ⓓ 위에서 지적한 바 그대로 이 모두가 적중되고 허락이 되면 인생은 그 누구도 죽음으로 가게 되고 육신과 영혼의

분리(분류)가 되는 것이다. 그래서 각기 자기의 갈 곳으로 가게 된다. 그러니 이를 바로 알라.

  8, 폐일언하고 당신은 사후의 세계를 아는가? 그리고 믿는가? 안다면 사회적으로 아는 것인가? 그것이 아니면 종교적으로 아는 것인가? 그것이 아니면 기독교나 성서적으로 아는 것인가? 그래서 이에 대한 바른 이해가 있는가?
  흔히들 종교적으로 아는 것과 성서적으로 아는 것은 동일한 것이 아닌가 라고 말을 할지도 모른다. 그러나 여기에서는 큰 차이가 난다. 우리는 언제 어디서나 성서에서 이 문제를 어떻게 생각하고 다루고 있는지 그것만을 생각하게 된다. 그 누구도 어떤 문제에서서든지 간에 하나님의 말씀을 곡해하거나 왜곡이나 오해하면 아니 된다. 이미 마태복음 22:29절에서 하나님의 말씀을 오해하지 말라고 경고하고 있지를 아니하는가?

  그 누구도 하나님의 말씀은 사회학 속에 넣거나 철학이나 과학이나 사회 윤리나 도덕 그리고 종교학 속에 넣고 이해나 인식이나 해석이나 그리고 동일하게 해석을 하거나 받아 드리면 결코 아니 되는 것이다. 그러면 아주 잘못된 해석이나 이해가 나타나게 되는 것이다.
  죽음의 세계에 대하여는 우리의 지식이나 인식이나 이해나 사고와 사상이나 신앙을 철저히 배격하고 버리지 아니하면 결코 아니 되는 것이 기본과 원리이다. 그러면 당신은 죽음 또는 죽음의 세계를 좋아 하는가? 그리고 당신은 죽음의 사자를 좋아하고 보고 싶어 하는가? 아니면 절대로 보고 싶지 아니하고 멀리 하는가? 솔직히 기성 종교의 지도자라면 이 죽음에의 사자는 음으로나 양으로나 간에 몇 번 정도는 만나 보아야 하는 것이 기본이 아닌가? 죽음의 사자를 몇 번 만나 보지도 못한 자들이 기독교나 천주교나 불교의 지도자가 되고 지도자의 노릇을 하고 있다는 것은 어불성설이고 각 종교들의 꼼수들과 수치스러움이 아닌가?

  9, 그리고 이 시점에서 당신은 거두절미하고 사후의 세계를 믿는가? 아니면 믿지 아니하는가? 솔직히 이것의 문제보다 더 시급한 문제는 바로 "죽음의 세계"를 믿는가 함이다. 그리고 당신의 사고와 사상으로서 "죽음이 그 무엇인지"를 알거나 받아드리거나 믿는가 하는 것이다. 당신의 사고나 신앙으로서 "죽음에의 세계"가 어떠하다고 믿는가? 아니면 누가 그 무엇이라고 하여도 당신은 죽음의 세계를 믿지 아니하고 언제나 수수방관을 하고 있는가? 거두절미하고 죽음에의 세계를 받아 드리지 아니하고 외시를 하거나 부정을 하거나 하는가? 시편 146:4절과 같이 사람은 죽으면 모든 것이 무효화하고 그리고 다 무로 돌아가는 것인가?
  당신은 지금도 비관론자나 허무주의자가 되어서 여전히 인생은 "죽으면 그만이지" 하는 허무와 비굴함과 모자라는 사상과 사고를 믿거나 받아 드리고 있는가? 그래서 인생이 아닌 참으로 축생답게 살고 있는 것인가?

  ※ 그것이 아니면 자유주의나 종교다원주의자가 되어서 오고 가거나 그것이 아니면 사이비나 이단의 사고와 사상에 젖어서 권세와 세속도시 속의 생과 삶과 이기주의와 개인주의적 향락에 취하고 젖어서 이 세상에서의 이상주의적 파라다이스를 꿈꾸거나 요구하고 바라기에 죽음의 건너편 세상에

대하여는 전혀 또는 별로 관심들이 없는 것인가 하는 것이다.
 그것이 아니면 인생으로서 또는 피조물로서 조금이나마 생각들을 해야 하나 그것이 어떤지 두렵고 겁이 나서 도무지 생각하기 좋차 싫은 것인가 함이다. 어쩌면 이것이 당연한 것일지도 모른다. 그 누가 죽음이란 칼과 화살이 그 자신을 잡으려 또는 죽이려고 오는데 바라다만 보거나 아니면 어리석은 자와 같이 그것을 기다리고 있겠는가? 그것은 결코 아니라는 것이다. 그 누구라서 이것을 모른다고 할 것인가? 누가복음 12:16-21절의 부자나 그런 유형들이 다가오는 죽음을 바라거나 반기겠는가?

 10, 거두절미하고 당신은 죽음 또는 죽음의 세계와 죽음 이후의 세계에 대하여 생각이나 연구나 검토를 해 보거나 해 본적이 있는가? 아니면 이에 대하여는 관심이 거의 없어서 눈과 귀를 닫고 있는 것인가? 당신은 이제까지 이 죽음의 세계를 일종의 유토피아의 세계로 보거나 일종의 망각이나 망상의 세계로 보고 있는가? 누구도 그렇게 보아서는 아니 된다. 그리고 죽음의 세계를 "제로"의 세계로 보거나 아니면 인간이 생각이나 유추해 볼 수가 없는 세계 또는 고차원의 세계 정도로 생각을 하거나 보고 있는가? 솔직히 그러면 결코 아니 되는 것이 아닌가?

 인생은 언제나 "생사의 갈림문제" 또는 살고와 죽고의 문제의 기로에 서서 오고 가는데 삶과 생에 대하여는 그 누구도 잘도 알지마는 이 죽음과 사후의 세계에 대하여는 모른다. 또는 생각해 본적이 없다. 또는 일단 죽어서 가서 보면 될 것이 아닌가 라고 하면서 허무주의의 이생과 사고에 빠져서 하나같이 넋을 잃고 있으니 그 마지막이 어찌 되겠는가? 당신은 죽음을 사랑하는가? 당신은 죽음의 사자를 좋아하는가? 그것이 아니면?

11, 그러면 당신은 가변적 세속주의와 현실적 현세주의의 주장자인가? 그것이 아니면 현세의 파라다이스를 내세의 제로 주의에 빠지게 해서 여전히 헤어나지를 못하게 하고 있는가함이다. 인생이 지나치게 세속화와 현세주의에 빠지면 그 누구도 깨닫지 못하는 짐승화 하게 되는 것이다(시편 49:12, 49:20). 그래서 구약성서 시편 49:14중반절을 보면 사람이 어리석으면 "사망이 저희 목자가 된다"라고까지 규탄하고 있는 것이다.

이 죽음의 이리는 지금도 졸지도 주무시지도 아니하고 너와 나를 그리고 전 인류를 잡아다가 지옥의 불구덩 속으로 던지려 날뛰고 있다. 죽음의 이리는 아주 잘난 자도 먼저 잡아가고 아주 못난 자도 잡아간다. 가인박명이라고 하듯이 못난 자보다 잘난 자가 먼저 죽는다. 그리고 유식한 자와 무식한자도 잡아 가고 그리고 가진 자와 못가진 자도 잡아간다. 신자도 잡아가고 불신자도 잡아간다. 기성종교의 그 지도자들인 목사나 스님이나 신부들도 여지 없이 잡아가고 불신앙자들과 비신앙적인 자들도 다 잡아간다.

지금에서 당신 주변의 사람들을 무차별 적으로 잡아 가고 또한 나의 주변의 사람들 역시 무자별적으로 잡아가고 있다. 그래서 사람들은 천하에서 가장 무서운 것이 둘이 있는데 그 하나는 인간의 목구멍이고 다른 그 하나는 "음부의 입(아가리)"이라고 한다. 음부의 입이니 죽음의 세계를 의미하고 있는 것이다. 이 양자는 너무나 무서운 곳임을 잊지 말라.
 거두절미하고 당신에게 죽음에의 검이 다가 온다면 그럼에도 그것이 낮 또는 밤 또는 새벽 또는 저녁 중에서 어느 시간대를 좋아하고 반길 것인가? 이에 대하여 너와 나는 맞을 준비와 각오가 되어져 있는가?

 12, 거두절미하고 당신은 사후의 세계를 무서워하고 두려워하는가? 그리고 죽음 그 자체를 심히 무서워하고 두려워하는가? 그리고 다시 죽음의 세계를 비토하고 있는가? 그러면 죽음의 그 과정에서 "저승사자 또는 저승차사"를 무서워하는가? 그것이 아니면 죽음과 죽음의 세계 그 자체를 무서워하는가? 당신은 이것들 중에서 그 어느 것을 더 무서워하고 겁을 먹고 있는가?
 ※ 솔직히 죽음 또는 죽음의 이리가 시도 때도 없이 나를 찾아온다면 기쁘고 즐거운 마음으로 환영을 하면서 잘 오셨습니다. 그러지 아니해도 당신이 오시기를 오래 동안 기다렸습니다. 그러면 이제 가십시다 라고 하면서 함께 따라 갈 것인가? 그것이 아니면 누가복음 16:19-25절의 홍포를 입은 부자를 보라. 당신도 그에게 속수무책적으로 끌려갈 것인가?

 13, 솔직히 죽음을 앞둔 사람들의 눈에 저승차사가 종종 보이는 것은 당연지사이다. 어떤 이는 2-3년 전부터 눈에 보이기 그 시작을 하고 어떤 이는 죽기 1년이나 여러달 전부터 보이기도 한다. 죽음에의 사자가 주로 밤에 자다가 눈에 보이는 경우가 80-90% 정도이고 다른 곳에서 보이는 것은 10-20% 정도라는 것도 유의해야만 한다.
 그 누구도 일단 저승차사를 한번 보고 나면 기가 죽고 풀이 꺾이고 그 때로부터는 생과 삶을 포기당하고 죽음을 기다리게 된다. 그 때로부터는 산다는 능력과 힘과 기력을 상실당하고 사는 멋과 맞을 고스란히 잃게 된다. 직업이나 직장, 정치나 권력을 내려놓게 되고 성공과 출세도 모두 내려놓고 그 곳에서 떠나게 된다.

그러니 서서히 또는 순식간에 기억력과 의식이 상실되고 모든 것들을 포기 당하게 된다. 그가 스스로 세상사를 포기하는 것이 아니다. 이상한 힘과 능력이 그리고 무서운 힘과 어두움의 세력에 의해서 모든 것들이 포기를 당하고 빼앗기니 사람이 그 때로부터 무기력증이 생기고 무능력하여 진다. 누가 보아도 지금의 그 사람에게 죽음의 그림자와 저승차사가 왔다 갔다 하고 그리고 죽음의 그림자가 그에게 드리우고 공갈과 협박까지 하는 그것을 고스란히 실감하게 된다. 그 순간부터는 차라리 그리고 빨리 죽었으면 좋겠다고 의식하거나 생각을 하나 그러나 이런 경우는 죽음의 사자는 빨리오지를 아니한다. 그래서 소리도 노래도 크게 부르지를 못하게 되는 것이다.

14, 그러면 왜 이 죽음의 사자 또는 저승차사가 죽음을 앞에 두고 있는 각 사람들의 눈에는 검게 보이는가? 그것의 하나는 그들의 눈이 악과 죄로 인하여 어둡고 검은 죄악의 안경을 끼고 있으니 찾아오는 저승차사가 검게 보이는 것뿐이지 다른 의도는 전혀 없다.

고로 이 죽음의 사자는 용왕궁의 시종도 아니고 염라국의 시종도 아니고 천상의(옥황상제의 궁) 시종들 역시 아니다. 이런 것들은 인간이나 거짓 종교나 잘못된 속설과 가설에 의해서 "가공이 된 가공적인 인물이거나 대상"들임을 잊어서는 아니 된다. 그러나 한국적인 종교나 종교의식에서는 이런 것들을 믿고 있으니 문제가 된다.

원래 이 죽음의 사자는 하늘의 천군과 천사들이다. 그런데 필자가 보기에 이들은 스랍군이나 그룹군에 소속이 된 자들이고 언제나 후자는 미가엘 대군 소속의 "하늘의 천군"에 속한 자들임을 잊으면 아니 된다. 누가복음 16:22상반절을 보면 여기에 나타난 이들은 분명 천사들임이 분명하다.

그리고 다시 마태복음 13:30절과 13:37-43절을 유의하여 보라. 하나님의 천사들이 알곡 인간이나 가라지 인간들을 모아서 각기 분리를 하고 있지 아니하는가? 그 누구도 죽기 이전에 이를 바로 아는 그것이 매우 중요하다. 유의할 것은 기독교 성서는 이 저승사자가 바로 천군과 천사들임을 알리시고 있다. 그러면 여기서 누가복음 16:22절을 보고 다시 마태복음 13:30, 13:37-43절을 유의해 보고 그리고 다시 마태복음 24:30-31절을 보라.

15, 그러면 왜 여기서 저승차사들이 문제가 되는가? 그리고 황후나 장사도 이들을 한번만 보면 그들이 가는 모든 길들을 다 포기하고 마는데 그 저의는 무엇인가? 이들을 보고 나면 어떤 이는 피 똥을 싸고 어떤 이는 검은 똥을 싸고 어떤 이는 점점 피 똥을 싸기도 한다. 심지어는 피가 마르고 골격들이 다 흔들리고 살과 피와 가죽 전체가 흔들리고 마르기 시작을 한다. 이는 그의 100체가 흔들렸다는 의미이다.

그리고 정신들이 갑자기 오락 가락을 하고 눈에 보이는 것이 거의 사라지고 희미해지며 때로는 앞이 캄캄하여 잘 보이지 아니 한다. 정신과 사상이 희미해지고 사라지며 의식과 의지와 구조가 무너져서 기억도 생각도 나지를 아니한다. 그래서 모든 의욕과 의식이 희미해지고 사라지니 어찌하겠는가? 그래서 그 무엇도 느끼지를 못하게 된다. 그러면 왜 이런 현상이 죽음의 사자를 한번 보고나면 그 누구도 이렇게 되어버리는 것인가? 그 이유는 무엇이고 그 어디에 있는가?

그러기에 홍포를 입은 부자가 무너진 것을 보고(누가복음 16:19-25) 이 땅위에서 부자로서 큰 소리를 치고 그 밤에 죽은 자를 보라(누가복음 12:16-21). 언제나 큰 소리를 친 사울 왕과 그의 3아들을 보라(사무엘 상 31:1-6). 그리고 종교의 최고 지도자들인 홉니와 비느하스를 보라(사무엘 상 4:10-11). 천하의 여걸이라고 자부하면서 큰 소리를 친 왕비 이세벨을 보라(열왕기 상 19:1-4). 그들도 하나 같이 죽음 앞에서는(열왕기 하 9:27-37) 개들의 먹이가 되고 말았다. 그러면 현금당대에서 오늘의 당신은 죽음의 이리나(요한복음 10:12) 죽음의 사자 앞에서 떳떳하고 큰 소리를 칠 수가 있을까? 그러나 누구도 죽음이나 죽음의 사자 앞에서 큰 소리를 칠 수가 없다. 그것은 그들도 보내어서 온 자들이지 스스로 온 자들이 결코 아니기 때문이다.

16. 그러면 사람들은 그 자신에게 밤이나 낮 그리고 여타 시간에 찾아오는 죽음의 사자 곧 저승차사의 그 무엇을 보고서 놀라 정신을 잃거나 넘어지거나 기절하거나 까무라 치는 것인가? 그것은 그가 입은 의복 때문인가? 그것은 결코 아니다. 그리고 그가 쓰고 있는 모자나 그가 신은 신이나 기타 때문인가? 그것도 결코 아니다.

그러면 그 무엇 때문인가? 그 하나는 "너는 이제 죽는다 또는 너는 이제 너의 생명이 끝났으니 저 세상으로 가자"라고 하는 언어와 또 다른 하나는 "그들이 들고 있는 무시무시한 칼" 바로 그것이다. 그 누구도 저승차사가 들고 있는 그 무시무시한 칼을 한번 보면 상당수는 밤에도 자다가 오줌을 싸고 똥을 산다. 기절해서 어떤 이는 눈이 어두워지고 말문이 막히고 혀가 굳어지기도 한다. 어떤 이는 그 피가 거꾸로 흐르고 그 순간에 모든 생을 포기하고 만다. 왜냐 하니 그 순간에 기억력이 상실과 망각이 되고 또한 의식이 불균형화 하고 생과 삶을 완전히 포기 당하니 사는 맛과 멋을 잃고 마음과 인격과 사고가 허공을 떠돌게 된다.

참으로 무서움과 공포들이 한 순간에 그 자신을 향하여 밀려오니 사람이 완전히 넋을 잃은 사람화 또는 넋이 나간 사람화가 된다. 이쯤 되니 그 이후는 보나마나가 된다. 그래서 사람들은 "저 사람이 왜 저러나" 혹시 죽으려는 모양이지 라고들 한다

누가복음 12:20절의 부자에게는 아주 할 일이 많은 그날 밤에 죽음이 왔다. 누가복음 16:22상반절과 하반절의 이들 역시 낮이 아닌 밤인 경우이다. 그러니 나타나는 현실을 바로 보지 못하면 결코 아니 된다.

17, 그런데 유의할 것은 저승 차사들이 오른 손에 들고 있는 그 무시무시한 칼 곧 엄청나게 빛이 나는 이 칼의 길이가 약 1,20-1,30cm 정도이다. 상당수의 사람들은 밤에 자다가 이 죽음의 사자가 잡고 있는 그 칼을 보고서 심장마비를 일으켜서 죽기도 하고 심근경색증을 일으켜서 말문이 막혀서 허덕이다가 병들어서 죽기도 한다.

어떤 이는 여러 날 전에 밤에 본 그 저승사자의 칼을 차를 운전하나가 또는 각종 운동을 하다가 또는 등산 등을 하나가 다시 보고는 넘어져서 죽거나 병신이 되기도 한다. 그러면 오늘에서 당신은 기성종교의 지도자이고 기독교의 목사라고 해서 이 죽음에의 칼 앞에서 예외이고 큰 소리를 칠 수가 있겠는가? 아니면 이에 대해서 전혀 자신이 없는가?

그러나 참된 성도에게는 누가복음 16:22상반절이 기본과 참된 원리이다. 죽음의 사자가 하늘로부터 너를 데리려 또는 잡으려 온다는 것을 잊지 말라, 그러기에 시편 116:5절 그대로 하나님이 성도의 죽음을 보시고 계시니 이는 다른 각도에서 다루어져야만 한다.

그러기에 저승사자로서 참된 그리스도인을 찾아오는 자는 반드시 흰옷을 입고 온다. 모셔가는 차원이니 검은 옷은 절대로 입지를 아니 한다. 그의 손에는 무시무시한 칼을 들지도 아니 했다. 그에게는 기본적으로 칼이 없다. 그리고 그는 하늘이 보내어서 모시려 왔으니 명령을 받은 그대로 가자고 한다. 그러니 누가복음 23:46절의 그리스도를 보고 그리고 사도행전 7:55-56절과 7:59절의 스데반을 보라. 이런 경우이라면 저승사자가 칼을 가지고서 덤비겠는가? 그것은 결코 아니라는 것이다.

18, 그 누구도 사람이 죽을 그 때를 보면 무엇인가를 느끼고 깨닫게 된다. 죽음의 순간에 스데반이 본 하늘 나라의 현실을 보라. 사도행전 7:55-56절을 먼저 보고 그리고 조용히 그 자신의 영혼을 예수에게 부탁하고 임종하는 스데반의 현실과 역사를 바로 보라(사도행전 7:59).

그러면 바알 선지자 450명과 아세라 선지자 400명이 한 꺼번에 떼 죽음을 당할 그 때에 이들은 그 순간에 누구를 불렀을까? 자기들의 신을 부르고 찾았을 것이 아닌가? 합하여 850명이 동시에 죽음을 구경하다가 죽었을까? 그러니 구약 성서 열왕기 상 18:40절이 이스라엘과 현실과 역사 위에서 그 무엇을 가르치고 있는가? 850명의 선지자가 죽고 싶어서 죽은 것인가? 그것은 아닐 것이다. 엘리야라고 하는 선지자가 죽이니 850명이 죽은 것이 아닌가? 850명의 시신과 그들의 피가 기손시내를 적시고 있는데 그러면 단한 번에 당한 850명의 선지자들의 피와 죽음을 역사는 보라고 한다.

어떤 이유나 경우에서고간에 죽음은 아름다운 것도 아니고 일반 범인들의 행진곡도 결코 아니라는 것이다. 죽음을 칭찬하고 칭송할 수는 없는 것이다. 그리고 죽음을 애찬하고 죽음을 높이 올려세우고 죽음을 자랑하고 죽음의 아름다움을 극찬할 수는 결코 없는 것이다.

19. 성서를 보면 죽음은 미적인 존재 가치를 지닌 것이 결코 아님을 알게 된다. 구약 성서에 나타난 각종 죽음들을 보라. 그것들이 왕의 죽임이거나 제사장의 죽음이거나 그것이 아니면 장군이나 군인들이나 일반인의 죽음이든지 간에 죽음은 아름답고 귀하고 복된 것은 결코 아니라는 것이다.
그러나 구약성서나 신약성서에서 보면 그리스도와 그의 십자가와 그리고 그의 나라와 그의 의를 위해서 죽음을 선택하는 자들이 더러 있다. 이사야를 보고 바울을 보라. 그리고 다시 스데반을 보고(사도행전 7:54-60) 그리고 야고보 사도를 보라(사도행전 12:1-2). 이들은 역사나 현실이나 기성

종교나 신앙적으로 하늘의 뜻과 섭리를 따라서 죽었으니 놀라움을 더하여 주고 있다. 이들은 그 자신들이 믿는 그분을 위해서 스스로 죽음을 선택한 것이니 아름답고 귀하고 복된 죽음임이 분명하다. 그래서 계시록 6:10절에서 그 죽음에 대한 신원을 요구하고 있는 것이다.

20. 그러니 이 죽음에 대하여는 그 자신과 세상과 현실을 위한 죽음인가? 그것이 아니고 자신이 믿고 있는 신앙과 믿음의 대상을 위한 것인가? 이에 대한 바른 이해가 있으면 그것은 귀하고 복된 것임이 분명하다.

그러면 죽음은
Ⓐ 그 자신을 위해서 죽는 것인가?
Ⓑ 나라와 민족을 위해서 죽는 것인가?
Ⓒ 이웃을 위해서 죽는 것인가?
Ⓓ 그것이 아니면 국가와 주의나 사상을 위해서 죽는 것인가?
Ⓔ 아니면 그 자신이 믿는 바의 그 믿음의 대상을 위해서 죽는 것인가?
Ⓕ 그것이 아니면 그 자신의 이기성과 각종 자본주의적인 것과 기타 등을 위해서 죽는 것인가?(자살행위도)
Ⓖ 정신이 혼미하고 혼돈하며 사상이 어지럽고 신앙적 개념이 흔들린 그것 때문에 죽는 것인가?
Ⓗ 국가와 민족을 위해서 전쟁터에 나가서 전쟁 중에 죽는 것인가? 물론 군사훈련 도중에 죽기도 하는데?
Ⓘ 기타 등에 의해서 죽는 것인가?
저승사자가 인간 그 누구에게 찾아 올 그 때에는 이유 없

이 오는 것이 아니다. 다 이유가 있고 찾아온 그 목적이 있으니 찾아 온 것이니 그것들 하나하나와 죽음을 접목하여 보라. 그러면 그 결과가 어찌 되는 것일까?

거두절미하고 인간들이 요구하지도 바라지도 아니한 또한 인간들이 보편적으로 악한 병이라고 말하고 있는 죽음의 그림자나 어두움이 왜 쉬지 아니하고 인간을 향하여 다가오고 달리고 하는 것인가? 그것이 그 누구 때문이고 그 무엇 때문인가? 원하지도 바라지도 아니한 것이 찾아오고 다가와서는 해야 할 일들은 그 무엇인가? 이에 대한 바른 이해가 있는가?

## 제 2절, 왜 죽음이 인생에게 오는가?

다른 모든 피조물에게도 죽음이 있다고 하여도 그래도 창세기 2:15-17절을 보면 인간은 분명히 만물의 영장임이 분명한데 그럼에도 불구하고 인생에게 왜 죽음이 와야 하는가? 인생에게 죽음은 칭찬과 아름다움과 기쁨이 아니고 슬픔과 괴로움인 것은 사실이다. 솔직히 인간은 그 누구도 죽음을 원치 아니한다. 그럼에도 불구하고 이 불청객이 그 누구에게도 와서 데려가기도 하고(누가복음 16:22상반절) 어떤 이는 분명히 잡아서 끌고 가기도 한다(누가복음 16:22하반절). 여기서 엄청난 희비가 엇갈리게 된다.

그러면 이 시점에서 당신도 인생인데 저승사자에게 개를 끌듯이 잡혀서 끌려갈 것인가? 마태복음 13:30절을 보고 그리고 다시 마태복음 13:37-43절을 보고 그리고 다시 마태복음 24:30-31절을 보라. 하나같이 천사들에 의해서 잡혀가고 끌려가는 그것이 인간들의 죽음에의 기본과 원리가 아닌가?

 거두절미하고 왜 원치도 아니하는 죽음이 인생에게 달려오는가? 인간은 그 누구도 이 죽음을 요구하거나 바라지를 아니하는데 왜 죽음은 인간의 집으로 인간들의 사회로 그리고 지상에 있는 모든 종교에로 침투해서 들어오는 것인가? 그것이 그 누구의 요구이고 탓이고 뜻인가? 솔직히 당신은 죽음을 요구하고 바라고 있는 것인가? 당신은 죽음을 환영하고 그리고 죽음이 오기만을 기다리고 있는 중인가?

 솔직히 사람들은 개똥밭에 살아도 저 생보다 이생이 더 낫다고들 하고 있는 판국인데 당신은 지금에서 이생이 더 좋은가? 그것이 아니면 저 생이 더 좋은가? 바울은 셋째 하늘인 파라다이스에 갔다가 오고서도(고린도 후서 12:1-3) 그 나라 곧 사후의 세계에 대하여는 "말을 할 수가 없다"라고 고백을 하고 있다(고린도 후서 12:4). 이 바울의 고백은 사실이 그러함을 알리시고 있는 것이 아니겠는가?

 인간에게 오는 죽음은 그 시초가 창세기 3:19절이다. 하나님이 "너는 흙이니 흙으로 돌아가라"고 명령하셨으니 그래서 사람은 "한 번 죽는 그것이 정하신 이치"가 된 것이다(히브리 9:27상반절). 그래서 인생은 이 세상에 한번은 살았으니 모두가 한번은 죽는다는 것이 필연적인 과제가 되었다.
 그러면 인생에게 오는 죽음은 그 어디에서 오는 것인가? 그것은 인생의 영혼을 위해서는 "하나님에게서 오는 것이다". 누가복음 12:20절을 보라. 그리고 우리의 육신은 하늘이 아닌 "이 땅에서 오는 것이다". 왜 그런가? 우리의 영혼은 하늘에 그리고 우리의 육신은 땅에 속하였으니 각기 따로 데려 가려니 그러한 것이다.

 우리의 죽음에의 문제에서 그러면 하늘에서 영혼을 데리려고 오는 것인가? 과연 그런 것인가? 창세기 2:7절 그대로 인간의 영혼 곧 생명체는 하나님에게서 나온 것이니 하나님으로부터 우리의 영혼을 데리려고 오면 인간은 죽게 된다. 그리고 다시 인간의 이 육신은 그 본래의 흙에서 오라고 부르시니(시편 104:29) 각기 그 본래의 흙 곧 그 땅으로 돌아가는 것이다. 이것이 역사와 현실의 현장기본인 것이다. 인생은 다 흙이니 그 흙은 땅으로 돌아가는 것이 창조의 신비와 역사와 비밀이다(전도서 3:20-21). 그래서 사람들이 죽을 그 때를 보면 이 육신은 고스란히 땅에 두고 우리의 영혼만 위로 올라가게 되는 것이다.

 죽음은 창조의 기본과 원리에 의해서 각기 자기 회복이고 자기를 원상으로 되돌리는 찬란한 대 역사이고 기본임을 알리시고 있다. 우리의 영혼은 "영혼의 원래 주인에게로" 돌려보내고 이 육신은 원래의 흙으로 돌려보내는 그것이 바로 죽음에의 기본이고 원리이고 창조의 신비와 대 역사 사건인 것이다. 그 누구도 여기에서 벗어날 수는 없는 것이다. 각기 돌아가야 할 집과 길이 따로 있고 원상회복이 있으니 이 육신이 하늘로 올라 갈 수는 없고 그리고 이 영혼 역시 이 땅으로 내려 갈수는 없는 것이다.

 2, 그러면 인간에게 오는 그 죽음은 어디에서 그리고 그 어디로부터 오는 것인가? 그러면 다음을 유념하라.

Ⓐ 그러면 이 죽음이란 것이 인생을 찾아오는 것인가?
Ⓑ 아니면 인생이 죽음을 찾아가는 것인가?
Ⓒ 아니면 그냥 가만히 두어도 또는 수수방관을 하여도 때가 되면 오고 가는 것인가 함이다.

사람은 그 누구도 죽음에의 그 순간이 올 때에는 그 죽음이 발끝에서부터(창세기 49:33) 시작하게 된다. 그리고 제일 마지막은 심장을 거쳐서 코와 목구멍까지 오게 되는데 코에서 호흡이 멈추면 죽음을 맞게 된다. 어떤 이는 발과 다리는 이미 다 죽었으나 코와 호흡이 여러 날씩 살아 있는 경우도 더러 있다. 이런 것은 하나님의 창조의 신비이고 비밀이고 역사이니 우리가 이에 대하여 왈가왈부 할 수는 없는 것이다. 이런 문제에서는 비밀이 너무 많기에 하나님이 하시는 그 일에 우리가 침범을 하거나 왈가왈부 할 수는 없다.

죽음은 원래 또는 기본적으로 모든 것의 원상회복이 아닌가? 영혼은 주신 그분에게로 그리고 육신은 본래의 그 흙으로 되돌아가는 것이 아닌가?(전도서 3:21) 그래서 욥은 욥기 1:21절에서 공수래 송수거의 원리와 기본을 강조하면서 인생의 바른 이해를 요구한 것이 아닌가?

3, 죽음에서 우리가 반드시 유의할 것은 바로 죽음은 이 땅이 자기 소유도 아닌 영혼을 원 주인에게로 돌려 드리는 그 과정이고 운동이다. 이 땅이 본래의 주인이 아니니 인간도 그 주인이 아닌 것이다. 주인이 아닌 것을 언제나 소유할 수는 없으니 주인에게로 영혼과 그 생명을(누가복음 12:20) 돌려 드리는 과정과 현실과 역사를 함께 묶어서 죽음이라 하는 것이다. 죽음은 이 고기덩어리의 흙에서 하늘에 속

한 그 영혼을 하나님께로 돌려 드리는 그 과정이니 이를 바로 아는 그것이 중요하다.
 그러면 죽음을 오지 못하게 막을 수는 없는 것인가? 당연히 없는 것이다. 죽음이 인생을 찾아오는 것이니 문제가 심각하여 지는 것이다.

 4, 이유여하를 막론하고 죽음은 먼저 하나님의 허락하심이 있어야만 한다. 하나님이 먼저 승낙 하지 아니하고서는 아니 되는 것이 바로 죽음이다. 하나님이 승낙치 아니하시면 설령 돌에 맞아서 죽는다 해도 시신을 옮긴 그 장소에서 다시 살아나게 되는 것은 기본이다. 그래서 성서는 사도행전 14:19절을 먼저 유의하여 보고 그리고 다시 사도행전 14:20절을 유념하여 보라고 명하신다. 왜냐 하니 하늘에서 하나님이 승낙하지 아니했는데 어떻게 죽음이 일어나겠는가 하는 것이다. 하나님이 승낙하지 아니한 죽음은 이미 죽음이 아니다. 그것은 잠시 쉬어 가는 생이고 삶이다. 그 누구도 예나 지금에서 이를 놓고서 거짓말을 하거나 쇼를 부리면 아니 된다.

 5, 인생의 죽음은 먼저 하나님이 하늘에서 승낙해야 되며 그 뒤를 이어서 땅이 이를 받아 드리고 승낙을 해야만 한다. 그렇지를 못한 것은 무효이다. 그러면 그 이유는 무엇인가? 그것은 바로
 Ⓐ 하나님의 것부터 먼저 원상회복과 복구를 시켜야 한다는 것이다. 언제까지나 하나님의 것을 땅과 세상과 유한과 시간성 안에다 갖다놓고서 잡아둘 수는 없이 아닌가?.
 Ⓑ 하나님의 것(소유)을(창세기 2:7) 하나님에게로 돌려보내야만 한다. 그러기 위해서는 이 땅과 시간과 공간성이 하

나님의 소유인 영혼을 잡아둘 수는 없다. 그래서 시간과 공간과 땅이 하나님의 소유에 대한 "포기 각서"를 쓰고 돌려보내야 한다는 것이다.

ⓒ 이왕에 원상회복의 때가 되었으니 전도서 3:20-21절 그대로 영혼은 위로 남은 육신은 아래 곧 땅으로 돌려보내야만 한다. 그러기 위해서는 시간과 공간과 이 땅이 공히 인생의 죽음을 받아 드리지 아니하면 결코 아니 되는 것이다. 그러니 그 누구도 이 원리와 기본부터 바로 알라.

6, 그러면 하나님 앞에서 영혼이 먼저이고 그 위이냐? 아니면 육신이 먼저이고 그 위이냐 하는 것도 문제이다. 다시 한번 말을 해서 인간과 세속과 세상과 땅(흙) 앞에서 그 육신이 위이냐 아니면 영혼이 위이냐 하는 것은 생각해 볼 과제이다.

모름지기 분명한 것은 인간의 영혼은 언제까지나 이 세상에 머물러 있을 수가 없다. 그 때가 되면 반드시 세상과 인간과 시간과 공간과 흙에서 떠나 본래의 고향인 하늘로 올라가야만 한다. 그것이 숨겨진 창조의 기본과 원리인 것이다.

그러나 그와는 반대로 하늘 곧 천국에서는 인간의 육신을 요구하거나 바라지 아니하기 때문에 이 육신은 천국이나 낙원으로는 옮겨갈 수가 없다. 누가복음 16:22절을 보라. 인간의 육신은 하늘로 올라 갈 수는 없으나 그럼에도 땅으로 그리고 그 본래적인 흙으로는(시편 104:29) 돌아가는 그것이 기본과 원리이다.

그러면 왜 너와 나의 영혼은 하늘로 올라가는가? 그것이 바로 영혼은 하늘 곧 하나님의 소유이기 때문이다. 그러면 누가복음 23:46절에서 나타난 예수의 고백을 보라. 그리고 사도행전 7:59절에서 나타난 스데반의 고백을 보라. 인간 영혼의 소유주는 하나님이심을 알리시고 있지 아니하는가? 그러면 왜 이렇게 되는 것인가? 그것은 영혼은 시간과 공간 그리고 이 유한에서 벗어나 있고 그와는 반대로 우리의 육신은 "시간과 공간 그리고 유한에 속하여" 있기에 무게가 있고 부피가 있다는 것이다., 그러니 이점부터 먼저 감안을 해야만 하는 것이다.

7, 위에서 이미 지적한바 그대로 예수의 죽음에 대한 고백은 그 자신의 영혼을 하나님 아버지께 맡기는 그것이었다(누가복음 23:46). 그리고 스데반의 죽음에 대한 고백 역시 그 자신의 영혼을 주 예수께 맡기는 그것임을 알리시고 있는 것이다(사도행전 7:59).

그리고 예수께서는 죽음에의 마지막 순간에 자신의 영혼을 그리스도에게 맡긴 한 강도에게 "오늘 자기와 함께" 낙원극락에 있을 것을 허락하고 있다. 누가복음 23:42-43절을 보라. 그러면 이것이 그 무엇을 가르치고 있는 것인가? 여기서 유의할 것은 "죽음"은 참으로 놀랍기도 하고 두려운 것이기도 하지만 그리스도 안에서는 기쁘고 즐거운 것임을 깨닫게 되는 것이다.

8, 그러면 성서가 그 무엇 보다 왜 이 죽음에 대한 문제를 심도 있게 다루고 있으며 그리고 그 무엇 보다 확실하게 이것과 저것을 제시하고 있는 가함이다. 죽음의 문제를 앞에 놓고서 성서는 "인생은 한번은 죽는다"라고 명하신다. 그러면 왜 인생은 한번은 죽는 것인가? 그것은 전도서 3:20-21절의 말씀을 이루시려는 것이다.

인생은 흙이니 흙으로 돌아가야만 한다(창세기 3:19). 그와는 반대로 그의 영혼은 하나님에게로 돌아가야 할 것이 아닌가? 그래야만 그리스도께서는 다시 오실 그 때에 부활의 완성체를 입기 위해서 먼저 간 자들을 다 데리고 다시 오실 것이 아닌가? 데살로니가 전서 4:14-17절을 보라. 그래야 부활의 완성체를 모두가 그리스도 안에서 입을 것이 아닌가? 그럼에도 불구하고 이 죽음과 부활의 완성체에 대한 바른 이해와 인식이 거의 없으니 그것이 크게 문제가 되고 있다.

9, 그러면 인간의 죽음들을 그 누가 바라고 요구하는가? 그리고 인간의 죽음을 그 누가 좋아하는가? 인간의 죽음을 하늘의 천군과 천사들이 요구하고 바라는 것인가?(누가복음 16:22상반절). 그것이 아니면 동양의 철학과 사상과 신앙과 그리고 한국적 토착신앙과 미신과 우상과 신화들이 좋아하는가? 그리고 동양이나 한국적 토착신앙과 사고에서 죽음은 저승사자나(차사) 신선이나 선녀들이 즐기고 반기는 것인가? 그것은 결코 아니다. 신선이나 선녀 사상을 기독교에서는 반대하나 동양적 사상과 신앙 그리고 한국적 사상과 신앙에서는 이것들을 가공이라 하지 아니하고 있는 그대로를 받아드리고 있으니 누구도 이를 바로 알지 못하면 아니 된다.

그러면 인생의 죽음을 하늘이 좋아 하는가? 그것은 아닐 것이다. 그러면 인간의 죽음을 시간이나 공간 유한성이나 땅이나 흙들이 좋아 하는가? 과연 그런 것인가? 그것이 아니면 인간의 죽음은 "인간들이" 즐기고 반기는가? 인간에게 죽음이 없으면 인구의 수효가 포화상태에 빠지게 되므로 오히려 불행해 지고 용납이 아니 될 것이니 말이다.

10, 하나님의 요구와 그의 선하신 그 뜻이 "사람은 한번은 죽는다(히브리 9:27)"는 것과 그리고 "너는 흙이니 흙으로 돌아가라"(창세기 3:19, 시편 49:17)고 하신 것이니 어찌 되는가? 모두가 그 때가 되면 죽는 그것을 하늘도 요구하고 땅도 요구하는 것이 아닐까?

사람이 일단 죽어야 "하나님의 영접을" 받을 것이니(시편 49:15상반절) 우리의 영혼을 음부의 권세에서 구원 하시는 그것이 하늘에의 원리이니(시편 49:15하반절) 그 죽음을 하나님이 요구하시는 것이 아닌가? 그것이 창세기 3:19절의 기본적인 내용이 아닌가? 그러면 하나님은 창조주로서 왜 피조물로서의 인간의 죽음을 요구하고 있는가? 그럼에도 불구하고 인간은 인격체로 조성이 된 것이 아닌가? 그럼에도 인간의 죽음을 요구하는 것은 창조의 원리이고 그리고 "죽음과 구원과 영생"의 기본과 원리이니 그러한 것인가?

11, 그러면 인간의 죽음은 시간과 공간이 바라고 요구하는 것인가? 그리고 유한성이 그리고 이 땅이 또한 이 땅의 흙이 바라고 요구하는 바인가? 분명히 처음 하늘과 처음 땅은(계시록 21:1하반절) 시간성 안에 있고 유한적이니 봄 여름 가을 겨울이 있으면서 인생은 나이가 들고(먹고) 죽어가는 것은 어찌 할 도리가 없는 자연적인 노후 현상들이 아닌가? 원래 인간은 천년의 수명이 기본이 아닌가? 창세기 5장을 보라. 그런 것이 범죄의 소산으로 인하여(창세기 6:1-2) 120년의 수명으로 단축된 것이 아닌가? 그러니 창세기 6:3절을 유의하여 보라. 하나님이 인간의 수명을 120년으로 단축시키신 것은 그 룰과 규칙 안에서 때가 되면 하나씩 죽어가라

는 것이 기본의 원리가 아닌가? 이렇게 죽어감에는 너도 나도 그리고 우리들 모두도 포함이 된 것이 아닌가?

12. 인간의 죽음을 인간들은 좋아 하지 아니한다. 피하고 싶고 멀리하고 싶다. 그것이 죄의 소산이거나 아니면 자연적인 현상이거나 간에 말이다. 그러나 그와는 반대로 같은 피조물로서 인간 이외의 만물들은 인간의 죽음을 요구하고 있다. 산과 들을 보고 모든 동물과 짐승들을 보라. 하나 같이 인간들이 빨리 죽어서 흙이 되고 거름이 되기를 은근히 바라고들 있다.

그러면 왜 만물들이 인간의 죽음을 바라고 요구하고 있는 것인가? 그것은 인간이 보편적으로 악하고 음란하며 하나 같이 믿음이 없기 때문에 "도무지 믿을 수가 없으니 빨리 죽는 그것을 바라고 요구하는 것이 아닌가?"

솔직히 인생이 이 세상에서 오래 살면 할 수가 있는 것이 잠언 1:10-19절 그대로 죄를 짓고 악하게 사는 그것 뿐이 아니겠는가? 그 누구라서 그것을 모르겠는가? 땅이 다 알고 인생들이 다 아는 것을 하늘이 모르겠는가? 이런 것은 이미 너도 알고 나도 알고 있는 바가 아닌가?

13. 다가 오는 이 죽음을 느끼는 바에 있어서 분명히 10대와 20대가 다르고 그리고 다시 30대와 40대가 완전히 다르다. 그리고 다시 50대와 60대가 완전히 다르고 그리고 70대가 다르다. 그리고 다시 80대와 90대가 다른 것을 어찌할 도리가 없다. 이에 대하여는 나이가 들수록 점점 달라진다는 것을 잊으면 아니 된다.

60대가 지나가고 70대가 오면 그 무엇보다 다가오고 있는 이 죽음에 대하여 사람에 따라서 다소의 차이와 상당한 차이를 느끼는가 하면 80대와 90대가 되면 이들 역시 상당한 차이를 보이기도 한다. 그리고 이 문제에서는 도시 사람과 시골 사람들의 차이가 나기도 하고 많이 배운자와 배우지 못한 자들과의 차이도 크게 나게 된다. 그리고 많이 가진 자들과 가난한 자들의 차이 역시 나기도 한다. 그래서 성서는 이 문제를 놓고서 누가복음 16:19-31절을 보라고 말하고 있다. 여기서 가난한 자와 부자의 문제가 심각함을 알게 된다.

그러기에 70-80대의 자살 역시 그렇게 쉬운 문제는 아닌 것이다. 물론 70-80대의 자살이 없는 것은 아니나 개념상 쉬운 것은 아니라는 것이다.

14, 그러기에 인류 역사 속에서 사람들은 이 죽음이 어디서 오는지 그것을 찾아보고 알려고 최선을 다하고 무던히 애를 쓰고 있으나 거의가 그 답을 찾지 못하고 있다. 그런데 이 죽음에 대하여 생각하고 느끼는 것이 유럽인이 다르고 아프리카인이 다르고 미주 인이 다르고 동양과 한국인이 다르다는 것을 염두에 두어야 한다. 서부의 갱들 영화나 총잡이들의 각종 영화를 보라. 그들은 밑도 끝도 없이 사람들을 마구 죽인다. 그러면서도 양심의 가책이라고는 하나도 없다. 사람을 죽이고 또한 죽고 하는 그것을 취미나 재미나 실습이나 자기 도취에 젖어서들 한다. 그러다 보니 하나같이 이해나 상상이 되지 못하고 있다.

사람을 죽이면서도 주의와 사상 때문에 직송 상관에 대한 충성심 때문에 무차별적으로 수하인이나 적이나 반대자들을 숙청하여 죽이기도 한다. 과거의 소련이나 중국에서는 수천만 명씩이나 죽이고 나라와 정권을 세우고 유지하고 하지를 않았는가? 그럼에도 그들도 죽음은 비켜가지 아니 하였으니 이것이 역사의 아이러니가 아닌가? 그들은 지금 그 어디에 가서 있을까?

### 제 3절, 그러면 인간의 죽음은 자연적 현상인가?

1, 어떤 목사를 만났는데 그의 말이 자기의 사랑한 아내가 얼마 전에 죽었는데 그런데 그 아내가 죽은 이후에 얼마 안 지나서 밤에 연속해서 고양이가 꿈에 나타나고 그리고 집의 구석마다 고양이가 똥을 싸고 어떤 날은 고양이가 새끼를 여러 마리 낳고서 자신의 집을 아수라장으로 만들고 해서 깊이 생각을 해보니 자기의 아내가 환생이나 윤회를 해서 고양이가(축생도) 된 것이 아닐까 하는 생각이 든다는 것이다. 나는 그에게 그런 사고나 생각은 창조에 대한 도전이고 죽은 망자에 대한 인격적 모독이고 모욕이니 어떤 경우이든지 간에 그렇게 생각하거나 믿으면 결코 아니 된다 라고 경고한 적이 있다.

기독교가 한국에 전래가 되어서 들어온지도 이미 140여년이 되었음에도 아직까지도 기독교의 목사들의 세계에서도 이런 허깨비 신앙을 가지고 있는데 일반 교인들이야 오죽 하며 그리고 믿지 아니하는 일반인들이나 동양철학이나 신앙이나 사상에 젖은 그런 자들이야 오죽 하겠는가? 한국인의 의식구조나 심리와 사상과 사고와 정신 속에는 그 자신도 모르는 사이에 인간 6도 중의 상당수는 축생도 사상과 사고와 신앙과 잡념에 젖어서 헤어나지를 못하고 있는데 이것이 쉽게 벗겨지고 정상적인 궤도에 서서 가겠는 가함이다. 솔직히 당신도 암암리에 이 축생도의 사상에 젖어 있는 것은 아닌지?

2. 열왕기 상 18:19절에 나오는 바알선지자 450명이나 아세라 선지자 400명이 전국에서 날마다 하나님의 집인 회당이나 성당 등지에서 그 무엇을 생각하고 기도하고 바랐을까? 그리고 그들이 안식일마다 하나님께 그러면서도 드리는 제사는 그 무엇이며 저들이 안식일 날 하나님께 요구하고 바라는 바의 기도는 그 무엇이었을까 하는 것이다.

이들 450+ 400= 850명이 안식일 날 전국의 회당이나 신전에서 신에게 요구하고 바란 것이 그 무엇인가? 그럼에도 저들이 선지자 엘리야에 의해서 한꺼번에 떼죽음을 당하게 되었는데(열왕기 상 18:40) 저들이 죽을 그 때에 요구한 것이 무엇이고 죽음의 순간에 저들이 보고 느끼고 깨달은 것이 그 무엇일까 하는 것이다. 저들이 죽을 그 때에 부른 신은 누구이고 무엇인가? 그들의 신은 왜 그들을 버렸을까?

3. 거두절미하고 앞에서 이미 지적한바 그대로 20-30대가 죽을 그 때에 느끼고 깨닫고 맛보며 생각하는 것이 다르고 그리고 50-60대가 죽을 그 때에 느끼고 깨닫는 것이 다른 것은 당연한 것이다. 그러면 70대가 느끼고 깨닫는 것과 그리고 다시 80대가 죽음을 앞에 놓고서 느끼고 깨닫는 것이 완전히 다르다는 것은 당연지사이다. 사람은 그가 그 누구이거나 간에 죽음에 대한 공포를 진솔하게 깨닫고 느끼는 그 나이는 60대 중반부터이다. 그러니 누구도 60대 중반이 되면 죽음에 대한 공포나 문제를 뼈저리게 느끼고 생각을 하게 된다. 혼자 있을 그 때에 또는 밤중에 잠이 오지 아니할 그 때에 또는 혼자서 외롭고 답답할 그 때에 다가오고 있는 이

죽음에의 문제에 대하여 깊이 있게 생각을 하게 된다. 이는 너만의 문제가 아니고 나만의 문제도 아니다.

그리고 다가오고 있는 이 죽음에서 거지 나사로가 죽음의 순간에 느끼고 깨달은 것과(누가복음 16:22상반절) 그와는 반대로 홍포를 입은 부자가 죽을 그 때에(누가복음 16:19-22) 느끼고 깨달은 것이 완전히 다르듯이 오늘에서도 부자와 가난한 자들이 이 죽음을 앞에 놓고서 생각하는 것이나 깨닫는 것이 완전히 다르다는 것이다. 솔직히 이런 문제는 어제나 오늘만의 문제가 아니고 과거나 현재나 미래 그 전체의 문제(이슈)가 아닐 수 없다.

4, 그러면 이 죽음은 자연적인 현상이거나 초자연적인 현상인가 하는 것이다. 쉽게 이야기해서 나이가 너무 많아서 또는 죽을 병이 들어서 각종 불의나 각종 사고에 의해서 또는 불가항력적으로 오는 질병이나 사고나 기타 등에 의해서 서서히 또는 갑자기 죽음에 이르게 되는가? 이런 질병에 의해서 불가항력적으로 죽음이 임하니 속수무책적으로 당하는 경우가 많은데 당신도 이렇게 하여 죽음을 맞을 것인가?

거두절미하고 각종 윤회설을 주장하는 자들이 생각하고 바라고 요구하는 "죽음과 죽음의 사자(이리)"를 먼저 생각하여 보고 비관론을 주장하는 자들이나 회의론이나 허무주의를 주장하는 자들이 생각하는 죽음이나 그런 것들이 아니면 진화론을 주장하는 학파에서 그 시작을 아메바로 하여 결국은 원숭이가 되고 그 원숭이가 사람이 되었다고 주장하는 진화론 주장자들을 보라. 그러면 이들 원숭이 새끼들이 느끼고 깨닫고 생각하는 죽음관을 유의하여 보라. 과연 이런 원숭이 새끼들이 생각하고 주장하는 죽음관이 어떠하겠느냐 하는 것이다. 진화론자들의 원숭이론은 흡사 6도의 축생도와 너무 유사한 것이 아닐까? 그 누가 보아도 말이다.

성서는 시편 49:14중반절에서 "사망이 저의 목자가 된다"라고 하는 자들의 죽음관이 그 무엇이고 그 어떤 것인가 함이다.

5. 불신자나 비신앙 자들의 생각에 인간의 죽음은 자연적 또는 초자연적 현상으로서 모든 인생에게 쉬지 아니하고 달려 왔다가 "너도 나"도 물고는 소리소문 없이 서서히 어디론가 사라져가고 마는 것이라고 하는데 사실인가? 그래서 어린아이가 고고지성 속에서 태어나는 흔적은 있어도 장년이나 노년들의 죽음에서는 왜 그 흔적도 찾아볼 길이 없이 사라지고 마는가?

그럼에도 불구하고 이 죽음이 자연적 또는 초자연적인 현상이라면 그 누구도 바라지 아니하고 그리고 무서워하지도 아니하고 그것 때문에 누구에게 시시비비를 걸고 할 것도 없는 것이 현실과 역사가 아닌가? 인간들끼리 다가오고 다가와서는 지나가고 그리고 그것이 한번 지나가면 이웃들이 하나씩 둘씩 사라지고 없어지듯이.... 이것이 계속해서 반복이 되고 있으니 문제가 아니 겠는가?

역사는 언제 어디서나 살아있는데 인간을 보니 너도 가고 나도 부지런히 가고 있다. 어제도 보니 다들 가고 있고 오늘도 보니 부지런히 다들 가도 있다. 그런데 누구하나 못 간다거나 다음에 가겠다고 말하는 이가 하나도 없이 가고 있다. 그러니 기가 차고 말문이 막히고 있다. 오늘에서 나도 당신도 이 죽음에의 대열에 서서 달려가고 있으니 큰 일이다.

 6, 억조창생과 삼라만상이 봄이 오면 살아나고 늦은 가을이 오면 죽고 그리고 이슬과 서리와 얼음이 얼고 눈이 오고 하니 그것이 하나의 규칙과 법과 질서가 되고 기본과 원리가 되어서 계속해서 연이어지고 있으니 창조의 신비가 놀랍고 기이하지 아니 하는가? 그래서 사람들은 우주와 자연과 만물을 보고 그리고 만물의 살고와 죽고를 거듭하는 그 과정들을 보면서 많은 것을 느끼고 깨닫게 되는 것이다.

그러면서 이런 것은 창조와 창조주의 역사 안에서 자연적인 현상이 아닐까를 주장하기도 한다. 그런데 그 모든 피조물들을 중심으로 하여 태어나고 죽고를 거듭하는 것을 보면서 만물이 자연적 현상에서 그렇게 되는 것을 보면서 인생의 죽음 역시 그렇게 되는 것이 아닐까를 생각하게 된다. 또는 우주만물과 자연의 생성을 보면서 이것들이 저절로 움직이고 역사 하는 것으로 착각하니 이 세상이나 우주만물이 저절로 생겨나고 그리고 다시 인생의 죽음도 저절로 오는양 오해들을 하고 있으니 그것이 문제가 된다는 것이다. 그러기에 이 자연적 현상에 대한 바른 이해가 심히 요구되고 있다.

 7, 그러면 당신은 인간의 죽음이 자연적 현상에서 저절로 오는 것으로 믿는가? 그러면 참으로 이상하지 아니하는가? 저절로 또는 자연적 현상에서 죽음이 온다면 출생 역시 자연적인 현상으로 보아야 하는데 과연 그런 것인가? 아무리 보아도 그것은 아닌 것 같다. 왜냐 하니 죽음이나 출생은 각기 그 순서가 있기 때문이 아닌가? 설령 출생의 순서가 있듯이 죽음의 순서가 있는데 그런데 각기 이 양자가 너무나 다르다

는 것이다.

　인간들이 하나님의 뜻과 섭리와 역사를 거부나 부인하고서 진화에 의한 그 무엇 정도로 알고 있으니 참으로 안타깝다. 그러면 그 진화가 왜 옛날에는 잘 되었는데 오늘에서는 잘 되지 아니하는가? 이것이 의문이 아닌가? 그러면 당신은 진화론을 믿는가? 그러면 당신은 원숭이의 새끼가 아닌가? 창조론을 믿는 자는 사람의 자식이고 진화론을 믿는 자는 원숭이의 새끼인데 어떻게 사람의 자식이 원숭이의 새끼들 하고 함께 살 수가 있는가? 이는 언어도단이고 이율배반이 아닌가?
　그러면 인간의 죽음은 진화가 아닌 자연적 현상인가? 그럼에도 이것을 인격체인 인간이 받아드려야 하는가? 아니면 거부를 해야 하는가? 인격체인 인간은 결코 이를 받아드릴 수가 없는 것이다.

　8, 그럼에도 진화론을 주장하는 자들과 자연적 현상을 주장하는 자들은 출생도 자연적으로 그리고 죽음도 자연적으로 알거나 믿고 있으니 그것이 심각한 문제가 되고 있는 것이다. 출생의 전 과정도 저절로 되는 것이 하나도 없듯이 죽음의 전 과정 역시 저절로 되거나 자연적 현상에서 일어나고 이루어지는 것은 결코 아닌 것이다. 자연적 현상에서 죽음이 오니 인간은 죽음의 질병과 악에서 벗어나지 못하고 고스란히 당할 수 밖에 없다는 주장은 잘못된 것이다. 이런 사고나 의식이나 신앙 따위는 결코 옳은 것이 되지 못한다. 그러니 죽음이 자연적 현상이라는 악과 개념을 버려야 한다

## 제 4절, 그러면 죽음은 범죄에 대한 보복인가?

1, 과연 그런 것인가? 죽음은 어제도 오늘도 쉬지 아니하고 나타나고 있다. 죽음이 동양에서도 일어나고 서양에서도 일어난다. 그래서 황인도 죽고 백인들도 죽고 흑인들도 죽고 한다. 그럼에도 불구하고 우리의 주위에서 죽음은 쉬지 아니하는데 그러면 그것 자체가 범죄에 대한 보복인가? 그러면 창세기 3:19절을 보라. 분명히 죽음은 죄에 대한 보복이 아닌가? 그것을 당신은 믿고 있는가? 과연 그런 것인가?

그러면 창세기 4:7-9절을 보라. 형이 아우를 죽이고서 시신을 유기까지 하고서도 아주 뻔뻔스럽다. 흡사 구약성서의 예레미야 5:3절이나 에스겔 2:4절 마냥 그 낯 가죽이 반석보다 굳고 뻔뻔 스러우니 심히 안타깝고 하나님 앞에서는 언제나 거짓을 일삼는 것이다.

그러면서도 인간은 하나같이 양심의 가책이나 사고의 회개는커녕 죽으면 그만이라는 허무주의적인 말로 만사에서 오리발을 자주 내밀게 된다. 어떤 이는 그러면서 "너도 가고 나도 가는데 그 무엇이 그러한가"라고 하면서 죽음을 일반화 또는 합법화 하고 있다. 그러면 위의 이런 말은 죽음에 대한 애찬이고 공포인가? 그것이 아니면 죽음을 그리워하고 맞기 위해 기다리고 있는 산증거인가? 그것들이 아니면 죽음에 대한 인간의 포기현상인가?

2, 이 세상과 현실을 똑 바로 보라. 어떤 이들은 자주 꿈을 꾼다. 그런데 어떤 이는 그 꿈에 보이고 나타나는 사람은 언제나 그 사람이다. 그런데 그 사람을 꿈에서 보고 나면 피

가 마르고 뼈가 굳어지고 온 몸에 이상기류를 느끼게도 된다. 그러다가 어떤 모임이 있어서 갔더니 그 곳에 그 사람이 와서 보인다는 것이다. 그런데 이런 경우는 실제적으로 그 사람이 나타나는 경우도 있으나 그 사람의 망령이나 환영이 나타나는 경우도 더러 있다. 이 세상에는 그 누구도 상상이 아니 되는 것들이 있다는 것을 바로 알라.

 그래서 그가 본 그 사람은 누구에게다가 "저 사람을 좀 보라"고 지적하면 벗이나 이웃은 그런 사람은 저기에 또는 우리들 앞에는 없다 라고 부인한다. 이런 경우도 죽음의 이리와 관계가 된 것들이니 이를 유의해야 한다.

 3, 어떤 이는 길을 가다가 보면 이상한 사람을 만나게 되는데 그가 자기의 옆을 지나간 이후에 즉시 이상해서 뒤를 돌아보면 그런 사람은 없거나 아니면 자신의 그 곁을 지나친 그 사람이 흔적조차 없이 사라졌다는 것이다. 이런 경우는 귀신이 곡할 일이 아닐 수가 없다. 이런 경우는 40대나 50대에 가서 자주 당하고 보는 경우들이다. 지나고 보면 참으로 기이하고 이상하고 신비한 경우이다.

 그런 경우를 종종 당하고 나면 가슴이 뛰고 두근거린다. 정신이 아리송해지고 마음에서 혼돈과 이상 기류와 현상이 나타나기도 한다. 이런 일들을 한 두 번이 아니고 종종 겪고 나면 서서히 혼이 빠지고 넋을 잃게 되는 현실은 어처구니가 없고 놀랍고 괴이한 일이 아닐 수가 없다.

 이런 경우를 자주 당하는 사람들은 그 자신이 저승사자를 "언제 또는 어디서" 보았다고 고백을 하나 사람들은 그것을 믿지 아니하고 이상한 사람 또는 정신이 혼미한 사람 또는 헛것을 자주 본 자라고 치부해 버린다. 그러나 이런 것은 함부로 깔아 뭉겔 사안이나 현실이 결코  아니라는 것이다. 유의할 것은 이런 경우는 20대나 30대에는 그에게 잘 나타나지를 아니 한다. 그런데 40대가 되면 그 때로부터는 그 누구에게도 갑자기 나타나는 경우가 있음을 바로 알라. 그런데 50대에도 상당 수의 사람들이 보고 만나는 경우이다. 물론 60대에는 거의가 자주 보게 되는데 그것을 느끼지 못하고 지나치는 경우가 많다.

 4. 어떤 이는 밤중에 곤히 자는데 밖에서 누가 와서 그 자신을 자주 부른다고 한다. 밤중에(12시- 2시 사이) 찾아와서 대문을 두드리며 자기의 이름을 부른다는 것이다. 그런데 이런 경우에는 함께 잠자고 있는 가족들이 듣는 경우도 있고 듣지 못하고 그 당사자만 듣는 경우도 많다는 것이다.
 그래서 그는 일어나 밤중에 옷을 입고 밖으로 나간다. 나가면서 누가 자기를 부른다며 밖에 있는 그가 바로 자신이 아는 "누구"라는 말을 한다. 그렇게 하고서 나간 그 후에 돌아오지 못하고 산이나 또는 강이나 연못에서 또는 어슥한 바닷가에서 죽어 있는 경우도 더러 있고 이상한 힘에 이끌리거나 사로잡혀서 깊은 계곡이나 들로 끌려 다니다가 아침이 되어서 밤새 끌고 다닌 그를 버리고 도망을 간 경우도 종종 있다. 그러나 어찌 하겠는가?

 그러나 이런 것이 이 세상의 역사이고 현실인 것을 잊지 말라. 그래서 사람들은 야밤에는 그 누가 와서 자기를 부르면 절대로 그 자신의 집의 문을 열지 말고 그리고 부르는 그 사람을 따라서 나가지 말라고들 한다. 그런데 야밤에 부르는 자는 거의 모르는 자가 아니다. 그 음성이 잘 아는 자의 음성이다. 그래서 속는다. 그러나 그를 부르는 그는 그 누구를 가장한 핀타스마(유령)이거나 악마이니 이를 명심하라.

5. 어떤 이는 낮에 길을 가다가 아는 사람을 만나서 그와 대화를 하고 식사와 차를 마시고 동행을 한 연후에 몇 시간 후에 외진 곳에서 죽어서 시신이 되어 있는 경우도 더러 있다. 그런데 그 아는 사람은 그 날도 그 전날에도 그 곳에 있은 것이 아니고 먼 곳에 가서 일을 하거나 장사를 하고 있었다는 것이다. 그러니 기이하고 신기한 일이다. 이런 경우도 세상에는 얼마든지 있다는 것이다.

그러면 죽은 이 사람에게 나타난 그 "안다는 사람"은 그 누구인가 하는 것이다. 그러면 죽은 사람에게서 떠나간 그 사람은 이전부터 "잘 알고 있는 자인가?" 그것이 아니면 모르는 자로서 아는 자의 형상과 현실로 나타난 것인가? 아니면 그는 저승사자이지만 그의 눈에 그렇게 보인 것인가? 이런 문제는 참으로 아이러니한 현상이 아닐 수가 없다. 그러나 이런 경우는 현세에서 자주 일어나는 현상임을 알라.

6. 우리들의 언어(말)에는 너무 억울한 일을 당하면 "내가 죽어서 귀신이 되어 너를 잡으려 온다"는 말이 있다. 그리고 고사에서는 "결초 보은"이라는 말도 있다. 이런 용어들은 인간과 귀신들의 관계형성으로서 사용하는 용어들이 아닌가?. 그리고 수 많은 사람들이 저승사자를 귀신으로 알고 있기에 하는 말들이 "귀신도 눈이 삐었지 왜 저런 놈을 잡아가지 아니하고 다른 사람들만 잡아 가는가"라며 바꾸어진 세상과 현실과 인간들을 보고 탄식을 하는 경우도 더러 있다. 고로 현실을 바로 보라는 것이다.

예나 지금에서 일반 사람들은 귀신들이 저승 사자로서 사람들을 저승으로 잡아간다고들 믿는다. 그러나 기독교 성서는 이를 철두철미 거부하고 있다. 그럼에도 보편적으로 한국인들은 60-70% 이상이 귀신들이 사람을 잡아가는 저승사자로 알거나 믿고 있다. 기독교 신자들의 상당수도 그렇게 믿고 있으며 일반인들은 거의가 그렇게 믿고 있는 실정이다. 보편적으로 저승사자는 그 소속이 "염라국으로 알고 있으니" 이 또한 문제가 심각하여 진다.

7, 그러면 인생의 죽음이 범죄에 대한 보복으로서 나타나는 현상인가? 과연 그런 것인가? 그것이 아니면? 보편적으로 사람이 좀 악하면 성서적으로 빨리 죽는 그것이 기본이고 원리가 아닌가? 아기 예수를 죽이려고 칼을 휘두른(마태복음 2:13-17) 헤롯왕과 그 일파들이 요절을 당한 것을 보라(마태복음 2:18-19). 누가복음 12:16-21절의 부자 역시 혈기가 왕성하고 사업계획이 분명하나 요절을 당한 꼴과 현실을 보라. 이런 경우는 언제나 있는 현상이 아닌가?

그리고 하나님의 영광을 갈취한 헤롯 아그립바 1세 왕의 죽음을 보라. 사도행전 12:20-23절을 보라. 이런 자들은 보편적으로 자기의 수명대로 거의가 살지를 못하고 빨리 죽어서 역사속으로 사라진 악인들의 케이스이다.

오늘에서 혈기 왕성하고 내일의 비전이 있다고 주장 하는 당신은 어떤가? 살기 위해서 오래도록 달려가고 있는가? 아니면 풀이 꺾여서 죽음을 향해 달려가고 있는가? 인간에게 있어서 빼앗고 착취와 갈취하는 그것이(시편 17:12) 너와 나에게 무슨 유익이 있는가? 이미 너와 나를 잡아가기 위한 죽음의 사자가 달려와서 너와 나의 콧구멍 밑에 와서 엎드리고 있는데 말이다. 이것이 죽음의 현실이고 역사가 아닌가?

8, 현금당대에서 너와 나는 "너도 가고 나도 간다 라고 하는 세상에서" 살고 있다. 그런데 어제의 내 주위와 오늘의 내 주위는 오고 가는 사람들이 상당히 다르다. 그들은 하나 같이 이름도 다르고 성도 다르다. 그리고 그들은 나이도 다른 사람들인데 그들이 오고 가고 있다. 내가 오래 동안 알고 지내며 친교를 맺으며 오고 간 그들은 이미 오래 전에 내 주위와 이 세상을 떠나고 없다. 이것이 바로 오늘의 너와 내가 관계를 맺으며 살고 있는 현실이니 참으로 두렵고 떨리고 우려스러운 현실이 아닐 수가 없다.

물론 얼마 되지 아니해서 너도 가고 나도 이 세상을 떠나갈 것이다. 그렇다고 해서 우주의 미아가 되는 것은 결코 아니다. 우리가 알고 싶어하는 것은 바로 죽음의 현실과 그 개념을 바로 아는 그것이 시급한 과제이고 중요한 과제라는 것이다. 다들 열심히들 달려가고 있는 그 인생에의 길에서 "죽음에의 이리"를 만나고 따라간다는 것은 의미 있는 일이다.

## 제 5절, 인생은 반드시 한번은 죽는다. 죽지 아니할 수는 없는가?

1, 그러면 히브리 9:27상반절을 보라. 인간은 한번은 반드시 죽는다. 그 누구도 결코 예외가 아니다. 그러면 그것이 그 누구를 위해서 죽는가 하는 것이다. 그러면 그것은 인간 그 자신을 조성하신 그분을 위해서 죽는가? 그것이 아니면? 그리고 그 무엇을 위해서 죽는가? 그것은 하나님의 나라와 그의 의와 이 세상을 위해서 죽는 것인가? 과연 그런 것인가? 그 누구도 역사와 현실 속에서 이에 대한 바른 이해가

있는가? 그것이 없으면 결코 아니 된다.
  그럼에도 여기서 우리가 깊이 있게 한 가지 유념해야 할 것은 깊은 산중으로나 아니면 기도원이나 수도원으로 가서 40-50년 또는 그 이상 입산수도를 해서 도를 닦고 있는 자들 중에는 때때로 낮이나 밤에 자기의 영혼(생명체)과 대화를 나누는 경우도 더러 있다. 각 사람에게서 그의 영혼이 밖으로 나오면 그 순간에 모두가 죽는데 여기서는 예외적인 자들도 있다는 것을 생각지 못하면 아니 된다. 그 사람의 영혼이 그의 몸 밖으로 나와서 그 사람과 대화를 나눌 수가 있다는 그것이 놀라움이고 신비가 아니겠는가?

  기독교의 목사들 중에도 성서66권을 수천독 정도를 하고서 성서를 깊이 또는 많이 연구를 하는 자들 중에도 자기의 영혼이 그의 몸 밖으로 나와서 자신과의 대화를 나누는 경우가 더러 있음을 유념하라. 그래서 바울은 고린도 후서 12:3절에서 "그가 몸 안에 있었는지 몸 밖에 있었는지 나는 모르거니와 하나님은 아시느니라"고 실토하고 있다. 이는 그의 영혼이 그의 몸에서 빠져 나와서 몸 밖에 있었다는 진리가 아닌가? 그의 영혼이 몸에서 빠져 나와서 셋째 하늘인 파라다이스로 가서 보고(고린도 후서 12:2) 왔다는 것을 알리심이 아닌가?. 이는 계시와 신비이고 하늘의 비밀이 아닌가?
  이런 것들은 기독교 역사에서 자주 있는 일이 결코 아닌 것이다. 그러니 이를 바로 아는 그것이 중요한 과제하다.

  2, 그러면 먼저 사도행전 7:55-56절을 보라. 스데반이 돌에 맞아서 순교를 당하는 그 과정에서 하늘을 우러러 보고 있다. 그가 영안이 아닌 신안을 가지고 보니 "예수 그리스도

께서 하나님 우편에 서서 스데반 그 자신이 빨리 오기를 기다리고 있는 것"을 보았기에 그는 그것은 크게 외치시고 있다.

 지금의 그의 몸은 분명히 순교의 마당에 있는데 그의 육신이 아닌 그의 영체가(생명체) 하늘을 보고 하나님의 우편에서 예수 그리스도께서 서 계시는 그것을 보고 그것을 모두에게 증거하는 것은 놀라움이고 계시의 비밀이며 신비의 역사와 현실이 아니고 그 무엇인가?

 이 때의 스데반은 죽기 바로 직전이지만 그가 하나님의 보좌나 하나님의 우편에 그리스도가 서신 것을 보려면 일단 그의 영혼이 육체의 밖으로 나왔다는 것이 아닌가? 그러면 욥기 19:16절을 보라. 여기서 성서는 이 몸의 가죽이 썩은 이후에 몸 밖에서 하나님을 보리라고 하고 있는데 그러면 그 저의는 무엇인가? 바른 이해가 여기서 요구되고 있다.


 3, 그러면 계시록 1:1-3절을 보고 그리고 다시 계시록 1:9절을 보라. 사도 요한이 밧모라고 하는 무인고도인 섬에서 하늘의 각종 계시를 보게 되었다. 그는 먼저 밧모라고 하는 그 섬에서 수십 년간 혼자 귀양살이를 하였으니 놀라움이 아닌가?

 그런데 어느 날인가에서 하늘의 계시를 그가 보게 된다. 사람이 하늘나라의 계시를 보려면 그것은 이 육신과 관계가 된 것들이 아님을 알게 된다. 그는 이 육신을 벗어나서 생명체로서 하늘의 계시를 보아야 하는데 그러면 그의 영혼이 그의 육신을 완전히 벗어난 가운데 보게 된 것은 아닌지 그것이 궁금하다. 하늘의 계시를 보거나 받으려면 우리의 영혼이 육신을 떠난 그 상태에서 하늘의 계시를 받고 볼 것임을 바로 알아야 한다.

　왜냐 하니 하늘의 계시는 철두철미 이 육신과는 전혀 관계가 없고 육신적인 개념에서 마저 벗어나 하늘의 계시와 영적인 개념 안에 있어야 되는 것이 아닌가? 이런 것도 창조의 역사나 개념 안에서 질서나 규칙과 정의가 이미 규정한 각종 분량들이 있고 그리고 인간들이 도저히 이해하거나 알지 못하는 영역 밖의 일들도 있다는 것을 유의해야만 한다. 인생은 한번은 죽는데 그 누가 빨리 죽고 그 누가 늦게 죽는지 그것을 뒤의 제 8장에서 상고하려하고 그것을 바로 아는 그것이 시급한 과제이다.

　4, 사람은 그 누구도 한번은 죽는다. 그것이 바로 하나님께서 아담을 에덴에서 추방하시며 "너는 흙이니 흙으로 돌아가라"고 하심에서 그 시작을 한 것이다. 그 말씀에 준해서 이루어지는 것이니 그 누구의 죽음에서도 바른 이해가 요구되고 있다. 너는 흙이다. 그러하니 너는 흙으로 돌아가라고 하신 명령은 다른 말로 표현을 하면 "너는 곧 죽는다" 라는 표현인 것이다.

　그리고 너는 흙이니 그 본래의 흙으로(시편 104:29) 돌아간다는 것을 일반 상식적으로 가르치는 것임을 잊으면 아니 된다. "너는 흙인데 흙으로 돌아가려면" 반드시 죽는다는 것이 아닌가? 그것은 영과 육의 이별과 나누어짐이고 그래서 각기 시간성과 영원성으로 이승과 저승으로 차안과 피안으로 각기 분리가 된다는 것이 아닌가? 이 세상과 관계가 된 육신은 육이고 흙이니 그 본래의 흙으로 돌아가는 것이 원리이고 질서이고 법이고 기정사실이 아닌가? 그리고 우리의 영혼은 생명체이니 생명체는 죽는다고 하여도 흙으로 무덤으로 돌아

갈수는 없고 하늘로 올라가야 하니(전도서 3:20-21) 그러기에 인간들이 이 영과 육의 분리의 전 과정을 바로 아는 그것이 시급한 과정이다. 생명을 가진 인간은 그 누구도 이를 모르면 아니 된다.

  5. 사람은 그 누구도 그 어디에서 죽거나 그리고 언제 죽거나 그리고 그 무엇에 의해 죽거나 간에 한번은 반드시 죽는다. 그것이 그 인간의 불의나 불법에 의해서 죽는 것이거나 아니면 연약과 부족과 각종 실수에 의해서 죽는 것이거나 그것이 아니면 염세주의나 허무주의나 세속주의나 독선주의나 기타 등에 휘말리고 빠져서 죽거나 아니면 이상주의나 허무주의에 빠져서 자살을 하거나 타살을 당하거나 간에 죽는다는 것이 놀라울 것뿐이다. 그래서 성서는 우리에게 "너도 죽는다"라고 손가락질 크게 하고 있다.
  하나님은 오늘에서 너를 보시고 그리고 나를 보면서 "너는 반드시 때가 되면 죽는다"고 경고하신다. 그러면서 모자라는 인간에게 "너는 언제 죽겠는가"와 그리고 너는 "어디서 죽겠는가"와 그리고 "그 어디에서 어떻게 죽겠는가"를 절대로 질문이나 반문하지는 아니하신다. 그러면 왜 이런 문제를 질문하려 하지 아니하는가? 그러면 인간은 누구도 사전에 겁을 먹고서 스스로 무너지거나 병이 들거나 해서 요절을 당하거나 그것이 아니면 스스로 자기의 생과 삶을 포기하고서 길거리로 나가서 행려병자나 정신질환 병자나 아니면 마음과 사상과 사고에 깊은 병을 앓고서 죽어갈 것이기에 하나님은 인간들에게 이런 것을 절대로 질문하시지 아니하시는 것이다. 그러니 인간은 창조주의 고마움을 바로 깨달아야 한다.

6. 인생은 반드시 죽는다. 그러면 언제 죽고 어디서 죽고 그리고 어떻게 죽고할 것인가 함이다. 그리고 너도 나도 언제 죽는 것이 기본적이고 합법적인가 하는 것이다. 인생은 그 누구도 자신의 죽음을 전혀 모르기에 불안의 요소 가운데 살다가 넘어지고 병들고 하여 죽는다.

인간은 각정 병들이 들어서 죽을 것인가? 그러면 너무 아프니 그것도 문제가 되는 것이 아닌가? 그러면 아프지 아니하게 자살을 선택할 것인가? 주로 허무주의자나 비관자들이나 정신 이상을 앓고 있는 자들은 스스로 생을 포기하고 있으니 여기서 그들의 죽음이 심각히 문제가 되고 있다. 사회학적 차원이나 종교학적 차원에서 이런 경우는 문제가 아니 될 수가 없다.

그런데 이 죽음에 대하여는 선진국의 이상과 사상과 후진국들의 이상과 사상이 다르다. 기독교를 믿는 자들과 그 반대인 자들 역시 죽음에 대한 개념과 이해가 완전히 다르니 여기서도 각기 문제가 생긴다.

인간은 한번은 죽는데 그것이 1,000년 시대이거나(노아의 홍수이전) 아니면 1,000년에서 그리고 범죄를 하므로(창세기 6:1-2) 120년이 된 그 이후나 간에(창세기 6:3) 별반 차이가 없이 계속해서 진행이 되고 있음은 놀라움이 아닐 수가 없다. 1,000년 시대의 죽음과 120시대의 죽음을 비교하고 분석하여 보라.

7. 그 누구이거나 간에 일단 죽으면 그것에 대한 전 인류의 의문은 그 무엇인가? 창세기 3:19절을 보면서 고개를 흔들 것인가?

Ⓐ 그 하나는 일단 그 사람이 죽으면 그 즉시 그의 영혼이

하늘로 올라가는가? 그의 시신이 영안실이나 집의 안방이나 건너 방에서 지금 머물고 있는데 말이다. 그 사람의 시신은 1-3일 또는 그 이상 4-5일 정도 시신이 안치가 된 그 장소에 머물러 있는데? 그럼에도 불구하고 그 분리가 된 시신은 집이나 교회당이나 영안실에 머물러 있는데 그 시신보다 그의 영혼이 하늘로 먼저 올라가 버리고 마는가 하는 것이다.

동양종교나 한국적인 종교사상은 일단 죽으면 영과 육이 분리가 되는데 그럼에도 안치된 시신이 지금에서 머물고 있는 그 곳을 떠나기 이전까지 자신의 그 시신이 머물러 있는 그 곁에서 영혼이 머물다가 시신이 영안실을 떠나갈 그 때에 그의 영혼도 그 순간 그 곳을 떠난다고 믿는 것이 동양과 한국적 신앙과 사상이 아닌가? 그러면 그의 영혼은 시신이 머무는 그 곳에서 며칠 머물다가 하늘로 올라 가는가?

Ⓑ 그런데 다른 그 하나는 죽은 그의 영혼이 이 세상에 2-3일 또는 4-5일 동안 머물러 있는가? 머문다면 그 어디에서 머물고 있는가 하는 것이다. 그러면 몸을 떠난 그의 영혼이 죽어서 누워 있는 자기의 시신 곁이나 주위에서 여러 날씩 머물 수가 있는가? 그러면 욥기 19:26절을 보고 그리고 다시 욥기 19:27절을 보라. 이것이 그 무엇을 의미 하며 위의 성서가 동양철학이나 사상이 가미된 것은 아닐지가 의문이다. 왜냐 하니 욥기서는 지금으로부터 3500년 전에 기술이 된 말씀이 아닌가? 여기서 성서는 사람이 죽어서 그의 시신이 약간 썩어갈 그 때에 그의 영혼이 창조주를 뵙게 된다고 말씀하고 있지 아니하는가? 그러하다면 욥기 19:26절은 죽은 이후에 그의 시신 곁에 머물러 있다가 시신이 화장터나 묘지로 갈 그 때에 그의 영혼이 하늘로 올라간다는 것

을 말하는 것이 아닌가? 여기서 바른 이해가 요구되고 있다.
  8, 사람이 일단 죽으면 의문이 되는 것은?
  Ⓐ 그러면 죽은 자의 그 영혼이 "죽어서" 그 어디에 가서 누워있거나 영안실에서 판에 올려놓고 있을 그 때에 자신의 시신을 그 곳에서 보고 있는가? 아니면 전혀 관심이 없어서 보지 아니하고 있는가 하는 것이다.
  Ⓑ 그리고 다시 죽은 자의 그 영혼이 자기의 죽어 있는 그 시신을 보면서 울고 슬퍼하고 있는가? 그리고 사랑하는 가족과 벗과 조문객들 하나 하나를 예의 주시하고 있는가? 왜냐하니 미우나 고우나 그 시신과 함께 평생을 같이 하였는데 그의 몸을 떠났다고 해서 전혀 관심이 없는 것일까?

  Ⓒ 죽은 자의 영혼이 장례식장을 오고 가면서 조문을 하고 있는 자들 하나 하나를 세워 놓은 또는 자신의 그 영정 앞에 서서 보고 있는가? 영의 세계나 영혼은 자지도 주무시지도 아니하는데 그리고 앉을 자리가 마련되어져 있는 것도 아닐 것인데 말이다.
  ※ 그러면 욥기 19:26절과 같이 죽고 나서 시신이 썩어져 갈 그 때에 우리가 썩어져가는 그 몸 밖에서 하나님을 볼 것이라고 한다면 의미 하는 바가 심히 많은 것은 사실이 아닌가? 만약에 그 몸을 벗어난 그의 영혼이 죽어서 누워 있는 자신의 시신을 보고 괴로워하고 슬퍼하고 할 것인가? 그것이 아니면 웃고 기뻐할 것인가? 왜냐 하니 언제인가 그리스도가 다시 오실 그 때에 "부활의 완전체 또는 부활의 완성체"를 입어야 할 것이니 그 몸을 버리거나 무시할 수만은 없는 것이 현실과 역사가 아닌가?(데살로니가 전서 4:17).

9, 그 사람의 몸은 죽음의 이리에 의해서(요한복음 10:12) 갈라놓고 이별이 된 그의 영혼이 몸 밖에서 "죽어서" 누워있는 그 자신의 시신을 보고 "웃을 것인가" 아니면 "울 것인가" 아니면 위로 할 것인가? 언제인가 예수 그리스도께서 다시 오실 그 때에 부활의 완성체를 입을 것을 생각하면서 참고 인내하며 기다리자고 약속할 것인가? 그것이 아니면 누워있는 시신을 보지만 전혀 무감각 상태에서 그냥 보고만 있을 것인가?

그럼에도 인간은 하나 같이 죽음이 하나님과 땅(자연)에 속하여 있는 것이지 "사람 그 자신"에게 속하여 있는 것이 아님을 바로 알아야 한다. 그래서 이미 위에서 지적한바 그대로 인가 하는 것이다. 페일언하고 이런 문제는 심각성을 동시에 수반하고 있기에 바른 이해가 요구되고 있다.

10, 그것이 아니면 전도서 3:20-21절 그대로 "육신과 영혼"이 일단 분리가 되니 그 몸에서 벗어나고 떠난 그의 영혼이 자기가 떠나온 그 나라로 가지만 그의 육신은 본래의 흙으로 돌아가서 흙이 되어 사라질 것이니 이 모두를 보고서도 그의 영혼이 모른 척을 할 것인가?

그러면 그 자신의 영혼이 이 육신이 썩어가고 영안실에서 공동묘지나 개인 묘지나 아니면 화장터로 가고 있는 육신을 보면서도 모른 척하고 고개를 돌리고 외면을 할 것인가? 그것이 아니면 살아서도 죽을 고생을 다하고 죽어서도(시편 146:4) 형편없이 끝장이 나고 있는 자신의 육신을 보고 슬퍼하고 괴로워 할 것인가? 그것이 아니면 박수를 치고 웃을 것인가?

그것이 아니면 지금은 우리가 분리되어서 각기 떠나지만

언젠가는 다시 만나서 부활에의 완전체 또는 완성체를 입자고 서로 무언의 약속을 할 것인지 그것이 심히 아리송하다. 솔직히 이런 문제는 역사와 현실 앞에서 비상한 관심사인 것만은 사실이다. 솔직히 당신(독자)의 사고나 사상이나 의지나 의식에서는 과연 어느 편을 선택할 것인가 하는 것이다.

### 제 6절, 인생의 죽음은 타락적 현상인가? 과연 그런 것인가?

1, 그러면 인생에게 있어서 죽음은 그 누구를 위해서 오는 것인가? 그것이 창세기 2:7절에 의한 것인가? 아니면 창세기 3:19절에 의한 것인가? 그것이 아니면?

그리고 왜 인생에게 죽음이란 이리가 오는 것인가? 거두절미하고 죽음은 그 누구를 위해서 오고 그리고 그 무엇을 위해서 오는가? 그러면 죽음에의 현상은 과연 그 어떤 것인가? 이를 바로 알기 위해서 너와 나는 최선을 다해 연구를 하고 검토를 하고 분석까지 하고 있느냐?

솔직히 인생에게 임하는 죽음은 타락에 의한 현상이니(창세기 3:1-6, 3:19) 그 누구도 속수무책적으로 당하고 있는 것인가? 그것이 아니면 임하는 죽음을 맞지 아니하려고 최선을 다하고 있는가? 이에 대하여 기독교나 불교는 어떠한가? 그러면 여기서 최선을 다하는 그것이 과연 그 무엇인가?

그래서 속수무책적으로 당하면서도 고작 한다는 그 소리가 "너도 가고 나고 가야지" 또는 "선배님 형님 장로님 목사님 스님 신부님 먼저 가십시오 우리도 뒤를 따라 가겠습니다" 라고 고백만 하고 있다가 그 자신 역시 죽음의 이리와 그 힘과 능력과 역사에 휘말려서 어느 날 갑자기 잡혀갈 것인가 하는 것이다. 이것이 바로 어제와 오늘의 현실이 아닌가?
　죽음의 이리가 일단 찾아오면 그 누구도 힘도 기도 맥도 없이 무방비 상태에서 끌려가 죽고 마는 그 저의는 무엇인가 함이다. 살아서는 큰 소리를 치더니 왜 죽음의 이리 앞에서는 그렇게도 무능하고 무기력하고 무지한가?

　2, 인간들은 하나같이 나이가 들어서 준비하는 것이 그 무엇인가? 나이가 들면 처녀와 총각들은 장가와 시집을 준비하느라고 심히 바쁘고 여념이 없다. 그리고 40대와 50대는 자녀들의 교육과 노후를 준비하기 위해서 저축을 하는가 하면 그리고 늙고 힘이 없을 그 때에 다가오는 "건강과 각종 질병"을 위한 사전 준비에 박차를 가하고들 있다.
　그러면 50대 후반과 60대가 되면 하나같이 자녀의 시집과 장가와 직장의 문제를 놓고서 염려와 걱정들을 한다. 그리고 생과 삶에 대한 문제를 놓고서 고민과 걱정들을 하고 그리고 하나 같이 장래사를 놓고서 염려와 걱정을 하면서도 그 자신에게 소리 소문 없이 찾아오거나 밤에 소리없이 순식간에 다가오는(누가복음 12:16-21) 죽음에의 이리에 대하여는 전혀 사전 준비가 거의 없으니 무방비 상태에서 죽음을 마지하고 죽어가고 만다. 이것이 인간사의 최대의 비극이 되고 속수무책의 아이러니가 아니고 그 무엇인가? 독자께서는 다가오고 있는 죽음을 준비하고 있는가?
　인간들이 하나같이 준비하지 아니했다가 밤이나 낮에 속수무책적으로 당하여 죽음으로 가는 그 이유는 무엇인가? 그러면 먼저 다음의 기독교적 성서들을 보라.
　・누가복음 12:16-21절
　・누가복음 16:19-25절

- 마태복음 19:16-22절
- 사도행전 12:20-23절
- 마태복음 2:13-19(2:18-19)절
- 사도행전 5:1-11절
- 사무엘 상 31:1-6절
- 열왕기 상 18:18, 18:40절

그리고 기타 등의 인간들을 보라. 참으로 이 죽음에의 질병은 모두를 기가 막히게 만들고들 있다. 그러면 왜 이런 꼴과 현상이 나타나는 것인가? 결과적으로 이들은 왜 이렇게 되고 마는 것인가?

3, 이 죽음은 언제 어디서나 타락적 현상에서 온 것이니 인간들이 고고지성 가운데 출생을 하지만 하나 같이 죽음에의 문을 향하여 달려들 가고 있는데 그럼에도 인간들이 전혀 준비를 하지 아니하는 것이 그 무엇인가? 그것은 바로

Ⓐ 그 하나는 죽음의 세계문제이다. 시편 18:4상반절을 보라. "사망의 줄이 나를 얽어 묶으려고 하는데?

Ⓑ 다른 하나는 죽음의 사자가 찾아오면 어찌할 것인지의 문제이다. 시편 18:5상반절을 보라. "음부의 줄이 나를 두르려 하는데" 이것이 그 무엇을 가르치고 있는가?

Ⓒ 다른 하나는 사후의 세계문제이다. 여기서는 "천국과 지옥, 낙원(극락)과 음부, 깊은 옥과 타르타로오-"가 문제이다.

Ⓓ 다른 하나는 하나님이 그에게 주신 영혼을 도로 찾음에의 문제이다(누가복음 12:20).

Ⓔ 다른 하나는 음부나 지옥에서의 불속 문제를 생각해야 한다는 것이다(누가복음 16:24-25)..

Ⓕ 다른 하나는 그렇다고 해서 파라다이스(낙원: 극락)의

문제를 생각해 보는 것은 아니라는 것이다.

ⓒ 다른 그 하나는 고작 생각하는 것의 그 하나는 "식"이고 다른 그 하나는 "색"이라는 것이니 문제이다. 사람들이 식과 색을 생각하느라고 다른 것을 생각할 겨를이 없다.

ⓗ 그리고 다른 그 하나는 하나 같이 불안의 요소 속에 살고 어두움의 안방에서 살고 그리고 죽음의 그림자나 그늘 밑에서 살고 있으니 하나같이 한다는 말들이 "너도 가고 나도 간다" 그것이 아니면 "누가 먼저 가시오 나도 뒤를 따라 가겠소" 또는 "형님 먼저 가시오 어차피 한번은 다 가는 그 길이 아니오" 라고 하면서 한숨과 인상을 쓰고 하나 그러나 얼마 후에 보니 그도 역시 가고 없다. 그러니 그 얼마나 안타깝고 심히 불안하고 초조하게들 살고 있는가 함이다.

4. 죽음이 타락적 현상에서 오는 것이라면 홍포를 입고 산 부자를 보라. 그는 날마다 "호화로이 열락을 하며 살았다"(누가복음 16:19). 홍포를 입은 그가 이 세상과 세속도시 속에서 보고 느끼고 깨달은 것이 그 무엇인가? 그가 세상에서 어떤 이웃을 보면서 살았고 또는 자기의 집 대문 간에 가난하고 병들어서 누워 있는 나사로를 보면서(누가복음 16:20-21) 그가 생각한 것이 그 무엇인가?

그 거지 나사로는 얼마 있지 아니하면 죽을 것이다. 그러나 그와는 반대로 "자기는 좀 오래 살아야지"라 하면서 먹고 마시고 놀고 하는 그것에 자신의 생을 바치고 취하여 파괴시키고 있었으니 놀라움이다. 그런데 어느 날 갑자기 그 거지가 죽어서 조용히 세상을 떠나는 것을 보았다(누가복음 16:22 상반절). 그런데 이상하게도 그 며칠 후에 부자 그 자신에게도 죽음의 이리가 찾아온 것이다. 당황하고 초조하고 불안하나 그러나 죽음에의 사자가 인도하고 이끄는 그대로 그는 죽어서 음부(지옥)의 불속으로 떨어졌다(누가복음 16:24). 그러면 홍포를 입은 그 부자가 맞은 죽음의 순간과 죽음에의 세계는 그 무엇인가? 그리고 홍포를 입은 부자에게 죽음이 찾아왔을 그 때에 "홍포를 입은 그 부자가 죽음"에게 요구하고 바란 것이 그 무엇인가? 그것은 많고도 긴 것일 것이다.

이 홍포를 입은 부자는 아주 심한 수다사이다. 누가복음 16:24-25절을 먼저 보고 그리고 다시 누가복음 16:27-30절을 보라. 그는 음부의 불속에서도 그 자신이 요구하고 바라고 필요한 것을 구하고 있다. 그런 그에게 죽음에의 사자가 찾아오니 "할렐루야" 또는 "아멘"이라고 하면서 나에게도 생각이나 연구를 하지 아니한 또는 준비하지 아니한 죽음에의 이리가 찾아 왔구나. 그러니 내가 감사하면서 가야지 라고 하면서 죽음의 사자에게 이끌려서 음부의 불속으로 끌려 와서 그 곳에 들어와 있는 가함이다.

5, 성서나 역사상 가장 어처구니가 없는 것이 바로 누가복음 12:20-21절이 아닌가? 이 사람은 이 세상에서 출세와 성공을 크게 하였다. 사업도 아주 잘하고 돈도 많이 벌었다. 그러니 재벌급인지 아니면 준 재벌급인지 그것은 알 수가 없으나 엄청난 부동산이나 동산을 가진 것은 사실이다. 그 누가 보아도 그는 함께 하거나 공동체의 멤버로 두고 사귀고 생활할 만한 자이다.

그래서 그는 공장들이나 사업장들을 더 크게 학장 시키려고 밤낮을 가리지 아니하고 노력하고 애를 쓴 자이다. 밤과 낮을 가리지 아니하고 사업의 대 확장에만 신경과민 환자로

둔갑한 자이다. 그래서 그는 계획서와 설계도를 가지고 오고 간다. 원대하고 찬란한 미래가 있고 설계도를 내어 놓으면 천하의 돈이 자기에게로 쏟아져서 들어올 것 같다. 그럼에도 그가 여기서 생각하지를 못한 것은 바로 어느 날 밤에 자기가 갑자기 죽는 다는 그것이다.

책상위에다 설계도와 계획서를 가득하게 올려놓았으나 하나님께서 하신 말씀이 "오늘 밤에 네 영혼을 도로 찾으리니" (누가복음 16:20) 그리고난 연후에 돌아보니 그 방 안에서 그는 죽어 시신이 되어 누워 있다. 그는 이미 시신이지 살아 있는 자가 아님을 알게 된다. 이 부자가 요구하고 바라는 것이 과연 영생불사인가? 아니면 극락으로의 왕생인가?

6, 구약성서 열왕기 상 18:19절의 선지자들을 보라. 그들은 행정적으로 하나님의 선지자들이다. 그러나 속으로는 바알파가 450명이고 아세라 파가 400명이다. 이스라엘 백성들은 이들이 바로 자신들의 지도자라는 것을 다 알고 있다.

그럼에도 불구하고 이들이 문제가 된 것은 바로?
Ⓐ 하나는 돈이다. 자신들의 호위호식을 위해서
Ⓑ 하나는 출세와 성공이다.
Ⓒ 하나는 정치나 권력들과 손을 잡고 부화뇌동이 되어서 오고가는 것이다.
Ⓓ 하나는 그들대로 제사에서만은 최선을 다한다는 것이다.
Ⓔ 하나는 850명이 한꺼번에 떼 죽음을 당하고 말았다는 것이다(열왕기 상 18:40).
Ⓕ 여기서 바로 유의할 것은 850명에게 죽음에의 이라가 왔을 그 때에 그들이 생각한 것은 그 무엇이고 그 어디에 있

는 것인가?
 그러면 왜 850명이 죽임을 당하는데 그들이 요구하고 바라고 준비한 것이 그 무엇인가? 이스라엘의 종교적 지도자란 자들이 죽임을 한꺼번에 당하고 있는데 죽음 앞에서 이들이 생각하고 느끼는 것은 그 무엇인가? 지금 이들을 가다리고 있는 죽음은 그 무엇이고 그리고 죽음에의 세계는 과연 어떤 것이었을까? 이런 자들의 죽음이 바로 타락적 현상일까?

 7, 모름지기 죽음은 천지창조에 의한 것이 아니다. 죽음은 창세기 2:7절에 의한 것이 아니고 창세기 3:1-6절의 타락의 결실이고 결과이니 그래서 하나님께서는 "너는 흙이니 흙으로 돌아가라"는(창세기 3:19) 명령을 내렸는데 그 명령에 따라서 인간은 다 흙으로 돌아가게 된다. 이것을 역사와 세상과 현실에서는 바로 죽음에의 전 과정 또는 죽음에의 역사와 현실이라고 일컫고 있다.
 그러기에 그 누구도 여기에서는 왈가왈부를 해서는 결코 아니 된다. 그러면 왜 그런 것인가? 그 누구도 다른 것들 보다는 이 죽음에의 문제에 대하여는 왈가왈부를 해서는 아니 된다는 것이다. 잘못하면 모든 것들이 무효이고 무이니 무엇이라고 말하기가 싫다는 것이다.

 그러면 창세기 4:8-9절을 보라. 인류 역사의 최초의 죽음이 나온다. 이는 못된 형이 아우를 들판에서 죽이고 있다. 이것이 인류역사에서 최초의 살인 사건이고 죽음에의 사건이다. 이는 형이 아우를 죽이는 사건이니 그 누구도 이에 대하여 왈가왈부를 하지 아니하려 하고 있다. 그런데 그 누구도 이 "죽음과 살인"에 대하여는 말하려 하지 아니하고 있다. 그러면 왜 그런 것인가?

### 제 7절, 그러면 인생의 죽음은 신의 섭리인가?

1, 인간에게 임하는 이 죽음은 반드시 그 누구에게도 오게 되어져 있다. 그럼에도 불구하고 이 죽음은 인간이 요구하거나 말거나 또는 초역사적 과정에서 쉬지 아니하고 오게 되어져 있는 것이다. 그럼에도 유의할 것은 죽음에의 사자가 살아가고 있는 그 인간에게 "내가 몇 년 몇 월 몇 일 몇 시에 너를 찾아갈 것이니" 모든 것을 잘 준비하고 기다리라고 하는 것은 아니다. 그러면 그 누구도 조용히 그 날과 그 시간을 기다릴 것이 아니겠는가?

그런데 그 기다림이 자신의 생과 목적과 의지와 의식들을 완전히 포기하고 기다리는 것이니 의미하는 바가 심히 많은 것은 사실이다. 이런 경우에는 그 누구도 이미 두렵고 떨리고 겁이 나서 살 수가 없을 것이다. 그것이 너이고 나일지라도 말이다.

2, 그럼에도 우리가 여기서 감사하는 것은 바로 신이 인간에게 이 죽음의 문제를 놓고서 "너는 언제 죽는다" 또는 너는 몇 년, 몇 월, 며칠, 몇 시에 죽는다 라고 말하지 아니하고 있기에 그런대로 이 세상적인 각종 개념과 생활에서 안정이 되고 평안히 "죽는 그 날까지" 사는 것이다. 그것은 그 누구도 죽을 그 때에 가서 죽거나 죽음의 이리가 온다고 하여도 (요한복음 10:12) 이를 전혀 모르고 있기에 크게 문제가 아니 된다는 것이다.

인간은 누구도 그 자신의 죽음을 모르고 있다. 다만 자신도 죽는다는 그것은 알고 있다가 어느 날 죽으니 문제가 된다. 전혀 모르고 있다가 죽는 그것이 차라리 낮다는 것이다. 이것이 죽음에 대한 너와 나의 솔직 담백한 요구이고 현장에의 현실이다.

그 누구라서 이런 것 정도를 모르겠는가? 누구나가 잘 알고 있는 것이 아닌가? 왜냐 하니 이것이 신이 인간에게 베푸시는 은총과 섭리이고 역사이고 기쁨이고 즐거움이 아니겠는가? 인간의 죽음은 하늘에 속하여 있다고 하여도 그것에 대한 바른 이해가 없으면 아니 된다.

3, 아르케(태초)에 창조주께서 인간을 창조하시는 그 과정에서(창세기 2:7) 이미 출생의 순서에 의해서 출생을 한 자들 모두에게 어느 날 어느 시간에 이르러 소식이나 소리 한 번 없이 "죽음의 이리"와 그리고 "죽음에의 사자와 순간이 오게" 하신 것은 은총이고 사랑이고 섭리인 것이다.

신이 인간에게 창조의 역사와 섭리와 사랑 가운데에 "죽음이 말없이 조용히" 오게 하신 것은 놀라움의 신비와 섭리와 뜻이 아닐 수가 없다. 인간에게 오는 죽음이 창조주의 뜻과 섭리와 사랑이라고 한다면 그것은 감사와 찬송과 영광과 기도의 대상이지 짜증과 열과 화의 대상은 결코 아닌 것이다. 그러니 죽음을 앞에 놓고서 기도와 감사할 마음과 자세를 가져야 한다.

4, 죽음은 인간들 모두에게 임하는 필연적인 과제이지만 그런타고 해서 오지 말라며 중간에서 거부할 수는 없는 것이다. 그것도 히브리 9:27상반절을 보면서 말이다. 기독교 성서 에베소 1:3절을 보라. "하나님 곧 우리 주 예수 그리스도

의 아버지께서 그리스도 안에서 하늘에 속한 모든 신령한 복으로 우리에게 복을 주시려" 하신다고 하신다. 우리는 그렇게 해서 이 세상에 태어난 것임을 알리신다. 그리고 다시 에베소 1:5절을 보라. "그 기쁘신 뜻대로 우리를 예정하사 예수 그리스도로 말미암아 자기의 아들들이 되게 하셨다"라고 말씀하신다.

그러니 인간은 스스로 세상에 온 것이 아니고 그리고 세상적 무주공산에 사는 것이 아니니 죽는다고 해서 우주의 미아가 되거나 우주적 무주공산에서 사는 것이 아님을 유념하여야 한다.

사람은 하나님의 저주와 경고를 받고서 죽는 것인데(창세기 3:19) 그렇다고 해도 인간은 인격체인데 이상한 종교단체나 동양사상과 철학에서 강조하고 있는 6도 윤회가 되어서 축생이나 사귀(귀신)가 되는 것은 결코 아니라는 것이다. 이런 것은 인간의 기를 죽이고 사로잡고 사이비로 만드는 악행이니 용서나 용납이 아니 되는 것이다.

5, 성서에서 우리는 예레미야 1:5절을 먼저 보아야 한다. 여기서 성서는 하나님이 인간을 "너를 복중에 짓기 전에 너를 알았고 네가 태에서 나오기 전에 너를 구별 하였고 너를 열방의 선지자로 세웠다" 라고 하고 있는데 이것이 그 무엇을 가르치고 있는가? 인간은 이미 복중에서 출생하기 이전에 그 임자가 있다는 것을 이미 알리시고 있는 것이 아닌가?

그러하다면 인생은 사는 것이나 죽는 것 그리고 죽고 난 그 후에도 임자가 있다는 것이 아닌가? 그러면 "인간의 죽음"에서 그 키를 잡고 계시는 분이 여호와이심을 알리시는 것이 아닌가? 그러니 인간은 죽음에 이르러서 "네 구속자는 이스라엘의 거룩한 자"(이사야 41:14하반절)이고 그리고 죽음에서 우리를 돌보시고 도와줄 이는 "의로운 오른 손으로 너를 붙드는" 그 분이 아니겠는가?(이사야 41:10하반절) 그러하다면 인생의 죽음은 무로 돌아가는 것이 아니라는 것이다. 죽어서 무로 돌아가거나 아니면 허로 돌아가는 것이 아님을 염두에 두어야 한다.

죽음에 이르러서 한 강도는 예수를 비난하고 욕하고 있다(누가복음 23:39). 그러나 그와는 반대로 다른 한 강도는 예수에게 자신의 처지와 구원을 부탁하고 있다(누가복음 23:40-42). 그 때에 예수께서는 회개를 하는 그 한 강도에게 은총과 자비를 베풀어서 오늘 "네가 나와 함께 낙원에 있으리라"고 하신다(누가복음 23:43). 그러면 이것이 그 무엇을 의미하고 그리고 강조하고 있는 것인가?

6. 사도행전 7:55-56절에서의 스데반을 보라. 그는 돌에 맞아서 죽음의 순간이 이르는데 그가 자신의 눈을 그 순간에 들어서 하늘을 보니 하나님의 우편에 그리스도가 서서 자기 오기를 기다리고 있다. 참으로 놀라운 현장에서의 현실과 역사가 아니고 그 무엇인가? 기독교 역사가 현실에서 이것이 현장의 현실과 역사가 아니라면 그것이 거짓말이 되는데 이런 와중에서 성서가 거짓말을 할리가 있겠는가? 그러니 사도행전 7:55-56절을 계시록 6:11절에다 접목시켜 보라. 그러면 이 사후의 세계가 어떤 곳인지 그것을 일목요연하게 알 수가 있는 것이다.

7. 그리고 죽음의 세계나 사후의 세계에 대하여는 구약성

서에서 머리가 비상하게 좋은 모세나 다윗이나 이사야나 예레미야와 같은 사람들이나 신약에서 마태나 마가나 누가나 요한이나 베드로나 바울과 같은 자들이 좋은 이야기로 꾸며서 만든 것이 결코 아님을 유념해야만 한다. 이런 자들이 꾸며서 만든 나라이면 그 나라는 유토피아적 나라이거나 하나의 보잘 것이 없는 우화적 나라에 불과할 것이다. 그 누구도 이에 대한 바른 이해가 없으면 아니 된다. 왜냐 하니 천국이나 낙원은 고차원적인 나라도 아니고 유토피아적인 나라도 아니기에 이에 대하여 함부로 논하거나 왈가왈부를 해서는 아니 되는 것이다.

인간의 죽음은 과연 하나님의 섭리인가? 그러기에 어떤 이에게는 낮에 어떤 이는 아침과 저녁에 어떤 이는 밤중에 왜 오는 것인가? 그러면 죽음은 인간과는 적절적으로 어울리거나 맞는 것인가? 그럼에도 그것은 존재론적인 가치 면에서 아닐 것인가?

8, 우리가 아는 이 죽음이란 것은 이 세상과의 관계는 11조의 원리에 의해서 10%가 해당 사항이 되고 90%는 하늘 또는 하나님과 관계가 있고 되는 것이니 이것을 명심해야만 한다. 그러하다면 인생 그 자신과 세상과 종교와 흙과의 관계가 이 죽음에서 겨우 10%만 해당 사항이 되고 그와는 반대로 90%가 하늘과 하나님과의 관계들이니 참으로 놀랍고 어처구니가 없는 것이다. 그러니 인간은 그 누구도 죽음을 사전에 준비를 해야 하고 그리고 죽음을 주의와 조심을 하지 아니하면 결코 아니 되는 것이다.

인간과 세상과 땅과 자연과 종교와 관계가 된 그것들이 "죽음의 문제"에서 겨우 10%만 해당 사항이 되고 하나님이나 하늘에 관계가 된 것이 90%라고 정의할 그 때에 참으로 놀랍고 어처구니가 없는 일이다. 인간이나 세상이나 땅이나 종교가 연합을 해도 다가오는 죽음의 그림자와 어두움 앞에서는 다 별것이 아니고 아무것도 아니라는 것을 잊으면 아니 된다. 그래서 사람들은 죽음 앞에서 이 세상도 허무하고 심히 보잘 것이 없다는 것을 인정과 깨닫고 먼 산을 바라보고 하품을 하듯이 어이가 없다는 것을 알게 된다.

9. 시편 17:12절의 인간이 시편 17:14절에 이르고 난 뒤에 이름도 빛도 없이 역사 속으로 사라지는 그 이유는 무엇인가? 그리고 다시 누가복음 12:19절의 부자가 된 그 인간을 보라. 그는 돈도 명예도 지위도 권세도 성공도 하였으니 그는 사회와 국가와 땅을 보고 "자랑을 좀 하자." 그리고 오래 동안 쓰고 먹고 할 재산을 모았으니 그 자신을 뽐내고 자기 영혼을 불러서 잔치판을 펼치고 있다. 그러니 누가복음 12:20-21절은 의미하는 바가 심히 많은 것이다..
 그럼에도 하나님께서 그 밤에 그의 영혼을 데려가니 그는 죽고 말았다. 우리에게로 와서 머물고 있는 영혼들은 하나님이 우리에게 임시로 빌려 주신 것이지 내(우리) 것화하라고 넘겨주신 것은 결코 아니라는 것이다.

여기서 상호간에 크게 문제가 생기는 것은 도리가 없다. 이 육신은 신이 우리에게 주신 나의 재산목록(소유) 제 1호이다. 그리고 나의 재산 곧 소유의 제 2호는 하나님이 나에게 주신 하나님의 말씀인 성서이다(시편 119:56). 그러나 나에게 있는 생명 곧 우리의 영혼(소유)은 하나님의 소유이지 우리들의 소유가 아니다.

　참으로 어리석은 자들이 영혼이 자기의 것(소유)인줄 알고서 오해하고 있으니 그것이 크게 문제가 된다. 그래서 죽음은 하나님이 인간에서 임시로 이 세상에서만 빌려준 그 영혼을 하늘로 도로 찾아 감으로서 이루어지는 현상이다(누가복음 12:20-21, 누가복음 8:52-55). 그러니 너와 나의 죽음을 놓고서 어리석거나 그 누구나 더불어 무엇과 흥정을 해서는 결코 아니 되는 것이다.

　10, 그 누구도 이 죽음의 문제를 놓고서 왈가왈부를 하면 아니 된다. 자의적으로나 타의적으로 죽음의 문제를 놓고서 시시비비를 걸거나 아니면 죽음의 사자가 나를 잡으려 또는 데리려고 왔는데 아직은 아니라며 이의를 제기하거나 아니면 나는 아직 년세가 어리니 "나중에 가면 아니 됩니까"라고 하거나 나는 이 문제에 대하여 생각도 하지 아니하였고 전혀 준비를 한 것도 없으니 나중에 가면 아니 됩니까 라는 이의를 제시하거나 시비를 걸려 하면 아니 된다. 그것은 악이고 비신앙이고 음란이고 용서할 수가 없는 위법적인 행위인 것이다. 그 누구도 이를 잊으면 아니 된다.

**제 8절, 사람의 죽음은 창조의 원리와 기본인가?**

　1, 하나님은 태초에 천지를 창조하셨다. 그 때에 인간의 창조 역시 창조의 역사권 안에 포함이 되어져 있던 것이다. 그래서 성서는 창세기 1:26-28절을 먼저 유의해 보라고 말씀하신다. 여기서 인간은 창성과 번성하라고 명령하신다. 그러면서 그 때까지는 인간에게 죽음의 문제는 일체 다루시지

아니하셨다.

그러나 아담이 조성되고(창세기 2:7) 그리고 여자인 하와가 조성이 된 그 후에는(창세기 2:18-25) 모든 것들이 완전히 달라지기 그 시작을 하였다. 결과적으로 뒤에 조성이 된 그 여자에 의해서 범죄를 하게 된 것이다. 그것이 바로 창세기 3:1-6절이다. 그것에 의해서 버림을 받고 에덴동산에서 쫓겨나게 되었고(창세기 3:23-24) 그러면서 "너는 흙이니 흙으로 돌아가라"는 명령까지 받게 된 것이다(창세기 3:19). 이것이 인간 역사의 진실이다. 여기서부터 인간에게는 죽음의 이리가 오게 되었고 피를 흘림이 나타나게 된 것이다. 그래서 창세기 4:10절을 보면 "네 아우의 핏 소리가 땅에서부터 내게 호소 한다"라고 하시면서 죽음과 피의 문제를 처음으로 다루시고 있다. 그런데 가인은(창세기 4:8-9) 자신의 아우를 죽였다. 그가 왜 아우를 죽인 것인가? 심심해서 아니면 울기푸리로 죽인 것인가?

2. 그러면 인간의 죽음은 신의 창조에 의한 것인가?(창세기 1:1) 그것이 아니면 인간의 죽음은 하나님의 창조와는 관계가 없는가? 그러면 죽음은 인간의 범죄에 의한 것인가?(창세기 3:1-6). 그러면 형이 아우를 죽이는데(창세기 4:8-9) 그럼에도 더 악해지고 더 뻔뻔해져서 하나님이 네 아우가 어디 있느냐고 물으니 "내가 알지 못하나이다. 내가 네 아우를 지키는 자니이까"(창세기 4:9) 라고 하면서 오히려 반역하고 덤비고 있는데 이것이 인간사의 길이 아닌가?

인생은 악하고 음란하여(마태복음 12:39) 마귀적이니 그 자신의 죽음에 대하여는(시편 146:4) 일체 그 책임을 지지 아니하고 타인을 타살하거나 청부살인을 하거나 기타 등의 살인에 대하여도 일체 그 책임을 지지 아니한다. 그 자신의 죽음이 어떤 것이고 그 무엇이든지 간에 일체 책임을 지지 아니할 뿐아니라 타인의 죽음에 대하여도 일체 그 책임을 지지 아니하고 수수방관들을 한다. 그러니 참으로 악하고 음란하고 교활하고 이기적이다.

4, 그러면서 인생은 하인을 막론하고 자신에게 죽음이 서서히 다가오면 어떤 이는 열과 화를 내고 어떤 이는 발악과 발광을 하며 소리를 지르고 가족과 형제를 못살게 하고 달달 볶는다. 누구도 그의 곁에 있지를 못한다. 그런데 상당수는 죽음이 서서히 다가오게 되면 그 자신도 모르는 사이에 그의 눈빛이 달라지고 행동거지 일체가 달라지고 변한다. 그 자신도 모르는 사이에 소리를 지르고 화를 내고 누구와 싸우려하고 말다툼을 하고 피를 보게 되고 자기를 상하게도 한다.
어떤 이는 어느 날 갑자기 편지 한장 적어 두고 자기를 찾지 말라며 집을 떠나서 이리 저리를 마구 돌아다닌다. 나중에 수소문을 해서 찾아보니 이미 행려병자가 되어 있고 기억상실증의 중환자가 되어 있다. 집에 데려다 두면 어떤 이는 오래 가지 못해서 죽거나 어떤 이는 다시 집을 떠나서 그 어디에서 죽고 만다. 시일이 지난 후에 경찰에서 죽었다고 사망진단과 신고서가 날라 오기도 한다. 참으로 어이가 없고 아이러니하다.
그러나 위와는 달리 어떤 이는 조용해지고 말이 없어지고 음식을 거의가 먹지를 못한다. 왜냐 하니 이런 자는 이미 삶을 포기한 상태이니 그러하다. 그러면서 직장이나 직업 그리고 사업을 하기가 싫다며 그만 둔다. 그리고는 기억상실과 의식상실증 환자로 달려가다가 얼마 후에 죽고 만다.

위의 이런 경우는 거의가 죽음이 오는 것과 그리고 죽음의 사자가 찾아온 그것을 보거나 만난 경우이니 다른 대안이 없는 현실이고 역사인 것이다.

5. 창조의 원리에서는(창세기 1:1) 죽음이 없었으나 그러나 타락이 되어서 쫓겨난 그 이후에서는 죽음의 사자가 찾아오게 되어져 있다. 그래서 욥기에서는 "여인에게서 난 사람은 사는 날이 적고 괴로움이 가득하며" 라고 강조하기도 한다(욥기 14:1). 그리고 다시 욥기 15:14상반절을 보면 "사람이 무엇이관데 깨끗하겠는가? 여인에게서 난 자가 무엇이관데 의롭겠는가"라고 질문하고 있다. 이런 것은 하나같이 인생의 이생에서의 "생활과 죽음"을 가르치고 있는 것이 아닌가? 그리고 다시 현실과 역사와 인간사 등을 종합해서 가르치고 있는 것이 아닌가?

분명한 것은 인간의 죽음은 창세기 3:19절로부터 그 시작이 되니 인간의 창조와는 거리가 멀고 상관이 없다. 그러면 왜 인생에게 죽음의 이리가(요한복음 10:12) 찾아오는 것인가? 그것은 "너는 흙이다." 그러니 결과적으로 흙으로 돌아가야 한다는 것과 그리고 다시 너는 흙이니 본래의 그 흙으로 돌아가야 한다는 원리와 기본에(시편 104:29) 맞추어서 그렇게 되는 것이니 이를 잊지 말라.

6. 그런데 여기서 유의할 것은 인생을 하나님이 흙으로(창세기 2:7) 지으신 것은 사실이나 죽음이 그 인생의 모든 것을 앗아가고 그 인생을 무와 허로 돌려보내는 것이 아닐까? 설령 죽음에 의해 나뉘어져서 하나는 위로 하나는 땅으로 내

려간다고 하여도(전도서 3:20-21) 그리고 죽음에 의해서 육신의 갈 곳과 영혼의 갈 곳이 나누어지게 된다 하여도 말이다. 전도서 6:3-5절을 유의하여 보라. 그럼과 동시에 다시 욥기 30:19절을 연합하여 유의하여 보라.

그런데 여기서 반드시 유념해야 할 것은 죽음에 의해서 육신과 영혼이 구별이 되고 분리가 된다고 해서 이것이 완전히 비인이 되고 무가 되고 허가 되어서 완전히 또는 영원히 헤어지는 것이 아니라는 것이다. 그러면 왜 그런 것인가? 모든 피조물은 헤어지고 분리되면 그만이지만 이것들과는 달리 "인간은 기본적으로 완전체"이고 그리고 "인간은 처음부터 인격체"이고 그리고 다시 "인간은 근원부터 영원체"이니 육신과 영혼이 죽음에 의해서 분리가 되고 각기 갈 곳으로 간다고 하여도 이 "영과 육"은 부활의 완성체가 그리스도께서 다시 오실 그 때에(데살로니가 전서 4:14-17) 이루어질 것이기에 인간은 죽음으로서 모든 것의 그 끝이 나는 것이 아니다. 그리스도의 다시 오심과 인류의 부활 완성체를 입기 위해서 다시 만나게 될 것임을 바로 알라.

7, 인간은 그리스도의 재림의 완승승리와 영광과 역사와 능력에 의해서 "부활 완성체"를 입어야 하는데 어느 날 갑자기 찾아오는(시편 146:4) 그 죽음을 슬퍼하거나 괴로워해서는 아니 된다. 예수께서는 마가복음 15:34절에서 "나의 하나님 나의 하나님 어찌 하여 나를 버리셨나이까"라고 고백을 하시면서 그가 운명하셨는데(마가복음 15:37, 마태복음 27:50) 그럼에도 슬퍼하거나 괴로워하지 아니한 것은 그가 친히 자기의 영혼을 하나님 아버지께 맡기셨기 때문이다(누

가복음 23:46). 그가 영혼을 하나님 아버지께 완전히 맡기셨으니 되는 것이 아닌가? 그리고 그는 제 3일에 승리와 영광을 받으셨는데(마태복음 28:1-11) 그것이 바로 부활승리의 영광과 새 생명을 얻은 것이 아닌가?

8, 기독교는 부활 승리의 종교이다. 그리스도께서 부활 하셔서 "잠자는 자들의 첫 열매가 되셨다"고 하신 것은(고린도 전서 15:20) 의미를 많게 하는 것이다. 그리고 유념할 것은 그리스도인의 죽음은 솔직히 하나님께 영광이 되는 것이 아닌가? 그래서 하나님께서는 그리스도인의 죽음을 귀히 여기시고(시편 116:15) 계시는 것이 아닌가? 그래서 그리스도인은 설령 죽음이 자신에게 온다고 하여도 괴로워하거나 슬퍼해서는 결코 아니 된다. 왜냐 하니 언제나 이김을 주시는 하나님께 감사하며(고린도 전서 15:57) 살아야 하기 때문이 아닌가?
여기서 다시 성서를 보라. "이 썩을 것이 불가불 썩지 아니함을 입으리로다"(고린도 전서 15:53) 라고 하신 것은 "죽음의 참된 의미"를 우리들에게 알리시는 것이 아닌가?

9, 그리스도인에게 죽음은 고통이거나 슬픔이 아니다. 기쁨이고 즐거움이고 만족이고 영광인 것이다. 왜냐 하니
Ⓐ 그 하나는 하나님이 그리스도인의 죽음을 보시고 계신다는 그것이다(시편 116:15).
Ⓑ 그 하나는 그리스도인에게는 죽음의 건너편에 지금 부활 완성의 때와 역사가 남아 있다는 것이다.
Ⓒ 그 하나는 그리스도인들은 죽음 건너편에서 친구인 나사로가 기다리고 있다는 것이다(누가복음 16:22-25).

ⓓ 그 하나는 그리스도인들은 죽음 건너편에서는 사도행전 7:55-56절과 같이 예수 그리스도께서 심히 기다리고 계신다는 것이다.
 ⓔ 그 하나는 그리스도인에게는 하나님의 휘오스로서 마태복음 23:9절의 아버지가 기다리고 계신다는 것이다.
 ⓕ 그 하나는 그리스도인에게는 마태복음 23:10절의 지도자가 언제나 기쁨과 즐거움 가운데 기다리고 있다는 것이다.

 그러기에 그리스도인의 죽음은 저주나 화가 아니고 다시 만나기 위한 헤어짐이고 장차 그리스도와 함께 성도의 공동체를 이루기 위한 하나의 공동과정들이니 감사라는 것이다. 그리고 우리의 죽음은 "영과 육"이 부활의 완전체를 입기 위한 일시적이고 시간성적 분리 됨이니 이것이 하나님께 감사가 아니겠는가? 그 누구라서 이런 것 정도를 모르겠는가 하는 것이다.

 10. 우리가 하나님께 감사 하는 것은 창조의 원리와 기본에서 모든 생명을 다 죽음으로서 그 끝이 나게 되어져 있는데 인간은 죽음으로서 예수 그리스도와 함께 다시 사는 부활에의 완전체를 장차 입게 될 것이니 그것이 어찌 고맙고 감사한 일이 아니겠는가? 그리고 인간의 죽음 그 건너편에는 누가복음 16:22상반절과 하반절의 세계가 기다리고 있다는 것도 염두에 두어야만 한다.
 그리고 유의할 것은 본 과제에서 필자와 독자 여러분이 공히 다루고 있는 것은 바로 "죽음의 건너편" 영원의 세계를 강조 하거나 말하려는 것이 아니다. 그러기에 사도행전 7:55-56절의 의의를 밝히려는 것도 아니다. 그리고 다시 마태복음 19:21-24절의 문제 등을 클로즈업 시키려는 것이 아니다. 이점을 양지해야 한다. 그러면 왜 그런 것인가? 그것은 지금에서 우리가 상고하고 연구 하려는 것은 바로 "사후의 세계로서의 천국과 낙원 그리고 지옥과 음부와 무저갱과 깊은 옥 기타" 등을 하려는 것이 아니라는 것이다. 지금에의 우리가 연구하고 바라고 생각하는 것은 아주 단순히 "죽음의 세계" 곧 사람에게 죽음이 오면 그 순간에 어찌 되고 어떻게 대처를 해야 하고 그것을 어떻게 맞고 받아 드릴 것인가 하는 그것이다.

오늘도 하나님께서는 비그리스도인의 죽음과 그리스도인의 죽음을 하늘에서(시편 114:3, 전도서 5:2) 보시고 계심을 알라.

11, 그러면 여기서 그리고 이 과정에서 우리가 얻고 배우는 것이 그 무엇인가 하는 것이다. 솔직히 우리의 죽음이 신의 창조의 원리와 기본에서 그 무엇인가 하는 것이다. 거두절미하고 우리의 죽음이 창조에서 비롯된 것이 아니고 범죄에 의한 것이라고 규정한다면(창세기 3:1-6) 그것이 그러므로 해서 인간에게 주신 유익은 그 무엇이고 무익은 그 무엇인가 하는 것이다. 창조의 원리는 창세기 1:26-28절인데 그렇게 하려면 인간 수명의 년한이 각기 일천년이나 된다는 것은 아주 합리적이지 못하다는 것이다. 그러니 인간으로서 이 문제부터 검토를 해야만 한다.

설령 타락에 의해서 1,000년의 수명이(창세기 6:1-2) 고작 120년이 되었다는 것은 어처구니가 없는 일이 아닐 수가 없다(창세기 6:3). 타락이 되기 이전의 인간의 수명이 천년이고 타락이 된 이 후에는 120년이니 이것은 여러 면에서 많은 것을 우리들 모두에게 제공하고 있는 것은 사실이다. 창조의 기본이나 원리와는 완전히 다른 각도에 의해서 죽음이 온 것이니 이것을 인간은 먼저 기뻐해야만 하는가? 그것이 아니면 슬퍼하고 괴로워해야 하는 가함이다.

### 제 9절, 인생의 죽음은 하나님의 명령을 불순종함으로서 얻어진 결과인가?

1, 천지창조에서(창세기 1:1) 조물주께서 요구하신 것이 그 무엇인가? 그 하나는 창세기 1:28절에서 "창성하고 번성하라"는 그것이고 다른 그 하나는 창세기 2:17상반절에서 동산의 한 가운데에 있는 "선악을 알게 하는 나무의 실과는 먹지 말라"고 하신 바로 그것이다. 그러면서 창세기 2:17하반절에서 "그 나무의 실과를 먹으면 정녕 죽으리라"고 하신다. 그러기에 처음 사람 아담은 그 말씀을 잊었고 그렇게 중요한 하늘의 메시지로 여기지 아니하였다. 그러기에 창세기 3:1-6절의 원리는 범죄와 징벌이 아니고 그 무엇인가? 불순종의 결과는 에덴에서의 추방과(창세기 3:23-24) 흙으로의 원상회복이 아니고 그 무엇인가? 이것이 바로 죽음이란 것이 아닌가?

2, 하나님의 지시와 메시지는 선악과는 따먹지 말라는 것이고 그것을 먹으면(창세기 2:16) 너는 반드시 죽는다는 것이다. 그러나 인간은 죽는다는 그것이 그 무엇인지를 모르고 있다는 것이다. 그리고 사는 개념과 죽는 개념이나 생사의 개념이 그 무엇인지도 모르고 있으니 어부영 하고 그리고 생과 삶에 대한 뚜렷하고 확고부동한 개념마저 전혀 없으니 그

것이 바로 그를 타락의 주범이 되게 만들었다.
 아담과 하와를 보라. 인격체인 인간이 뱀하고 놀고 있다. 그리고 뱀에게 속아서(창세기 3:5) 선악과를 따먹고는(창세기 3:6) 보라는 듯이 도망을 치고 있다. 솔직히 에덴의 동산 같은 곳에서 하나님의 낯을 피하여 그 어디로 도망을 갈 것인가?(창세기 3:7-8) 참으로 어리석고 안일하고 야만적이다. 그러니 죽음까지 불러오고 있으니(창세기 3:19) 아직까지 정신들을 차리지 못하고 있다. 그러면서 죽음이 무엇인지를 모르고 있다.

 3, 인간은 창조에 의해 지으심을 받았으니(창세기 2:7) 하나님이 참으로 무서운 줄을 모르고 있다. 그리고 하나님의 명령은 지상 명령이고 지상과체라는 사실을 전혀 모르고 있다. 이것이 인간사이고 인간의 현실과 역사가 아니겠는가? 그러면 하나님이 죽는다고 경고를 하시는데(창세기 2:7) 왜 그것을 외시나 외면까지 하고는 죽음을 선택하는가? 이 때의 아담과 하와에게는 죽음이 너무나 생소하고 죽음 그 자체를 너무나 모르는 언어이고 경고이니 이해하지 못한 탓과 결과인 것인가? 어리석은 촌부도 한심한 인간과 바보도 "죽는다"는 것에는 겁을 먹고 뒤로 물러나고 질서와 정의와 룰과 그 규칙을 지키려고 하는데 "만물의 영장"으로 지음을 받은 아담이 과연 그것을 모르고 참람한 범죄를 하고서 무너진 것인가 하는 것이다.
 4, 그 누가 여기서 무슨 소리를 해도 죽음은 반가운 것이 결코 아니며 하나님의 고귀한 선물 역시 아니다. 이것은 생에서 벗어나고 포기하는 것이고 삶에서 벗어나고 떠나는 것이며 그 자신의 영혼과는 이별을 고하고 육신을 버리는 행위

가 아닌가?

그리고 죽음은 자신의 육신을 원래의 흙으로 돌아가게 하는 것이니(시편 104:29) 불행 중에 다행이라고 해야 하는 것인지 그것이 심히 아리송한 것이다. 그러기에 그 누구도 자기 앞에 죽음이란 철갑괴물이 나타나는데 여기서 바로 알 것은 죽음을 기다리고 있는 우리들 모두에게 그 자신의 이름이 살아 있고 빛이 나는지 그것이 심히 아리송하다. 너와 나를 향하여 달려오고 있는 죽음을 보라. 다가온 그 죽음의 앞에서 과연 너와 나의 이름이 나사로마냥 살아 있고 이생과 저생에서 빛이 있을까? 그것이 아니면 너와 나의 이름이 보이지 아니하고 없는가? 그래서 저생에는 너와 나의 이름이 없는가? 생명책에도 없고(출애굽기 32:32-33) 낙원세상에도 없고 음부(지옥) 세상에도 없는 것이 아닐까? 누가복음 16:25절을 보라. 홍포를 입은 부자는 음부에서도 그의 이름이 없으니 이를 어찌하는가?

5, 그 자신의 이름이 홍포를 입은 부자마냥(누가복음 16:22-25) 이미 썩고 매말라서(잠언 10:7하반절) 그 어디로 가고 없는지 모르는 자가 설령 죽음을 기다리거나 죽음의 사자를 만나거나 아니면 죽음의 그 순간에 이르러 창조주에게 그 자신이 누구인지 그것을 바로 아뢸 수가 있는가? 그것이 문제라는 것이다. 왜냐 하니 이런 인간에게 "사망의 줄"이 얽어묶고(시편 18:4) 그리고 음부의 줄이 그를 두르는데(시편 18:5상반절) 그가 정신을 차릴 수가 있겠는가? 죽음과 죽음의 사자가 오면 그 누구도 거의가 기절을 하거나 혼수상태에 빠지는데 그래서 하루나 이틀 또는 5-6일 또는 7-10일 또는 그 이상씩 깊은 심연의 수렁속으로 빠지는데 그 때에 그

는 이미 "저승 또는 사망의 잠"을 자고(시편 13:3하반절) 있는 것은 아닌지 그것이 심히 아리송한 것이다.

그의 이름이 살아 있고 빛이 있고 아름다워야 하나님의 나라를 볼 수가 있다. 그러면 사도행전 7:55-56절을 보라. 여기에 나타난 그는 스데반이란 사람이 아닌가? 그리고 다시 계시록 1:1-2절과 그리고 계시록 1:9절을 먼저 유의하여 보라. 여기에 나타난 이 사람은 계시를 통하여 하늘 나라의 이것과 저것을 본 사람이 아닌가? 그의 이름은 요한이라고 하는 사람이다. 그를 오늘의 우리는 보면서 그 무엇을 보고 생각을 하는가? 이런 사람은 그 이름이 살아있음을 하늘에서도 땅에서도 드러나고 있지 아니하는가? 그의 이름이 살아 있으면 죽어서 저생에 가도 존귀와 영광을 얻는다. 그러면 누가복음 16:24-25절을 보라. 이 나사로의 이름 위에다 독자 당신의 이름을 적어넣을 수는 없는가? 그럴 용기도 기백도 신앙도 자신도 없다면 이미 죽은 자가 아닌가?

6, 이 세상에서는 이름도 있고 빛도 있고 그에 준한 영광도 있고 칭찬과 박수와 인사와 대접도 있고 한 그들의 저 생을 보니 그리고 죽음의 세계를 보니 또한 아무리 닦고 쓸고 문질러 보아도 그의 이름도 없는 자들이 너무나 많다. 목사들도 보니 하나 같이 그 입은 너무 커고 고상해서 큰 나팔인데 자기의 업적과 실적 곧 그 자신의 진실한 저서(책) 하나 없이 날거나 날뛰거나 판을 펴고 돌아다니다가 죽음을 맞고 이름도 없이 흔적조차 하나 없이 사라지고 마는 자들이 매년 그 얼마인가? 매년 상상을 초월하고 있지 아니하는가? 그러면 죽음 앞에서 왜 이런 어처구니가 없는 현상이 벌어지는가? 그것이 그 누구의 탓인가?

어떤 목사들은 살아서는 교회당도 크게 하고 이름도 한국적 기독교 안에서는 크게 날리더니 그것이 파리의 날개가 되어서 오고 가다가 얼마 후에 점 하나 흔적 하나 없이 이름도 빛도 영광도 없이 사라져가는 유명한 목사들을 보라. 그들에게 기독교는 그 무엇이고 교회당은 그 무엇이고 목사는 그 무엇이고 교인들은 그 무엇이었는가? 아무 것도 아닌 허와 무와 비인과 무효인 것이 아닌가? 그런 자들은 그 무엇과 그 누구를 위해서 목사가 되었는지 그것에 대한 목적의식이 분명하지 못하니 아리송하고 한심한 것이 아닌가? 솔직히 당신이 목사이라면 목적의식과 방향감각이 뚜렸하고 분명한가? 물론 이런 면에서는 수녀나 신부나 주교도 그러하고 불교의 스님도 예외가 아니다.

7, 죽음의 사자 앞에서 사람은 사람인데 그의 이름이 아름답거나(전도서 7:1상반절) 빛이 없고 식어져서 없으니(전도서 9:5하반절) 그 세계에서 그의 이름을 하나님이나 성령이 부를 수가 없고 그리고 천군과 천사들이 심히 가까이를 오고 가지만 그의 이름을 누구도 부를 수가 없으니 이를 어찌 하는가? 원래 음부나 지옥은 "이름이 없는 자들의 소굴과 세계"가 아닌가?

솔직히 누가복음 16:19-25절을 보라. 홍포를 입은 그 부자를 보니 그의 이름이 음부에서도 없다. 그래서 누구도 그를 부르지 못하고 누가복음 16:25절에서 하나님은 그를 보시고 "얘! 너는"이라 부르고 있으니 큰 일이 듯이 오늘에서도 결코 예외가 아닌 것이다.

솔직히 당신을 창조주의 거울 앞에 세우거나 하나님의 저울에 올려놓으면 당신의 그 이름이 살아서 빛이 나고 있을까? 목사들도 목회를 할 그 때를 보니 그의 이름이 있고 그의 얼굴에서 빛이 나는 것 같으나 목회를 그만 두고나서 보니 목사들이 골프나 치려 돌아다니고 외국이나 오고 가고 사진이니 찍으려 동서남북으로 돌아다니고 술과 담배를 마시거나 피우고 심지어는 갖은 악을 자행하고 있으니 악한 마귀가 찾아와서는 절을 하면서 "참으로 보기가 좋고 훌륭합니다"라고 칭찬과 찬성을 하면서 희롱과 조롱을 하고 있으니 웃기는 판국이 아닌가? 목회를 그만 두었으면 목사로서 죽음부터 준비를 해야 하는 그것이 기본과 원리가 아닌가?

8, 그 누구도 그 자신에게 죽음의 그림자와 이리가 오면 그 앞에서 "나는 누구이다"라거나 아니면 "나의 이름은 그 무엇이다" 라고 아뢰고 그 자신의 직분과 직책을 고백하고 아뢸 수 있는가 함이다.

이 세상에서는 모두가 자신의 그 이름이 있거나 크다고 주장하나 그러나 하나같이 각기 그 이름이 죽어 있고 썩어 있으니(잠언 10:7하반절) 그의 이름에 빛이 없고 그의 이름이 아름답지 못한 것은 사실이다.

이미 그의 이름이 썩어서 고약한 냄새가 나고 있다. 그 이름이 썩고 냄새가 나고 있으니 그 누구도 낙원이나 천국은 갈수가 없다. 그들이 가야 하는 곳은 이름이 없는 자들이 모이는 영원하고 완전한 지옥의 불속인 것이다. 그 누구도 이것을 모르면 아니 된다.

9, 하나같이 돈을 벌고 출세와 성공을 하려고 밤과 낮을

가리지 아니하고 뛰어 가다가 보니 자기의 이름을 경찰서나 검찰청이나 법원이나 그것이 아니면 감옥에다 넣거나 놓고 있으니 죽음이 자기를 잡으려고 오니 이름이 없어서 아니 없는 자로서 사후의 세계에로 가야 하니 이런 자에게 임하는 죽음은 고통이고 괴로움이고 저주이고 고난인 것이다. 어찌하다 아름다운 자기의 이름 하나도 없이(전도서 7:1상반절) 죽음을 맞거나 죽음의 행렬 속으로 가려고 하는지 그것이 심히 아리송한 것이다.

오늘에서 독자 당신을 보라. 당신의 이름에 빛이 있고 영광이 있고 능력과 힘이 있는가? 그것이 아니면 아무것도 없는가? 그래서 당신에게 오늘의 이 순간에 죽음이 오면 이 땅위에다 당신은 그 무엇을 남기고 가려고 설계를 하고 계획까지 세우고 있는가? 자신을 보니 죽음 앞에서 너무 초라하고 부족하고 못나고 한심하지 아니한가?

10, 죽음의 사자가 당신을 잡아가려고 찾아오면 그리고 "당신의 이름이 그 무엇인가"라고 물으면 이생에서 죽음의 사자 앞에서 자기의 이름은 그 무엇인지를 대답할 자는 솔직히 10%이고 자기의 이름을 고백하지 못할 자는 90%가 넘을 것 같은데(필자의 소견에서) 여기서 인생의 비극과 어리석음을 느끼고 맛보게 된다. 참으로 아리송하고 아이러니한 세상이고 현실이고 역사이고 인간사이다.

그러면서 이 시점에서 당신의 이름은 그 무엇인가? 다들 죽고나니 그 이름들이 흔적이 없이 사라지는데 그 이유는 무엇인가? 그런데 저승사자가 당신을 잡으려오면 그에게 "내 이름은 무엇이고 누구요"라고 말을 할 수가 있는가? 그것을 준비하고 있는가? 그것을 이제까지 이 세상에서 연구하고 검토하고 분석을 하면서 답을 할 준비까지 하고 있는가? 아직까지도 이에 대한 대답을 할 준비를 하지 못하고 있는가?

11. 저승차사가 당신을 잡으려 와서 너는 너의 이름이 그 무엇인가? 그리고 당신에게도 그 이름이 있는 가라고 물으시면 답을 할 준비가 되어져 있는가? 그리고 저승 사자가 당신에게 이 세상에서 "남긴 당신의 업적은 그 무엇이고 실적은 그 무엇인가"를 질문 하시면 그 무엇이라고 대답을 할 것인가? 그 업적과 실적이 당신이 죽음 이후에 수십 년이나 수백 년 이후에도 남을 것들인가? 당신을 찾아온 죽음의 이리 앞에서(요한복음 10:12) 할 말이 없는가? 솔직히 거짓말 이외에는 말이다.

거두절미하고 이 세상에다 당신이 죽을 그 때에 남기고 가야할 "업적과 실적"은 자신이 익히고 배우고 연구하고 외치고 한 그 모든 것들을 글을 쓰고 해서 남긴 바의 연구 서적들과 설교집들과 각종 주석들과 각종 논문집들인데 그것이 과연 300페이지 이상의 저서로서 20-30권 정도인가? 그것이 아니면 30-40권 정도인가? 그것이 아니면 50-70권이나 아니면 100권 또는 그 이상인가 하는 것이다.

이 세상에서 자기의 이름 하나 내세울 것이 없으면서 베틀의 북마냥 큰 소리를 치면서 돌아다니고 그리고 사회나 국가나 대학교나 그리고 종교자체 안에서 업적도 없고 실적도 거의 없는 자들이 큰 소리들을 치니 죽음의 사자가 그런 자를 보고는 너무나 기가 차고 억장이 무너지고 한심스러워서 돌아서서 도망을 갈 정도이니 이를 어찌 해야하는가 함이다.

참으로 이 세상에서 만이 아니고 저승사자 앞에서도 부끄러움을 금치 못하는 처지와 형편이고 보니 참으로 기이함과 놀라움이 아닐 수가 없다. 그럼에도 위의 사건들을 보면서 이런 것 하나하나가 하나님의 명령을 불순종을 한 그 대가 지불이 아니겠는가?

### 제 10절, 인생의 죽음은 인간을 무에로 돌리는 것인가?

1, 과연 그런 것인가? 그러면 죽음은 왜 나를 무에로 돌리려고 하는가? 그 이유는 무엇이고 그 어디에 있는 것인가? 죽음은 나를 이 세상에서 무에로 또는 허와 허무에로 무소유로 돌아가게 하려는 것인가? 과연 그런 것인가?

그것이 아니면 그것이 시간성 안과 일시적 행동이고 행위인 것인가? 과연 그런 것인가? 누가복음 12:16-21절의 현장의 현실을 보라. 죽음의 이리가 다가오니 그는 이생의 모든 것들을 그냥 두고 그는 혼자 죽고 말았다. 재산이나 명예나 지위나 출세나 성공이나 정치나 권력들을 다 버렸다. 그래서 그는 시편 146:4절의 현실로 돌아갔다.

그리고 그는 이 지상에서의 상들이나 칭찬들은 다 그냥 누고 갔다. 그가 가져간 것은 지상에의 것은 지푸라기 하나 먼지 하나도 가져가지를 못하였다. 왜 그런 것인가? 그것은 죽음의 건너편 세상에서 인생에게 이 세상적인 것은 그 무엇 하나도 가져가지 말라고 경고하고 있기 때문이다. 물론 이 세상도 역시 그러하다. 그러니 죽음은 인생을 무와 허로 돌리는 대역사 사건이고 현장이다.

2, 죽음은 참으로 묘하고 기이하고 아리송하고 참담한 것이다. 여기서 유념할 것은 죽음에의 좌편에 이 세상이 있고 그리고 그 우편에는 죽음의 건너편 세상이 있다. 이를 두고 성서는 차안의 세상과 피안의 세상이라고 나눈다. 그런데 이

세상과 그리고 저 세상의 중간 지점에 놓여 있는 그것이 바로 죽음이란 그 다리인데 그것이 가운데 놓여져 있다. 그래서 좌를 보니 세상이 있고 우를 보니 사후의 세계가 있다. 그래서 그 다리를 건너가려고 하니 그 누구도 이 세상적인 것들을 다 버리고 응분의 대가 지불을 영과 육이 함께 받고서 가야 한다.

그러면 누가복음 16:19-25절을 보라. 그는 홍포를 입은 부자이지만 세상의 것들은 다 버리고 갔다. 그리고 다시 마태복음 2:18-19절의 이런 불법자들과 범법자들은 전혀 죽음을 준비하지 못한 것은 사실이다. 이들은 유아 대학살 촌극을 벌리고서도 큰 소리를 치면서 참된 피 맛은 제대로 보지도 못하고 집단 자살 활극이라도 펼치듯이 거의가 신에 의해 죽임을 당하였으니 그 꼴들이 열왕기 상 18:40절의 개꼴들과 유사한 것이 아닌가?

물론 마태복음 19:16-22절의 부자 청년 역시 살아서 이미 심판을 엄하게 받았으니(마태복음 19:23-24) 이런 자들에게 임하는 죽음은 이미 무의미하고 허무한 것이 아닌가? 자기는 부자이고 대 성공을 거둔 자라고 평가 절상할지는 모르나 그리고 역사의 대 성공을 거둔 자라고 대평가 할지는 모르나 나타난 역사의 현장에서 보니 불쌍하고 가련하고 어리석고 간이 너무 켜서 배 밖으로 나온 자가 아니었는가? 역사는 살아 있는데 왜 그것을 모르는가?

3, 현실과 역사가 언제나 살아 있으니 잘난 자도 가라 하고 못난 자고 가라고 한다. 힘이 있고 능하고 큰 소리를 치는 자도 가라고 한다. 흥미롭게도 미인도 보내고 사업가도

보내고 큰 부자들도 여지없이 보낸다. 기성종교의 지도자들도 보내고 각종교의 교인들도 다 보낸다. 이 세상에는 누구 하나도 남기지 아니하고 다 보낸다. 그러니 히브리 9:27상반절이 흥미롭다. 그러면서 오늘의 필자도 보내고 반드시 독자인 당신도 보낼 것이다. 그것도 소리소문 없이 말이다. 그런데 빨리 죽은 자들을 보니 어느 분야에서고 간에 잘나고 앞선 자들이 빨리 죽고 있다

이런데 문제는 보내는 그것이 그 언제인가 하는 것이다. 잘났다는 이들이나 그리고 돈이 있다는 자들이나 그리고 각종 분야에서 큰 소리를 치는 자들을 보라. 그들은 이미 가고 먼저 가고 지금도 가고 있지 아니하는가? 죽음이란 이 악한 이리는 소리 소문 없이 다가 온다. 지금에서 당신의 집 대문에 와서 기다리는지도 모른다. 각기 자기의 집의 대문 앞에서 기다리는 경우도 너무나 많다. 도인의 눈과 각종 마음의 눈과 영의 눈을 가지고 대문 앞에 와서 앉아 있는 죽음의 이리를 그 누구도 보지 못하면 아니 된다. 죽음의 이리가 당신의 집 대문 간에서 당신을 잡아갈 채비를 지금 꾸고 있을지도 모른다. 집의 주변과 집안을 조심하라. 이미 그 무엇이 와서 당신을 잡아가려 하고 있을 것이니 말이다. 그래서 흔히들 말하기를 "저 집이 이제 경우 먹고 살만하니" 그집 양반이 죽는구나 라고 하면서 탄식과 탓하는 경우를 보게 된다.

4. 사람들은 먹고 살려고 아귀다툼이고 집 하나 마련하고서 그 집을 자기들의 이름으로 등기하려고(시편 49:11) 하나 그것이 이 유한과 시간성에서 얼마나 가겠는가? 사람은 참으로 존귀하나(시편 49:12) 그럼에도 다가오고 있는 죽음

에의 이리 앞에서(전도서 9:5상반절) 그의 존귀나 명성이나 부나 권력이나 힘이 그 무엇이 될 것인가?

 유념할 것은 사람이 어리석으면 사망이 그 사람의 목자가 되는데(시편 49:14중반절) 그러면 그 결과가 어찌 되는 것인가? 사람은 반드시 한번은 죽는다. 그러니 하나님이 인생인 우리를 양같이 음부에 두기로 작정하시나(시편 49:14상반절) 그것을 인간들은 하나 같이 전혀 깨닫지를 못하니 이를 어찌 해야하는가?

 5, 인생은 그 누구도 죽을 그 때에 "아무 것도 가지고 가지를 못한다"(시편 49:17). 그래서 욥은 오래 전에 인생의 무상과 허무와 공수래 공수거를 찬송하며(욥기 1:21) 그러므로 인생이 정신을 차리지 못하면 멸망하는 짐승이 되기에(시편 49:12, 49:20) 결코 아니 됨을 경고하고 있다.

 인생의 아름다움은 하나는 죽음과 동시에 다른 하나는 음부의 불속에서 다 소멸이 되고 만다(시편 49:14하반절). 그리고 억울하고 분하게도 죽을 그 때에는 아무 것도 가져가는 것이 없으니 이 땅위에서 자기가 얻은 부귀도 영화도 성공도 출세도 영광도 다 버리고 가야 한다(시편 49:14). 생시에 누가 자기를 축하 하면 그것을 좋게 여기고 만족해 한 것이거나 이웃이나 주위나 사회나 각종 종교로부터 얻고 받고 누린(시편 49:18) 칭송이나 박수들도 가져가지를 못한다. 이 땅 위의 것은 어느 것도 다 버리고 가야 한다. 티끌이나 먼지 하나도 가져가지를 못한다.

 죽음이 자기를 잡으려고 온 그 때에는 어느 것 하나도 가져가지를 못하는데 바로 그것을 위해서 왜 그렇게도 수고와 노력과 고생들을 하는가? 그것이 그 누구와 그 무엇을 위한 것인가? 구약성서 전도서 5:15절을 보고 그리고 다시 욥기 27:16-19절을 보라. 성서가 이미 이렇게 교훈을 하고 있음에도 불구하고 마이동풍인지 아니면 그 이상의 무엇이 되었는지 그것은 알 수가 없으나 큰일이다.

6, 성서는 언제나 우리에게 자기의 재물을 의지 하지 말라고 시편 49:6절에서 경고하나 그러나 인간은 하나같이 눈이 복이 없으니(마태복음 13:13-14, 13:15) 그것이 보이지도 들리지도 아니한다며 다른 수작들을 부리고 있다. 그래서 성서는 경고하고 있다. "너의 생명이 너무 귀하다" 라고(시편 49:8) 말이다.

그럼에도 그것을 귀히 여기는 자가 별로 없으니 돈을 따라서 정치나 권세를 따라서 그리고 사업이나 장사나 여색을 따라서 그리고 직업이나 직장 등을 따라서 가다가 보니 전도서 9:12절 마냥 "새가 올무에 걸림 같이 인생도 재앙의 날이 홀연히 임하면 거기 걸려"서 병들고 망하고 넘어지고 죽게 되는 것을 왜 모르고 있는지를 경고 하고 있다. 참으로 아이러니한 세상과 인생과 현실이다.

그 누구도 인생이 눈이 열리고 밝으면 전도서 11:2절에 유의하게 된다. "무슨 재앙이 땅에 임할는지 네가 알지 못한다"고 경고함을 보라. 그럼에도 그것이 우리에게 충격을 주고 있는 것은 사실이다. 죽음은 이리이고 징벌이고 재앙의 그물이고 인간을 잡아가는 올무와 함정임에도 불구히고 그럼에도 하나같이 이 죽음을 기다리거나 앉아서 맞고 있으니 큰 일들이 아닌가?

자기를 향하여 죽음의 이리가 달려오고 있으나 그것을 깨닫지 못함은 그 "자신의 우매함"을(전도서 10:3하반절) 보이는 것이니 이를 왜 깨닫지를 못하는가?

7, 하나님은 인간에게 하늘에서 질문을 하시고 있다. 너에게 다가오고 있는 그 죽음이 너에게서 그 무엇을 빼앗아 가려고 하는 가를 질문 하신다.

그럼에도 그것이

Ⓐ 웃음과 즐거움을 빼앗아 간다.
Ⓑ 가족의 윤리와 도덕을 빼앗아 간다.
Ⓒ 눈물과 한숨과 고통을 빼앗아 간다.
Ⓓ 나의 모든 소유 곧 재산들을 다 빼앗아 간다.
Ⓔ 이 땅위에서 내가 현실적으로 얻고 누리는 것들을 다 빼앗아 간다.
Ⓕ 나의 영혼마저 내게서 빼앗아 간다.
Ⓖ 내가 얻고 누릴 수가 있는 것은 티끌만한 것이라도 다 빼앗아 간다.
Ⓗ 어제와 오늘의 나를 벗겨놓고 그래서 천하의 수치와 부끄러움도 다 당하게 만든다.
Ⓘ 나의 육신은 본래의 흙으로 돌아가게 만든다.
Ⓙ 그리고 나를 하나님의 심판대 앞에 세우게 된다(로마서 14:10-12, 계시록 20:11-15).

그렇게 하니 나에게 남은 것은 그 무엇인가? 아무 것도 없는 것이다. 그 누구도 이를 모르면 스스로 멸망하는 짐승으로 만드는 꼴이 되게 하는 것이다. 그러기에 인생이 죽음에서 얻는 것은 그 무엇인가? 아무 것도 없는 것인가? 이를 바로 알라.

8, 인생이 죽음 앞에서 아무 것도 가지는 것이 없고 아무 것도 찾을 것이 없고 하나 같이 빈 그릇이고 빈 깡통이고 빈 손이고 벌거벗은 것 뿐이라면 우리가 유의해야 할 것은 그 무엇인가 하는 것이다.

※ 너와 나에게 오늘이나 내일에서 죽음이 온다면?
Ⓐ 이 땅 위에서는 지푸라기 하나나 먼지 하나 모래 알 하나도 당신은 다른 곳으로 가지고 가지 말라고 경고하는 것이다. 먼지 하나도 시간성에 속하고 "시간과 공간에" 속한 것이니 가지고 가면 아니 된다고 경고 하신다.
Ⓑ 그리고 건너편 세상에서는 이 유한적이고 시간성적인 것에 속한 것은 모래 알 하나나 먼지 하나도 가지고 오지 말라고 경고 하신다. 그러니 엄청난 문제를 자아내고 야기시킨다. 이점을 양지해야 한다.
Ⓒ 그러면서 이 땅이나 하늘이 공히 너는 흙이니 빨리 흙으로 돌아가서(창세기 3:19) 썩어져서 빨리 흙이 되라고 윽박지른다. 참으로 무서운 역사이고 현실임을 바로 알아야 한다. 그러니 지금에서 당신은 손에 쥔 것과 호주머니나 가방에 넣은 것은 어느 것 하나도 당신의 것이 아니니 이를 깨달으라고 강조하고 있다. 그런 것들은 지옥의 대문 옆에 세워진 "지옥의 쓰레기 소각장"에서 가지고 오지 말라고 한다.

### 제 11절, 죽음은 우리로 하여금 기본과 원리로 돌아가게 하는 것이다

1, 기본적으로 인간은 흙이다. 흙에 다 하나님이 생기를 (생령) 불어 넣어서(창세기 2:7) 인생이 되게 하셨으니 그

것은 "영혼+ 육신= 인생"이 되게 하신 것이 아닌가? 그래서 인생은 살아 있고 그리고 인격체로서 존재론적인 가치를 가지고 예나 지금에서 살고 있는 것이 아닌가? 그럼에도 인격체인 인간이 이것을 모르면 되겠는가?

그럼에도 불구하고 창세기 3:19절의 진의와 명령에 의해서 쉬지 아니하고 너도 가고 나고 가며 그리고 스승도 가고 제자도 가며 이웃도 가고 목사도 가고 스님이나 신부도 가고 하는 것이 아닌가? 그러니 그 누구도 이를 모르면 아니 된다. 그 누구라서 이 원리와 기본을 모르겠는가?

2, 하나님이 인간을 조성할 때에 창세기 1:26절 그대로 "우리의 형상을 따라 우리의 모양대로 우리가 사람을 만들고"라고 하심에 따라서 사람을 조성하신 것이다. 그러면 먼저 창세기 2:7절을 통하여 사람을 조성하신 것이 아닌가?

그 때에 흙을 가지시고 자기의 형상과 모양대로 인생을 만드시고 코에다 생기를 불어넣어서 인간을 만드셨으니 "흙+ 생기= 인생"이 된 것이니 이에 준하여 그 반대인 죽음은 "흙-생기(생명)= 죽음"이 되는 것이 원리와 기본이 아닌가? 그러니 죽음은 육신을 그 본래의 흙으로(시편 104:29) 돌아가게 하는 그것이고 영(영혼)은 하나님에게로 돌아가게 하는 것이(전도서 3:20-21) 원리와 기본이 아닌가? 그러니 그 누구도 "인생의 탄생 곧 창조"와 "인생의 죽음의 문제를 바로 알지 못하면 결코 아니 되는 것이다.

3, 그러기에 인생의 생은 "흙+ 생기(생명)= 인생(생)"이 되는 것이고 그와는 반대로 인생의 죽음은 이별이고 분리가 되는 것이니 "흙(육신)- 영혼= 죽음"이 되는 것임을 잊으면

결코 아니 되는 것이다. 그러나 우리에게는 반드시 죽음이 온다 거나 왔다는 것은 그 무엇 보다 우리에게 본연의 시기 와 격리의 때가 왔다는 것을 알리시고 있는 것이다.

나에게 죽음이 온다는 것은 어떤 이는 그것을 자기에게 임 하는 악한 병이라 지적하고 어떤 이는 그것을 말로는 토해냄 이 불가능 한 재앙이라 할 것이다. 이는 성서적인 근거에 의 한 것이다. 그럼에도 사람들은 하나같이 죽음을 좋아 하지 아니한다. 그럼에도 죽음은 숙명적으로나 필연적으로 다들 받아 드리고 있는 것은 사실이다. 왜 받아드리는가? 죽음이 나 죽음의 사자와 한판의 전쟁을 치를 수가 없는 것인가? 그 러나 죽음은 선택이 아니고 필수이니 어찌할 도리가 없다.

4, 그러면 필연적으로 다가오고 임하는 바의 이 죽음이 나 와 당신에게 임할 때에 소리를 치면서 또는 북이나 장구를 치면서 한발씩 다가오는 것이 아니기에 바른 이해가 요구되 고 있는 것이다. 누구라서 이 엄청난 현실과 역사를 모를 것 인가 마는 그럼에도 그것이 어떤이에게는(그리스도인) 그것 이 기쁨이고 어떤 이에게는(비그리스도인) 그것이 슬픔이고 고통과 괴로움이 되고 있는 것은 사실이다.

사도행전 7:54-60절의 스데반의 죽음을 보라. 어찌 그것 이 기쁨과 즐거움이 아니겠는가? 계시록 6:11절에서 나타나 고 있는 바의 그리스도께서 요구하시고 바라시는 지도자들의 순교와 그 요구를 보라. 그것이 어찌 기쁨이 아니겠는가? 그 리스도께서는 자기의 종들의 죽음(순교)을 요구 하신다. 그러 면 왜 그것을 요구하시는가? 왜 자기와 같은 죽음을 요구하 시는가? 그것은 자기의 종들과 벗들이 함께 당하여 그 나라에서의 공동체를 형성하기 위한 것이니 찬송이고 감사가 아니겠는가?

　5, 하나님께서는 모든 인간들의 죽음을 통하여 공동체적과 공개적으로 원상회복을 하려 하신다. 왜냐 하니 모든 것들은 다 때가 되면 원상회복이 되어야 하기 때문이다. 천하의 만물이 다 원상회복이 되어야 하는데 어찌 인간으로서 회복이 되지 아니할 것인가? 만물들이 원상회복 역사화 하는데 어찌 인간만 회복역사에서 비토가 되고 제외가 되겠는가? 그것은 언어도단인 것이다. 그래서 하나님께서는 인간을 에덴동산에서 추방 하시며(창세기 3:23-24) 너는 흙이니 흙으로 돌아가라고 명령과 지시하신 것이다.

　여기서 말하는 바의 돌아가라는 것이 그 무엇을 의미하고 있는가? 그것은 너는 흙이니 흙으로 "돌아가라"는 명령이고 경고린 것이다. 그러면 흙으로 돌아가서 해야 할 일은 그 무엇인가?

## 제 3장, 죽음이란 그 무엇인가?

### 제 1절, 죽음에의 개요

1, 어떤 종파에서는 사람이 죽으면 영원히 잔다고 주장을 하면서 스데반의 사건과 경우를 지적하기도 한다(사도행전 7:60하반절). 그리고 예수 그리스도의 죽음의 사건 때에 자던 성도의 몸이 많이 일어났다 라고 지적하고 있다(마태복음 27:52). 심지어 예수께서 회당장의 딸 12살짜리가 죽었을 그 때에 하시는 말씀이 "이 소녀가 죽은 것이 아니라 잔다" 라고 하여 그 주변을 놀라게 하신적도 있다(마태복음 9:24). 아무리 보아도 이런 것들은 역사 위에서 의미하는 바가 심히 많은 것이다.

그러면 사람들은 죽음 이후에 영원히 죽는 것인가? 그것이 아니면 잠자는 것인가 하는 것이다. 그런데 장자 전 인류가 그리스도와 같은 부활에의 승리를 입을 그 때에(빌립보 3:21) 이 잠자던 자들이 살아서 일어나지 못하면 그들은 영원히 자야 하기에 "영혼 수면설"까지 어떤 종파에서는 주장을 하기도 한다. 그러기에 영혼수면설로 인하여 그리스도께서 재림을 하실 그 때에 잠에서 일어나지 못하고 그대로 자면 그것은 영혼 수면설을 넘어서 "영혼 멸절(멸절설)"로 가게 되니 그렇게 되지 아니하려면 자신들의 종파로(교파) 오라고 속삭인다. 그러면 이 영혼 수면설과 영혼 멸절설 등은 과연 합리적이고 합법적인가 하는 것이다. 왜냐 하니 인간은 창조시로부터 인격체이기에 "영혼의 수면설"이 과연 가능하냐에 대하여 이의나 문제가 있는 것은 사실이다. 여기서 필자는 기독교적 타 종파에 대하여 이런 말이나 저런 말을 하려하지를 아니하려 한다. 잘못하면 부질이 없는 교리적인 문제에 휘말리기 때문이다.

2. 동양 종교나 동양 사상과 철학에서는 사람이 죽어서 저 세상으로 가려고 하면 이 세상에서 혼인을 하지 아니하고 죽는 자는 아니 된다고 주장들을 한다. 왜냐 하니 장가나 시집을 가지 아니하고 죽은 자는 처녀가 죽은 몽달귀신이 되거나 총각이 죽은 몽달귀신이 되기에 반드시 이 세상에서 혼례식을 치러야 한다고 주장들을 한다. 왜냐 하니 저 세상에서는 "천상의 부부"가 있고 그리고 "천생연분으로서 부부의 연을 맺은 자들이" 있기에 혼인을 하지 아니하고 죽은 자는 그가 그 누구이든지 그 곳에서는 "몽달귀신"이 되기에 혼인을 하지 아니하면 죽음의 건너편 세상에 가서는 살 수가 없다고 주장들을 한다. 죽음의 건너편 세상인 저생에서는 천생연분의 부부나 지상에서의 부부나 그리고 천상의 부부가 따로 있는데 그 곳에서는 이 부부론이 크게 문제가 된다는 주장들이다.

그래서 이런 경우는 이생에서 "영혼 결혼식"이란 것을 통하여 이생에서 사전에 죽은 처녀와 총각을 영혼결혼식을 통하여 혼인을 시켜 주어야 저 세상에 가서 부부의 대의를 지키며 함께 살게 된다는 주장이다. 이들은 살아서는 부부가 아니었으나 죽은 이후라도 부부가 되었으니 "지상부부가 아닌 천상부부"로서 잘 살게 된다는 주장이다. 그래서 처녀와 총각이 사랑을 하고 연애를 하였으나 양가의 반대로 자살을 하면서 유서에 이 세상에서는 사랑을 함께 나누지 못하였으나 저 세상에 가서 못다 한 그 사랑을 부부로서 나누며 살겠다고 유언을 남기기도 한다. 이런 경우는 현금당대에서도 주위에서 종종 일어나는 사건이니 의미하는 바가 심히 많은 것이다. 연인이나 애인이나 부부사이에서도 이생에서 못다한 사랑을 저 세상에 가서 다시 또는 새롭게 나누어 보겠다고 하면서 양자가 함께 죽음을 선택하는 경우들이 많다. 부부 사이에도 한 쪽의 질병에 의해서 함께 동반 자살을 하는 경우도 자주 일어나는데 이들은 하나 같이 질병이 없는 저 세상에 가서 건강하게 부부가 오래 살자며 자살을 선택하기도 한다. 묘한 연이고 아이러니한 사안이 아닐 수가 없다.

이 세상에서 장가나 시집을 가지 못하고 죽은 자가 있으면 상호간에 사돈을 맺고 죽은 영혼들끼리 혼례를 치러주고 부부로서 살아가게 해준다는 것이다. 이 영혼결혼식의 문제는 동양이나 한국에서는 오랜 풍습이고 관습이었으니 이것은 생각해 보아야 할 사안이란 것이다. 이 영혼결혼식을 기독교 성서는 신화이고 미신이라며 철저히 반대하고 있다. 그런데 기독교의 일파인(기독교에서는 이단교파라고 함) 모교단에서는 그 교단의 교주의 죽은 이들의 영혼과 그 교단의 중진인 사람의 살아 있는 딸과의 영혼 결혼식을 치르고 "사돈과 영혼의 부부"가 된 그것을 세상에 공개하는 일까지 생겨나고 있다. 그래야 저 세상에 가서 그 둘이 "천상의 부부"로서 살게 된다는 것이다. 참으로 기가 막힐 일이 아닐 수가 없다.

3, 그리고 여기서 참으로 어처구니가 없는 동양 사상과 철학과 신앙에서는 사람이 죽어서 저 세상으로 가면 "천상배필"

과 "지상배필"이라는 것이 따로 있다는 것이다. 그런데 천상배필이 따로 있고 그리고 지상배필이 따로 있다니 참으로 놀랍고 기이한 일과 현상이 아닐 수가 없다는 것이다. 그래서 너와 나는 저 세상에서는 천상부부이었으나 이 세상에 와서는 분명히 남남이고 그리고 다시 죽어서 천상에 가면 천상배필이 따로 있는데 그 곳에 가면 거기서 "너와 나는 천상에서 천상배필"이 된다고 주장하는 자들도 있다. 그러면서 남녀들이 모여서 이생에서 너와 나는 부부가 아니고 남이지만 너와 나는 천상에 가면 반드시 우리는 그 곳에서 부부가 될 것이니 이를 위하여 여기서 충분한 사전 준비를 해 두었다가 천상에서 잘 살아 보자는 황당한 소리와 주장들을 하기도 한다. 참으로 황당하고 기가 막히는 소리들이다. 그러면 오늘에서 당신은 이 지상 부부론과 천상 부부론에 대하여 어떤 생각들을 하고 있는가? 이런 주장들을 믿고 받아 드리는가? 아니면 철두철미 이를 배격하고 있는가?

처녀나 총각이 이 세상에서 인연을 맺지 못하는 경우는 그것이 과연 전생의 업보인가? 그리고 다시 부모의 반대로 처녀와 총각이 유부녀와 유부남이 이혼녀나 이혼남이 주위의 반대에 부딪혀서 지상에서 인연을 맺지 못하면 극단적 행동으로 자살을 종종하게 되는데…. 그런데 이들의 주장은 "우리는 이 세상에서 부부로서 혼인(인연)을 맺지 못하였다." 그러나 천상에 가서는 우리 둘이 "천상의 부부"가 되기로 약속을 하고 함께 자살을 하기로 했다는 것이다. 그러면 천상의 부부란 과연 존재하는 것이고 그렇게 되면 그것이 "천생연분"이라도 되는 것인가? 그럼에도 이것이 불신사회와 미신사회에서는 암암리에 강세인 것도 사실이 아닌가? 바라문교의 범신론에 의해서 동양이나 한국과 같은 미신사회나 우상 사회에서는 위에서 지적한 이런 것들이 암암리에 사회상화하고 일반화하고 있으니 미신에 잦은 이 사회의 초점이 결과적으로 어디로 갈 것인가 함이다.

4, 거두절미하고 우리는 이미 위에서 지적한바의 지상부부론과 천상 부부론을 먼저 유의해야 하고 그리고 아직까지도 계속되고 있는 죽은 자들의 영혼끼리의 결혼식의 문제와 그리고 살아 있는 자와 죽은 자와의 영혼과 육신의 결혼식의 문제 역시 심도 있게 거론하고 다루지 아니하면 아니 된다. 이런 것들은 기독교적 차원에서는 분명히 미신적이고 샤머니즘적이며 그리고 이런 것들은 고상하고 찬란한 신화성적임에도 불구하고 끝나지 아니하고 계속해서 이어지는 악한 행태는 심각하다 못하여 위기의식 마저 느끼지 아니할 수가 없다.
그러면 왜 없어지고 사라져야 할 것들이 더 극성을 보리고 있는 것인가? 동양인과 한국인들의 마음과 의식과 생활 구조 속에 이런 사고와 의식과 속성이 암암리에 살아서 계속해서 이어지고 있는 그 저의는 무엇일까? 그것은 의식이나 의지나 사고속에서 그것을 받아드리고 믿고 있기 때문이 아닌가?

솔직히 말을 해서 불신자들이나 사이비 종파들이나 사회는 고사하고 이런 것들이 오늘에서 잘못된 기독교적 종파(교파) 안에서도 계속해서 사라지지 아니하고 일어나거나 이어지는 그 저의는 무엇인가? 이런 것은 참으로 아이러니한 역사와 현장의 현실이 아닐 수가 없는 것이다. 그러면 오늘의 한국의 종교들이나 기독교적 일파에서 이런 문제에 부화뇌동이 되고 있는데 그 저의는 무엇인가? 여기서는 무엇보다 바른 이해가 요구되고 있다.

5, 이 영혼의 문제에 있어서 하나님의 창조의 기본과 원리를 거부하거나 부인하게 되니 "착한 영혼"이 있다고 주장을 하고 반대로 "못되고 못나고 나쁘고 악한 영혼"이 있다고 주장들을 하는 것은 참으로 아이러니하고 안타까운 일이 아닐 수가 없다.

그러면 각종 종교에서 심지어 기독교 안에서도 잘못된 종파에서 천상배필의 문제와 지상 배필의 문제가 쉬지 아니하고 계속이 되고 있으며 그리고 영혼결혼식과 "죽은 영혼과 산자와의 영혼결혼식"을 공개적 또는 대대적으로 시행하고 또 주장하고 있으니 놀랍고 기이하기까지 하다. 이런 문제는 야바위이고 신화성이고 결코 용서나 용납을 할 수가 없는 것이라고 기독교 성서에서 주장하고 있음을 유의해야 한다.

천상의 연인이나 천상에서의 인연을 지상이나 사회에서 논하는 것은 아주 지능적으로 야바위적이지만 그럼에도 점쟁이들과 박수무당들과 한국의 각 종교에서는 이것을 부추기고 있으니 여기에 사회와 사람들이 완전히 벗어나지 못하고 하나 같이 부화뇌동이 되고 있음은 놀라움이 아닐 수가 없다.

6, 청소년들이니 대학생들이나 청년 남녀가 이 세상에서 그 누구를 사랑하였으나 가족이나 주위의 반대로 부부가 못된 그것을 비관을 하고 낙심을 한 나머지 그만 동반자살을 하면서 유서에 천상에 가서 "천상 부부로 살겠다"고 하는 놀랍고 어처구니가 없는 구상이고 비현실적이고 비역사적인 행동을 저지르는 것은 어리석고 철부지한 일이 아닐 수 없는 것이다. 그러기에 이런 미신적이고 아주 악습적이거나 잘못

된 사고나 사상이나 의식이나 구조나 모순의 신앙적인 결과가 어디로 가고 그런 결과가 낳는 것은 그 무엇인가 하는 것이다.

그러면 저 세상에 가면 "천상의 부부"나 아니면 "천생연분의 연인이나 부부"란 것이 존재하는 것인가? 독자께서는 이것을 믿고 있는 것인가? 아니면 이를 철저히 반대하는가?

7. 말이 나왔으니 여기서 우리가 다시 한번 유의와 생각하고 넘어가야 할 것이 있다. 그것이 바로 이제까지 기독교적으로 가장 문제가 된 것은 주로 잘못된 부흥사나 아주 잘못된 기도원 등지에서 나타나고 있는 바의 "지상부부와 천상부부"가 심각하게 논의와 문제가 되고 있고 그리고 어떤 경우는 "육적부부와 영적 부부"가 거론되고 있으니 이것 역시 심각하게 문제가 되지 아니할 수가 없다. 아주 못된 부흥사들이나 악하고 음란한 목회자들이 그 자신은 너희들의 영적 남편이다고 주장을 하고 현재에서 살고 있는 너희의 남편은 육적 남편이다 라고 주장들을 하니 이런 악의적이고 못된 주장들을 교인들이 받아드리고 있다는 것이 문제이다.

그러면서 이런 자들은 감언이설로 "당신과 나"는 세상적으로나 육적으로 엄연한 남편과 아내이지만 그럼에도 지금에서는 법적으로 부부가 될 수는 없으나 그러나 우리는 성령의 역사에 의해서 이미 "천상의 부부가 되었고" 그리고 너와 나는 그리스도 안에서 "이미 영적인 부부"가 되었으니 지상적이고 법적인 부부나 육적인 부부보다 우리 둘은 더 가깝고 그리고 우리 둘은 이미 하나공동체이고 한 몸이라고 하는 교육도 암암리에 시키고 있기에 기독교 안에서도 이 영적 부부론과 천상의 부부론을 철저히 배격하지 아니하면 아니 된다.

　이미 위에서 지적한 이런 문제나 사고나 의식이나 사상은 아주 사이비적이고 이단적이고 샤머니즘적이며 천상의 신화적이기에 성서적으로는 용서나 용납이 결코 아니 되는 부부론적임을 유념해야만 한다.
　그 누구도 기독교나 각 종교의 신앙을 이용이나 악용을 하여 못되고 사악한 토착신앙과 샤머니즘을 주입 시키거나 만들면 결코 아니 된다. 당신은 기독교인인가? 아니면 한국적 각종 종교인들인가? 아니면 전적으로 불신앙자들인가? 그래서 어떤 신앙을 가지고 있는가 하는 것이다.

　8, 그러면 본 과제가 죽음의 개요인데 왜 이 과정에서 위의 이런 헛되고 못된 교리나 사상이나 의식이나 신앙이 나타나 이 세상을 어지럽히고 현실을 막가게 하고 있는가? 반드시 한번은 죽는 인생인데 그런데 왜 하나같이 세상과 종교와 사회와 신앙을 어지럽히고 있는가? 그 이유는 무엇이고 그 어디에 있는 것인가?

　동서남북과 그 어디를 보아도 죽음을 자청하고 기다리는 자는 거의 없다. 죽음아! 빨리 오너라 나는 너를 기다리고 있다고 소리를 치지 아니해도 현실적이거나 숙명적이든 간에 그것이 무엇이고 어디에 있던지 간에 쉬지 아니하고 그 누구에게도 찾아오는 것이 사실인데 이를 어찌 하겠는가?
　거두절미하고 죽음이 오늘의 너를 보고 요구하고 바라는 것이 그 무엇인가? "나는 죽음인데 이제 너를 찾아 왔으니 나가서 죽어다오" 라고 요구할 것인가? 그것이 아니면 내가 바로 죽음이니 그 누구도 내 앞을 가로 막지 말라. 그 누구도 나의 앞길을 가고 막으면 그 누구도 죽을 수 있으니 이것을 잊지 말라. 이것이 바로 성서가 우리에게 요구하고 가르치신 바이다.

9, 죽음의 개요에서 죽음이란 그 무엇인가? 이 세상에 죽음이란 것이 언제 온 것인가?(창세기 3:19) 그리고 죽음이 인간을 찾아 온 것이 그 언제인가?(창세기 4:8-9) 그것은 형이 아우를 죽인 그 때가 아닌가? 그러면 이 죽음은 이 세상과 관계가 있는가? 종교들이나 기독교나 교회당이나 목사나 교인들이 이 죽음에 대하여 어떤 자세와 사고와 신앙을 가지고 있으며 그리고 이 죽음에의 참 맛과 참 멋과 참 빛을 알기나 하는가?

그러면 왜 죽음이란 것이 인생을 향해서 찾아오고 있는가? 그것이 그 누구 때문이고 그 무엇 대문에 오는가? 솔직히 우리가 죽음으로 간다고 하여도 알 것은 알고 가야 할 것이 아닌가? 그러면 현재에 처한 그 장소에서 죽음을 불러서 끌어드려 보라. 죽음이 왜 나에게 오고 왜 그 죽음의 이리가 내 주변에 달라붙어 있는지를 말이다.

이 죽음에의 개요에서 우리가 반드시 유의해야 할 것은 이 육신과 영혼이 그 나름대로 평생을 함께 하다가 이별에의 순간이 오니 평생 함께한 그 관계에서 벗어나게 되는데 여기서 유념해야 할 것은 바로 평생 함께한 관계에서 "영혼이 그 육신을 떠날 때"에 나타나는 현상인 것이다. 영혼이 그 육신을 떠날 그 때에 어떤 현상이 나타날 것인가?

Ⓐ 웃으면서 영혼이 그 육신을 떠날 것인가? 20-30년이

나 50-60년이나 70-80년이나 그 이상 평생 동안 함께한 그 육신을 버리고 떠나면서 말이다. 여기서 유의할 것은 이 육신은 영혼을 떠나면 영혼을 볼 수가 없다. 그러나 순간적이긴 하나마 영혼은 죽어 있는 육신을 볼수가 있다(?).

ⓑ 영혼이 평생 동안 함께 한 그 육신을 보면서 측은해 하고 불쌍히 여기며 "안 되었소." 내가 언제까지 당신과 함께 할 수는 없는 것이 아닌가? 육은 육이고 영혼은 영이니 영원히 함께 할 수 없는 것이 우리의 처지가 아닌가? 내가 떠나고 보니 참으로 미안하오 하면서 떠날 것인가? 그러면서 영혼이 답답해 하고 고통스러워 하고 괴로워하면서 떠날 것인가?

ⓒ 그것이 아니면 "당신 같은 추하고 더럽고 악한 육체를 만나서" 내가 겪은 고생과 고통은 이루 형언하기 어려웠소. 육체를 가진 당신은 참으로 못나고 못되고 악한 자이었소. 그러면서 영혼이 육신을 보고 비난하고 떠날 것인가? 영혼이 그 육신을 보고 무시하고 업신 여기고 욕을 하면서 "너 때문에 나 음부와 지옥을 가야 한다"며 떠나갈 것인가?

ⓓ 그것이 아니면 평생동안 함께 하다가 육신을 땅에다 버리고 떠나는 그 자신이 못내 안타까워서 괴로워하고 슬퍼하며 그의 육신을 떠날까? 일단 떠나면서도 하늘로 가 버리지 못하고 며칠 간은(욥기 19:26-27) 그 시신 곁에 머물러 있다가 시신이 그 집이나 영안실을 떠난 그 이후에 그것들을 다 본 이후에 그 곳을 떠나가는 것인가? 과연 그런 것인가? 세인들은 거의가 그렇게들 믿고 있는데?

ⓔ 그것이 아니면 인정사정이 없이 그 몸에서 영혼이 나와서 그 즉시 하늘로 올라가 버리는 것인가? 이 육신이 그의

영혼을 너무나 혹사시키고 지옥의 불속으로 던질 것을 생각하니 한스러워 그냥 육체에서 벗어나기가 무섭게 하늘로 올라가 버릴 것인가?

그 누구도 이에 대한 바른 이해가 없으면 결코 아니 되는 것이다. 그럼에도 기독교나 목사나 이 사회가 이에 대한 개념들이 전혀 없으니 그것이 문제이다. 당신은 어떤가? 위의 이것들 중에 어느 것에 많은 점수를 주고 받아드리고 있는가?

### 제 2절, 죽음이란 그 어디로부터 오게 되는가? 그러면 왜 그런 것인가?

1, 거두절미하고 인간에게 죽음은 그 어디로부터 오는가? 기본적으로 죽음은 누가복음 12:20절과 같이 하늘의 하나님이 먼저 승낙을 하셔야만 한다. 하나님이 이 땅과 인생을 향하여 먼저 오늘 내가 "네 영혼을 도로 찾아 가겠다" 라는 선언을 내리지 아니하면 아니 된다. 그래야 그것에 준해서 그 다음은 땅과 흙이 응답을 한 연후에 인생을 데리고 갈 준비를 하고 그것을 실행에 옮기니 그는 죽어서 시신이 되고 영안실이나 무덤이나 화장터로 가게 된다(욥기 30:19).

그러면 시신은 그 무엇인가? 창세기 2:7절 그대로 하나님이 인간의 육체에게 주신 생령 생명을 하나님이 데려가니 그는 그만 죽어서 시신이 되었다는 것이다. 시신이란 땅의 본향으로(시편 104:29) 돌아가기 위한 육신의 전초적인 작업이 아닌가? 그래서 시신은 일단 2-3일이 지나면 부패하고 썩고 냄새가 나게 되는 것이다. 그것이 바로 흙으로 돌아가기 위한 전초적 작업이 아닌가?

2, 사람에게 임하는 이 죽음은 삶이나 세상적인 그 순서대로 오는 것이 결코 아니고 오직 죽음 그 자체의 순서대로 오는 것이니 참으로 아이러니한 것이 바로 죽음이란 것이다. 그 누구도 인간은 죽음의 순서대로 죽으니 시간성 안에 있는 나이는 전혀 상관관계가 없다.

인생에게는 두 가지의 순서가 있다. 그 하나는 출생의 순서이다. 출생의 순서에 따라 나이가 들게 되고 그래서 할아버지 아버지가 되고 형이 된다. 이것이 바로 출생의 순서에 입각한 것이다. 그러나 다른 그 하나는 죽음의 순서이다. 죽음의 순서는 출생의 순서와는 완전히 다르다. 그래서 사람들은 나이가 자신 보다 어린 자가 죽어도 그 앞에서는 예의를 지키고 고개를 숙인다. 출생의 순서 안에서 먼저 온자가 형이듯이 죽음의 순서에 따라서 먼저 죽는 자가 또한 형이니 장례식장에 가서는 모두가 망자의 영정 앞에서 고개를 숙이는 것을 잊지 말라.

3, 죽음은 언제나 하나님이 먼저 승낙을 하고 명령해야만 한다. 그리고 그 다름은 땅이 요구하고 이를 받아 드려야만 한다. 그러니 인간의 죽음은 인격체의 죽음이니 함부로 죽거나 어처구니가 없이 죽거나 하는 것은 결코 아니다. 그 누구도 이를 바로 아는 것이 중요한 과제이다.

그러면 먼저 창세기 4:8-9절을 보라. 형이 아우를 함부로 죽이고 그 시신까지 유기를 하니 하나님께서 진노하사 형인 가인에게 경고하시기를 "네 아우의 핏소리가 땅에서부터 내게 호소하느니라"(창세기 4:10)고 하지 아니하는가? 그러니 다른 모든 피조물들과는 달리 인간은 영원체이고 인격체이니 함부로 피를 흘리거나 무미건조한 대상으로 생각해서는 결코 아니 된다.

4, 죽음은 하늘의 부르심을 받는 대행사이다. 육신과 함께 하늘의 부르심을 받는 것은 사명과 소명(천명)이라고 한다 (히브리 3:1, 로마서 1:7). 그러나 이와는 달리 하늘로부터 영혼만 부르심을 당하는 것은(누가복음 12:20, 8:49-54, 16:22) 죽음을 의미하는 것이다. 그러니 죽음은 영혼과 육신이 동시에 하늘과 땅의 부르심을 받는 것이다. 영혼만 하늘의 부르심을 받는 그것은 하늘에의 신비이고 비밀인 것이다. 이를 바로 아는 그것이 그 무엇보다 중요하다.

물론 우리의 영혼을 하늘이 부를 그 때에는 그와 동시성적으로 땅이 우리의 육신을 부르고 있다는 것을 잊으면 아니 된다. 그러면 이 땅이 왜 우리의 육신을 부르는가? 그것이 바로 본래의 흙으로 돌아가는 절차인 것이다(시편 104:29). 그러니 하늘은 자기의 소유인 영혼을 부르고 이 세상과 땅(흙)은 세상에 속하고 소유인 육신(흙)을 부르고 있으니 이것이 바로 죽음에의 조화인 것이다.

5, 그러면 인생에게 죽음이란 것이 왜 오는가? 그것은 각기 부르는 곳들이 따로 있고 가야 하는 곳도 따로 있기 때문이다. 폐일언하고 인간에게는 육신이 있고 영혼이 있다. 육신의 본향이 따로 있고 영혼의 본향이 따로 있다. 그러니 영혼이 가야 하는 곳이 따로 있고 육신이 가야 하는 곳이 따로 있다. 그러니 하나님의 뜻과 섭리와 역사에 의해 "육신＋ 영혼＝ 인생"이 되어 잠시 동안 이 세상에 머물러서 살고 있으나 그러나 분리가 되면 각기 가야 할 그 곳으로 전도서 3:20-21절에 예고가 된 그대로 하나는 하늘로 다른 하나는 땅

곧 흙으로 돌아가는 것이다. 그러니 그 누구도 이를 바로 알라고 명하시는 것이다.

6, 오늘 밤에 죽음이 나를 찾아오면 그리고 죽음에의 사자가 나를 잡으려오면?
Ⓐ 아무 말 없이 있는 그대로 맞으며 받아드릴 것인가? 소리하나 없이 따라갈 것인가?
Ⓑ 이유여하를 막론하고 어디론가 도주를 하고 말 것인가? 과연 그럴 용기와 결단과 힘이라도 있는 것인가?
Ⓒ 그것이 아니면 집의 모든 문들을 다 걸어 잠그고 못 간다 또는 못따라 간다고 무언의 데모를 하고 악을 쓸 것인가?
Ⓓ 그것이 아니면 그 자신의 생을 자포자기 하고 위해까지 가하거나 약을 먹고 죽어버릴 것인가? 그것이 아니면 이에 대한 어떤 대안이나 대비책을 세우고 있는가? 그것이 아니면?

7, 그러면 왜 사람들은 천하에서 가장 무서운 것을 죽음으로 삼고 있는가? 사람들이 하나 같이 사후의 세계 보다 죽음을 더 무서워하고 겁을 먹는 그 이유가 무엇인가?
Ⓐ 아직은 죽을 준비를 전혀 하지 아니했다는 증거인가?
Ⓑ 죽음과 사후의 세계가 하나 같이 너무 무섭다는 것인가? 그 세계는 알지를 알 수도 없으니 말이다.
Ⓒ 아니면 네 속에 있는 악들이 악행을 부리거나 피우고 있다는 증거인가?
Ⓓ 아니면 죽는다는 그 자체가 부끄럽고 창피스럽다는 것인가? 알지를 못하는 죽음과 생을 그리고 준비하나 없는 죽음을 맞으려고 하니 부끄럽고 창피스럽다는 것인가?

Ⓔ 죽을 준비가 전혀 없고 죽음에 대하여 전혀 관심도 일을 한 것도 없으니 매우 안타깝고 슬프고 울고싶고 가슴치고 싶다는 것인가?

　※ 그래서 모두가 하나 같이 죽음의 광장이나 죽음의 실습장으로 끌려 나가지 아니하려고 갖은 노력과 수고를 다하는 것인가? 평생 육신과 영혼이 연합을 하여 범죄를 하고서도 "죽으면 그만이지" 말하는 것을 보면 안타깝다. 육신과 영혼이 연합해서 범죄를 했으면 죽기 직전에 벌을 동시에 받아야 한다. 그래서 상당수의 사람들은 죽음의 순간을 두려워 하고 겁을 먹고 여러 날씩 혼수상태에 빠져서 벌을 받게 된다. 여러 날씩 혼수상태에 빠지고 하다가 죽거나 아니면 깨어나는 자들의 몸을 보라. 검은 멍과 붉은 멍들이 몸의 도처에 가득하다. 왜 그런 것인가? 그 이유는 무엇인가?

　8, 그리고 다시 왜 사람들은 사후의 세계 보다 죽기를 싫어하고 죽음을 무서워하고 죽음의 사자를 볼까 또는 찾아올까 싶어서 안절 부절을 하고 있는가? 그러면 그 이유는 무엇이고 그 어디에 있는가?
　Ⓐ 그 하나는 죽음이 다가오면 그 누구도 심히 겁이 나고 무섭기 짝이 없다는 것이다. 죽음 앞에서 인간은 벌벌 떨게 되어져 있다. 그것은 인간은 계속해서 범죄를 하기 때문이다. 어떤 이는 죽음의 사자를 보면 몸과 살과 피부와 뼈와 피와 기타 등의 터전이 흔들리고 녹는다. 왜냐 하니 인간이 일생 동안 짓는 그 죄의 그 무게가 바로 180kg이나 되기에 상상을 할 수가 없으며 엄청나다는 것이다. 그래서 죽음에의 사자가 그 자신에게 나타나고 찾아올까 싶어서 벌벌 떠는 것은

## 인지상정이 아닌가?

ⓑ 자기의 죄가 많고 그 죄의 무게가 자그마치 180kg이나 되기에 그것 때문에 죽음과 죽음의 사자를 보고는 겁을 먹고 부끄럽고 창피스러워서 견디지를 못하고 안절부절을 하게 된다. 어디까지나 죽음이나 죽음의 사자 앞에서 당당하고 용감하고 싶으나 그것이 마음과 뜻대로 되지를 아니하니 문제가 심각하다는 것이다.

ⓒ 악한 영들과 더러움과 어두움의 세력들이 활동하며 속이고 죽음을 기다리는 인간을 향하여 너는 지옥이다 너는 음부의 불속이다 라며 공갈과 협박을 쉬지 아니하고 가하기에 몸도 마음도 정신과 사상이 견디지를 못해서 만신창이가 되고 부끄러움을 당하게 된다.

ⓓ 그러기에 이생을 넘어서 건너편 세상을 보니 그 곳이 너무 미지의 세상이라는 것이다. 이생을 넘어선 건너편 세상이니 그 곳은 분명 죽음에의 건너편인 것이다. 그 곳이 죽음에의 그 순간까지도 잘 보이지 아니하고 희미하고 구름과 안개가 끼고 어느 것 하나도 보이지 아니하니 무섭고 죽음에의 사자를 따라가기가 싫다는 것이다.

ⓔ 아무리 보아도 현세가 유한이고 시간성 안이니 너무나 좋고 아름답다는 것이다. 개똥밭에 살아도 저생보다 이생이 더 좋다고들 한다. 자기와 관계가 된 사람들과 자기와 관계가 된 사회상 그리고 윤리와 도덕 그리고 성공과 출세와 인사와 대접과 박수들이 여기에 다 있는데 그것들을 다 놓아두고서 죽음에의 사자를 따라서 가고 싶지는 아니하다는 것이

다. 누가복음 16:19-25절의 홍포입은 부자가 잡혀가지 아니하려고 얼마나 애를 쓰고 발악을 하였겠는가?

9, 죽음이 가기에게로 오고 그리고 죽음의 이리가 자기를 향해서 다가오고 있다면? 그 때에 당신은 어떻게 하고 어떤 자세와 태도를 취할 것인가? 이것이 역사의 의문이 아니겠는가?

Ⓐ 그러면 너무나 겁이나 어찌 할 바를 알지 못하고 눈앞이 캄캄하고 머리가 아찔하고 어지럽고 정신이 하나도 없을 것이다. 그러면서 왜 내가 이렇게 죽어야 하는가? 죽지 아니할 수는 없는가를 연발 하면서 스스로 무너지고 말 것이다.

Ⓑ 그리고 자신에게 다가온 죽음과 죽음의 사자를 보고서 그 하나는 "너무 무섭다"고 실토를 하고 다른 하나는 "불안하고 어지럽고 정신이 하나도 없다" 라고 하며 그러면서 마음과 육신이 완전히 무너지고 흔들리게 될 것이다. 그런 순간에는 그 누구도 두 가지가 문제인데 그 하나는 귀가 막히고 멍해지면서 소리가 들리지 아니하고 그 다른 하나는 눈이 보이지 아니하고 멍해지고 구름이나 안개나 연기와 같은 것들이 두 눈을 덮으면서 생과 삶은 완전히 포기를 당하고 만다. 이렇게 되니 생과 삶을 완벽하게 포기하게 되고 사는 것 그 자체가 귀찮아 진다.

Ⓒ 그 누구도 서서히 죽음이 다가오고 죽음의 사자가 달려오고 가까이 오면 극도의 불안과 초조와 공포증을 느끼고 간이 콩알만 해지고 가슴이 떨리고 두려우며 정신이 없고 사고와 사상이 완벽하게 무너지니 사는 자의 목적의식이 사라진다. 그 무엇도 생각나는 것이 하나도 없고 생각하는 그것들

도 다 사라지고 없어진다. 이런 것들이 죽어가는 인간들에게 가져다주는 죽음의 특이성들이다. 그러니 그 다음이 문제가 된다.

　Ⓓ 일단 다가오는 죽음의 사자를 몇 번 보면 몸이 떨리면서 4지 백체에 심한 통증과 경련을 일으키고 식은땀을 흘리게 되며 의식을 잃고 의지마저 상실당하고 자기의 중심을 잃거나 빼앗기게 된다. 그 순간에 자기가 누구인지를 모르는 기억상실증과 의식상실증에 시달리게 된다. 그렇게 되니 사는 것이 죽는 것보다 못하게 된다.

　Ⓔ 죽음의 사자가 와서 손이나 팔이나 몸을 밧줄이나 쇠사슬로 묶으면서 가자고 요구하면 모든 것이 싫어지고 기가 차고 억장이 무너지고 마음과 의식의 문이 닫히고 실성한 자가 되고 만다. 억장이 무너지고 자기의 생과 존재가치를 상실당하고 나니 기억되는 것이 하나도 없다. 그 순간에 자기의 주변에 있는 사람들 곧 교인들이나 목사들이나 가족들을 전혀 알아보지를 못하고 무너진다. 이들에 대하여는 기억도 없고 솔직히 아는 자들도 아니고 거의 모르는 자들이다. 그래서 깨어나서 누워 있으면서도 눈만 두리번 거리고들 있다.

　Ⓕ 그 때에 의식 또는 무의식적으로 속으로 이제는 모든 것이 끝장이구나 나도 이제는 가는 구나 이제는 산다는 것이 무이고 허무이고 허식이고 가식이 되는구나. 그러니 자 가자라고 하면서 눈을 감고 손을 놓고서 죽음으로 간다. 이 때에는 죽음이 무섭고 겁이 나고 두려운 것은 사실이나 모든 것을 이미 자포자기하고 말았다. 이것이 바로 죽음으로 가는 그 길이고 순간이고 순서들이다.

　10, 여기서는 인생과 죽음과 죽음의 사자와 그것들의 관계

를 바로 깨닫지 못하면 결코 아니 된다는 경고이다. 누구도 이것을 모르고 죽음을 함부로 대하고 죽음의 사자와 인간의 관계를 바로 알지 못하면 아니 되는 것이다.

### 여기서 바로 유의할 것은?

Ⓐ 사람들 중에는 죽음의 사자가 있다는 것을 믿는 이들도 있고 그와는 반대로 없다는 이들도 있다. 그 비율은 7대 3정도이다. 그럼에도 성서는 이 문제에서 반드시 죽음의 사자 곧 저승사자는 있는데 그들이 바로 하나님의 천사들 이심을 알리시고 있다. 누가복음 16:22상반절을 보라. 여기서 거지 나사로를 낙원으로 데리고 간 자는 천사들이다. 그리고 다시 누가복음 16:22하반절을 보라. 이 역시 그러하다. 그 이유는 무엇인가? 죽음과 동시에 전도서 3:20-21절 그대로 인간은 죽을 그 때에 그의 영혼이 스스로 이생에서 저 생 곧 천국과 지옥 또는 낙원과 음부로 가는 것이 아니고 못된다. 이생과 저생은 가깝고도 아주 먼 길이다. 그러니 그 누구의 부축이나 도움이나 안내나 인도를 받지 아니하고 서는 결코 아니 되는 것이다. 그러니 히브리 1:14절의 말씀 그대로 천사의 인도와 안내를 받고서야 가는 것이다.

다음의 성서를 보라.
·마태복음 13:30절
·마태복음 13:37-43절
·마태복음 24:30-31절
여기서는 알곡인간이거나 가라지 인간을 천사들이 모아서 각기 분리를 시키고 있다. 이것이 정상이듯이 인간은 그 누구도 천사의 도움을 받고서 각기 가야할 곳으로 간다는 것이다. 그러나 타 종교나 일반인들은 이를 비토하거나 외면을 하고 있다. 각 사람은 각기 인격의 차원이 다르니 어찌하겠는가?

그리고 죽으시면서 예수께서는 자기의 영혼을 하나님 아버지께 부탁하고 있다(누가복음 23:46). 예수께서 자기의 영혼을 부탁하시는 그 이유가 무엇인가? 이것이 바로 무언의 행동으로 무엇을 보이고 가르치시는 교육이 아닌가? 그리고 죽음에의 순간에 스데반 역시 자기의 영혼을 그리스도에게 부탁드리고 있다(사도행전 7:59). 이런 것은 무언으로 그 무엇을 가르치고 있는 것인가? 당연한 것이 아니겠는가?

인간은 하인을 막론하고 죽을 그 때에 인간의 영혼이 낙원이나 천국 그리고 지옥이나 음부로 혼자서 찾아가는 것이 결코 아니고 못 된다. 이때에 그 길을 찾아 가도록 길을 안내해 주시는 이들이 있는데 그들이 기독교에서는 바로 천사라는 것이다. 종교나 사회나 일반학적으로는 이들이 바로 "저승사자(차사)"라는 것이다. 이점도 유념해야만 한다.

ⓑ 그래서 성서는 그리고 예수 그리스도께서는 우리에게 누가복음 16:22상반절과 그리고 다시 누가복음 16:22하반절을 보라고 알리시고 있다. 누가복음 16:22절은 사람이 죽으면 그의 영혼이 어찌되고 어디로 가야 하는지를 알지 못하니 천사들이 와서 나사로의 영혼을 낙원(극락)으로 데리고 갔듯이 홍포를 입은 부자의 영혼도 죽음의 사자가 끌고 가서 이름이 없는 영혼들이 들어가야 하는 그 무서운 곳으로 끌고 갔음을 알리시고 있다.

ⓒ 인생은 그 누구도 죽음의 사자 앞에만 서면 너무나 작아가고 고부라지고 하는데 그 저의는 무엇인가? 그 인생의 속성 속에 있는 죄와 악이 문제가 되기 때문이 아닌가? 인생은 그 누구도 죽음에의 문턱에 서면 그 인간의 속에 있는 모든 죄와 악이 밖으로 나오려고 수단과 방법을 다 동원하고 있으니 죽음 앞에서 갖은 악행을 범하고 있는 것이다. 그러니 그 결과가 어찌 되겠는가?

ⓓ 인생은 그 누구도 너무나 겁이 난 나머지 죽음의 사자가 나타나면 먼저는 온 몸이 전율을 일으키고 살과 가죽과 피와 뼈와 골수까지 흔들린다는 것을 잊지 말라. 그 누구도 죽음의 사자를 보고서 그렇게 되지 아니한 자는 거의 없다. 그것이 역사이고 현실이고 진실이다. 이 문제에서는 필자도 결코 예외가 아니고 독자께서도 누구이든 간에 결코 예외가 아니라는 것을 잊으면 아니 된다. 그래서 성서는 언제나 인간을 향하여 너를 향하여 다가오고 있는 죽음을 사전에 준비하고 대비하라고 경고 하신다.

11. 그런데 그 누구도 죽음과 죽음의 사자를 보고서 웃거나 아니면 찾아오셨으니 정말로 감사합니다 라고 하면서 이상한 몸짓을 하거나 어디론 가로 달려가서 숨거나 할 수는 없는 것이다. 왜냐 하니 그 누구도 솔직히 죽음의 사자를 한번 보고나면 병원이나 양노원이나 수양관이나 기도원이나 교회당이나 그것이 아니면 직장이나 직업 또는 사업장이나 장사 터에서 또는 가정에서 그 어디에도 숨거나 할 수는 없다.

그리고 낮 보다 밤에 자주 또는 많이 찾아오는데 일단 보고나면 크게 혼줄이 나고 정신이 아찔해지고 몽롱해 지는데 그런 와중에서 일어나서 어디론가 도망을 칠수가 있겠는가?

전도서 9:3절을 보면 인생은 보편적으로 약간씩 미쳐서 돌아다니고 날뛰는데 그럼에도 불구하고 죽음의 사자를 한번 또는 두 번 또는 세 번 보고서도 그런 것이 가능할까? 전혀 그것이 아닐 것이다. 그는 이미 반쯤은 초죽음 상태이고 정신을 잃은 이상 상태이고 그리고 현실과 역사는 완전히 빗나가고 무너진 상태이니 그냥 두어도 그냥 죽거나 며칠 후나 몇 달 후에 죽게 되어져 있는 것이다. 이 모두는 상식선이니 이를 바로 알라.

### 제 3절, 죽음이란 육과 영의 분리에서 오는 것인가?

1, 이 과정에서 죽음은 이 육신이 먼저 맞는 것인가 하는 것이다. 이 문제는 사회적으로나 세상적으로는 이해나 해석이 별로 아니 되는 것은 사실이다.

그러면 이 시점에서 인간의 생명은 코로부터 오는 것이고 (창세기 2:7) 그리고 사람의 죽음은 발로부터 오는 것인가? 창세기 49:33절을 보라. 이스라엘의 조상 야곱을 보니 죽을 때에 그 발가락과 발로부터 온다는 것을 알리시고 있다. 그럼에도 불구하고 이 죽음은 육신을 위한 것인가? 그러면 죽음이란 "육으로부터 오는가?" 그것이 아니면 영혼으로부터 오는 것인가? 이 죽음의 문제는 하늘에서나 땅에서나 간에 엄청난 문제를 야기시키는 것이 아닌가?

그런데 여기서 유의할 것은 설령 사람이 갑자기 쓰러져서 죽음을 맞거나 아니면 매를 맞거나 기타 등에 의해서 혼절을 하거나 혼수상태에 떨어져서 여러 날씩 있다가 죽게 되는데…. 이런 과정에서도 "죽음에의 순간"을 맛 보고서도 살아나는 사람들이 혹 있는데 이들은 이미 "죽음에의 순간과 시간과 현실"을 맛본 자들이고 죽어서 어디론가 끌려가서 그 곳의 현실과 참맛을 다소나마 보기도 한 자들이다.

그런데 필자의 경험으로는 처음에 죽을 그 때에(의사의 진단에 죽었다는 진단을 내림) 사람들의 소리가 들린다는 것이다. 이미 숨이 끊어져서 몸은 죽었고 죽은지 여러 시간이 지나갔는데 말이다. 그런데 잠시 후에 들리는 그 소리가 사라지고 없어진다. 여러 날(하루나 이틀 그리고 3일 정도) 이후에 다시 몸은 죽어있는데 귀에 무엇이 들리는데 그들의 말이 이제 죽은지 며칠 되었고 관도 수의도 준비가 다 되었으니 또한 의사의 진단도 처음도 이제도 두 번씩이나 사망 판결이 났으니 수의를 빨리 입혀서 "화장터로 보내라"고 하는 소리를 들었을 때에 생각하기를 내가 지금 죽어서 화장터로 가는구나 라고 하는 소리를 듣게 된다. 그런데 생각해보니 여기서 놀라운 것은 "내가 죽은지 여러 날이 되었는데" 저생도 아닌 이생의 소리를 다시 듣다니.... 속으로는 참으로 기이하고 이상하구나 라는 생각을 하고 있는데 뒤돌아 서서 온 몸이 마구 떨리기 시작을 하더니 숨이 터이면서 잠시 후에 깨어서 일어났는데 온 몸은 피투성이가 되어 있었다.

필자는 이 때에 며칠 간 가서 보고 듣고 한 것은 바울의 고린도 후서 12:3-4절을 보면서 "평생 동안 단 한 번도 입 밖에 내지 아니한 것을 하나님이 아실 것"이다. 이런 경우에 내가 입을 열면 그것이 신화가 되고 신화화가 된다는 것을 알기 때문이다. 다만 여기서 필자가 말하고 싶은 것은 하루나 그 이상을 죽어 있던 사람이 그 얼마 후에 귀에 무엇이 들리면 그는 반드시 다시 살아나게 된다는 그것이다. 이것이 죽음에의 과정에서 나타난 하늘의 신비와 비밀이란 것이다. 2, 이 죽음에의 세계에서 우리가 유념하고 지나가야 하는 것은 각종 의문점도 심히 많다는 것이다. 죽음과 죽음의 사자가 당신이나 우리를 찾아 왔을 그 때에 죽음의 사자의 눈에는 남녀가 없고 노소가 없고 유무식이 없고 빈부귀천이 전혀 없는 것인가? 이런 것들은 다 이 육신에 속한 것들인데 죽음의 사자 앞에는 이런 것이 보이지 아니하거나 이런 것은 범주나 울타리에서 안전히 벗어난 것이기에 오직 "영혼과 육신"만 보이는 것인가? 이 육신을 벗어나면 인간은 "영혼만 남게 되는데" 그러면 이런 과정에서 무엇을 생각하고 그 어디를 생각하게 되는가?

그럼에도 불구하고 여기서 반드시 생각해야 하는 것은 하나님이 조성하신 인간의 인격체는 "동성이고 동본이고 동체이고 동일이고 동질이다." 그러나 영체는 언제나 같고 하나인데 천사들의 눈에 죽음의 문턱에서 인간들이 어떻게 보일 것인가? 마태복음 18:10절을 보라. 그리스도의 곁에는 천사가 와서 항상 돌보고 있는데 그 천사들의 눈에 인생이 어떻게 보이고 그 누구로 보이는 가함이다. 분명히 우리의 영체는 "동성이고 동본이고 동체이고 동일이고 동질"이다. 그러기에 암컷과 숫컷이 없다. 그런데 우리의 영혼과는 달리 시간과 공간성 안에 있고 유한성에 속한 우리의 육신을 보니 영혼과는 완전히 다른 것이다. 육신은 남녀노소가 있고 유무식이 있고 빈부귀천이 있고 하니 여러면에서 어려운 것이 하나 둘이 아니다. 그러니 죽음의 사자가 인간의 육신을 보니 측은하고 답답하고 어려운 것이 하나 둘이 아닐 것이다.

그러면 여기서 마태복음 18:10절을 보고 그리고 다시 누가복음 16:22상반절을 보라. 위에서 지적한 그대로 죽음에의 세계에서도 이렇게 보일 것인가 하는 것이다. 죽음의 사자 앞에서 인간은 과연 영체가 동일이라면 여기서 바로 알 것은 결과적으로 죽음의 순간에 육과 영이 분리가 되는데 그러면 "육과 영"의 분리 그 이후를 보니 우리의 영혼은 남성체로서 하나님의 휘오스가 되는데 그러면 하나님의 휘오스로서 아들의 직분을 다하는가 함이다. 위에서 지적한 이런 문제는 어느 것 하나를 보아도 신비이고 하늘에의 비밀이 아닌가?

3, 인간의 영혼은 창조에의 관계에서 이루어진 것이니 이 육신과는 어느것 하나도 같은 것이 없다. 우리의 육신에게는 남녀가 있고 노소가 있고 빈부가 있고 귀천이 있다. 그러나 생명체(영혼)는 여자도 없고 남자도 없다. 노소도 없고 부부도 없고 부모와 자녀도 없다. 이런 것들은 다 시간과 공간성 안에 처하여 있는 것들이 아니겠는가?

생명체는 하나님의 휘오스(아들)임을 바로 알아야 한다. 그러기 때문에 인간은 죽음의 순간이 되면 여자도 없고 남자도 없는 오직 하나님의 휘오스가 되는데 그러하다면 인간을 잡으려고 온 저승처사의 눈에는 어떻게 보이는가 하는 것이다. 과연 하나님의 휘오스로 보일 것인가? 그것이 아니면 땅과 흙에 속한 육체로 보일 것인가? 저승 사자가 잡아가는 이는 그 육신인가? 아니면 하늘에 속한 생명체인가 하는 것이다

그런데 시간과 공간성 안에 있고 유한에 속한 인생은 세상적으로 남녀노소가 있고 유무식이 있으나 그럼에도 불구하고 그에게 죽음의 순간이 오면 그 순간에 그의 육신과는 달리

그의 영혼은 하나님의 휘오스로 변하게 되는 것이다. 그 순간에 영의 몸으로 화하는 것이니 그것이 언제인가는 빌립보 3:21, 고린도 후서 3:18절과 그리고 고린도 전서 15:5절로 변화를 입게 되는 것이다. 그리스도의 부활의 몸과 같은 몸으로 장차 변할 것이니 감사가 아닌가? 여기서 우리가 유의할 것은 우리는 죽음에의 그 순간에 영혼이 이 육신을 벗고서 변하게 된다면 문제는 완전히 달라진다.

그런데 유의할 것은 죽음에의 순간에 우리의 몸에서 나온 영혼은 동양적 6도 현상에 의해서 축생이나 귀신이나 다른 비인격체로 변화를 입는 것이 결코 아니고 우리의 몸의 형상과 똑 같다는 것을 잊으면 아니 된다. 인간은 인격체이니 다른 것으로는 변회를 입지 못한다.

4, 사람이 그리스도 안에서 죽을 그 때에 몸의 구조나 형태는 흙으로 돌아가야 하기 때문에 그는 역시 남녀이고 노소인 것은 사실이지만 그와는 달리 그리스도 안에 있는 생명체는 이미 창조와 예수 그리스도 안에서 동성이고 동일이고 동체이고 동본이고 동질이니 그는 이미 남자도 아니고 여자도 아닌 하나님의 휘오스이니 이것을 감안을 하고 바로 아는 그것이 시급한 과제이다. 죽음에의 세계에서는 남자도 없고 여자도 없고 노소도 없다. 오직 하늘에 속한 하나님의 휘오스들만 있다. 천국은 하나님의 휘오스들이 머물며 감사하고 있으니 그것이 축하의 장이 아닐 수가 없다.

그러하다면 저승차사 앞에서 남녀노소나 유무식이 분리(이별)가 되는 그 순간에 우리의 영혼이 "인격체"가 되고 "영원체"가 되어서 하나님 나라의 공동체적 멤버가 되고 그 나라에서 살수가 있는 "완성체"를 입게 되는 것이니 그것이 창조의 신비이고 비밀이고 하나님의 능력과 역사가 아니고 그 무엇인가? 오늘의 기독교의 신자들이 이것을 기다리고 바라는 것이 아닌가? 또 다른 것을 바라겠는가?

5, 반드시 우리가 유의하고 유념해야 할 것은 죽음에의 사자라고 하는 저승차사 앞에서 인간은 어떤 형태와 자세를 공식 또는 공개적으로 취할 것인가? 분명히 저승사자의 눈 앞에는 어떤 유형의 인간 곧 남녀노소와 각종 민족과 백성들이 있다는 것은 사실이다. 세상에 속한 인간은 흑인도 있고 백인도 있고 그리고 황인도 있고 그리고 중동인들이 각기 따로 있는 것은 사실이다. 그럼에도 죽음의 사자들 눈 앞에서 이들은 어떻게 보일 것인가?

그러나 이들이 죽음의 한 과정을 거쳐서 이런 유형은 고스란히 다 사라지고 인격체의 원색(흰색)으로 돌아가게 되니 그 과정에서 흑인도 없고 백인도 없고 그리고 황인도 없고 중동인도 없다는 것이 신비와 비밀이 아닐 수가 없다. 이것이 바로 죽음이 전 인류에게 가져다 준 축복의 한 과정이고 역사이고 현실임을 잊으면 아니 된다.

6, 그러면 여기서 엄청난 난제가 있다. 그 하나는 우리의 죽음이 가져다 주는 것은 바로 육신과 영혼의 분리이고 그리고 그 육신은 본래의 흙으로 돌려보내는 바로 그것이다(시편 104:29). 그래서 육신은 흙인데 그와는 달리 생명체는 인격체가 되니 그 인격체는 하나님의 휘오스이니 그것이 바로 문제가 되는 것이다.

그럼에도 우리가 여기서 유의 할 것은 죽음은 하나님과 창조의 영원하고 완전한 신비이다. 그것은 육신은 분명히 흙이고 창세기 1:26-28절에서 보면 그 하나는 암컷이고 다른 그 하나는 수컷이다. 육신은 암수가 있는데 영혼은 암수가 없다. 영혼은 창세기 2:7절 그대로 하나님의 신비와 비밀이니 암수가 아니고 처음부터 하나님의 휘오스인 것이다. 하나님의 휘오스이니 남자도 아니고 여자도 아닌 하나님의 아들 곧 남성인 것이다.

하나님께서는 하늘에 속한 천사들을 보내어서 누가복음 16:22상반절과 같이 하나님의 휘오스를 데리고 가기 위한 것이다. 그러나 믿음이 없고 불신하는 자들은 미가엘 대군 소속의 천군들을 보내어서 잡아오게 하신다. 여기서부터 엄청난 문제가 누가복음 16:24-25절과 같이 생기게 되는 것이다. 언제나 범죄는 "육신과 영혼"이 함께 짖게 되고 그래서 죽음의 직전에 이 둘이 공히 엄청난 죄와 벌을 받게 되는 것이다. 그 누구도 이를 잊으면 아니 된다.

7, 그러면 여기서 누가복음 16:19-31절을 유의하여 보라. 그 하나는 아브라함의 품안에 안겨 있는 나사로이고 다른 그 하나는 그 울타리밖에 버려진 홍포를 입은 부자이다. 그런데 흥미로운 것은 아브라함의 품안에 안겨 있는 나사로는 이미 여자도 아니고 남자도 아니고 그리고 노인도 아니고 어린 아이도 아니다. 아버지 아브라함의 휘오스 곧 아들인 것이다. 그러기에 누가복음 16:22상반절에서 천사들이 데리고 간 그는 하나님의 아들 휘오스로서 그의 아들이지 그는 이미 남자나 여자로서 아브라함 품에 안긴 나사로는 처음부터 아니라는 것이다. 이 문제에서 바른 이해를 갖지 못하면 신화와 우상과 미신에 빠진다는 것을 그 누구도 바로 알아야 한다. 동양적이고 한국적인 우상과 미신과 신화에 사로 잡히

거나 빠지면 결코 아니 된다..
  8, 그러면 천군이나 천사들이 저승사자로서 당신도 나도 잡으려고 그 때가 되면 오는데 그 때에 그들의 눈에 비친 너와 나의 모습은 "남자로 보이는가" 그것이 아니면 "여자로 보이는가" 하는 것이다. 이 문제는 그 누구도 의미 있게 생각과 연구와 검토와 분석을 해보지 아니하면 아니 된다. 지금에서 죽음을 기다리고 있는 그가 남자로 보이거나 아니면 여자로 보이는 것은 "원리와 법과 질서"가 아닌 것이다. 잡으려고 온 저승사자는 인간의 육신을 잡으려 온 것이 아니고 그의 "영혼을 잡으려고 온"것이니 그들의 눈에 육신이 보이는 것보다 그의 영혼이 보이는 것이 기본이고 원리가 아니겠는가? 여기서는 그 무엇보다 바른 이해가 심히 요구되고 있는 것이 기본이다.

  그것이 아니면 솔직히 인간 그 사람의 육신을 잡으려 오신 것인가? 그것은 결코 아니다. 원리와 기본적으로 그 사람의 영혼을 데리려 왔으니 천사들의 눈에 비친 그 인생은 "여자인가 아니면 남자인가"하는 그것은 이미 아니며 오직 그의 영혼으로서 하나님의 휘오스인 것을 잊지 말라. 그리스도를 믿는 신자는 죽음의 사자들 앞에서 이미 하나님의 휘오스이니 이점을 영지해야 하나 믿지 아니하는 자들은 하나님의 휘오스가 아니니 이점도 양지해야만 한다. 거두절미하고 그 누구도 망령과 착각은 자유이나 그 이후에 심판이 있다는 것을 명심하라.

  그래서 거지 나사로를 보라. 천사들이 데리고 하늘로 올라간 그는 이미 하나님의 아들로서의 또는 새로운 피조물과 영으로서 아버지 아브라함의 품에 안겨 있는 것을 보라. 그 누구도 이를 잊으면 결코 아니 된다. 이는 고린도 후서 5:17절과 이미 관계가 있는 것이다. 누가복음 16:22-23절에서 아버지 아브라함의 품 안에 안겨 있는 나사로는 하나님의 아들로서의 품위와 품격과 인격과 자실과 자격을 두루 갖춘 자임을 바로 알지 못하면 아니 된다. 이 거지 나사로가 누구인지를 아는가? 이 사람이 바로 오늘의 너이고 나임을 동시대 성적 차원에서 바로 알라.

9, 하나님께서는 세상에 있는 거지 나사로를 부르시고 찾아간 천사들의 사명 그것이 바로 그의 육신을 데리고 간 것은 아니다. 그럼에도 이 세상에 남겨진 그의 육식은 수컷임을 명심하라. 분명한 것은 이 세상에 남겨진 암컷과 수컷은 하나님 나라 영원한 곳에서는 전혀 필요가 없는 것이다. 왜냐 하니 그것이 시간과 공간에 속하여 있으니 무게가 있고 부피가 있어서 영원한 세계에서는 필요가 없는 것이다. 무게와 부피가 있는 것은 유한 세상에서만 필요하니 육신은 그래서 그냥 두시는 것이다.

그러면 그 이유는 무엇인가? 거두절미하고 육신이 영혼을 따라가야지 영혼이 육신을 따라 갈수는 없는 것이 아닌가? 우리의 영혼은 암컷과 수컷이 없다. 그러니 모두가 하나님의 공동체로서 "동본이고 동질이고 동체이고 동일이고 동성"이니 모두가 같은 것뿐이다. 그러니 인간에게 임하는 죽음은 우리의 껍질인 인간성과 타락성을 벗겨 내고 하나 됨의 원리와 기본을 가르치시는 것이다.

그러니 그 누구도 죽음의 힘과 능력과 권위와 위엄과 위대성을 바로 알지 못하면 결코 아니 된다. 그러니 저 세상에서 이미 하나 공동체와 일치 공동체와 일체 공동체로서 하나님의 휘오스들만 존재하지 누구의 아내나 누구의 남편이나 누구의 부모나 누구의 자식이나 그 누구의 이웃이나 벗들 이런 것들은 존재하지 아니한다. 그 누구도 이 원리와 기본을 모르면 신화와 미신과 우상에 빠지게 된다.

10, 그러기에 신자들이나 불신자들이나 간에 죽기 이전에 또는 하나님의 사자인 저승사자가 우리를 잡으려 또는 모시려 오기 이전에 우리는 "죽음이 그 무엇"이고 "그 어떤 것인지" 그것부터 바로 깨닫지 못하면 아니 된다.

임하는 죽음은 나에게서 "육신과 영혼을" 구별과 분리를 시키고 이생과 저생을 완전히 갈라놓고 구별시킨다. 이생에는 육신만을 남기고 저 생으로는 영혼 곧 생명체만을 데리고 간다는 것이다. 그러니 죽음은 엄청난 큰일을 하고 있음을 바로 알라.

그리고 인간(육신)에게 와서 함께 살고 있는 그 영혼(생기, 생명)은 여자도 아니고 남자도 아닌 하나님의 영으로서 오직 휘오스이고 영체이고 완전체이니 "인간 그 누구" 또는 "그 누구의 아들이거나 딸"이거나 그리고 "그 누구의 아버지나 어머니"는 죽음에의 그 순간에 사라지고 그런 개념마저 완전히 사라지고 없는 것이다. 그 누구도 하나님 앞에서는 하나님의 말씀과 성령을 앞에 놓고서 이 원리와 기본 그리고 이 개념을 바로 모르면 절대로 아니 되는 것이다.

11, 죽음은 육신과 영혼의 분리이니 이 엄청난 현실과 역사를 바로 아는 것이 그 무엇 보다 중요한 과제이다. 죽음은

영혼의 완전성에서 이 육신을 떨쳐 버리는 그 순간이다. 그러니 죽음에 의해서 결국 내 영혼만 남아 있게 된다.

그러기에 여기서 바로 알 것은 하나님의 나라 극락(낙원)과 천국에서는

 Ⓐ 언어도 동일하다. 하나이다. 두 언어는 없다.
 Ⓑ 의복도 동일하다. 하나이다. 세마포이다.
 Ⓒ 혈색도 동일하다. 흑인 백인 황인이 없다. 오직 하나인데 기본적 원색이다.
 Ⓓ 음식도 동일하다. 하나이다.
 Ⓔ 이성이 없고 모두가 동성뿐이다. 하나이다.
 Ⓕ 기타 모든 것들이 동일하다(같다).

이 모든 것들이 바로 우리의 영혼이 지니고 있는 힘과 능력과 위력이다. 그러기에 이런 문제들은 그 죽음에의 건너편 세계가 어떠하다는 것을 단말마적으로 알리시고 있는 것이다.

12. 그러면 이 죽음에 있어서 "영혼이 먼저" 맞는 것인가? 그것이 아니면 육신이 먼저 맞는 것인가? 그러면 영혼이 육신을 떠남으로 해서(누가복음 12:20) 죽음을 맞는 것인가? 누가복음 8:48-49절을 보라. 육신에게서 영혼이 벗어나고 떠남으로 해서 일어나고 나타나는 현상이 죽음인가? 그러면 전도서 3:20-21절을 보라. 여기서 우리는 죽음에의 원리와 기본을 찾아보게 된다. 그러니 육신+ 영혼= 생과 삶인데 반하여 이와는 달리 육신- 영혼= 죽음을 맞는 것이니 이 죽음은 어느 한 편이 다른 한 편을 먼저 떠남으로서 이루어진다기 보다는 "육신과 영혼"이 동시에 분리가 되고 동시에 떠남으로 해서 죽음의 기본과 죽음의 균형과 원리가 이루어지는 것이기에 의미하는 바가 심히 많은 것이다.

창조에 의한 인간은 인격체이고 완전체이다. 그러니 그 누구도 영혼이 그 육신에게서 먼저 떠나거나 아니면 영혼에게서 그 육신이 먼저 떠남으로서 이루어지는 것이 아니고 이 양자가 동시성적으로 떠남으로 해서 이루어지는 것임을 잊지 말라.

13, 그 누구에게 있어서도 인간은 영체이고 영원체이기 때문에 육신과 영혼은 완전히 다르다. 그러기에 인간의 죽음은 "영혼과 육신이" 동시성적으로 맞는 것이니 모두가 이에 대한 바른 이해가 있어야만 한다.
인격체로서 인간은 "영혼+ 육신= 인격체와 생명체" 가 되는 것이니 그러므로 여기서는 영혼이 육신을 무시할 수도 없고 그 육신 역시 함께 공동체를 이루고 있는 그 동안에는 자신의 영체를 무시하거나 업신여길 수는 없는 것이다. 이것이 영체와 육체의 상호와 관계적 기본이고 원리이다.

그럼에도 불구하고 못나고 못배워서 어리석은 자들이 영혼이 육신을 그리고 육신이 영혼을 무시하기에 문제가 생긴다. 상호간에 인격체이고 존재론적 가치가 있는 대상인데 그래서야 어디 되겠는가?
여기서 그 누구도 잘못하면 시편 42:2, 42:5, 42:11절의 어처구니 없는 현상을 보게 된다. 우리의 영혼이 공의로운 하나님 앞에서 실망하고 낙심하고 있는데 그러면 그 저의가 무엇인가 하는 것이다. 자신의 육신을 보거나 두고서 그의 영혼이 놀랍게도 낙심하고 실망을 하는 그 저의는 무엇인가 함이다.

14, 그러면 이 과정에서 오는 죽음은 흙인 육신만 맞고서 영혼은 맞지를 아니하는가? 그것은 결코 아니다. 육신과 영혼이 한 몸 안에서 공동체를 이루고 있으니 육신만 죽는 것이 아니고 영혼만 죽는 것도 결코 아닌 것이다. 그리고 이 양자는 인격체이니 어느 한편이 한편을 침범이나 침해를 하는 것이 결코 아니다. 이 양자는 처음부터(창세기 2:7) 상부상조를 하고 서로가 하나의 공동체를 이루며 부지런히 그리고 쉬지 아니하고 살고 있는 것은 사실이다.

하나의 역사와 현실로서 공동체를 이루며 부지런히 살고 있기에 어느 하나가 다른 하나를 멸시 하거나 버리거나 떠날 수가 없는 하나 공동체이다. 그러니 하나 공동체로서 죽음을 맞을 그 때에는 상호간에 맞는 것이다. 그리고 함께 떠나고 함께 분류되고 동시에 분리가 되는 것이다.

## 제 4절, 죽음이란 그 무엇인가?(죽음에의 정의)

1, 거두절미하고 죽음이란 그 무엇인가? 사람들은 하나같이 이 죽음을 앞에 놓고서 그 무엇이라고 정의를 내리고 있는가? 각기 자기의 나름대로는 죽음을 앞에 놓고서 "이러쿵" 또는 "저러쿵" 하면서 나름대로의 정의를 내리고 있다.

그러나 삶이나 생과는 달리 죽음이란 그 무엇인가 하는 것이다. 그러면 인간에게 쉬지 아니하고 다가오고 있는 죽음은 과연 눈에 보이는 것인가? 아니면 결코 눈에 보이지 아니하는 것인가? 거두절미하고 죽음이나 죽음에의 이리는 눈에 보이게 오는 것인가? 그것이 아니면 눈에 보이지 아니하게 오는 것인 가하는 것이다.

죽음이나 죽음에의 이리가 눈에 보이며 온다고 하는 자들도 있고 그와는 반대로 눈에 보이지 아니하게 온다고 하는 자들도 있다. 이에 대하여는 누구도 왈가왈부를 하고 싶지 아니할 것이다.

누가복음 12:16-21절의 이 부자에게 임하는 죽음이 그의 눈에 보였을까? 그리고 다시 시편 17:14절의 이 못되고 악한 사람 역시 죽음이 오는 것이 눈에 보였을까? 그것이 아니면 전혀 눈에 보이지 아니하였을 것인가? 그것이 아니면 사도행전 7:54-60절에서 오는 죽음이 스데반의 눈에 보였을까? 그것이 아니면 그의 눈에 보이지 아니하였을 것인가? 이에 대한 바른 이해가 요구되고 있다.

2. 거두절미하고 인생에게는 반드시 죽음이 오게 되어져 있는데 그 죽음이 그 자신의 눈에 보이게 오는 것인가? 아니면 죽음이 눈에 보이지 아니하게 오는 것인가? 이에 대한 바른 이해나 인식이 있는 것인가? 그러면 이에 대한 대비책이 있는가? 이 시점에서 우리는 죽음이나 죽음의 이리가 오는 것을 보고 싶은가? 아니면 전혀 보고 싶지 아니하는가? 이에 대한 이미 준비와 이해가 되었는가? 그것이 아니면 이에 대한 상관도 관심도 없는 것인가?

그럼에도 인간은 하나같이 죽음이나 죽음의 이리를 보고 싶지 아니한 것이 현실이고 역사가 아닌가? 그러니 역사와 현실을 바로 아는 것이 중요하다.

3. 그러면 거두절미하고 인생에게 쉬지 아니하고 다가와서 하나씩 둘씩 마구 잡아가고 있는 그 죽음은 순서도 문제이지만 그것 못지 않게 "죽음에의 소유"는 어떤 것이고 그리고 다시 "죽음에의 소유주"는 그 누구이고 그 무엇인가 하는 그것

이다.
　그러면 인간에게 임하는 그 죽음은 소유주가 인간인가? 그 것이 아니면 창조주 하나님인가 하는 것이다. 어떻게 보면 죽음의 그 소유주가 하나님과 같이 보이고 어떤 때에는 그 소유주가 인간과 같이 보이고 어떤 때에는 죽음 그 자체로 보이는 경우가 허다함을 잊으면 결코 아니 된다. 그러니 그 누구도 죽음의 주인이 없는 삶과 죽음을 살면 아니 된다. 삶이 없는 죽음도 문제이지만 죽음의 주인도 모르는 자들의 죽음들 역시 크게 문제가 된다.
　그러면 인간에게 임하는 그 죽음의 주인은 그 누구이고 소유권의 문제에서 죽음에의 소유권은 그 누구에게 있는가 하는 것이다.

　4, 그러면 예나 지금에서 인간들은 이 죽음에의 그 주인이 무엇이고 그리고 그 누가 되시기를 바라고 요구하고 있는가? 그리고 다시 오늘에서 너와 나는 이 죽음에의 주인이 그 누가 되시기를 바라고 있는가? 솔직히 그가 하나님이시기를 바라고 있는가? 그것이 아니면 악한 자들의 죽음의 주인이 악한 마귀가 되기를 바라고 있는가? 그것이 아니면 그 주인이 아직 그 누구이신지를 모르고 있는가? 그러면 악한 자들과는 달리 선하고 의로운 자들의 죽음에의 그 주인은 누구인가 하는 것이다. 그러면 아직도 이에 대하여는 별로 관심들이 없는가? 그래서 천방지축으로 살고 있는가?

　5, 그러면 이 과정에서 인간의 죽음이란 모든 것의 포기인가 하는 것이다(시편 146:4). 우리의 조상들을 보라. 하나같이 죽음을 통하여 그들 개인들의 종지부를 찍고서 역사 속

으로 모두가 사라진 것을 모르면 결코 아니 된다. 죽음을 향하여 부모도 가고 자녀도 가고 이웃도 가고 형제나 자매도 간다. 종교인들도 하나 같이 가고 스승과 제자들도 가고 그리고 너도 가고 나도 가게 되어져 있다. 그런데 문제는 그 죽음이란 것이 역사와 현실의 종국을 그 개인에게 가져다 안기고 주는 것인가 하는 그것이다.

그러면 당신의 종국은 죽음 그것 자체인가? 그것이 아니면 당신에게 오는 그 죽음과 죽음의 이리가 당신의 제 2차적 인생의 시작이고 역사이고 현실인가 하는 것이다. 이에 대한 오늘의 너와 나는 바른 이해가 있는가? 그래서 오늘도 죽음을 향하여 달려가고 있는가?

6, 그러면 왜 사람들은 하나같이 자기에게 임하고 있는 그 죽음을 보려거나 생각을 하면서도 그 자신의 생이나 삶을 완전히 포기하려고 하는가? 아니 완전히 포기를 하고 있는가? 집이나 산이나 수도원이나 기도원이나 병원이나 양로원이나 요양원 등지에서 지금 죽어가고 있는 사람들을 보라. 그들은 하나같이 이생에의 생을 포기하고 죽음만을 기다리면서 소망도 없이 서서히 그리고 하나씩 둘씩 죽어가고 있는 것인가? 그럼에도 이들은 용기도 결단도 없이 속수무책적으로 죽음만을 기다리고 있지 아니하는가? 은근히 죽음의 이리가 빨리 와서 자기를 잡아 가도록 기다리고 있으니 큰 일이 아닌가? 이들은 왜 죽음만을 바라보면서 기다리고 있는가? 그럼에도 그것이 이생에 대한 포기이고 저 생에 대한 소망이고 확신인가 하는 것이다.

7, 그러면 살아 있다고 큰 소리를 치고 있는 자들의 이 생

에서의 소망이 그 무엇인가? 그것이 과연 건강인가? 그것이 출세이고 성공인가? 그것이 정치나 권력인가? 그것이 인사와 대접인가? 그것이 칭찬과 박수인가? 그것이 아니면 각종 상급이고 돈인가? 그것이 아니면 그 무엇인가? 그러나 이런 것은 그 누구에게도 죽음 앞에서는 그 자신을 버리고 도망을 가는(요한복음 10:12상반절) 삯군 목자들임을 잊으면 아니된다.

삯군은 어느 것 하나도 자신의 것이 아니니(요한복음 10:13) 죽음의 이리 앞에서는 무조건 도망을 가는 그것이(요한복음 10:12) 상책이고 도리가 없는 현실이 아닌가?

솔직히 죽음이 나를 찾아오면 제발 내일 오라고 말을 하는 이도 없고 그리고 제발 오지 아니했으면 좋겠다고 하며 얌전하게 말을 건네는 자도 없으니 이를 어찌해야 하는가? 오늘에서 당신의 신념은 어떠한가? 그러면 이에 대한 바른 이해가 있는가? 아니면 전혀 없는가?

### 제 5절, 그러면 죽음은 모든 것의 끝인가?

1, 죽음은 나에게 있어서 이 세상의 것들을 끝나게 만드는 것인가? 그래서 죽음에의 이리가 찾아오면 나는 이 세상에 속한 것들을 다 끝내고 마는가?(시편 146:4참조) 그것이 아니면 죽음의 이리가 나를 찾으려 또는 나를 잡으려 오면 내 인생에의 그 끝을 맺고 마는가? 과연 그런 것인가?

솔직히 나는 죽음에의 이리가 나를 잡으려 올 그 때까지는 이 세상에 보라는 듯이 살다가 일단 그가 나를 낮이나 밤에 잡으려 오면 모든 것을 포기하고 순순히 그에 순응해서 죽음에의 사자와 함께 가야 할 그 곳으로 따라가야 하는가? 아니면 그 반대일 것인가? 이런 것들은 참으로 흥미로운 현실과 역사로 나타나는 것이 아니고 그 무엇인가?

Ⓐ 이 육신에게 임하는 죽음이란 것은 자의에 의한 것이 결코 아니고 또한 타의 곧 이웃의 인간들에 의해서 본래의 흙으로 돌아가게 되는(시편 104:29) 것 역시 아닌 것이다. 죽음은 전적으로 타의에 의한 것이지만 무섭고 두려운 것이다. 유의할 것은 인생에게 죽음이 오면 냉정히 말을 해서 그 자신에게 심각한 분쟁이 일어나는 것은 사실이다.

솔직히 영혼과 육신이 연합과 영합하여 평생 범죄를 하였다. 그런데 이제 헤어지는 그 마당에 평생토록 지은 그 죄에 대한 책임을 누가 져야 하는가함이다. 육신은 영혼에게 네가 모두 지라고 발뺌을 하고 영혼은 우리가 함께 지었으니 공동으로 분담을 해야 하니 함께 져야 한다고 지적을 한다. 평생동안 지은 죄의 그 책임을 누가 지는 것이 합리와 합법인가?

그럼에도 저승사자의 입장에서는 서로가 헤어지기 직전에 어느 선까지는 공동으로 그 책임을 져야 하니 "죽음의 그 순간에" 육신도 영혼도 만신창이가 되는 것이다. 그래서 수 많은 사람들이 죽음에의 시간과 순간이 오면 괴로워 하고 슬퍼하고 답답해 하고 엄청난 고통을 당하게 되는 것을 잊지 말라. 평생 동안 범죄를 하고서 죽음 앞에서 그냥 넘어가려고 하는 야바위나 얄팍한 수작을 부리지 말라. 그 누구도 이런 것은 성스럽지 못하다. 죽음의 순간이 오면 영혼도 육신도 범죄에 대한 엄청난 책임을 져야함을 유념하라. 하나님과 심판을 그냥은 결코 넘어가지 아니하신다.

Ⓑ 그러나 예수안에 있는 영혼은 죽을 그 때에 천사들에

의해서(누가복음 16:22상반절) 하늘로 올라가게 된다(전도서 3:20-21). 그것으로서 인생은 그 누구도 그 자신의 끝을 맞게 되는데 여기서 아무리 보아도 죽음이란 그것이 각기 그 인생에의 종지부가 아님을 엿보게 되는 것이다.

모름지기 죽음은 인간을 "영과 육의 분리"를 가져오게 만들지만 장차는 예수 그리스도 안에서 부활에의 승리와 역사에 의해서 공동체를 입게 될 것인데... 그렇게 해서 영원하고 완전한 천국에 들어가게 될 것인데 그러니 이것이 바로 창조의 신비와 역사가 아닌가?

인간은 인격체이고 영원체이니 죽음에 의해서 반드시 육과 영이 분리가 되지만 그러나 예수 그리스도께서 다시 오실 그 때에는 분리가 된 그의 육신과 영혼이 하나공동체를 입고서 부활하여 영원히 살게 될 것이다. 그래서 우리는 영원한 천국에서 그리스도를 모시고 살게 될 것이니 이것이 감사이고 찬송이고 축하가 아니겠는가?

2. 여인에게서 난 인생은 그 누구도 오래 살지 못하고 그 끝이 죽음에 의해서(욥기 14:1) 오겠지만 그러나 그 반대인 죽음은 "영과 육의 분리"로부터 오기에 의미하는 바가 심히 많다. 그 이후에 그리스도가 다시 오실 그 때에 다시 연합 공동체를 이루어서 그리스도와 함께 하나님 나라에서 영원히 함께 살게 된다는 것이다. 그러니 이생과 현실에서의 현대적인 감각과 죽음은 장차 예수 그리스도 안에서의 연합 공동체와 일체 공동체를 이루며 부활에의 완성체를 입을 것이다. 이 모든 것들은 나타날 한 과정들이니 놀라움과 신비와 비밀을 더해 주고 있는 것이다.

그러니 예수 그리스도 안에서의 성도의 죽음은(사도행전

7:54-60, 12:1-2) 장차 그리스도의 부활 때에 영원과 완전을 입게 될 하나의 과정이지 영원한 이별을 가져오기 위한 그 한 과정이 아니기에 바른 이해가 심히 요구되고 있는 것이다. 그리스도 안에서 새로운 삶을 성취하기 위한 죽음은 일시적이니 영원한 죽음의 분리는 아니기에 바른 이해가 심히 요구되고 있다. 그런타고 해서 죽음을 축하 하라는 것은 결코 아니다.

3, 그럼에도 불구하고 한국이나 동양사상과 신앙에서는 죽음을 이상하게 보기에 문제가 심각하게 된다. 이들은 죽음을 영원하고 완전한 이별을 보는 경우도 있고 그와는 반대로 범신론적 윤회에 의해서 일시적으로 헤어지나 각기 수십이나 수백 년이 지난 이후에 윤회적 인간으로 환생이 되어서 다시 만나게 되는 경우도 있다고 주장들 하기에 여기서 크게 문제가 되는 것이다.

인간은 잘못된 윤회에 의해서 축생도나 사귀도에 의해서 지신이나 산신이나 용왕신궁의 신녀나 인간이나 기타 등의 그 무엇으로 윤회가 되어서 빙글빙글 수십 년 또는 수백 년씩 돌아다니다 보면 다시 인간으로 윤회나 환생이 되어서 부부나 부모나 자녀로서 다시 만난다는 주장인데 그것이 어디 인격체로서 가능하냐는 것이다. 문제는 하나같이 인간들이 그 자신이 하나님 앞에서 창조적 인격체라는 것을 전혀 모르고 있으니 이것에 의해 여기서 문제가 된다는 것이다.

4, 그럼에도 불구하고 너도 인생이고 나도 인생인데 인생이 가장 알고 싶지 아니하는 그것이 바로

Ⓐ 하나는 삶과 생이다.
　Ⓑ 하나는 죽음이다.
　Ⓒ 하나는 삶과 죽음에의 분리 과정이다.
　Ⓓ 하나는 육신이 흙으로 돌아감이다.
　Ⓔ 하나는 영혼이 하늘로 올라감이다.
　Ⓕ 하나는 죽음으로서 분리가 되고 영혼과 육신이 언제인가 그 때가 되면 다시 하나 공동체와 연합 공동체를 이루어서 부활에의 완성체를 입는 바로 그것이다.
　Ⓖ 하나는 인간은 인격체이니 사나 죽으나 예수 그리스도의 것임을 잊지 않는 그것이다. 로마서 14:7-8절과 그리고 다시 빌립보 1:20-22절을 그 누구도 바로 모르니 문제가 생긴다는 것이다.
　인간은 죽음을 통하여 육과 영의 분리를 가져 왔으나 오래 가지 아니해서 그리스도께서 다시 오실 그 때에 공동체적 부활의 완성을 가져 올 것이니 현재에서의 죽음이 예수 그리스도 안에서 영광된 승리와 승리에의 완성을 가져 오는 것이니 그것이 감사가 아니겠는가?

　5, 창세기 2:7절을 보고 그리고 다시 창세기 1:26-28절을 보라. 하나님 앞에서 창조의 원리는 창성하고 번성하여 땅을 정복하는 그것임에도 불구하고 이런 인간에게 죽음의 이리나 죽음의 사자나 가시가 와서 괴롭히는 것은 그것이 바로 평생 범죄에 의한 그 결과이니 어찌할 대안이 전혀 없는 것이 아닌가?
　그러니 죽음은 인생에게 완전한 파멸에의 결과를 가져다 주는 것이 아니고 장차 예수 그리스도 안에서 부활에의 완성을 가지거나 입기 위한 한 과정이고 현실이고 역사이니 놀라움이 아닐 수가 없다.
　그러기에 인간은 죽음이 종착점이거나 그 끝이 결코 아니다. 죽음에 의해서 육과 영혼의 헤어짐은 있으나 예수 그리스도의 능력과 힘에 의해서 다시 되살아나는 부활에의 능력과 완성체를 입기 위한 과정이고 전초전이니 어찌 감사가 아니겠는가? 모름지기 그리스도인의 죽음은 단 1회적이지만 그것이 그리스도 안에서 다시 사는 새로운 생명을 입을 것이니 삶은 2회적이기에 고마움이 아닌가? 그러니 바울은 여기서 우리에게 고린도 전서 15:52-55절을 보고 그리고 다시 고린도 전서 15:56-58절을 보라고 강조하고 있는 것이다. 왜냐 하니 그것이 완성이고 완승이기 때문이다.

　6. 죽음은 일단 이 세상에서 육신과 영혼을 구별 시키지만 그러나 장차 그리스도가 다시 오실 그 때에는 그것이 연합과 공동체를 가져오게 하는 원동력과 힘이시니 놀라움의 비밀 역사를 가져오게 하는 것이다. 그래서 신약성서 고린도 전서 15:42-44절을 유의해 보라고 우리에게 강조 하고 있는 것이다. 고로 그리스도 안에서의 죽음은 우리에게 이김을 주시는 그 과정이지(고린도 전서 15:57) 우리에게 패배와 망함을 주시는 그 과정은 결코 아님을 바로 알아야 한다.
　그러면 왜 죽어서 그 본래의 흙으로 돌아가는 것인가? 그것은 고린도 전서 15:49절과 같으니 "하늘에 속한 자의 형상"을 입는 것이 아니고 땅에 속한 자의 형상을 입었으니 각기 분리되어 가는 것이 당연지사이다.

　제 6절, 죽음이란 모든 것의 그 시작인가?

1, 죽음은 모든 인간에게 있어서 그 시작인가? 그것이 아니면 그 모든 것의 끝인가 하는 것이다. 우리는 제 5절에서 "죽음은 모든 것의 그 끝인가" 함의 문제를 다루었는데 제 6절에서는 "죽음이란 모든 것의 그 시작인가" 하는 문제를 다루고 있다. 죽음은 인간에게 있어서 모든 것을 끝내게 하는 것인가? 과연 그런 것인가?

거두절미하고 죽음은 그 자신을 둘로 나누어 놓고 갈라놓는 대 역사인가? 과연 그런 것인가? 그래서 죽음이 그 누구에게도 오면 육은 육으로 영은 영으로 갈라놓는 것인가? 육과 영의 분리는 창조의 신비이고 비밀이 아닌가? 그런데 예수께서는 요한복음 3:6절에서 "육으로 난 것은 육이요 성령으로 난 것은 영이라"고 강조하시며 언제나 이 육의 문제를 심도있게 다루시고 있음을 바로 알아야 한다.

2, 그러면 죽음은 모든 인생에게 그 새로운 시작을 가져오게 하는가? 과연 그런가? 그것이 아니면 모든 인간에게 그 끝을 가져오게 하는 것인가? 우리에게 죽음이나 죽음의 이리는 와서 분리시키심과 동시에 그 끝을 가져오게 하는 것인가? 과연 그런 것인가? 그것이 아니면 임시적으로는 영과 육의 분리를 가져오게 하나(전도서 3:20-21) 그 결과적으로는 다시 만나게 되는 "그리스도 안에서의 부활의 완전체"를 가져 오게 하는 것인가? 그러면 이 땅위에서의 죽음은 하나님의 신비와 비밀을 가져오게 하는 것으로서 "인생의 그 끝"이 아닌 영원히 살게 하는 그 무엇인가 하는 것이다.

창조에 의한 이 육신과 영혼이(계시록 21:1하반절) 그리스도의 재림에 의해서 새로운 연합공동체를 입게 되는 것이니 죽음은 감사이고 찬송이고 영광이 아닐 수가 없다. 그러나 일시적으로는 그것이 슬픔이고 고통이고 과로운 것이다.

3, 그러면 예수 그리스도 안에서 마지하고 있는 죽음은 임시적이고 일시적으로는 "모든 것의 끝"이 보이고 나타나게 하는 것이지만 그럼에도 그것이 어디까지나 그리스도와 관계가 있고 되는 것이니 그것이 일시나 임시적인 것이 아니고 이는 영원과 완전함을 이루기 위하여 임시적으로 헤어지는 것이니 어찌 그것이 영광이고 감사가 아니겠는가? 이를 위하여 그리스도인들은 이제까지 수고하고 노력을 하고 있는 것이 아닌가?

그럼에도 불구하고 인생들은 하나같이 그 자신에게 다가오고 있는 죽음을 보면서 감사 하고 찬송하는 것이 아니고 이는 어디 까지나 슬프고 고통스럽고 괴로운 것이라 하고 있으니 이를 바로 아는 그것이 중요한 과제이다. 일반 상식적으로 이리에 의한 죽음은 우리를 이별하게 하고 땅과 하늘 곧 흙과 구원으로 나누어지게 만드는 영광의 가시꽃이니 이를 바로 아는 것이 중요한 업적이 아니겠는가?.

4, 하나님께서는 모든 인간들이 죽음의 가시를 통하여 이 생과 저 생으로 하나를 둘로 나누어지게 하였으니 그것이 문제이고 패배라고 할지는 모르나 이 나누어짐은 언제인가 하나가 되게 하기 위한 전초작업이고 역사이고 현실임을 바로 알지 못하면 아니 되는 것이다. 하나가 둘이 되는 것은 슬픔이고 고통이나 헤어진 그 둘이 하나공동체를 이루게 되는 것은 영광이고 감사가 되는 것이다.

창조의 원리와 진리는 육신과 영혼이 함께 또는 더불어 살아서 그럼에도 그 하나가 죽음에 의해서 둘로 분리가 되고 임시적으로는 각기 자기가 갈 곳으로 가는 하나님의 뜻과 섭리대로 이루어지지만(창세기 3:19) 그러나 불원간에 그리스도의 다시 오심에 의해서 나누어진 둘이 하나가 되는 원리와 기본을 이루는 것은 놀라움이고 창조의 역사와 신비가 아닐 수 없는 것이다.

이로 인하여 창조의 역사와 능력과 힘 속에서 다시 하나가 되는 창조 역사의 능력과 역사를 가져 오게 되는 것은 이것이 바로 하나님의 섭리를 나타내는 영광스러움이 아닌가?

5, 일시적이긴 하나 죽음은 육신과 영혼이 일시적이긴 하지만 일단 분리가 됨이다(전도서 3:20-21). 예수께서는 십자가에서 죽으시면서 "내 영혼을 아버지께 부탁 합니다"라고 하면서(누가복음 23:46) 육신은 무덤으로 그의 영혼은 하늘의 아버지께 부탁 하는 이 엄청난 원리와 현실을 보면서 모두에게 다가오는 죽음을 보지 못하면 아니 된다.

사도행전 7:54-60절을 유의하여 보라. 스데반이 죽으면서 남길 것이 그 무엇인가? 그의 육신은 세상(흙)에 그의 영혼은 하늘에 맡기는 그것이 아닌가? 사도행전 7:59절을 보고 그리고 다시 사도행전 7:60절을 유의하여 보라. 이것이 그 무엇을 예나 지금에서 가르치는 지를 말이다.

6, 이 시점에서 "너와 나"는 죽음을 이미 받아 드리고 반기는가? 아니면 멀리하고 싫어하는가? 이에 대한 바른 이해가 있는가? 아니면 전혀 없는가? 이에 대하여 모든 인생은 90%이상이 별로 관심들이 없고 의식과 사고에서 멀리 동떨어져 있는 것은 사실이다.

그럼에도 불구하고 오늘에서 당신은 죽음을 생각하고 있는가? 그것이 아니면 죽음의 건너편 세상을 바라보고 생각하고 있는가? 그것이 아니면 다시 오시는 그리스도와 그의 부활 완성과 승리사건에 동참을 하여 그와 함께 영원히 살기를 바라거나 요구하고 있는가?

제 7절, 죽음은 인생을 원리대로 돌아가게 하는 것인가?

1, 그러면 먼저 창세기 2:7절을 보고 그리고 다시 창세기 1:28절을 보라. 여기서는 인생의 죽음이 전혀 나타나지 아니한다. 왜 그런 것인가? 그러나 창조의 뜻과 섭리와는 달리 범죄로 인하여(창세기 3:1-6) 그리고 그 결과가 결국은 "너는 흙이니 흙으로 돌아가라"고 하는 하나님의 지상 명령이 떨어짐으로 해서 죽음이 에덴이나 이 세상에 떨어지고 퍼진 것이다. 그러기에 이 죽음에 의해서 인생은 모든 것이 원상 회복이 된 것이니 이것이 바로 크게 문제가 되고 있는 것이다. 그러면 이 죽음에 의해서 전인류는 한번은 다 죽는 것이고(히브리 9:27상반절) 그 한 번에 의해 인생들은 각기 자기의 원래 위치대로 원상회복이 되는 것이다. 어제도 오늘도 너와 나는 원래의 위치대로 원상회복이 되려고 부지런히 달려가고 있는 것이다.

인생의 죽음은 엄청난 괴리 현상으로서 일단 "영과 육의 분리"를 가져 오지만 예수 그리스도의 재림에 의한 전인류의 부활사건은 "영혼과 육신의 연합과 공동체"를 이루게 함이니 이것이 바로 영광이고 감사이고 찬송이 아니겠는가? 그래서 전 인류는 언제나 분리되는 죽음을 기다리는 것이 아니고 부활승리와 그 완성을 위하여 달려가고 기다리고 있는 것이다.

우리는 우리를 향하여 달려오고 있는 죽음의 이리를 보면서 예수 그리스도에 의한 부활의 완성과 승리를 보지 못하면 아니 된다.

2. 인간성의 회복은 그 무엇이고 그리고 인생의 완성과 완승은 그 무엇인가? 유의할 것은 우리의 죽음은 "육신과 영혼"의 분리와 이별을 가져 오는 것이지만 그와는 달리 예수 그리스도의 재림과 인류의 부활완성은 그 무엇 보다 성도의 완성공동체를 가져 오는 것이기에 이를 바로 보고 바로 아는 그것이 매우 중요한 과제이다. 그리스도 안에서 산다고 하면서 이런 기본과 원리를 모르면 되겠는가?

그리스도인은 그 누구도 예수 그리스도 안에 거하면서 언제나 분리와 이별을 요구하는 것이 아니고 그리스도의 다시 오심에 의한 육신과 영혼의 하나와 일치공동체를 이루는 그것이 아닌가? 성서는 언제나 그리스도 안에서 하나공동체가 그 무엇이고 부활에의 완승 승리가 그 무엇인지 그것을 알리시고 있다. 그러니 성서가 강조하고 있는 바의 그리스도인의 부활완성과 승리가 그 무엇인지를 바로 아는 그것이 매우 중요한 과제인 것이다. 그러니 그 누구도 성서의 가르침과 그리고 그리스도의 부활승리 사건이 가져다 줄 원리와 기본이 그 무엇인지를 바로 아는 그것이 매우 중요하다.

4. 창세기 3:19절에 의해서 인생은 한번은 죽고 그리고 그 누구도 다 본래의 흙으로 돌아가게 되어져 있다. 이는 전도서 3:20-21절만을 두고 하시는 말씀이 아니다. 인생은 다 흙이니 그 본래의 흙으로 돌아가기 위해서 살고 먹고 자고 쉬고들 한다. 그 누구도 여기에서는 바른 의미와 기본과

바른 자세가 심히 요구되고 있다. 그러니 육과 영의 분리에서 서로가 가야 할 그 곳으로 가는 그것이 기본이 아니고 그 무엇인가? 그러나 분리되는 고통을 그 누가 알겠는가?

그러니 우리의 조상들을 보라. 그들 모두가 영과 육의 분리에 의해서(누가복음 12:20) 어제 그리고 오늘도 가고 있지 아니하는가? 그러기에 오늘에서 우리의 주변을 보라. 하나같이 이미 앞을 다투며 다들 가고 없는 것이 아닌가? 그래도 남아 있는 자들은 오늘과 내일에서 말이 없이 묵묵히 그 곳으로 가고 말 것이다. 그러니 오늘의 이 시간에서도 하나 같이 가고 있다.

5, 인간은 하인을 막론하고 본래의 자기 고향으로 돌아가는 그것을 원치 아니한다. 그러면 왜 다들 그것을 원치 아니하는가? 그러면 그 본래의 고향이 싫다는 것인가? 그것은 아니지만 싫은 것을 어떻게 하느냐 하는 것이다. 그럼에도 불구하고 그 누구도 반드시 본래의 고향으로 돌아갈 것을 한편으로는 생각들을 해두어야 한다. 인생이 자신의 원래적 그 고향으로 돌아가고 싶다 해서 돌아가고 그것이 싫다고 해서 돌아가지 아니하는 것은 아니다.

하나님께서는 우리가 육과 영의 분리에서 각기 돌아갈 곳으로 돌아가기를 요구하고 있다. 왜 그런 것인가? 이 양자는 언제나 함께 있으면 아니되는 것이다. 왜 그런가? 그것은 영혼은 시간성에 속한 것이 아니니 무게나 부피가 없고 영원하지만 그러나 육신은 시간과 공간성 안에 있고 유한에 속하여 있으니 무게가 있고 부피가 있으며 영원성과 완전성에 속한 것이 아니니 무엇보다 먼저 이점을 영지해야만 한다.

그러니 우리는 그 원리와 기본을 알면서도 바로 깨닫지 못하니 여기서 문제가 크고 엄청나게 생기는 것이다. 그러니 인생은 너무나 무지몽매해서 한치 앞을 내다보지 못하고 있다. 그러니 그 결과가 어찌 되는 것인가?

그러면 이 시점에서 죽음은 너와 나에게 그 무엇을 가져다 주고 또한 요구하고 있으며 그리고 죽음에 의한 이별이 우리들 모두에게 그 무엇을 가져다 안기는 것인가? 이별에 의해서 육신은 엄청난 고통을 겪으면서 땅으로 흙으로 돌아가야 한다. 그리고 우리의 영혼은 이별에 의해서 하늘로 올라가야 하니 이 또한 엄청난 고통이고 괴로움인 것이다. 솔직히 인인 관계에서의 상호의 이별도 어렵고 힘이 든다. 부부사이의 이별이나 부모와 자녀 사이의 이별도 힘이 들고 어려운데 천하에서 가장 어려운 "그 자신의 영혼과 육신의 이별"이 어디 그렇게 쉽겠는가?

영혼과 육신의 이별은 오직 죽음에 의해서만이 성립이 되고 이루어지는 것이다. 일생동안 하나의 몸을 이루며 살았는데 이 양자의 이별이 어디 그렇게 쉽겠는가? 그것은 결코 아니라는 것이다. 그리고 육신과 영혼의 이별에서 나누어지는 그 과정을 보라. 일생 동안 육신과 영혼이 함께 또는 더불어서 또는 공동체적으로 범죄를 하고 악을 행하며 살았는데 서로가 헤어지는 그 과정에서 "그 주범은 누구이고 그 후범은 누구이냐" 하는 것이다. 범죄의 모든 책임은 영혼이 져야 하는가? 그것이 아니면 그 잘난 육신이 져야 하는가? 이에 대한 바른 이해가 우리에게 있는가 함이다.

## 제 4장. 거두절미하고 죽음이 가져다 준 것은 그 무엇인가?

※ 인간에게 죽음이 오는 것은 어찌 할 도리가 없는 필연적인 과제인 것이다. 그것은 창세기 3:19절을 보고 그리고 다시 시편 104:29절을 보고 그리고 다시 히브리 9:27상반절을 보면 죽음이 왜 인생에게 오는 것인지 그것을 알게 된다. 그럼에도 사람들은 하나 같이 성서를 읽지 아니하기에 어느 것 하나도 깨닫는 것이 없다. 다들 머리는 좋고 구화술에는 능하나 그럼에도 불구하고 신빙성이 없으니 믿을 수가 없는 것이다.

거두절미하고 죽음을 맞이하는 인생들을 보라. 하나 같이 그 자신에게 임하는 죽음이 자신에게 가져다주는 그것이 그 무엇인가 하는 것이다.

그것은 바로
Ⓐ 영혼과 육신의 구별인 것이다(하늘).
Ⓑ 육신과 영혼의 구별인 것이다(땅, 흙, 하늘).
Ⓒ 각기 그 고향으로 돌려보내는 것이다. 그러면 여기서는 먼저 전도서 3:20-21절을 보라.
Ⓓ 하나(영혼)를 주인이신 하나님에게로(창세기 2:7) 돌려보내는 것이다. 왜 그런가? 그 곳이 바로 영혼 곧 생명체의 본향이기 때문이다.
Ⓔ 각기 임하는 죽음에 의해서 분리가 되나 그러나 장차 그리스도께서 다시 오시면 전 인류의 부활 완성체를 함께 입게 되는 것이다.
Ⓕ 그러니 육신과 영혼의 분리에 의해서 죽음을 가져오게

되니 바른 이해가 없으면 아니 된다.
 ⓒ 그러면 인간의 죽음은 승리를 가져오는 것인가? 그것이 아니면 패배를 가져 오는가 함이다. 이를 바로 분석하고 검토하고 연구하지 아니하면 아니 되는 것이다.

## 제 1절, 죽음은 그 본래대로 돌려보내는 것인가?

 1, 죽음이란 그 무엇인가? 인간은 인격체이니 그 누구도 이 죽음에 대한 바른 이해가 없으면 결코 아니 되는 것이다. 그렇지 못하면 타종교나 한국적인 종교들과 고유신앙에서 주장하는 6도의 현실에서 하나 같이 벗어나지 못하고 마는 것이 된다.
 거두절미하고 죽음은 범죄의 소산이고 그 결과가 아닌가? 그러하다면 범죄의 소산으로서의 죽음이 우리에게 가져다 준 것이 그 무엇인가?

 그것은 바로
 Ⓐ 죽음은 우리에게 "너와 나"는 한번은 죽는다 라는 것을 가르쳐 주심이다(히브리 9:27상반절).
 Ⓑ 죽음은 이리로서(요한복음 10:12) 어딘가에 곧 보이지 아니하는 곳에 숨어 있다가 순식간에 다가오는 것이다(누가복음 16:22, 욥기 34:20, 34:25).
 Ⓒ 죽음은 모든 인간에게서 육신과 영혼을 분리시킨다는 것이다(누가복음 8:49-53).
 Ⓓ 죽음은 일시적이고 시간성과 공간성 안에 있기에 오늘은 이별이지만 예수 그리스도가 다시 오시면 역사의 현장 속에서 다시 하나공동체가 될 것임을 알리시는 것이다.

Ⓔ 죽음은 하나님이 인생에게 잠시 맡겨진 그 영혼을 도로 찾아가는 것이니(누가복음 12:20) 이를 바로 아는 그것이 중요함을 알리시고 있다.
　Ⓕ 죽음은 임시적이고 일시적인 인간의 모든 육체와 관계가 된 것들을 포기하거나 버리게 또는 썩게 만든다는 것이다. 그래서 영혼이 육신에게서 떠나면 며칠 못가서 이 육신은 썩고 만다. 왜 그런가? 더럽고 추한 흙이니 그러하다.

　Ⓖ 죽음은 바로 이 육신을 그 본래의 흙으로 돌려보내고 영혼은 하늘 곧 낙원(극란)으로 돌려보내어서 그리스도의 재림과 부활에의 완승 승리를 기다리게 하는 그것이다.
　Ⓗ 죽음은 인간의 육신을 썩게 만들고 냄새나게 만들기까지 하나 그 반대인 인간의 영혼은 빛이 나게 하고 영광이 가득하게 하는 것이다.
　그러기 때문에 인간에게는 죽음이 없는 것 보다 있는 그것이 기본과 원리적으로는 더 나은 것이다. 왜냐 하니 이제는 죽음에 의해서 육신과 영혼의 분리를 가져오나 장차 그리스도께서 다시 오실 그 때에는 이 둘이 하나 공동체를 이루고 일체 공동체를 이루어서 부활의 완성체를 맞보게 되는 것이니 감사가 아닌가?

　2. 그러면 죽음에의 기본과 원리가 그 무엇인가? 이애 대한 바른 이해가 있는가? 죽음은 인간을 그 본래대로 돌려보내는 작업과 운동이 아니고 그 무엇인가? 죽음은 하나님의 창조의 섭리와 역사에 의해 인간을 조성하실 그 때에 창세기 1:26-28절의 원리를 위해 창조역사를 시작하시며 그러기 위해서는 인간을 흙으로 조성하시고 그의 코에 생기 곧 생령

(생명)을 불어 넣어서 인간이 인격체가 되게 하시었는데 그 인격체가 범죄를 함으로서 하나같이 원상으로 돌려보내야 하니 결과적으로 죽음을 조성하신 것이 아닌가?

죽음에의 그 하나는 그 본래의 흙으로(시편 104:29) 그리고 다른 그 하나는 하나님에게로 돌려보내는 대 작업과 역사를 단행 하시는 그것이 바로 죽음의 역사인 것이 아닌가?

그러기에 본과제인 죽음이란 그 무엇인가? 하나님으로부터는 생명을 그리고 이 땅과 흙으로부터는 육신을 받았으니 이 양자를 분리시켜서(누가복음 12:20) 각기 그 본래대로 돌려보내는 그 역사가 바로 죽음이 아닌가? 그러니 인간에게 임하는 죽음은 신비이고 비밀에의 대 역사 사건이다. 그러니 달려오고 있는 죽음을 보면서 누구도 바른 자세와 행동을 취하지 아니하면 아니 되는 것이다.

3, 사람은 하인을 막론하고 죽지 아니하고서는 그 누구도 어느 것 하나도 그 본래대로 돌아가지 못한다. 현실적으로 살아서의 너와 나를 보라. 어느 것 하나도 본래대로 돌려보내지 못하고 있는 것이 아닌가?

그러나 누가복음 16:19-25절이나 그리고 다시 누가복음 12:16-21절을 보면서 바른 깨달음과 자세가 필요하다. 솔직히 죽음의 이리가 다가오니 어느 것 하나도 원상으로 돌려보내지 아니할 것이 없다. 다시 누가복음 16:19-25절을 보라. 거지 나사로 역시 하나님에게 그의 생명이 속하여 있으니 하나님에게로 돌아갔고 그와는 반대로 홍포를 입은 부자 역시 그의 영혼이 하나님에게로 돌아가는 것은 사실이 아닌가? 문제는 그 곳이 이름이 있는 자들이 들어가는 곳인가? 그것이 아니면 그 반대인 이름이 없는 자들이 들어가는 곳인가 하는 것이다.

 그러면 누가복음 16:19-31절을 보라. 어느 것 하나도 빠지지 아니하고 그의 영혼과 관계가 있고 된 것이 그 곳으로 돌아가서 엄청난 징벌을 받고 있지 아니하는가? 그럼에도 그 징벌이 공정성을 뛰어넘고 있으니(누가복음 16:24-25) 그 것이 문제가 되고 있는 것이 아닌가?

 4, 그러면 하나님께서는 왜 인생을 공정하게 죽음이 오면 각기 자기가 가야 할 그 곳으로 돌려보내고 있는가? 어찌 보면 그의 삶은 하나로 연합 공동체를 이루게 하고 있으나 그것과는 달리 죽음은 둘로 분리 되게 해서 각기 그 원리대로 본향으로 돌아가게 하시는 것인데? 언제일지는 모르나 다시 그 때가 되면 헤어짐에서 만나고 일치 공동체와 일체 공동체를 예수 그리스도 안에서 이루어서 영원히 그리스도와 함께 살게 될 것이니 이것이 감사가 아닌가?
 분명히 죽음은 헤어짐이고 슬픔이고 그리고 각기 자기의 갈 곳으로 가게 하는 대 역사이기에 얼핏 보면 파괴와 같이 보이나 그러나 그것에 의해서 각기 참된 기다림을 입으며 그리스도께서 다시 오실 그 때에 둘이 완벽하게 하나 공동체를 이루어서 "부활의 완성체"와 그리고 부활의 완승을 가져오게 될 것이니 그것이 감사와 축하가 아닌가?

 5, 지금은 죽음이란 것에 의해서 분리가 되고 각기 가야 할 그 곳으로 가게 되지만 그와는 달리 예수 그리스도 안에서 그가 다시 오시면 부활의 완성체를 입게 될 때에 헤어지고 분리가 된 그 둘이 부활에의 대 역사에 의해서 하나 공동

체를 이루게 될 것이니 이것이 놀라움의 대역사이고 영광이 아니겠는가?

그래서 그는 백보좌의 심판대를 거쳐서(로마서 14:10-12, 계시록 20:11-15) 하나님의 나라 천국에서 영원히 살게 되는 것이니 "죽음과 부활체의 역사와 현실"을 그 무엇보다 종합을 해서 바로 아는 그것이 시급한 과제이다.

모든 인간에게 다가 오고 있는 죽음은 분명히 파괴와 피흘림의 이리일 것이나(요한복음 10:12) 그러나 그리스도 안에서 장차 다가올 부활에의 완성체는 하나가 둘이 된 것을 다시 모아서 둘이 하나가 되게 하고 예수 그리스도의 능력과 역사 안에서 그리스도와 같은 부활의 완전체를 입게 할 것이니(빌립보 3:21, 고린도 후서 3:18, 고린도 전서 15:52, 요한 1서 3:2) 그것이 축하이고 감사이고 영광이 아니겠는가?

6. 그래서 그리스도께서는 십자가의 죽으심을 앞에 두시고 겟세마네 동산에서 기도하시며 제자들에게 "일어나라 함께 가자"고 외치신다(마태복음 26:46). 왜 그런가? 여기에는 지금 악한 죽음에의 이리가 다가오고 있기 때문이다. 죽음은 분명히 모두를 본래대로 돌려보낼 것이니 이것을 바로 아는 그것이 중요하다.

그러나 각기 본래대로 돌려보내는 그것은 누가복음 8:49-50절과 마태복음 9:23-25절을 보라. 죽음은 슬픈 일이고 가족과 이웃과 주변의 사람들에게 슬픔과 괴로움과 눈물을 흘리게 하는 것이 아닌가? 그러나 장차 예수 그리스도에 의해 나타날 부활에의 승리와 완성은 모두에게 안식과 평안을 가져다주는 것이 아니고 그 무엇인가?

제 2절, 그러면 죽음은 이별인 것인가?.

1, 죽음이란 그 누구에게도 이 땅위에서 만남과 대화를 가져다주는 것이 아니고 하나같이 모두에게 이별을 가져다주는 것이다. 그가 그 누구이든지 간에 죽음은 모두에게 이별을 가져다주는 것은 사실이다.

Ⓐ 죽음은 먼저 하나님이 주신 생명(영혼)과(누가복음 12:20) 그리고 이 땅의 흙이 분리가 되고 이별을 나누는 그 과정이고 순간이 아닌가? 영혼과 이 육신의 이별은(전도서 3:20-21) 각기 그 본래대로 돌아가게 하는 한 과정이니 놀라움이 아닐 수가 없다.

Ⓑ 죽음은 시간성 안에서 인간과 인간의 이별을 가져오게 하는 것이다. 죽음을 맞는 그 당사자와 그의 가족들과 이별을 가져오는 것이다. 누가복음 16:27-30절을 보라. 홍포를 입은 부자가 저 세상에 가서는 세상에 남겨진 가족의 문제를 생각하고 있듯이 죽음은 그 누구도 이 땅위에 있는 인간들 곧 자신과 관계가 된 인간들과의 이별이고 고통이고 슬픔이다. 가족과의 이별, 형제와의 이별, 이웃과의 이별, 종교인들과의 이별, 사회인들과의 이별 기타 등과의 이별도 가져 오게 하는 것이다.

Ⓒ 죽음은 세상이나 사회나 종교와의 관계들과도 이별을 가져오는 것이다. 그러니 사회와 인간, 종교와 인간과의 이별과 분리됨을 가져오니 슬프고 괴롭고 고통스러운 것은 사실이다. 그러나 어찌하겠는가?

2, 죽음은 이별이니 여기서 상당한 문제가 전개 되는 것이다. 여기서 크게 문제가 되는 것은?

Ⓐ 자기가 속하여 있던 사회적 각종 단체들로부터의 이별이 크게 문제가 된다. 그래서 단체들이 그의 죽음을 애타하고 슬퍼하고 괴로워한다. 나이가 많아서 죽는 자는 그래도 낫다. 너무 젊거나 중년에 타의나 사고나 질병에 의해서 죽는 자들을 보라. 이래 저래 안타까움이 하나 둘이 아니다.

Ⓑ 윤리적인 관점이나 도덕적인 관점이나 이와 관계가 된 제반의 단체들이 그의 죽음을 애석하게 생각하고 슬퍼하고 괴로워한다. 조금만 더 살았으면 하면서.

Ⓒ 국가나 민족적인 관점에서 모세가 120세에 죽었는데(신명기 34:1-12) 그의 죽음을 두고 다들 슬퍼하고 괴로워하였다. 왜냐 하니 이스라엘의 영도자로서 40년간 인도하였고 그리고 그런 영도자가 가나안에 들어가지 못하고 도중에 죽었으니 말이다.

Ⓓ 종교적인 면에서도 위대한 지도자의 죽음은 슬프고 고통스러움이 아니겠는가? 열왕기 하 2장에 나타난 엘리야 선지자의 하늘로 승천하는 그 과정을 보라.

Ⓔ 그리고 악한 왕이지만 헤롯왕의 죽음이나(마태복음 2:18-19) 그의 장손자인 헤롯 아그립바 1세의 죽음을 보라(사도행전 12:20-23). 그리고 다시 통일 이스라엘의 왕인 사울왕의 죽음을 보라(사무엘 상 31:1-6). 이런 것에서 우리가 찾아볼 것들을 바로 찾아보지 못하면 결코 아니 된다. 왜 그런 것인가? 그것은 그들이 살아생전과 죽음을 맞이하는 것을 보니 아이러니하다는 것이다.

3, 그럼에도 불구하고 죽음은 분명히 인생에게 슬픔과 고통을 안기고 그리고 모든 이들에게 이별을 고하게 하고 있는 것은 사실이 아닌가? 죽음과 이별에서 가장 큰 이슈는?

Ⓐ 사랑하고 아끼고 귀히 여기는 부부사이의 이별이 될 것이다. 상호간에 정과 대화와 사랑을 주고 받다가 한편이 이런 저런 사건이나 질병이나 불의에 의해서 먼저 죽으면 말로 다 할 수 없는 고통과 괴로움을 당하게 된다.

Ⓑ 그 다음의 하나는 사랑하고 아끼고 귀히 여기는 자녀의 죽음이다. 어린 자녀나 장성한 자녀가 부모 보다 먼저 죽으면 그것을 부모들은 마음에다 묻으니 그것이 모두에게 이만 저만의 고통과 괴로움이 아닌 것이다.

Ⓒ 그 다음의 하나는 사랑하고 아끼고 존경하는 부모의 죽음이다. 부모의 죽음에서 불효자는 그래도 조금 나으나 효성이 지극한 자녀들은 그 자신의 눈에 흙이 들어갈 그 때까지 부모의 사랑과 존경을 생각하며 부모의 죽음을 잊지 못하게 된다.

Ⓓ 그 다음은 형제와 자매의 죽음과 그리고 사랑하는 벗이나 사랑하는 이웃들의 죽음에서 큰 상처를 입고 당한다. 그리고 한 집단이나 단체나 한 교회당에 함께 다니며 오고 간 자의 조기 죽음은 상처를 많이 주고 있다. 왜 그런가? 그것이 인생에의 윤리와 도덕이고 사랑과 친교의 기본과 원리이기 때문이다.

4, 인간에게 임하는 각종 죽음은 큰 상처를 주고 이별까지 가져다 준다. 동물의 세계에서도 어미나 새끼의 죽음은 그들 모두에게 큰 상처를 입히듯이 인격적인 존재에게 죽음의 이

리가 찾아오게 되는 경우도 그러한 것이다.

　죽음은 인간관계에서는 모두에게 너무나 큰 상처를 주기에 어떤 이는 아내나 남편이 죽고 나면 평생 수절을 하면서 혼자 살기도 하고 어떤 이는 따라서 자살을 하기도 한다. 어떤 이는 그래서 재혼이 겁이 난다. 그러면서 재혼을 해서 다시 상대방이 죽으면 어떻게 하느냐 하면서 겁을 먹기도 한다. 어떤 이는 재혼을 여러 차례를 하여도 거의 상대방이 죽는 어처구니없는 일을 당하기도 한다. 함께 생과 삶을 주고 받으며 살던 남편이나 아내가 죽을 그 때마다 크게 상처를 입기도 한다. 이런 문제들은 두고두고 생각들을 해보아야 한다.

　5, 일반 상식적으로 오늘에서 당신을 향해 다가오고 있는 그 "죽음" 또는 "죽음의 이리"는 영광인가? 아니면 슬픔이고 괴로움인가? 그리고 솔직히 그 죽음이 초저녁이나 밤이나 밤중이나 새벽에 온다면 그 중에서 당신은 어느 것을 선택 할 것인가? 초저녁인가? 아니면 새벽인가? 솔직히 인생은 세상에서 단 한 시간이나 단 하루나 단 한 달이라도 더 살고 싶어 하는 것이 인지상정이 아닌가? 그 누구라서 이 정도를 모를 것인가? 이에 대하여 너도 나도 예외가 아닌 것이 아닌가? 그러하다면 이에 대한 바른 이해와 대비책을 당신은 세우고 있는가? 아니면 아직도 수수방관을 하고 있는가? 너무 두렵고 겁이 나서 모르는 척 또는 자기에게는 비켜나가는 것과 같은 태도를 취하고 있는가?

　6, 그러면 오늘에서 당신을 찾아서 달려오고 있는 죽음을 그리고 당신의 이름을 부르며 달려오고 있는 죽음을 그리고 죽음의 이리가 지금에서의 당신 집 주소와 그리고 다시 당신

의 신상명세서 뿐 아니라 생 년 월 일 까지 다 알고 너를 잡으려 온다면 너는 그 죽음 앞에서 그 무엇을 바라고 요구할 것인가? 유구무언이라고 하면서 또 너무 허탈해서 웃을 것인가?

오늘에서 죽음의 사자가 당신을 찾아와서 "너의 생 년 월 일"과 그리고 "현 주소지"를 말하라고 소리를 치면 소리 없이 말을 하고 그에게 인정사정 없이 끌려갈 것인가? 그것이 아니면 어느 것 하나도 "나는 모르는 것"이라며 끝까지 소리 없이 버틸 것인가? 그러니 어느 누구도 이에 대한 바른 이해가 처음부터 없으면 아니 된다. 오늘까지 이 문제에 대하여 준비를 하고 익히고 있는 그것이 그 무엇인가? 죽음의 이리가 당신의 이름을 부르며 달려오고 있는데 60대나 70대나 80대는 될 수 있으면 밤 10시가 넘으면 돌아다니지를 말라. 그런 나이에 밤 10시가 넘어서 돌아다니면 빨리 죽은 다는 것을 유념하라. 악한 영들이 우는 사자같이 날뛰며 돌아다니니 말이다(베드로 전서 5:8).

7. 이 세상에는 각기 자기 나름대로 건강한 자도 있으나 그와는 반대로 각종 질병에 의해서 죽어가고 있는 자들이 너무나 많다. 그것이 50대 50이 될지도 모른다. 각종 병원에서 속으로는 죽어 가면서도 겉으로는 그렇지 아니한 것과 같은 행동과 태도를 취하다가 너도 가고 나도 가고 그들도 다 얼마 후에는 죽음의 이리에게 붙잡혀서 이리 찢기고 저리 찢겨서 피를 흘리며 죽어들 가고 있으니 그 결과가 어찌 되겠는가? 지금도 죽음의 이리가 집이나 사무실이나 직장에서 너를 보고 있다. 죽음에의 이리가 이 세상의 사람들을 다 잡은 이후에도 더 없는지 그것을 질문할 것이다.

지금에서 영안실이나 집의 안방에 누워서 장례식을 기다리고 있는 자들을 보라. 그리고 양노병원에서 양노원에서 수양관에서 지금 죽음을 기다리고 있는 자들을 보라. 그들은 죽어가면서도 말한 마디 못하고 그 죽음 앞에서 벌벌 떨면서도 속수무책적으로 당하고 있는 자들을 보면서 이생과 저 생 그리고 죽음의 이편과 저편을 보면서 바른 이해가 심히 요구되고 있다. 왜냐 하니 얼마 후에 이 죽음에 의해서 너도 그리고 나도 이별을 고할 것이니 말이다.

### 제 3절, 죽음은 각기 자기 고향을 찾아 가는 것이다.

1, 죽음은 처음부터 그 누구에게도 아무렇게 오는 것이 결코 아니다. 잘못된 자들이나 어리석은 자들이 생각하기를 죽음은 저절로 오고 아무렇게나 오는 것이 아닐까 라고 생각들을 하나 그것은 결코 아니다. 죽음은 아주 조직적이고 기가 막힌 설계도에 의해서 오는 것이니 죽음을 함부로 보거나 함부로 생각과 취급을 하면 결코 아니 되는 것이다.

거두절미하고 죽음은 너만을 위해서 오는 것도 아니고 그리고 나만을 위해서 오는 것도 아니고 우리들 모두를 위해서 오는 것도 아니다. 그러기에 상당수의 인간들이 날마다 무덤으로 가고 화장터로 달려간다고 하여도(전도서 6:3-4, 욥기 30:19) 계속해서 인구는 기하급수적으로 많아지는 것은 어찌할 도리가 없는 것이 아닌가?

물론 오늘이나 내일에서 너도 가고 나도 간다고 하여도 늘어나는 인구수에 비하여 죽는 숫자가 적은 것만은 사실이나 그럼에도 때가 되면 모두가 죽음으로 갈 것이다. 노아의 홍수 때를 보고 다가올 대 환란을 주시하라.

2, 죽음은 언제나 소리 소문이 없이 오기도 하고 어떤 이에게는 크게 소리를 지르며 오기도 하고 어떤 이들은 각종 TV에서 죽는다 또는 죽었다고 떠들면서 죽기도 하고 어떤 이는 각종 방송이나 신문지면을 통하여 죽는 다거나 죽었다고 하면서 죽기도 한다. 시편 146:3-4절을 보라. 인간은 그가 그 누구이든지 간에 의지할 대상이 못되기에 죽음으로 모든 계획과 설계도와 그리고 그 모든 것들이 역사 속으로 순식간에 사라지고 만다.

그러나 역사 속에서 인간은 죽으면 결코 없어지는 대상이 아니다. 다른 그 무엇으로 변화나 변질이 되는 것 역시 아니다. 왜냐 하니 인간은 창조시로부터 인격체이고 완전체이니 말이다. 그러면 인간의 영혼이 돌아가야 할 그 곳 곧 그 본향이 어디인가 하는 것이다. 그 곳은 이생이 아니고 저 생이니 이를 바로 알라.

3, 거두절미하고 인간이 죽음을 통하여 하늘과 땅 사이에서 돌아가야 할 그 장소가 있는가 아니면 없는 가하는 것이다. 창세기 3:19절에서는 "너는 흙이니" 그래서 흙으로 돌아가라고 명하시나 그와는 반대로 "영혼이 그 어디로 돌아간다"는 것에 대하여는 일언반구가 없으니 난감하다. 성서의 가르침 그대로 인간의 영혼은 하늘로 간다 또는 그 영혼은 땅의 것 곧 땅의 소유가 아니니 그 본래대로(창세기 2:7) 돌아가게 되어져 있다. 그러니 원상으로의 회복은 고통이고 괴로움이 아닐 수가 없다.

구약성서를 보라. 성서에서는 초상집에 가는 것이 잔치 집에 가는 것보다 낫다고 정의하고 있다(전도서 7:2상반절). 그러면 그 이유는 무엇이고 그 어디에 있는가? 그러면 이에 대한 바른 이해가 있는가 함이다.

4, 모름지기 성서는 전도서 7:1하반절에서 "죽는 날이 출생하는 날 보다 낮다"고 이미 예고와 알리시고 있는데 그러면 그 저의는 무엇인가? 그럼에도 불구하고 성서는 잘못된 죽음은(전도서 6:3-4) 모태에서 출생되지 못하고 죽는 것보다 못하다고 기술 예고하고 있지 아니 하는가?

성서는 죽음은 각기 때로 오지만 오기만 하면 그 누구도 가차 없이 잡아간다는 것이다. 오늘은 너를 잡아 갈 것이고 내일은 나를 잡아가고 모래는 우리들의 이웃들과 모두를 잡아갈지도 모른다. 그러기에 언제 어디서나 심각한 면을 여기서 자아내고 있다. 가인이 동생 아벨을 죽인 것을 보고(창세기 4:8-10) 그리고 노아의 홍수이전에 죽은 자들을 보고 홍수 때에 죽은 엄청난 인간들을 유의하여 보라. 그럼에도 그들 역시 인격체를 지닌 자들이니 함부로 다룰 수는 없는 것이 아닌가? 이에 대한 바른 이해가 요구되고 있다.

5, 그러면 베드로 전서 3:18절을 보라. "그리스도께서는 육체로는 죽으심을 당하시고 영으로는 살리심을 받으셨으니"라고. 그리고 "그가 옥에 있는 영들에게 전파 하시니라" 라고 하심을 보라(베드로 전서 3:19). 이는 역사와 현실 위에서 의미하는 바를 많게 하고 있는 것이다.

그러기에 참되게 살려는 자들은 설령 그의 육체가 죽음에 의해서 본향으로 돌아간다고 하여도(시편 104:29) 그러면 그것이 그 무엇을 가르치고 있는 것인가? 죽음은 그 인간으로 하여금 각기 본향을 찾아서 돌아가게 하는 길이니 이를 그 누구도 바로 아는 것이 시급한 급선무이다. 그러니 창세기 3:19절의 기본적 원리는 많은 것을 깨닫게 하고 있다.

6, 그러면 창조의 역사와 섭리에 의해서 "육신＋ 영혼＝ 생명"(인간)이 되게 하신(창세기 2:7) 하나님께서는 왜 죽음을 통하여 "육신과 영혼"의 이별을 가져오게 하는가? 그러나 "육신- 영혼(생명)＝ 죽음"과 이별인데(누가복음 12:20-21) 왜 하나같이 창조의 법과 질서와 규칙을 외시나 버리고서 허황된 것을 꿈꾸는가?

창조의 법과 규칙과 정의와 질서에서 설령 하나님이 인간을 징계하여 죽게 하시지만(창세기 3:19, 히브리 9:27상반절, 시편 146:4) 그러나 이것은 영원하고 완벽한 이별을 위한 것이 아니고 어디까지나 그것이 그리스도의 재림 시까지 시한부 적이니 이를 명심해야만 한다. 그리스도께서 다시 오실 그 때에 하늘로 간 우리의 영혼과 땅으로 간 우리의 육신이 "재림의 역사와 능력과 힘"에 의해서 하나공동체와 연한 공동체를 이루어서 그리스도의 부활 완성체와 같은 "부활 완전체"를 입어야 하기에 이것이 하나님의 비밀이고 신비이고 영광의 광체인 것이다.

죽음은 육신과 영혼의 분리를 가져 오지만 그와는 반대로 예수 그리스도의 다시 오심에 의한 부활 완성체는 나누어진 이 둘이 하나가 되는 일치공동체와 연합 공동체를 이루게 되기 때문에 "죽음과 부활"의 역사를 바로 아는 그것이 중요한 과제이다. 여기서는 바른 이해가 심히 요구되고 있다. 이점을 양지해야 한다.

제 4절, 죽음은 괴로운 것이고 고통스러운 것이다.

1, 분명히 죽음은 오늘의 역사에서 그리고 죽음에의 현장에서는 모두에게 이별을 가져오고 모두에게 슬픔과 고통을 가져오고 그리고 모두에게 눈물과 한숨과 비애와 답답함을 가져오는 것이지만 그럼에도 불구하고 쉬지 아니하고 인간을 향하여 다가오고 있고 이 죽음은 반드시 그리스도께서 다시 오실 그 때에는 그 죽음이 역전과 전도가 되어서 "영광과 기쁨과 찬송과 감사"가 될 것이니 이것이 어찌 기쁘고 즐거움이 아니겠는가?

이 시점에서 주위를 둘러보라. 현실적으로 죽음은 오늘의 너와 나를 요구하고 있다. 그리고 다시 죽음은 오늘의 너를 필요로 하고 있다. 왜 그런가? 사후의 세계인 음부의 불이 그리고 지옥의 불이 너와 나를 기다리고 있기 때문이다.

오늘의 현실과 역사과정에서는 오늘의 인간에의 죽음이 비극이고 눈물이고 고통이고 저주스러운 것이나 그것이 장차에서는 기쁨이고 즐거움이고 만족이 될 것이니 어찌 감사와 찬송이 아니겠는가?

3, 그러면 인생은 다가오는 죽음에의 이리를 보면서(요한복음 10:12) 어떤 자세와 태도를 취해야 하는가?

Ⓐ 참된 그리스도인은 죽음에의 이리가 다가오는 것을 보고 슬퍼하고 괴로워해야 하는가? 과연 그런가? 그러하다면 왜 그렇게 해야 하는가?

Ⓑ 그것을 보고 한숨을 짓고 눈물을 흘리며 비애와 고통을 맛보아야만 하는가? 과연 그래야 하는가?

Ⓒ 그것이 아니면 오히려 기뻐하고 즐거워하며 찬송을 불러야 하는가? 지금은 이별이고 고통이나 예수 그리스도 안에

서 그리스도께서 다시 오실 그 때에 부활에의 능력과 역사 속에서 다시 일치가 되고 연합이 되고 공동체를 입게 될 것이니 그것을 보고 감사하고 찬송을 해야할 것인가?
　Ⓓ 그것이 아니면 "죽으면 그만이지" 그리고 죽으면 인간은 "무와 허무"로 돌아 갈 것이니 허무주의 사상에 빠지고 얽매여서 비극의 모든 것들의 그 끝을 낼 것인가 하는 것이다.

　※ 그러기에 인생은 그 자신이나 가족이나 이웃이나 그리스도인들의 죽음을 보면서 태도와 자세가 분명하고 확고부동하지 아니하면 결코 아니 되는 것이다. 그러니 이 문제에서 그 누구도 본말을 전도해도 아니 되고 하나님 앞에서 어리석음을 노출시키거나 성서 마태복음 22:29-30절을 오해 하거나 망각을 해서는 결코 아니 되는 것이다.

　3. 그 누가 무엇이라 하여도 이제는 이생이니 이생에서의 잘못된 사고나 사상을 판단해서 벗어나지 못하면 결코 아니 된다. 이생에서 낮은 눈으로 모자라는 사고로 헛된 신앙 따위로 죽음과 죽음의 이리를 척량하거나 자로 재고 계산을 하려고 해서는 아니 된다. 모두가 죽음 앞에서 이것이 나의 인생사의 끝이로구나 라고 하지만 장차 다가오고 있는 예수 그리스도의 재림을 보면 그것이 아님을 알게 된다.
　그리고 다시 데살로니가 전서 4:14-17절을 보면서 왜 그리스도께서는 다시 오시면서 먼저 간 성도들의 영혼을 데리고 오시는지 그것을 바로 알지 못하면 아니 된다. 유념해야 할 것은 바로 데살로니가 전서 4:14-17절은 먼저 간 성도들의 부활 완성체를 입게 하시려는 의도가 아닌가? 그래서 먼저 간 성도들을 다 데리고 오시는 것이 아닌가?

그러니 작금에서 보고 있는 각종 인생의 죽음은 육과 영의 이별이니 슬프고 고통스러운 것이니 예수 그리스도께서 다시 오실 그 때에는 분리가 되고 떠나 있던 육과 영이 공동체적 연합을 이루고 하나공동체를 이루어서 "부활 완성체"가 되니 어찌 기쁘고 즐겁지 아니할 것인가?

현실적인 죽음은 고통이고 슬픈 것이나 그러나 장차 다가올 부활 완성체에서는 그것이 오히려 감사와 찬송이 되니 기쁨이 아닌가? 원리적으로 기독교는 이것을 기본적 모토로 하고 있으니 그리스도께서도 죽으시면서 자기의 영혼을 하나님께 맡기셨고(누가복음 23:46) 그리고 스데반 역시 죽으시면서 그 자신의 영혼을(사도행전 7:59) 주 예수께 맡기신 것이 아니겠는가?

4. 기독교는 영혼을 귀히 여기는 종교인 동시에 그 육신도 아주 귀히 여기는 종교이다. 기독교인은 하나님이 주신 그 육신도 천히 여기면 결코 아니 된다. 그리스도인이 하나님이 주신 그 육신을 천히 여기면 그것은 죄악이고 버림의 조건이 되는 것이다. 그러니 함부로 술과 담배와 마약과 노름을 해서는 아니 되고 지나치게 몸을 학대하거나 몸을 괴롭게 하고 무너지게 하거나 상하게 하면 아니 된다.

그러니 인생은 하나같이 삶을 위하여 달려가는 것이 아니고 결과적으로 죽음에의 문턱을 향하여 쉬지 아니하고 달려가고 있으니 그 결과가 어찌 되는 것인가? 오늘의 너를 보고 나를 보라. 지금 어디로 달려가고 있는가? 사업이나 장사나 직장이나 정치나 권력이나 성공이나 출세 따위는 다 별 것이 아니야. 다 그렇고 그런 것들이야. 다 지나고 보면 남은 것은 죽음에의 문턱이 아니겠는가?

죽음은 그 누구도 시편 146:4절과 같이 모든 것의 종지부를 찍게 하는 것이 아닌가? 그러나 기독교적 차원에서 그리스도 안에서 사는 자를 향하여 저 세상으로 가서 "거지 나사로"와 같이(누가복음 16:22-23) 되고 구원을 얻으라는 것이 아닌가? 그러나 그 반대인 홍포를 입은 부자를 보라(누가복음 16:19-25). 그는 저 세상에서 해야 할 일이라고는 하나도 없으니 그것이 무의 문제이고 허무의 비극인 것이다.

5, 사람의 죽음은 영과 육을 분리시키고 그리고 각기 그 본향을 찾아가게 만드는 그것이 사실이고 현실이고 역사가 아닌가? 그러면 당신은 오늘에서 당신의 육신의 그 고향이 어디라고 생각하는가? 당신의 몸은 처음부터 알고 있는데 아직도 당신은 똑똑하다고 자처를 하면서 그것 하나도 모르고 있지를 아니하는가? 그러면서도 사람이고 살았다고 자처를 하고 있으니 안타까운 것이 아닌가?

스데반은 죽으면서 자기의 영혼을 그리스도에게 그리고 예수께서도 죽으시면서 하나님 아버지께(누가복음 23:46) 그 자신을 부탁한 것은 분명히 의미를 많게 하고 있다. 여기서 반드시 유념할 것은 죽음의 건너편에는 그리스도의 영광의 재림이 기다리고 있다. 그리고 그리스도의 다시 오심과 전 인류의 부활의 완성역사가 순서대로 기다라고 있으니 헤어짐보다 다시 만나고 다시 연합하고 다시 영광과 승리를 얻을 것이니 놀라움이 아니겠는가? 그러니 이 죽음에 의한 헤어짐은 만남과 부활의 완성과 영광을 입을 것이니 감사가 아닌가?

6, 언제인가 그리고 그 때가 되면 분리되고 이별이 되고

상호 떠났던 영혼과 육신이 오랜 시간을 보낸 연후에 다시 하나공동체를 입기 위하여 그리스도와 함께 그의 영혼이 이 세상으로 다시 와서 떠나고 헤어진 그 육신을 다시 찾아 하나공동체와 연합공동체를 이루게 될 것이니 그것이 신비이고 비밀이고 놀라움이고 능력과 승리와 역사가 아니겠는가? 그것이 감사이고 찬송이 아니겠는가?

반드시 우리가 여기서 유의할 것은 언제인가 그 때가 되면 부활의 완전체를 입을 것이니 그것이 축복이고 감사가 아닌가? 영혼이 그의 육신을 떠났으나(누가복음 12:20) 그러나 다시 부활에의 완성체를 입을 그 때에는 영혼과 그 육신이 다시 만나게 되었으니 이 만남에의 공동체는 영광이고 찬송이고 기쁨이고 감사가 아니겠는가?

제 5절, 죽음이 우리에게 가져다 준 것은 사후의 세계 곧 내세이다. 그런데 그 곳은 낙원이고 음부이다. 그리고 천국과 지옥이다

1, 거두절미하고 죽음이 우리에게 가져다 준 것은 사후의 세계로서 그 곳을 동양이나 한국에서는 극락이고 옥황상제께서 계시는 곳이라고 들 주장한다. 그리고 악하고 음란하고 못된 자들은(마태복음 12:39) 이때에 죽어서 가는 곳이 음부이고 염라국이고 지옥이라고까지 주장들을 하고 있다.

그러나 기독교 성서에는 이 죽음의 때에 사람의 영혼이 가는 곳은 나사로가 들어간 파라다이스라는 낙원이거나 아니면 음부의 불속이라고 한다(누가복음 16:22-25). 그런데 문제가 되는 것은 동양이나 한국의 사상과 신앙에서는 이 낙원이나 극락에는 신선이 있고 선녀들이 살고있다고 주장들 한다.

그런데 그 곳에 있는 것들은 신선주와 불노주가 있는데 그 누구도 그 곳에서 신선주와 불노주와 불사주를 마시면 늙거나 죽거나 하지를 아니한다고 주장한다. 이 선선주나 불로주는 주로 신선들이나 선녀들이 마신다고들 주장한다.

 그리고 동양사상과 신앙에서는 주로 한국적 신앙과 사상에서는 그 곳에는 천도복숭아라 하는 과일도 있는데 그것 하나를 따서 먹으면 천년을 산다고 하고 그것을 3개 정도 따서 먹고서 3천년을 살게 된다는 주장과 신앙이니 문제가 심각하다 하겠다. 이를 반대하는 자들은 그것은 미신설화가 아닌가고 주장하나 오히려 적반하장이라 하니 어찌해야 하는가?

 2, 여기서 강조하고 있는 동양철학과 사상은 그 기본과 기초를 동양적 샤머니즘과 그리고 미신이나 신화설화에 두었거나 젖어 있기에 심각한 난제점을 자아내고 있다. 거두절미하고 동양을 보라. 세계인구의 절반가까이가 동양에 사는데 그들은 대개가 동양적 샤머니즘과 신앙에 젖어 있고 그리고 동양적 신앙 신화와 사조와 근저에서 벗어나지를 못하고 있기에 죽어서 저 세상(저승)으로 간다고 하나 그것이 아주 샤머니즘적이고 역사 강조에서 아주 구상유치스러운 과제이기에 문제가 심각하다 하겠다.
 모름지기 사후의 세계가 신화나 신화설화에 빠지고 각종 가공적인 인간이나 미신에 빠져서 허우적거리고 있기에 샤머니즘의 우상과 미신에서 벗어나거나 헤어나지 못하니 문제가 될 수밖에 없다. 솔직히 당신은 신화나 설화를 믿는가?

 3, 사람들은 죽음의 이편을 차안이라고 부르고 죽음의 건

너편인 그 곳을 피안의 세계라고 부른다. 그러면 차안과 피안의 세계 이 두 사이에 끼어 있는 인간의 이 죽음에 대하여 그 누구도 무엇보다 바른 이해가 없으면 결코 아니 되는 것이다.

인간에게 임하는 이 죽음은 차안과 피안의 세계 그 한 가운데 끼여 있으나 그러나 그리스도의 부활사건의 승리는 육과 영을 하나로 만들고 하나공동체 안에 넣어서 영원한 나라로 이끌고 인도할 것이기에 그 무엇 보다 이를 바로 아는 그것이 시급하다. 현실의 세상과 역사에서 너와 나의 죽음은 분명히 "영과 육의 분리"를 가져오는 것이지만 그러나 불원간에 그리스도께서 다시 오시면 그 때에 일어나고 나타나는 그것이 바로 부활 역사에의 완성이고 그리고 부활역사의 현실과 승리이니 여기서 문제가 심각하여 진다.

4, 사람들은 하나같이 죽음을 바라 보면서 그 배후인 내세를 곧 기독교적 천국과 지옥, 낙원과 음부 그리고 무저갱과 깊은 옥 등을 찾아보면 되는 것이다. 그러나 문제는 먼저는 분리됨을 그러나 후자는 하나 되고 연합이 되고 공동체가 된다는 것을 잊으면 아니 된다.

작금의 우리는 두 가지를 기다리고 있는데
Ⓐ 그 하나는 우리의 죽음이고
Ⓑ 다른 그 하나는 우리의 부활완성체이다.

여기서 전자는 현실적으로 우리에게 서서히 다가오고 있는 과제이니 우려가 되고 나타나는 것이다. 그러나 전자와는 달리 후자는 전 인류가 기다리고 있는 예수 그리스도의 재림의 문제이니 이를 누구도 바로 아는 그것이 매우 중요한 과제이다. 바른 이해가 요구되고 있다.

5, 사람들은 하나 같이 그 자신의 죽음은 기다리지만 그것 못지않게 예수 그리스도의 재림도 공히 기다리고 있으니 그러므로 참으로 아이러니한 일이 아닐 수가 없다.

그럼에도 오늘의 우리가 유의할 것은 우리가 위의 이 두 가지 사이에 끼어서 엄청난 고통과 괴로움을 겪고 있다. 오늘에서 너와 내가 공히 진정되게 기다리는 것이 "죽음" 인가? 그것이 아니면 "예수 그리스도의 재림"과 전 인류의 부활 완성체를 입는 그것인가 하는 것이다. 오늘의 우리가 요구하고 바라는 것은 이별이 아니라 연합이고 함께 하는 공동체적 진리이다. 그 누구도 너를 바로 아는 것이 중요하다.

6, 우리는 죽음과 이별의 건너편의 사후의 세계를 유의하고 바로 보아야 한다. 그러니 누가복음 12:20절의 역사와 현실을 바로 보고 그리고 다시 누가복음 16:22-25절의 홍포를 입은 부자를 보라. 그가 그 곳에서 바라고 요구한 것이 그 무엇인가? 그것이 바로 내세에서의 아브라함의 품안인가?(누가복음 16:22-23) 그것이 아니면 아브라함의 품의 그 밖인가?(누가복음 16:19-25) 이에 대한 바른 이해가 있는가 함이다.

우리는 다가오고 찾아오는 죽음과 이리를 보면서 그 뒤에 숨겨져 있는 내세 곧 낙원(극락)과 음부 그리고 천국과 지옥을 보고 있는가? 그것이 아니면 무엇을 믿고 받아 드릴 것인가?

제 6절, 죽음은 인생의 영혼과 육신의 분리이다.

1, 죽음은 그 누구도 벗어나거나 피할 수는 없다. 성서를

보면 애녹이 죽지 아니하고 하늘로 올라갔고(창세기 5:21-24) 그리고 엘리야 선지자가 죽지 아니하고 불 말과 불 병거를 타고서(열왕기 하 2:11-12) 하늘로 올라갔다는 것을 성서에서 알리시고 있다.

  그러나 이런 것들은 그 누구나에게 있는 것이 절대로 아니고 그리고 함부로 있고 일어나고 나타나는 사건은 결코 아닌 것이다.

  2, 분명한 것은 우리들 자신인 너와 나에게 임하고 찾아오는 죽음은 "너와 나"를 분리시키는 것이 아닌가? 그래서 그 하나인 육신은 그 본래의 땅(흙)으로(시편 146:4) 돌아가는 것이고 그리고 다른 그 하나인 생명 곧 영혼은 하늘로 올라가는 것이 아닌가?(전도서 3:20-21)

  그래서 죽음은 분명히 우리들 개인에게서 영혼과 육신을 분리시켜 각기 그 고향으로 돌려보내는 작업이 아닌가? 그러나 예수 그리스도에 의한 부활의 대 역사는 죽음에 의해서 영혼과 육신을 분리해서 각기 돌려보낸 그것을 다시 모아서 연합 공동체와 일체공동체를 이루게 하는 하나님의 대 역사가 아니고 그 무엇인가? 그 누구도 "죽음에의 시간과 사건" 그리고 "부활에의 승리사건"을 바로 모르면 결코 아니 되는 것이다. 눈을 들어서 달려오고 있는 죽음을 보라. 바로 그 죽음이 오늘의 너와 나를 부르고 찾고 필요로 하고 있다.

  3, 죽음은 그 누가 무엇이라 해도 인생의 육신은 본래의 그 땅으로 육신을 돌려보내는 것이 아닌가? 그것이 공동묘지이거나 일반의 묘지로 시신을 돌려보내거나 아니면 화장터로 보내어서 화장을 시키거나 해서 그 땅으로(전도서 6:3-5,

욥기 30:19) 돌려보내었다가 장차 예수 그리스도의 다시 오실 그 때에는 새 생명과 공동체를 더불어 입게 된다.

그리스도께서는 다시 오실 때 데살로니가 전서 4:14-17절과 같이 먼저 간 성도들을 낙원으로부터 다 데리고 오신다. 그것은 모두가 예수 그리스도 안에서 부활의 완전체(완성체)를 입으시기 위한 역사이다. 이 육신은 흙이니(창세기 3:19, 시편 104:29) 흙으로(창세기 2:7) 돌아가는 것은 신비이고 하늘의 비밀이다.

4, 그리고 죽음에 의해서 이 육신에서 벗어나고 떠난 영혼은(누가복음 12:20-21) 그 이후에 하늘로 가서 아브라함의 품에 안기게 되는 것이다. 그것이 누가복음 16:22상반절에서 잘 나타나고 있는 사건이다.

예수께서는 회개를 한 한 강도를 보시고 오늘 내가 너와 함께 낙원에 있을 것임을 약속하고 있다(누가복음 23:43). 그러면 이것들이 그 무엇을 가르치고 있는 것인가? 인간은 죽음과 동시에 내세 곧 낙원(극락)이거나 아니면 음부(지옥)의 불속으로 떨어진다는 것을 바로 알아야 한다. 이것이 동양이나 한국적 토착신앙과 현실임을 바로 알아야 한다.

5, 그럼에도 인간은 다른 모든 피조물들과는 달리 "죽음이나 죽음의 이리"에 의해서 "영혼과 육신"이 분리가 되는 엄청난 대 역사를 나타내 보이고 있다. 그러면 왜 육신은 땅으로 가고(시편 146:4, 104:29) 평생 이 육신과 함께 한 영혼은 하늘로 올라가는 것이 기본인가?(전도서 3:20-21) 그러면 그 이유는 무엇이고 그 어디에 있는 것인가?

사람은 죽으면 그 영혼이 하늘 곧 낙원(극락)으로 올라가는데 그 저의는 과연 그 무엇인가 하는 것이다. 창조주 하나님께서는 인생을 흙으로 만드시고 그 코에 생기를 넣어서 생령 곧 죽지 아니하는 영혼 또는 생명체가 되게 하셨으니(창세기 2:7) 감사가 아닌가? 그 생명체는 죽지 아니하고 육신과의 분리에서 "낙원이나 음부"로(누가복음 16:22-25) 가게 하신 그것은 창조의 신비이고 비밀인 것이다. 그 누구도 이 원리를 바로 아는 그것이 시급한 과제이다.

6. 오늘에서의 가장 큰 문제점은 인생이 그리고 교회당을 다닌다고 하는 교인들이 위에서 지적하고 있는 바 그대로 이 창조의 원리와 기본을 믿는가 하는 그것이다. 하나 같이 죽음이란 것이 자기를 잡으려고 오는데 일생동안 죄만 지으며 오고간 우리의 육신은 흙(땅)으로 돌려보내는 그리고 자기의 영혼을 하늘의 나라인 낙원으로 갈 것을 생각하니 기쁘고 즐겁고 감사해야 함에도 불구하고 너무나도 무서워하고 떠나는 것은 원리도 아니고 진리도 아님을 바로 깨달아야 한다.

물론 예수 그리스도를 믿지도 받아 드리지도 아니한 자들의 영혼은 하나 같이 홍포를 입은 바의 부자가 되어서 누가복음 16:22-25절의 꼴이 될 것이나 참된 그리스도인은 누가복음 16:22-23절이 될 것이니 감사와 찬송과 영광이 아닌가? 그리고 다시 누가복음 16:25절을 유의하여 보라. 이것이 바로 슬픔이고 고통이고 괴로움이며 눈물이 아니겠는가?

천국이나 낙원 또는 극락은 어떤 곳인가? 누가복음 16:24-25절이나 그리고 다시 계시록 21:3-4절을 보고 다시 계시록 22:12-14절을 보라. 그러니 죽음 역시 그리스도인들의 감사이고 찬송이고 영광이 아니겠는가?

## 제 7절, 죽음은 인생의 모든 것의 포기인가?

1, 인생에게 있어서 죽음은 "현상에서의 종지부"를 찍는 행사이기도 하다(시편 146:4). 이생 또는 차안의 세상에서 나의 모든 재산이나 일과는 그 끝을 낸다는 것을 알리는 종소리이고 그 과정이다.

그래서 죽음 앞에서는 그 누구도 목소리가 적어지고 노래소리도 사라지게 된다. 죽음은 인생관계에서 모든 것의 종지부이며 애도의 탈을 벗어 버리는 한 과정인 것이다. 이를 외면하거나 모르면 결코 아니 되는 것이다.

인간 관계나 자기와 가족의 관계 그리고 부부의 관계와 부모와 자녀의 관계 그리고 자녀와 부모의 관계 등을 완전히 벗어나고 버리게 하는 정말로 무서운 무기와 칼이 바로 죽음인 것이다. 그 누구도 이를 모르면 결코 아니 되는 것이다.

2, 그리고 국가와 사회와 종교에 있어서 상호간에 맺고 있는 그 모든 관계들 역시 파하고 버리고 비우는 그 작업이 바로 죽음이란 것이니 이를 바로 아는 것이 중요하다. 나와 국가와의 관계에서 법과 질서와 규칙의 관계 등은 많고도 큰 것이다. 그리고 주어진 관계에서 살고 있는 이웃들과의 관계와 직장이나 직업과의 관계나 학교나 교육기관들과의 관계 역시 버리고 포기하게 만드는 것이 죽음이다.

우리는 그 누구도 사회인으로서 사회와의 관계에서 벗어나거나 떠날 수는 없다. 그 누구도 여기에서는 예외가 아니다. 죽음 앞에서 세상과 현실과 역사와 오늘의 사회와 사회상과 원리를 바로 보라. 이런 것들은 아무것도 아닌 나에게 단순히 삯군들에 불과함을 잊으면 아니 된다. 왜냐 하니 이것들은 죽음의 순간이 오면 모두가 다 나를 버리고 도망가는 것들이기에 삯꾼인 것이다. 그래서 그리스도께서는 이 "죽음에의 이슈"에서 너와 나를 가장 괴롭히는 것이 바로 이들 삯군들임을 밝히시고 있는 것이다(요한복음 10:12).

3, 인생에게 날마다 달려오고 있는 죽음의 이리를 보라. 그들이 다가오면 이 세상적인 각종 삯군들이나 윤리와 도덕적인 삯군들 역시 보라는 듯이 다 도망을 치고 만다.

어제와 오늘에서 인간의 그 주변들을 보라. 윤리라는 것이 큰 소리를 치고 있다. 어떤 때에는 도덕이라는 것이 큰 소리를 치며 오고간다. 그런 가운데 이웃이 친척이 형제가 끼여서 철학과 윤리와 도덕을 논하며 오고 가기도 한다. 그러면서 이웃들이 요구하고 바라는 것이 바로 이웃과 윤리와 철학 등은 잊지 말라고 요구한다. 그러면서 각기 이웃과의 설정관계 등에서 벗어나거나 떠나지 말라고 요구한다.

4, 죽음이 오면 이 세상에서 너와 내가 언제나 가지고 있는 것들 곧 모든 소유들을 버리고 포기해야 하는 것이 기본과 원리가 아닌가? 시편 49:17절을 보라. 인간은 그 누구도 죽으면 저 생으로는 아무 것도 가져가지를 못하게 된다. 그러니 시편 146:4절을 보라. 인생은 그 누구도 목숨이 끊어지는 그 순간에 자신의 계획이나 설계나 현실이 흔적 없이 사라지게 될 것이다. 그래서 시편 146:3절을 보면 인간을 의지나 믿지 말고 인간과 더불어 악수를 하거나 설계나 계획이나 그 무엇을 도모하지 말라고 경고하고 있다.

인간은 인격체이니 "존귀에 처하나 깨닫지 못하는 사람은 멸망하는 짐승과 같다는 것"이(시편 49:20) 기본과 원리가 아닌가? 그래서 성서는 마태복음 19:16-22절을 깨닫고 누가복음 16:19-25절을 깨달으라고 경고하고 있다.

5. 심지어 성서는 예나 지금에서 우리들 모두에게 죽음이 오면 우리가 가지거나 믿고 바라고 소망하고 있는 기성종교마저도 깨끗이 버리게 된다고 경고하고 있다. 개인이 믿거나 가지고 있는 기존의 종교는 어느 종교이든지 그 나름대로 고귀하고 아름다운 것임은 사실이다. 그러나 너와 나를 향하여 달려오고 있는 그 죽음의 이리는 우리가 믿고 있는 그 종교나 믿음마저 빼앗고 무나 무효로 만들어 버린다는 사실을 모르면 아니 된다.

솔직히 죽음 앞에서 너와 나에게 있는 그리고 믿는 기성종교와 믿음은 그 무엇인가? 하나의 지나가는 이 세상적인 삯군에 불과한 것이 아닐까?(요한복음 10:12) 그래서 다들 자기가 믿는 그 종교와 신앙이 크고 아름다운 자는 이리가 와서 자기를 잡아가도 완전히 신에게 맡기지만 그 반대인 자들도 많다는 것 정도를 잊으면 아니 된다.

6. 죽음은 어제나 오늘에서 너와 나에게 있는 것 곧 소유들을 다 포기하게 만들고 그리고 너와 내가 소유한 그것들을 다 버리거나 포기하게 만들고 있다. 그리고 너와 나를 버리고 도망가는 삯군으로 만들고들 있다.

거두절미하고 너와 나에게 죽음이란 이리가 오면 나의 소유나 너의 소유물들이 하나도 빠짐없이 너와 나를 두거나 버리고 다 도말을 가는 삯군들이 아니고 그 무엇인가? 죽음이 찾아왔을 그 때에 나에게서 떠나가고 도망을 하는 것들은 다 나의 삯꾼들이다.

 그리고 지금까지 너와 나의 곁에서 우리들의 눈과 마음과 속성과 사고와 현실을 현혹 시키고 속이고 있는 것들이 다 나에게는 삯꾼들이 아닌가? 왜 그것들 하나하나가 다 나를 속이고 있는가? 그것은 크거나 작거나 간에 나를 언제나 속이고 있는 삯군들이기 때문이다.

 어제나 오늘에서 나의 소유들을 보라. 그것들이 나의 주변에서 쉬지 아니하고 나를 속이고 그리고 나의 가족이나 부모나 형제나 자매 들도 나를 속이고(미가 7:5-6, 예레미야 9:4-6) 나의 현실과 역사들도 다 나를 속이려고 달라붙어서 골수와 피를 빨고 술수를 부리고 있는 것들이 아닌가? 죽음의 이리가 나를 잡으려 오면 나 하나만 그 곳에 남겨두고 다 도망을 간다고 생각하여 보라. 고약하고 한심하고 억울하고 분하지 아니하는가? 오늘에서 당신의 주변에 있는 것들은 어느 것 하나도 당신을 버리지 아니하는 것이 없는데 인간은 그 삯꾼들에게 속아서 미련을 두니 그것이 문제이다. 죽음이 왔을 그 때에 나를 버리고 도망을 가는 것들은 다 나에게는 악하고 나쁜 삯꾼들임을 잊지 말라.

 거두절미하고 당신에게 죽음의 이리가 잡으려 오면 이승에서 저승으로 가지고 갈 것에 대하여 생각을 해 보았는가? 기독교 이외의 종교나 불신 사회에서는 시신을 관에 넣으며 그 죽은 시신의 품에다 100원짜리 동전 3개를 넣어주는데 그것 하나를 넣을 때마다 소리를 치기를 그것이 일천양이라고 한다. 그러면서 100원 짜리 동전 3개를 넣고서 3천양이라고 하고 시신의 입에는 쌀을 3스푼을 넣으면서 하나를 넣을 그 때마다 일천석이라 소리를 치면서 3스푼을 넣고서는 3천석이라고 하며 저승에 가서 돈 3천양과 쌀 3천석을 가지고 가서 1천년을 살라고 소리를 친다. 이것이 오래 동안 내려온 한국적 전통과 풍습과 역사와 내세관이다.

당신도 죽을 그 때에 위의 이것들을 가지고 가야하는데 동전 3개와 쌀 3스푼을 얻으려고 한이 많은 이 세상을 살고 그렇게도 아웅다웅을 하였고 수고와 노력과 땀과 눈물과 피를 흘리며 살았는가? 아니 살고 있는가를 생각하라. 오늘에서 당신이 아무리 가진 것이 많아도 다들 그렇게 하고 갔다. 어느 누구도 예외는 아니다.

그러면 기독교 성서는 이에 대하여 무엇이라고 하는가? 사람이 죽을 때에 어차피 이 육신은 땅 곧 흙으로 돌아가니(시편 104:29) 가지고 갈 것이 없고 그 다음 영혼이 문제가 된다. 그러면 목사나 장로나 교인들이 저 세상으로 갈 그 때에 가지고 갈 것을 대비해서 사전에 준비를 할 것이 그 무엇인가?

그것이 바로 아래의 3가지이다.
Ⓐ 그 하나는 자기의 이름이다. 인생에게는 언제나 아름다운 자기의 이름이(전도서 7:1상반절) 그 무엇보다 귀하고 복되고 아름다운 것이다.
Ⓑ 다른 그 하나는 예수 그리스도의 이름 곧 하나님 아버지의 이름이다. 저 세상에 가서 구원을 얻은 성도들이 하나님과 예수 그리스도(주님)의 이름을 불러야 하니 그 이름을

고이 간직하고 부르도록 해야 한다.
 ⓒ 다른 그 하나는 하나님의 말씀이다. 다시 말을 해서 모든 그리스도인들은 저 세상으로 갈 그 때에 하나님의 말씀을 가지고 가야 한다. 그것은 두 가지 의미를 지니고 있는데 하나는 저승 곧 낙원이나 천국은 "말씀의 나라"라는 것이고 다른 하나는 말씀은 하나님이 인간들에게 주신 유일한 소유라는 것이다(시편 119:56). 하나님이 인간 그 개인에게 주신 유일의 소유가 말씀이니 그것을 가지고 가야 한다는 것이다. 나의 유일한 소유가 말씀이니 저승이라고 하는 그 나라 역시 말씀에의 나라이니(천국은 말씀의 나라) "이생에서 성서를 많이 읽어라"고 경고하는 것이다
 그러면 오늘의 기독교는 목사나 교인들에게 이 원리와 기본을 가르치고 있는가? 먼지 하나 지푸라기 하나 손수건 하나 양말 하나도 이생의 것은 가지고 가지를 못하는데 당신은 저승으로 갈 그 때에 그 무엇을 가지고 가려고 만반의 준비들을 하고 있는가? 손을 보고 가슴을 보고 품안을 보라.

## 제 8절, 그러면 다음에 속한 자들을 보라.

 1, 죽음 앞에서 인생은 저울질이 과연 가능한가? 그것은 결코 아니다. 그러면 누가복음 16:19-31절에 나타난 홍포를 입은 그 부자를 보라. 그도 인간인데 죽음 앞에서 그가 생각을 한 것이 그 무엇인가? 그가 행한 것들을 생각해 보면서 자기는 음부의 불속으로 떨어질 것이라고(누가복음 16:24-25) 생각을 하였을까? 그것이 아니면 전혀 그런 생각하나 없이 연락을 하면서 세상을 살고 있는 것이 아닐까?
 그러니 누가복음 16:19절을 보고 그리고 다시 누가복음

16:24절을 종합해서 보라. 성서는 여기서 아버지 아브라함은 그에게 합당한 심판과 공정한 판결과 대가를 지불하였다고 선언하고 있지 아니하는가? 그러니 누가복음 16:24절은 분명히 각종의미를 많게 하고 있다.

그러나 그와는 반대로 누가복음 16:22-23절의 거지 나사로를 보라. 그도 역시 공정한 대가 지불에 의해서 아브라함의 품에 안긴 것이 사실이 아닌가? 그러기에 나사로는 불평도 없고 불만도 전혀 없다. 오직 공정한 대가 지불을 받으니 기쁘고 즐겁고 만족하기만 한다.

2, 누가복음 12:16-21절의 부자를 보라. 유추해 보면 이 사람 역시 활발하게 일을 할 수 있는 년세이니 겨우 50세 전후인 것 같다. 그는 밤에 인생과 사업의 설계와 계획을 세우다가 죽고 말았다. 누가복음 12:20절을 보고 그리고 다시 누가복음 12:21절을 보라. 그가 하나님께로부터 공정한 대가를 지불받게 된 것은 누가복음 12:20절이 아닌가? 그러면 그가 왜 이런 어처구니없는 대접을 받고 있는가? 그는 자기의 영혼과도 대화를 나눌 정도이었는데 그럼에도 그날 밤에 죽고 말았다. 참으로 아이러니하고 한심한 자이다.

그러면 시편 17:14절을 보라. 이 사람이 하나님이 주신 재물들을 가지고 먹고 마시며 낙을 누리며 산 자가 아닌가? 그러면 그가 왜 죽었는가? 그것이 시편 17:14하반절의 문제 때문인가? 이런 경우의 인간은 오늘에서도 우리들의 이웃에 꽉차 있지 아니하는가? 이런 유형들이 위로부터 얻고 누리는 것이 그 무엇인가? 그랬으면 진실하게 살아야지 짐승답게 살면 되겠는가? 이런 자들이 바로 6도의 축생도에 소속이 된 자들인가?

   3, 마태복음 19:16-20절을 부자 청년을 보라. 이 세상에는 이렇게 살려고 수고하는 자들이 흔히 있다. 그러나 그도 막상 하늘이 마태복음 19:21절을 요구하고 바라니 고개를 돌리고 교회당을 떠나고 하나님에게서 벗어나고 말았다. 이런 자들은 서울이나 경기도에 그리고 시내의 길거리에 가득 차 있다. 왜 그럴까? 이런 자들의 악과 최대의 약점의 그 하나는 깨닫지를 못한다는 것이고 다른 그 하나는 회개가 없고 지나치리만큼 물질에 치우치고 넘어간 자들이란 것이다.

   그런데 이 사람은 마태복음 19:16절과 그리고 마태복음 19:22절을 보면 앞과 뒤가 너무나 차이가 나는 자이다. 구원과 영생을 구하려 다니는 자가 마태복음 19:22절이 되면 되겠는가? 그것은 아니 되는 것이 아닌가? 그러니 그 결국에는 심판장으로부터 마태복음 19:23-24절에서 비토와 심판을 보기 좋게 받은 것이 사실이 아닌가?

   4, 죽음은 이 세상에서의 나의 모든 소유를 더 버리게 하는 함정이고 빼앗아 가는 악한 병이다. 인간들이 세상에서 자기의 소유를 버리지 못하고 시편 49:9-13절과 같은 자세와 태도를 취하고 있으니 인간들이 가진 것들을 다 빼앗는 그 과정들을 통하여 가진 것들 모두를 다 빼앗는 것이다. 왜냐 하니 앞에서 이미 밝힌바 있거니와 인간은 그 때가 되면 가진 것들 모두를 내어놓거나 빼앗긴다는 것이다. 내어놓고 갈 것인가? 아니면 무지막지 하게 빼앗기고 갈 것인가 함이 남은 과제이다.

그러니 조물주께서는 "죽음"이란 것을 통하여 인간들이 가진 것들 모두를 그의 손과 눈과 마음과 몸으로부터 다 빼앗는 그 과정을 만드신 것이다 그러니 오늘에서 아니 죽기 직전에 너와 내가 가진 것들을 다 빼앗거나 바치게 만드는 그 과정이 바로 죽음의 과정이심을 알리시고 있다.
그러니 누구도 정신을 차리지 못하면 색깔이 진한 하루살이들과 삯군들에게 속아서 모든 것을 자포자기 당하고 무너지고 음부의 불속으로 떨어지고 말 것이다. 그것이 너와 내가 가야할 죽음에의 길이고 죽음 이후의 길인 것이다.

5, 거두절미하고 오늘에서의 한국의 각종 종교들이나 기독교를 보라. 그리고 각 종교의 지도자들이나 기독교의 목사들을 보라. 솔직히 그런 상태와 현실에서 그들이 죽음의 건너편인 파라다이스로 갈 것인가? 그것은 언어도단이다. 그것은 말이 아니 되는 것이다. 그러니 이 문제에서 "죽음과 사후의 세계"를 생각하고 바라보면서 달려가는 자들은 각종 종교적인 색깔에 속는 다는 것을 잊으면 아니 된다.
때때로 기성종교는 예수의 경고와 같이 마태복음 23:13절과 23:15절이 되어서 인간과 이웃들을 배나 지옥 자식이 되게 만드는 경우도 있으니 이를 바로 유념하라.

## 제 5장, 죽음에의 시간과 순간

거두절미하고 이쪽 편에서 죽음이 다가오지 아니하고 있는 그런 상태에서 그 누구도 죽음에의 상태나 죽음에의 시간과 순간을 말하거나 논의하는 것은 결코 쉽지는 아니하나 그러나 죽음에의 이리가 너와 나를 잡으려 오기 이전에 이를 다소나마 바로 알아 두는 그것이 심히 유익이 된다는 것을 바로 알라.

예수께서는 죽음을 비유하시기를 "죽음의 이리"라고 규정하면서(요하복음 10:12) 여기서 우리에게 무엇인가를 가르치려 하고 있음이 분명하다. 거두절미하고 인간은 사회와 주위와 이웃들을 보면서 이 "죽음에의 시간과 순간" 또는 "죽음에의 역사와 현실"를 바로 아는 그것이 그 무엇보다 중요한 것이다. 그러면 왜 그런 것인가? 그러면 다음에서 이것들 하나하나를 상고하고 검토해 보지 아니하면 결코 아니 된다.

### 제 1절, 그러면 죽음은 그 어디에서 어떻게 오는가?

1, 죽음은 우주나 이 사회나 현실이나 역사 과정에서 오는 것은 결코 아니다. 그리고 죽음은 병원이나 각종 질병에 의해서 오는 것 역시 아니다. 그리고 죽음은 각기 그 가정이나 형제나 자매나 부모 등으로부터 오는 것 역시 아니다. 죽음은 그 누구에게도 오지만 누가복음 12:20-21절부터 먼저 유의해 보아야만 한다.

여기서 반드시 유의할 것은 인간에게는 땅인 흙의 육신이 있다(창세기 2:7, 3:19). 그래서 최초의 사망자는 의인 아벨인데(창세기 4:8-10) 그의 육신은 하나님의 명령에 따라서 흙으로 돌아가고 만 것이다.

 모름지기 죽음은 자연에 의한 것도 있고 인간에 의한 것도 있고 각종 질병에 의한 것도 있고 악의적인 자들에 의한 것도 있고 각종 윤리나 도덕이나 각종 환경 등에 의한 것도 있고 그리고 다시 기타적인 것들에 의한 것도 있다.

 2. 그런데 죽음의 사자가(요한복음 10:12) 각 인간에게 찾아오면 그 인간에게서는 여러 가지 각종 현상들이 각기 나타나게 되어져 있다. 그것이 내적인 것도 있고 그리고 외적인 것도 있고 그리고 직장이나 직업이나 사회적인 현상에 의한 것들도 있는 것이다. 그런데 여기서 바로 알 것은 찾아온 저승사자들의 눈에는 인생들이 논의 메뚜기나 방이나 들의 파리나 모기 같이 보이니 어찌되는가? 그러면 다음을 보라.

 Ⓐ 기독교적 차원에서 의인이나 선인이나 선지자나 사도나 하나님의 사람이나 성령의 사람이나 하나님의 말씀의 사람에게 이 죽음의 이리가 찾아오면 조용히 눈을 감고 그는 이제까지 준비를 한 그대로 죽음을 하나님의 뜻과 섭리를 따라서 이 지상에서 마지막으로 받아드리게 될 것이다. 그리고 기도하면서 죽음을 맞게 된다. "주님 감사 합니다. 내 영혼을 받으소서"라고 고백하면서 말이다. 그 이유는 자기를 호위하여 저 생으로 가기 위한 천사들이 눈에 보이고 건너편 세상이 영적인 눈에 보이기 때문이다(사도행전 7:55-56).

 Ⓑ 다음은 불신자나 불신앙 자들의 죽음이다. 이들은 죽음

이 다가오고 죽음의 사자들이 잡으려고 무시무시한 검과 갈고리와 몽둥이가 그물과 그리고 고랑과 쇠사슬을 가지고 오면 화와 열을 내고 땀을 흘리고 크게 신경질을 부리며 소리를 지르고 갖은 악행들을 일삼게 된다. 내가 왜 죽어야 하는가를 반복해서 외치고 그리고 천국과 지옥은 없으며 그리고 하나님은 없다 라고 주장하면서 악을 쓰고 악행을 일삼는다. 그러면서 서서히 힘이 빠지면서 죽어가고 만다.

ⓒ 그 다음은 기독교적 차원에서 하나님을 믿지 아니하고 그리스도와 그의 십자가를 거부하는 자들의 죽음이다. 이들의 죽음은 참으로 모두에게 두려움과 무서움과 공포를 가져오게 한다. 이들은 사후의 세계 곧 저 생을 거부와 부인을 하고 하나님과 천군과 천사들의 세계를 부인하고 하나님의 나라까지 부인하고 하나님의 말씀까지 부인과 거부를 하면서 소리를 지르고 갖은 욕들을 하고 거품을 토하면서 서서히 죽어간다. 그러나 그는 이미 그 때에 아무 것도 모르거나 다가오고 있는 죽음의 건너편 세계를 모르면서 죽는 것이 결코 아니다. 이미 그는 죽음의 세계와 건너편의 세계를 다 보고 죽어가는 것이다.

3. 그럼에도 불구하고 죽음의 그림자나 이리들 앞에서 반드시 유념할 것은 하나님의 사람이나 사도나 선지자들이나 의인이나 선인들에게는?

Ⓐ 이런 경우에는 성서의 가르침 그대로 사후의 세계가 눈에 보이는 자들이 많이 있다. 사도행전 7:55-56절을 보라. 스데반에게 하나님의 나라와 그 나라에서 하나님 우편에 서

계시는 그리스도까지 눈으로 보고 있지를 아니하는가? 그러니 그는 죽으면서도 "주님 내 영혼을 부탁드립니다" 라고 하면서 죽음을 맞은 것이 아닌가?

Ⓑ 사후의 세계에까지 친히 가서 보고 온 바울은(고린도 후서 12:1-4) 죽음을 놓고서 실토하면서 그 나라에서의 상급까지를 논하고 있다(디모데 후서 4:7-9). 분명히 이런 것들은 의미를 많게 하고 있음이 분명하다.

Ⓒ 죽음의 직전에 하늘의 나라를 보지 못하였으나 믿음과 확신과 소망 가운데 순교를 당하면서 어느 것 하나도 전혀 개의치 아니한 자들이 많다. 사도행전 12:1-2절과 그리고 계시록 6:11절을 유의하여 보라. 하나같이 그들은 죽으면서도 그리고 죽음 앞에서도 이 모든 것들을 전혀 개의치 아니하는 믿음의 사람들이 있다.

4. 사람이 죽을 때에 이 세상에서 개고기를 많이 먹었거나 뱀 고기를 많이 먹은 자의 얼굴은 검은 색깔로 급변한다. 그래서 기독교적 신앙과 사상에서는 죽은 이런 자들의 얼굴을 보고 상당수의 사람들이 "누구는 지옥을 갔다" 라는 말을 사용하기도 한다. 특히 뱀 고기를 많이 먹는 자는 죽음과 동시에 그의 이발들에 문제가 생기게 된다. 대개는 그의 잇몸들이 썩어서 문질러지고 무너져 빠지는 경우들도 생긴다.

그래서 기독교에서는 목사는 뱀 고기나 개 고기를 먹지 아니하는 것이 좋다며 목사가 개고기를 자주 먹으면 그가 그 누구이든지간에 영성이 죽고 없거나 성령이 그에게서 떠난다는 것을 잊지 말라고 경고한다. 왜 그런 것인가? 영리한 개는 밤에 귀신까지 보는 현상이 자주 나타나기도 한다. 개에게는 성직자들의 영성을 죽이는 독소가 너무 많이 포함되어 있다. 이점을 목사나 교인들은 이를 바로 알아야 한다.

5, 모든 것은 그 사람의 영성에 따라 다르다. 사도나 선지자나 의인이나 선인들은 언제나 죽음을 감사하고 찬송하면서 받아 드리지만 일반인들은 죽음이 오면 문제가 심각하여 짐을 바로 알라. 그러니 다음을 보라.

Ⓐ 어떤 이들에게는 죽음의 시간과 순간이 한번만 오는 경우도 있다. 그래서 한번 온 그 죽음에의 이리에 잡혀서 고민하고 괴로워하고 고통을 당하다가 모든 것을 내려놓고서 죽음으로 간다. 그러기에 그런 자들이 갈 그 때를 보라. 그의 눈에는 이미 아무 것도 보이지 아니하고 의식과 사고와 의지마저도 이미 상실 당하고 없다.

Ⓑ 그리고 어떤 이들에게는 죽음의 시간과 순간이 2-5회 정도가 오고 나타나기도 한다. 당장 죽을 것 같으나 죽지 아니하고 다시 계속해서 살아난다. 이런 경우가 여러해 사이에 수차 나타난다. 그것이 2-3년 사이에 4-6회 정도 반복이 되기도 한다. 이런 경우가 한번 나타날 그 때마다 마음과 정신은 고사하고 피와 골수나 뼈까지 크게 상처를 입는다. 이런 경우를 한번만 당해도 그 기간이 3-4일 또는 7-8일 또는 10-15일 가까이 당하게 되는데 이미 그런 자는 생과 삶을 포기당하고 죽음으로 70-80% 정도가 넘어가 있으니 이미 모든 것을 포기 당하고 있는 것이다. 그러니 참으로 어처구니가 없게 된다.

ⓒ 어떤 이는 이 죽음에의 시간과 순간이 10여 차례 또는 그 이상 오고 가거나 반복이 되기도 한다. 그것도 어떤 이는 1-2년 사이에 오고 어떤 이는 2-3년 사이에 10여 차례 오기도 하기에 그 당사자는 고사하고 가정의 식구들과 자녀들이 할 짓이 못되고 있다. 그럴 때마다 의사나 병원에서는 장례를 준비하라고 주장한다. 그러다가 며칠 후에 다시 살아나니 이를 어떻게 해야 하는가? 이를 두고 기독교에서는 그의 죄와 부모들의 죄를 운운하나 불교나 한국의 모든 종교에서는 그것이 "전생의 죄 또는 업보"라는 말로 치부해 버린다.

ⓓ 어떤 이들은 일생에서 죽음의 시간과 순간을 수십 번을 맞기도 한다. 그래서 이런 자들은 죽음에의 시간과 순간들을 오랜 시간 동안 맞고 보내기도 하고 경우에 따라서는 여러 해를 반복 또 반복해서 그 당사자나 가족의 기를 완전히 꺾어 놓기도 하고 그 다음에 때가 되니 서서히 죽게 된다. 그러면 왜 그 개인에게 이런 현상이 나타나는 것인가? 그러면 그 이유는 무엇인가? 그것은 하나님의 공정성의 문제가 여기서 나타나는 것이니 그러함을 바로 알라.

ⓔ 그리고 여기서 다시 사도행전 12:20-23절을 보라. 헤롯 아그립바 1세 왕이 하나님의 저주를 받고 충이 먹어서 죽었는데 사람이 충이 먹어 죽으려면 그 기간이 약 5-6일 정도가 소요되는데 2-3일이 지나면 하루에도 여러 번씩 죽었다가 다시 깨어나는 것은 기본으로 한다는 것도 잊지 말라. 여기서 유의할 것은 사람의 죽음은 각기 그 사람의 신체나 여러 가지 여건에 따라서 다소간의 차이점을 보이기도 한다.

6, 그런데 각 사람에게 죽음이 오면 먼저는 그의 발가락부터 그 시작을 하여 위로 올라오게 되는데 죽음의 기운이 온 몸에 닿으면 먼저는 귀가 먹먹해 진다. 그래서 찬송을 크게 부르거나 목탁을 크게 쳐도 그 사람은 더 크게 해 달라고 요구하기도 한다. 그리고는 그 다음이 그의 눈이 어두워서 아무것도 보지를 못하게 된다. 눈에 이물질이나 안개나 구름이나 연기와 같은 것들이 덮쳐서 아무 것도 아니 보인다. 곁에 가족이 있어도 그것이 전혀 보이지 아니한다.

그래서 임종직전의 사람들은 하나 같이 눈을 감는 이도 있고 눈을 크게 뜨고 주위를 두리번거리는 자들도 있다. 그러나 이미 죽음의 순간에 이르렀으니 그 몸에서 생기가 나가고 혼이 빠져나가고 없는 순간에 이르게 된다. 그런데 그 얼마 아니 되는 시간과 순간이 수십 년이나 수백 년과 같이 느껴지기도 한다. 그러는 순간에 그의 몸이 오그라들고 적어지고 뼈와 살과 가죽이 녹아진다. 그러니 죽음이 오는 그 때에 손과 발을 움직이지 못하게 된다. 그러니 그 순간에 그가 해야 할 일은 그 무엇이겠는가?

7, 죽음에의 시간이나 순간도 각기 그 사람에 따라서 상당한 차이를 엿보이게 된다. 아주 악한 자들은 죽음의 순간이 여러 해 동안에 여러 번 또는 수십 번 찾아와서 죽으려고 하는 그 당사자를 괴롭히고 고통을 주고 또한 고생과 수고와 망년자실을 시키는 것이 아니고 가족들 곧 자녀와 형제와 부모와 주변 사람들에게도 엄청난 파동과 고생을 하게 만든다.

그런데 악한 자들은 3-4년 또는 그 이상이나 그 이하로 죽음의 사자가 찾아오는 것이 상식적이다. 물론 2-3회 또는

3-4회 정도 죽음의 시간과 순간이 와서 난장판을 펴고 모두를 혼비백산케 만들기도 한다. 죽음에의 시간과 순간이 단 1회적으로 와서 죽는 이도 더러 있고 그리고 조금 덜 악해서 그리고 다소는 선하여 조금 당하는 경우도 있다. 그럼에도 죽음이 일단 그에게 임하게 되면 그 사람은 몸과 마음과 손과 발과 정신과 사상과 의지와 의식 등을 혼돈케 하고 마비를 시키고 심지어는 골수와 뼈까지 흔들리게 만드니 그래서 죽음의 바로 그 직전에 인간들은 죽음뿐만이 아니고 생마저도 완전히 포기당하게 된다. 그러니 그 결과가 어찌될 것인지는 모두가 다 아는 일이 아니고 그 무엇인가?

### 제 2절, 인간은 거의가 자기에게 오는 죽음의 순간을 직감하게 된다(순간적과 보편적으로).

1, 이 문제는 지금에서 살아 있거나 또는 다가오고 있는 그 죽음의 순간을 맛보거나 죽음의 이리를 맞으려는 자는 바른 이해를 가져야만 한다. 어차피 오늘에서 큰 소리를 치는 자나 성공과 출세를 한 자라고 주장을 하고 있는 당신에게도 죽음의 이리가 지금 찾아가고 있다. 왜? 그런가? 그런 자를 빨리 잡아가야 하기 때문이다(누가복음 16:22하반절). 그러니 여기서도 결코 예외가 아닌 것이다.

이 세상에서 사는 자는 창세기 3:19절에 의해서 죽고 있는데 그 죽음을 맞을 자들은 "죽는" 그것에 스스로 100%를 맡기지 아니하면 아니 된다. 그럼에도 그 누구도 자기에게 찾아오는 죽음을 보지 못한다거나 보지를 아니한다고 주장하거나 우기고 큰 소리를 치는 것에 이골이난 자도 있으니 문제가 심각하여 진다. 그러나 어느 누구도 그 순간이 지나고 나면 그것이 허풍이고 허언이고 어리석음임을 깨닫게 된다.

  2, 죽음에의 이리가 못되고 악한 인간에게 먼저 와서 나타나 괴롭히는 시간과 경우는 2-3년 전부터 이지만 그럼에도 그것에 의해서 누구도 죽음의 시간과 순간을 자주 보게 되고 죽음이 자신에게로 오는 그것을 낮보다 특히 밤에 친히 묵도 하게 된다. 그럼에도 어떤 이는 그 장면이나 그 현실을 허상으로 보거나 망령 등으로 보거나 그 자신과는 전혀 상관관계가 없는 것으로 보거나 취급을 해 버리기에 문제가 순간적으로 이상하게 되거나 새끼마냥 빙빙 꼬이기도 한다. 그러니 그 결과가 어찌될 것인가?
  ※ 인간은 그 누구도 자신을 향해 다가오고 있는 죽음의 이리를 꿈이나 환상이나 입신이나 계시나 영상들 가운데에서 보면서도 이를 거부하거나 믿지를 아니하거나 이를 외시나 외면해 버리지만 그것이 그럼에도 불평이고 어리석음이니 이를 어찌할 것인가? 인생은 누구도 죽음의 순간을 바로 보지 못하거나 맞지 못하고 방황이나 당황을 하는 경우도 더러 있는데 이런 것들이 분명 문제가 되는 것이다.

  3, 종교적으로 그 누구도 자신에게 오고 있는 그 죽음에의 시간과 순간과 현실과 역사를 직감하고 있지만 그러나 사람들은 자기에게 달려오고 있는 그것도 부인들을 하고 거부까지 하고 있으니 그 결과가 어찌 되는 것인가?
  그러면 왜 사람들은 하나같이 죽음이나 죽음의 세계나 죽음의 이리가 오는 그것을 직감이나 느끼거나 그리고 보고 있으면서도 이에 대하여 하나같이 함구를 하고 갈아 뭉개는 그 저의는 무엇인가? 이런 경우는 모두가 하나 같다.

Ⓐ 그럼에도 그 하나는 그것 자체가 무섭고 두렵기 때문이다. 천하에서 가장 무서운 것이 죽음이 아니겠는가? 왕이나 황제나 폭군들도 죽음을 두려워 한다. 시편 146:4절을 보라. 그리고 다시 마태복음 2:18-19절의 헤롯왕을 보라. 그가 지향하는 그것이 그 무엇인가?

Ⓑ 그 하나는 자신이 현실적으로 본 그것을 사실 그대로 말을 하면 가족이나 형제나 이웃이나 친지들이 그 자신을 이상하게 생각하고 오히려 정신이상자나 정신착란 자로 취급이나 아니면 심적으로 병이든 자로 보거나 취급을 할 것이기 때문에 그것이 두려워서 입을 열지 아니 한다. 그 누구도 죽음에의 사자를 한번 또는 두 번을 보게 되면 심리적으로나 정신적으로 이상현상이 나타나기에 가족이나 형제나 벗이나 주위에서 "저 사람 왜 저래" 라고 하거나 아니면 "이상하다. 아무개가" 라고 하거나 아니면 "누구가 죽으려고" 하는구나 라고 하면서 이를 묵시적으로 알거나 생각을 하기도 한다.

Ⓒ 그것은 어떤 경우에는 주위의 모든 사람들이 함구를 하고 다들 그에게서 떠나가기에 그 자신도 그렇게 한다는 것이다. 죽음의 사자를 보고난 이후에 어떤 이는 이웃이나 형제나 부모나 교인이나 목사를 멀리하고 가까이 하려고 하지를 아니 한다, 홀로 있으며 그 자신도 모르는 사이에 염세주의나 허무주의에 빠져서 고독을 즐기는 자로 탈바꿈을 하니 그 자신도 모르는 사이에 서서히 죽어가고 있다는 것이다.

그럼에도 불구하고 이 세상과 현실과 역사와 그 주변들이 그렇게 되어져 가는데 이를 어찌할 것인가? 이에 대한 아무런 대안들이 없으니 이를 어찌 하겠는가?

4, 반드시 알아두어야 할 것은 죽음은 그 누구에게도 결코 순간적으로 오거나 임하는 것이 절대로 아니다. 흔히들 죽음이 자기에게 오는 것은 찰라나 순간적이라고 주장하거나 말을 하나 기실은 그것이 결코 아니다. 오래 전부터 계획이 되고 섭리가 되고 역사가 되어서 서서히 다가오는 것이다.

창세기 3:19절은 이렇게 해서 이루어지는 것이다. 그러니 바다나 강에서 죽거나 비행기나 자동차나 기차로 인하여 교통사고로 죽는 자들은 이미 그가 죽기 이전에 여러 날 또는 여러 달 전에 이미 죽음의 사자와 죽음의 세계를 그는 맛본 것이다. 그러나 그는 이웃의 그 누구에게도 입을 열어서 실제적 현실과 사건을 이야기 하지 못한 것뿐이다.

그가 사전에 이미 죽음의 실체와 세계를 맛보고 알았으니 그 시간대를 맞추어서 죽음의 사자가 그에게 와서 데려가거나(누가복음 16:22상반절) 아니면 잡아가거나 한 것뿐이다(누가복음 12:20-21, 16:22하반절). 그러나 그 누구도 자기가 사전에 본 그것이 겁이나고 무서워서 말을 못하고 입을 다물고 있는 것뿐이다. 그 누구도 이를 모르면 결코 아니된다. 이 문제는 오늘의 독자도 필자도 역시 마찬가지인 것이다. 그러니 그 누구도 이를 바로 알고 정상적으로 보는 그것이 중요하다.

5, 인간은 태어날 때에는 고고지성을 부르며 태어난다. 이는 이미 출생에의 그 과정에서 억울하고 분하다는 것이 아닌가? 그러니 인생은 출생에의 그 과정에서 이미 죽음을 맞보

게 된 것이다. 이는 그 누구도 결코 예외가 아닌 것이다.

이미 위에서 지적한 바 그대로 죽음은 어떤 이에게는 서서히 다가오고 어떤 이에게는 빨리 다가오는데 단 1회로 그 끝이 나는 경우는 그렇게 많지 아니하다. 어떤 이에게는 여러 번 다가 오고 어떤 이는 몇 년 동안 수십 차례씩 다가오기에 그것이 문제가 되고 있다.

어떤 이는 그래서 수십 차례나 죽었다가 다시 깨어나고 그리고 유언도 수차례나 남기기도 한다. 그래서 어떤 이는 그의 가족이 지쳐서 몸살을 앓고 먼저 죽는 경우도 더러 있다. 그러면 왜 그런 것인가? 이런 경우는 죽음의 사자가 무시무시한 칼을 가지고 와서 그의 목에다 밤과 낮을 가리지 아니하고 갖다 대고 "너는 죽어야 한다" 또는 "이제 가자"라고 하기 때문에 까무러치고 기절을 하고 그리고 숨을 제대로 쉬지 못하고 허덕이고 정신을 잃게 되는데 그것이 수차례 식이나 반복이 되고 거듭이 되고 한다는 것이다. 그러니 그 결과가 어찌 되는 것인가? 그래서 모든 종교에서는 인생에게 죽음을 준비하라고 외치고 가르치고 하는 것이다.

6. 그러면 인간은 선인이나 악인 그리고 그리스도인이나 비그리스도인을 막론하고 죽음이 가까이 오게 되면 그 누구도 그것을 직감하거나 맛보게 된다. 의식이나 무의식적으로 말이다. 그 누구에게도 결코 그냥 지나치지는 아니한다. 왜 그런가? 그것은 인생은 창조주 앞에서 인격체이기 때문이다. 그래서 육신을 입은 자들은 죽음에의 순간 그 이전에 이미 죽음의 그 맛을 모든 자들은 다 보게 된다는 것이다. 너도 그렇고 나도 그러함을 잊지 말라. 죽음에의 사자들이 가까이 오면 그 곳에는 악한 귀신들이 날뛰게 되고 접촉이 심하다는

것을 알리시고 있다.

낮이거나 밤이거나 간에 죽음에서의 그 맛을 보이시고 하늘은 그를 데려간다. 그 때에 보이는 것은 죽음 그 자체와 건너편 세계인 것이다. 그 누구도 죽음의 맛을 사전에 보고 나서 시간이 다소지난 연후에 죽음의 사자에 의해서 "데려감을 당하거나" 아니면 "끌려감을 당하게 된다." 이것이 바로 죽음의 과정과 역사와 현실에서 나타나는 현상이다.
　어제의 현실과 오늘의 현실을 보라. 사회를 보고 역사를 보고 이웃을 보고 기성종교들을 보고 교회당들의 안과 밖을 보라. 하나같이 죽음의 사자에 의해서 데려감을 당할 자는 극소수이나 그러나 절대 다수는 죽음에의 사자에 의해서 포박을 당하고 끌려감을 당할 자들뿐임을 잊으면 아니 된다.

이때에 죽음의 사자가 오른 손에 들고 있는 그 무시무시한 칼을 그 누구도 한번 보게 되면 넋을 잃게 되고 반쯤 혼이 나간 자가 되고 언어에서 실어증을 일으키고 눈이나 귀가 상당한 마비현상을 일으키게 된다. 이때에 이 죽음의 사자는 칼만 들고 오는 것이 아니고 하늘에의 밧줄과 그물과 쇠사슬과 고랑과 몽둥이를 동시에 가지고 오기에 거의가 그 때에 말문이 막히고 기가 죽고 오금을 펴지 못하고 안절부절을 하게 된다. 이런 경우에 그 얼마 후에 그가 정신을 차린다고 해서 무슨 일을 할 수가 있겠는가? 이미 그는 생과 삶이 흔들렸고 생의 터전이 무너졌는데 말이다. 솔직히 그의 정신과 사상과 의식과 뇌에 이상현상이 나타나고 흔들렸기에 상상이 아니 되는 일이 일어났는데 솔직히 그런 그에게 바라거나 요구할 것이 무엇일까? 이미 아무 것도 없는 것이 아닌가?

## 제 3절, 죽음이란 그 무엇인가?

1, 거두절미하고 죽음이란 그 무엇인가? 죽음이 그 무엇이기에 인생들에게 어제도 오늘도 오는가 하면 그리고 내일에서도 쉬지 아니하고 오는 것일까? 어제에서는 할아버지 할머니가 그것에 의해서 잡혀 갔고 오늘에서는 아버지와 어머니가 순서와 절차에 따라서 끌려간다. 그러면 내일에서는 그 누가 가는가? 내일에서는 너도 가고 그리고 나도 갈 것이 아닌가?

그러기에 오늘의 너를 보고 나를 보라. 이미 죽음에의 사자가 대문이나 방문의 앞에까지 와서 너와 나를 데려가거나 잡아가려고 바라고 요구하고 있지를 아니하는가?

그런데 죽음의 사자가 달려와서 너도 나도 데려가거나 잡아가려고 하고 있는데(누가복음 12:20-21) 그럼에도 우리는 아직까지 정신을 차리지 못하니 문제가 심각하여 진다. 이에 준하여 그 누구도 밤을 조심하고 주의해야 한다. 될 수가 있으면 밤 10시가 넘어서 돌아다니는 것을 조심하라.

그러기에 어떤 이는 누가복음 16:22상반절이 되고 그리고 어떤 이는 그 반대로 개꼴이 되어서 누가복음 16:22하반절로 넘어가서 죽음의 사자들에 의해서 개 끌듯이 끌려가고 만다. 그 과정에서는 못났다거나 아니면 나도 인간이라고 소리 한번 크게 지르지 못하고 벙어리가 되어서 끌려간다. 어제도 이렇게 끌려갔고 오늘도 쉬지 아니하고 그렇게 끌려들 가고 반드시 내일에서도 그렇게 끌려들 갈 것이다. 그 누구도 한마디 말이 없고 소리 한번 치지도 못하고서 말이다.

2, 거두절미하고 죽음이란 그 무엇인가? 예수께서는 "죽음은 인생에게 있어서 이리"라고 말씀하신다. 죽음의 근원은 창세기 3:19절이지만 이 세상에서 그 죽음이 시작된 것은 형이 아우를 죽인 역사 과정에서 그 시작이 된 것이 아닌가? (창세기 4:8-10)

그럼에도 인간은 반드시 한번은 죽는다는(히브리 9:27상반절) 것이다. 모두가 한번은 죽으니 현재의 위치에서 모두가 죽음을 향하여 달려가고들 있다. 그것에 너도 예외가 아니고 나도 예외가 아니다. 그러니 얼마 후에는 하나 같이 흔적이 없이 역사 속으로 사라질 것이다. 오늘에서 살면서 주위를 둘러보라. 이미 죽음에 부화뇌동이 된 인간들이니 서서히 사라지고 없는 자들이 대다수가 아닌가?

그럼에도 인간이 된 우리는 이 죽음이나 죽음의 세계에 대하여 지나치게 관심들이 없으니 여기서 불의와 불법이 난무하게 되고 어리석음과 비리와 비행이 크게 나타나게 되니 그것이 크게 문제가 되기도 한다. 그러면 지금도 당신을 향해 쉬지 아니하고 달려오고 있는 죽음이란 그 무엇인가? 당신을 향하여 달려오고 있는 이 죽음에 대하여 생각해본 적이 있는가? 아니면 그 반대인가?

3, 오늘에서 당신을 향해 달려오고 있는 죽음은 그 무엇이고 그리고 오늘에서 나를 향해 달려오고 있는 그 죽음은 그 무엇인가? 이는 오늘에서 너와 나만이 아니고 전 인류를 향하여 서서히 또는 빠르게 다가오고 있다. 그러면 죽음이란 그 무엇인가? 그것은 분명히 그 누구에게도 사나운 맹수이고

이리이고 피가 아니겠는가? 그리고 나를 향하여 달려오고 있는 그 죽음의 현실을 하늘에서는 하나님이 보고 있고 땅에서는 삼라만상이 보고 있고 공중에서는 천군천사들과 악한 영들이 보고 있다. 달려오는 죽음의 이리를 인간만이 보지 못하고 있으니 이것이 바로 인간의 비극인 것이다.

전 인류를 향하여 달려오고 있는 이리에게 그 누구도 물리면 크게 상처를 입고 피를 보게 되고 죽음을 맞보게 된다. 이는 너만의 문제가 아니고 나만의 문제도 아니다. 이는 우리들 모두의 문제인 것이다. 이 사나운 이리에 의해 인류의 조상 아담도 죽었고 의인이라고 공인하는 노아나 다니엘이나 욥도 죽었다. 구약성서를 보고 신약성서를 보라.

예수께서도 죽으시면서 자기의 영혼을 하나님 아버지께 부탁한 것을 보라(누가복음 23:46). 그 뿐만 아니다 4대성인이라고 자부한 석가나 공자나 마호멜도 죽었다. 그러기에 죽음은 인간들에게 필연적인 과제이니 문제가 심각하다. 왜냐하니 너도 가고 나도 갈 것이니 말이다. 문제는 그 날과 그 시간이 언제인가 하는 것뿐이다.

4, 기본과 원리적으로 죽음이란 너를 위한 것도 아니고 나를 위한 것도 아니다. 죽음의 문제를 가지고 "너와 나"와의 관계로 맺거나 두면 그것은 결코 아니 된다. 왜냐 하니 죽음은 기본적으로 인간의 죄 때문에 생긴 결과이지만(창세기 3:19) 그것이 그럼에도 창조주 하나님과 관계가 있고 되는 것이 원리이니 그 누구도 이를 잊으면 아니 된다.

그러기에 하늘이 나에게 죽음을 보내준다면 내가 오늘에서 해야 할 일은 그 무엇인가? 그 때에는 "주님 감사합니다" 또는 "하나님 감사 합니다." 또는 죽기 이전에 또는 하나님을 너무 기다리게 해서는 아니 되니 감사합니다 라고 하면 되는 것이 아닐까? 그럼에도 불구하고 아직까지 이에 대한 아무런 대비책이나 준비가 없으니 그것이 문제가 된다.

5, 솔직히 말을 해서 인생은 알지도 못한 세상에 와서 잘 알지도 못한 남자와 여자를 만나서 이 험한 세상에서 산다는 그것이 이만 저만의 고통과 괴로운 것이 아니다. 그러면서도 그 알지 못하는 자들을 위해서 수고를 하고 돈을 쓰고 정치와 권력을 나누어 주고 종교에서는 신앙을 나누어 주고 하지만 그것도 얼마 못가서 다 떠나가고 없는 살벌하고 모자라는 세대와 세상이 되는 것이 아닌가? 그러니 다들 너무나 지쳐 있고 힘에 겨워하고 있는 것이 현실이 아닌가?
　그러니 하나같이 용기와 결단은 있으나 가는 그 길이 형통 하지 못하고 있으니 그 결과가 어찌될 것인가? 그러니 너와 나를 잡으려고 달려오고 있는 그 죽음이 바로 그 무엇인가? 그리고 이 죽음은 언제 그리고 그 어디로부터 오는 것인가? 왜 이에 대하여 사람들은 하나 같이 말이 없는 것인가? 그리고 그 죽음을 향하여 "너는 어떻게 보는가"라고 질문을 하는 자도 없으니 그것이 정말로 무섭기는 무서운 모양이다.

6, 죽음의 모든 키는 하나님이 쥐시고 계신다. 누가복음 12:20절을 보라. 어느 누구도 그 생명(목숨)의 키는 하나님 이 쥐시고 계신다는 기본과 원리를 바로 알아야 한다. 그럼에도 인간들은 이 죽음에 대한 바른 이해나 인식이 거의 없으니 큰 일이 아닌가?
　모든 사람의 죽음의 키는 오직 여호와가 쥐시고 계신다. 그래서 성서를 보라고 권고한다. 사무엘 상 2:6절에서 하나님은 "죽이기도 하시고 살리기도 하신다"라고 그리고 다시 사무엘 상 2:3절을 보라. 하나님이 오늘에서 너와 나를 하나님의 저울로 달아 보신다. 삶에서도 달아 보시고 죽음에서도 달아 보시고 계신다. 그 누구도 이를 바로 아는 그것이 그 무엇 보다 중요한 과제이다. 그럼에도 그 죽음이 나에게 무엇을 가져다주고 어떤 유익을 가져다주고 있는 것인가? 죽음은 세상 의학적으로는 호흡이 끊어지고 뇌가 기능을 중지하는 것이 아닌가? 이는 세상의 의술적인 죽음이고 하나님 편에서는 "영혼과 육신의 이별 또는 분리"됨이 아닌가?

제 4절, 죽음은 그 누구에게도 "선과 악"이 그 눈과 귀와 마음을 가리고 사로잡는 것인가? 과연 그런 것인가?

1, 죽음은 그 누구에게도 임하게 되어져 있는데 그것이 임하면 그 사람의 눈과 귀와 입과 마음을 먼저 사로잡아서 바보나 천치나 언청이와 같게 만든다. 그러니 죽음이 인간에게 임하면 그 개인의 속에 있는 "선과 악"이 그와 동시에 발악과 발작과 발동을 일으키고 무지막지 하게 또는 무섭게 몸의 구조를 돌변하게 만들어서 심히 요란하고 어지럽게 만든다. 이것이 모든 사람에게 임하는 죽음의 제 1차적인 과제이다.

어떤 사람에게도 죽음이 임하면 여기서 제일 먼저 나타나는 현상은 "눈을 가로막고 귀를 막는다." 그리고는 이어서 혀와 입을 석고나 언청이와 같이 만들어서 이상한 의식과 구조와 형식을 자아내게 만든다. 그래서 죽음이 그에게 임하면 제일 먼저 그에게 가져다주는 것은 몸 전체의 변화 곧 의식과 구조에서 변화를 일으키는 것이 그 사람의 얼굴이다. 이 때에는 그의 얼굴이 뻣뻣해지고 굳어지며 완전히 이상한 행태를 나타내게 만든다. 그러니 모두가 아주 놀라게 된다.

2, 죽음이 인간 그 누구에게 임하면 어떤 이는 순간적으로 어떤 이는 서서히 그를 하나의 폭군으로 변화 시킨다. 그래서 왕이나 대통령이나 군주나 정승이나 대신들 역시 죽음 앞에서는 벌벌 떨고 그의 귀는 마비가 되고 그의 눈은 보이지 아니하고 입과 혀는 마비나 석고가 되고 그리고 각종 장애를 일으키게 된다.

그래서 다들 죽음 앞에서의 인간은 어눌해지고 만사가 마비가 되고 손과 팔 역시 마비현상을 일으키고 발과 다리는 쥐가 나서 움직이는 것이 심히 어려워진다. 그래서 죽음에로 가는 인간은 손 하나 발 하나도 정상적으로 움직이지 못하고 마비 상태에 빠지게 되니 쥐가 나고 파킨슨 병자마냥 몸을 흔들고 떨게 되니 심각한 신체적 마비환자가 되는 것이다.

3, 죽음이 인간에게 오게 되면 그 누구도 자력으로는 아무 것도 할 수가 없다. 사도행전 7:54-60절의 스데반과 죽음의 순간을 보라. 그리고 다시 누가복음 12:16-21절을 보라. 죽음 앞에서 이 부자의 현실과 역사를 보라. 죽음의 이리가 오니 그 누구도 아무 것도 하지를 못하는데 그것이 그 무엇을 알리시고 있는 것인가?

그 누구에게도 죽음의 순간이 오면 그 사람의 의식과 의지와 정신과 사상과 사고와 사랑만을 망가뜨리는 것이 아니다. 그 사람의 마음을 완전히 사로잡고 정신을 혼미와 혼돈하게 만든다. 그래서 각 사람에게 죽음이 다가오면 자신의 큰 실수나 잘못이나 범죄는 전혀 생각지 아니하고 타인이나 식구나 이웃들의 쥐꼬리만한 부족과 연약과 자선과 구제나 봉사와 섭섭함을 크게 부각시키고 나타내 보이기도 한다. 여기서 엄청난 괴리현상과 문제를 야기 시킨다. 누가복음 23:39절을 보라. 한 강도는 자신이 잘 한 것도 없으면서 예수를 탓하고 비난하고 있지 아니하는가? 죽음 앞에서 이런 태도와 자세를 취하는 경우는 비일비재 하다. 이런 것이 죽어가는 인생들의 현주소지들이 아닌가?

4, 그러면 누가복음 16:20-22절을 보라. 홍포를 입은 부자는 죽어서 음부의 불속으로 떨어져서 아버지 아브라함에게 그 자신에게 낙원에 있는 나사로를 보내어 달라고 요청한다. 누가복음 16:24-25절을 보라. 전생에서 그 자신이 나사로에게 베푼 자선이나 구제를 보거나 생각해 달라는 요구이다. 이 문제는 모두에게 심각성을 제시하고 있는 부분이다.

그러니 죽음에 의해서 음부의 불속에 떨어진 홍포를 입은 부자의 현주소지를 보라. 그는 마음과 정신과 사상과 신앙과 의지와 환경을 송두리째 빼앗기고 있는 듯하다. 그는 음부의 불과 고통 속에서 모든 것을 빼앗기고 있다. 이렇게 해서 그가 얻으려는 것은 그 무엇인가? 아무 것도 없다. 그는 못 먹는 밥에 그 무엇을 뿌리려는 심산이다.

5, 인생에게 죽음이 오면 그가 그 누구이든지 간에 먼저는 그의 정신을 빼앗고 그의 사상과 신앙과 의지를 빼앗고 완벽하게 무의 인간과 무색과 무능의 인간으로 만들어서 아무 것도 모르는 아무것도 보이지 아니하는 구렁 속으로 밀어 넣고서 그 속으로 끌려가게 만드는 것이다. 그래서 인생에게 죽

음이 오면 영웅도 호걸도 대인도 눈에 보이는 것이 거의 없고 귀에 들리는 것이 거의 없다. 그래서 그를 완벽한 바보나 언청이나 축귀로 만들어 버린다. 그러기에 느끼는 것이 하나도 없고 생각하는 것들이 거의 없고 무의식과 무지와 무자녀와 무효의 인간으로 만들어 버린다. 그러니 죽음은 당신에게 무서운 이리이고 도끼인 것이다(마태복음 3:10).

그러기 때문에 그 나름대로 죽음이 오면 어떤 이는 소리를 지르고 그 누구를 부르고 하나 누구도 그 소리를 듣지를 못하게 된다. 그러니 비극이 되고 어리석음이 되고 모자라는 인생이 되어서 죽음의 건너편 세상으로 다들 그물과 쇠사슬에 묶여서 끌려가게 된다.

6, 죽음에의 시간과 순간이 오면 그 인간 자체가 전혀 보이지 아니하고 죽음에의 이리의 힘과 능력이 그 인간을 사로잡고 짓눌리고 억압한다. 심지어는 호령을 하고 명령을 한다. 그리고 공갈과 협박을 가하기도 한다. 그러니 몸과 마음과 의식이 전혀 말을 듣지 못하고 입을 열거나 말을 하는 것 그것 자체가 지나간 흉물이 되기에 심히 안타깝게 된다.

그 누구도 죽음 앞에서 말을 하고 싶으나 말문이 막힌다. 그리고 소리의 크고 작음이 사라져서 전혀 들리지 아니하고 입 안에서 허공을 맴돌고 있다.

눈은 떴으나 눈으로 볼 수도 없고 눈에 보이는 것은 하나도 없다. 뇌는 마비가 되었고 의식이 불분명해 진다. 숨이 고르지 못하고 의식에 흠이 생기니 의식도 몽롱하여 진다. 그러니 그 자신이 죽었는지 아니면 살아 있는지 그것을 모르는가 하면 그것에 대한 의식이 전혀 없으니 크게 문제가 된다. 이것이 죽음 앞에 선 바로 너이고 나이니 할 말이 없다.

7. 그렇게까지 되니 그 자신이 죽었는지 아니면 살았는지 그것도 전혀 모르고 있다. 왜? 그것은 의식이나 감각이 전혀 없으니 그러하다. 그러니 그 때에 실신을 계속하고 기절을 하고 까무러치고 숨이 막히기를 계속한다. 그리고 팔과 다리에는 쥐가 나고 마비 현상이 계속해서 나타난다. 그 자신이 살아 있는지 아니면 죽어 있는지 그것에 대한 의식이 전혀 없으니 이를 전혀 모르고 있으니 앞이 캄캄하고 심히 어둡다. 눈에 보이는 것이 이생적인 것은 거의 없다. 그러니 참으로 난감한 현실과 현장과 역사가 되고 만다.

그럼에도 이런 엄청난 일의 배후에는 창조주 하나님이 계신다는 것을 결코 잊으면 아니 된다. 이런 엄청나고 기이한 문제들을 앞에 놓고서도 인생은 거의가 이에 대한 관심들이 없으니 그 결과가 어찌 될 것인가? 모두가 그 자신의 영혼과 육신이 함께 당할 일들인데 어찌 하겠는가?

### 제 5절, 죽음의 사자가 순간적으로 눈에 보이기도 한다.

1. 놀랍고 기이한 것은 그 누구에게도 임종의 순간이 되거나 임종의 시간이 되어서 가까이 오면 죽음의 사자가 순간적으로 그의 눈에 계속 또는 자주 보이는 것은 놀라움이고 기이함이다. 이 문제는 그 누구에게도 결코 예외가 아니다.

사도행전 7:55-56절을 보고 그리고 다시 사도행전 7:59절을 유의하여 보라. 이것이 모두에게 그 무엇을 가르치고 있는가? 죽음의 사자는 복이 있는 자에게는 나타남이 단 1회적이지만 그 반대자들에게는 3-5회나 수십 회나 경우에 따라서는 그 이상 찾아와서 괴롭히고 공갈과 협박을 하는 경우가 있다. "너는 지옥이다"거나 "지옥의 불이 지금 너를 기다린다"고 하면서 공갈과 협박을 일삼는다. 그런데 바로 이 과정이 죽음 그 자체나 사후의 세계 그 이후보다 더 무섭고 떨리고 겁이 나는 것이다. 그러니 죽음의 바로 직전이 크게 문제가 된다. 이것부터 바로 알라.

2, 이 세상에서 사람들이 가장 무서워하는 것은 가난도 아니고 악한 영들도 아니고 각종 질병들도 아니다. 그리고 다시 사람들이 겁을 먹는 것은 실패나 부정이나 불의의 사고나 외로움도 아니다. 가난이나 출세와 성공을 하지 못한 그것도 아니다.

이 세상에서 그 누구에게도 가장 무서운 것은 사후의 세계로서 지옥과 음부와 무저갱의 불속도 아닌 것이다. 그럼에도 그렇게도 무서운 그것이 바로 "죽음이고" 그리고 "죽음의 이리"가 찾아오는 그것이다. 사실상 죽음 보다 인생에게 더 무서운 것이 없다. 그래서 예수께서는 인간에게 죽음이 오면 그와 함께 한 모든 것들은 다 삯군들이기에 도망을 가고 만다고 하셨다(요한복음 10:12). 그러니 그 누구도 현실과 사실을 똑 바로 보는 그것이 그 무엇 보다 중요하다.

3, 그리고 인생에게 죽음의 순간이 오면 그 누구도 그것을 무서워하고 그 누구도 죽음의 사자를 만나는 그것은 꺼리고 보는 것을 꺼리고 멀리하는 자들이 있는데 그것은 그가 바로 저승사자이기 때문이다. 이를 놓고서 동양철학과 사상과 신앙에서는 "저승차사"라 부르기도 한다. 일단 저승차사가 오면 누가복음 16:22상반절이나 누가복음 16:22하반절의 현실이 그대로 나타나게 되는 것이다.

죽음의 사자는 죽을 자를 찾아서 잡아가려고 온다. 그러나 참된 그리스도인은 거지 나사로 마냥(누가복음 16:22상반절) 모시고 아버지 아브라함의 품안으로 데리고 가는 것을 잊지 말라. 이를 위해서 누가복음 16:22-23절에서 그 무엇을 알리시고 말을 해 주시려는 것이다.

이 죽음의 사자에 대하여는 동서고금을 막론하고 대다수의 사람들은 그 이름에 대하여는 알고 있는 바이고 기독교 역시 이에 대하여 상당수가 알고 있는 바이다. 그럼에도 이 저승사자에 대하여는 세상과 사회나 타 종교에서 믿는 바의 "귀신론(사귀도)"을 대두시키려는 것이 아니고 이 죽음의 사자는 기독교에서도 "스랍군 소속의 천사"로 보는 것이 옳고 불신자들에게 임하는 죽음의 사자는 미가엘 대군에게 속한 천군들일 것이니 이것이 놀라움이고 신비이고 비밀인 것임을 잊지 말라.

4, 동양종교나 그리고 사이비들이나 이단자들이 믿고 있는 저승사자는 저승차사로서 염라국에 속한 "귀신들"이라 주장하고 있으며 극락왕생을 할 자들을 데려가는 사자들 역시 옥황상제에게 속한 천사들(사자) 이라고 규정하고 그것을 외치고 가르치기에 이 과정에서 "극락과 염라국(지옥)"이 등장하고 그래서 옥황상제와 염라대왕이 등장하기도 한다. 이런 문제는 불신자들의 사회나 세상에서 만이 아니고 기독교의 상당수 목사나 교인들 역시 이런 사상과 신앙과 의식과 사고들을 조금씩들 가지고 있는가 하면 각종 동양종교나 한국적 사상과 신앙에서 이를 받아 드리며 믿고 선전을 하고 있으며 그럼과 동시에 이것들이 미신과 신화로서 크게 문제가 되고 있는 것만은 사실이다.

오늘에서 당신이 목사나 교인이라면 동양 사상과 철학 그리고 극락과 염라국 그리고 염라대왕과 옥황상제의 이름이나 그들의 문제를 믿거나 받아 드리는가 하는 것이다. 기독교 역시 이 문제에서 고차원적 신화성과 딜레마에서 벗어나지 못하면 결코 아니 되는 것이다.

5, 거두절미하고 죽음이란 인간에게 그 무엇이고 그리고 죽음의 사자 역시 그 누구이고 그 무엇인가 하는 것이다. 거두절미하고 인간에게 죽음이 가까이 오면 죽음의 사자가 그의 눈에 보이기도 한다.

예수께서 죽으시고 무덤에 내려갔을 그 때에는 하늘의 천사 두명이 그 곳에 나타나기까지 하였다. 그런데 여기서 유의할 것은 "죽음의 순간 또는 죽음의 그 시간"을 육신과 영혼이 분리되는 그 순간을 의미하는 것인가? 그것이 아니면 예수께서도 십자가에서 죽으시고 무덤에 내려가시고 제 3일에 다시 살아나셨듯이(마태복음 28:1-10) 죽음이 오면 육신과 영혼이 분리가 되는데 그의 영혼이 그 당사자의 몸에서 떠난 이후 욥기 19:26, 19:27절 그대로 며칠 동안 하늘로 올라가 버리지 아니하고 시신이 머물고 있는 그 주변에 머물다가 시신이 묘지로 또는 화장터로 떠나갈 그 때에 가서 그의 영혼이 하늘로 올라가는 것인가 함이다.

그럼에도 죽음의 순간을 기화로 해서 끝이 그 순간에 나는 자는 그대로 복이 있는 자이다. 전체 인구의 25% 정도가 단 1회로 그 끝이 난다. 죽음의 순간을 2-5회 정도를 맛을 볼 자들도 25%-30% 정도이고 6회 이상 나타나는 경우가

30%이상이고 그리고 다시 6회에서 10회 정도 나타나고 보일 정도이니 살아서 숨을 쉬고 있는 자는 위에서 지적한 그대로 죽음의 순간이 다가온다는 것을 잊지 말라. 이것이 인간 창조의 역사이고 인간이 범죄 함으로서 임하는 인간 영과 육에 대한 징벌과 심판이란 사실을 잊으면 아니 된다.

6. 그러면 왜 인간에게 죽음이 오고 그리고 죽음의 사자가 오는 것인가? 그런데 그 죽음의 순간과 장면과 극한 상황을 단 1회만 맞는 것이 복인데 그런 경우가 약 25%이고 그리고 2-5회 정도를 맞는 자들이 약 25-30% 정도이고 6회 이상을 맞는 자가 약 30%정도이고 그리고 나머지는 10회 이상이 오고가는 경우들도 더러 있으니 이 문제부터 누구도 죽기 이전에 그리고 죽음의 사자가 임하기 이전에 그리고 그것도 우리 자신이 건강할 때에 똑바로 알아두는 그것이 귀하고 복된 것이 아니겠는가? 왜냐 하니 인간에게는 죽음의 그 순간이 지상 최대의 위기이고 어렵고 최대의 고통스러운 순간임을 바로 알아야 한다.

여기서 우리가 반드시 유념할 것은 "죽음의 사자"가 너와 나에게 임하면 그것 자체를
 Ⓐ 하늘의 하나님이 보시고 계신다.
 Ⓑ 세상과 땅이 보고 있다.
 Ⓒ 시간과 세대와 사회가 보고 있다.
 Ⓓ 하늘의 천군과 천사들이 보고 있다.
 Ⓔ 악한 영들이(귀신들) 보고 있다.
 Ⓕ 기타 등이 보고 있다.
그럼에도 이에 대하여 사고의 무지와 사상의 어리석음과

신앙의 악함과 지식의 무식 등에 의해서 다들 알지도 못하고 알려하지도 아니하고 있으니 참으로 모든 것들이 곤란하다. 왜? 다들 알고 있고 보고 있는데 인간만 모르고 있으니 말이다.

7. 지금에서 죽지 아니하고 살아 있으면 그리고 살아 있다고 자부하고 생각이 되면 그 누가 무엇이라 하여도 현실과 역사를 바로 직시를 해야만 한다. 지금에서 "너와 나" 그리고 독자께서는 그 어디에 앉아 있고 누워있고 오고 가는가? 그런데 오고가는 그 장소가 집이면 대문이나 마루나 부엌이나 변소나 안방을 예의 주시하여 보라. 지금 그 집에 이미 죽음의 사자가 와서 당신을 주시하며 내려다보고 있는 지도 모르니 말이다.

그리고 당신이 사무실에 있거나 장사 터에 있거나 식당에 있으면 그 곳의 변소들을 조심하고 그리고 다시 식당 안이나 주방 안을 보고 그리고 사무실이나 장사터의 구석구석을 보라. 그 곳에 이미 죽음의 사자가 와서 당신의 일거수 일투족을 내려다보고 주시하고 있는지 예의 주시해 보라.

마태복음 13:16절 그대로 모든 것에 복이 있고 살아 있으면 그 어느 곳을 바르게 예의 주시하지 아니하면 아니 된다.

그리고 길을 가면서도 보아야 하고 산과 들에서 일을 할 때에나 바다에서 일을 할 때에나 공장에서 일을 할 때에도 도시에서 지하실에서 일을 할 그 때에도 주위를 유의하고 심사숙고 하고 예의 주시하지 아니하면 아니 된다. 이런 곳에서 날마다 아침에 낮에 저녁에 밤에 계속해서 사람들이 죽어 가지 아니하는가?

제 6절, 죽음이 서서히 나에게 임하면 나에게 캄캄한 흑암이 다가오고 나타나기도 한다.

1, 그 누구에게도 죽음의 순간이 다가오면 그에게도 제일 먼저 임하는 징벌이 바로 "귀와 눈"에 오는 것이다. 그것은 시편 78:49절을 보면 "벌하는 사자들"이 있는데 그들에 의해서 제일 먼저 오는 것이 눈에 이상 현상이 오게 되고 그러면 그 눈에 이상 현상이 나타나서 눈이 어두워지고 캄캄 해지고 그 주변이 흑암 곧 어두움으로 가득히 채워지게 된다는 것이다.

그래서 그 당사자의 눈에 안개와 같은 것과 구름과 연기와 같은 것들이 그 주위와 그 당사자를 완전히 덮고 끼이게 만든다. 그러면 눈이 어두워지고 그 눈에는 아무 것도 아니 보이고 나타난 죽음에의 사자만 보인다. 정말로 무시무시한 죽음의 사자이니 이를 어쩌할 것인가?

그리고 그 다음에는 귀가 막힌다. 귀가 막히니 귀가 먹먹해지고 들리는 것이 거의 없다. 그래서 임종의 시간을 맞는 자들은 계속해서 크게 찬송을 불러달라고 요구한다. 그리고 이어서 문제가 되는 것은 그런 순간에 신경이 거의가 마비되고 의식이 사라지고 마음의 전체가 석고가 된다. 그러니 정신과 의식과 의지가 무너지고 망가지고 사라진다. 그러면서 모든 의욕들을 놓게 되고 그리고 서서히 정신을 놓고서 기절하고 죽어가게 된다. 이는 참으로 무서운 죽음에의 전 과정이고 역사이니 이를 바로 알라.

2. 죽음의 시간과 순간이 다가 오고 죽음에의 현실과 역사가 나타나면 무엇 보다 서서히 온 몸의 구조와 현상에 마비 현상이 나타난다. 이런 문제는 그 사람의 구조와 형태에 따라서 다소 또는 상당한 차이를 보이기도 한다. 왜냐 하니 이런 것이 바로 일생 동안 지은 죄의 값과 결과가 아니겠는가?

그렇게 되면 그의 의식 구조와 몸의 형태 전체에서 이상 기루와 형태 그리고 현상에서 이상 기루가 나타난다는 것을 잊으면 아니 된다. 의식구조에 이상이 생기니 그의 손과 발과 다리에서 상상이 아니 되는 나쁜 현상과 또한 다리에서 마비되는 현상이 자주 나타나서 심각한 현상을 보이기도 한다. 그러니 주객이 전도되는 현상이 나타나고 몸에서 이질 현상과 생각이 마비 되는 현상도 나타나서 그 자신을 놀라게 하기도 한다.

그러면 다음에서 죽음을 보는 시각들이 있다.
① 하나님이 보시는 인간의 죽음과 그 현상
② 이 땅이 보는 인간의 죽음과 그 현상
③ 만물들이 보는 인간의 죽음과 그 현상
④ 천군과 천사들이 보는 인간의 죽음과 그 현상
⑤ 사단과 악한 영들이 보는 인간의 죽음과 그 현상
⑥ 죽음의 사자들이 보는 인간의 죽음과 그 현상
⑦ 무덤과 공동묘지들이 보는 인간의 죽음과 그 현상
⑧ 화장터들이 보는 인간의 죽음과 그 현상
⑨ 각종 납골당들이 보는 인간의 죽음과 그 현상
⑩ 기타 등이 보는 인간의 죽음과 그 현상들이 있다.

3. 죽음에의 시간과 순간이 서서히 다가오면 그 누구도 그

자신의 눈앞이 캄캄해 지면서 죽음의 사자가 나타나 각종 일들을 무자비하게 시작하게 되는 것을 알게 되고 그 자신의 현실과 역사를 망가뜨리고 하나님의 신비와 비밀 역시 망가지게 하기에 문제가 된다.

죽음의 시간과 순간이 오면 왜 사람들이 이를 두고 무서워하고 겁을 먹고 벌벌 떨며 온 몸에서 전율을 일으키고 있는 것인가? 눈이 어두워지고 캄캄해지면 5장 6부가 흔들리고 망가지며 어두워지고 4지 백체가 어두워지고 그 터전이 흔들리게 되기에 심히 무섭고 안타깝다. 그 사람의 기본과 터전이 흔들리고 울리고 떨리니 만사는 그 끝을 맺게 된다.

그러니 죽을 그 때에 또는 죽기 직전의 인간상을 보고 그의 4지 백체를 보고 5장 6부를 보라. 그리고 그의 정신과 사상과 의지와 의식과 신앙을 보라. 하나같이 거의가 비슷하고 유사하게 된다. 그러니 그 결과가 어찌 되는 것인가?

4, 이미 위에서 지적한바 그대로 오늘에서 나와 당신의 분야에서 아무리 큰소리를 치고 또는 오고 가지만 그리고 당신이나 나는 다가오는 죽음 앞에서는 단 1회적으로 죽기를 원하는가? 그것이 아니면 죽음의 순간이 수차 또는 수십 차례씩이나 맞거나 계속하여 파김치가 되는 경우도 있는데 그것을 그냥 다 맞을 것인가? 과연 이에 대하여 바른 이해가 요구되고 있는데 너는 어찌할 것인가?

이 과정에서 유의할 것은 그 누구에게도 죽음의 시간과 순간이 오면 아무 것도 눈에 보이지 아니한다는 그것이 문제이다. 앞도 뒤도 아니 보이는데 이를 어찌 하는가? 그러면 왜 흉악한 어두움이 인간의 죽음 앞에서 나타나고 있는 것인가? 그것은 인간의 사고와 속성과 마음들이 그 순간에 그렇게 된다는 것이고 그리고 그 사람의 속성과 마음 속에 있는 죄와 악이 발동을 하고 그리고 "악하고 음란"함이(마태복음 12:39) 그를 사로잡고 지배하고 있으니 그것이 문제이다. 이에 대하여는 "회개와 중생"이 없는 너와 나에게는 아무런 대안과 대비책이 없는 것이니 놀라움과 파괴가 아닌가?

그래서 성서의 마가복음 7:20-23절을 보면 인간의 속성과 그 마음 속에는 12가지 악이 나온다고 경고하고 있다. 그리고 신약성서 갈라디아서 5:18-21절을 보면 여기서는 인간의 죄가 마음으로부터 15가지가 나온다고 소리치고 있다. 인간은 그 누구도 그의 마음이나 속성적으로부터 죄가 많이 나오게 되니 그에게 임종이 오면 먼저는 그의 각종 죄와 악이 "귀와 눈"이 닫히거나 멀게 만든다. 그리고 그의 입은 썩어가거나 석고마냥 뻣뻣해지고 말문이 막히거나 닫히고 그의 각종 소리가 적어지고 썩어지고 막히게 된다. 그러니 이 모두는 참으로 어리석고 아이러니한 것이다.

5, 그 누가 보아도 죽음이나 죽음에의 이리 앞에서는 용감한 자가 없으며 죽음 앞에서 기를 쓰고 용기가 있고 힘이나 능력이 있는 자와 같이 행동을 하는 자가 거의 없다. 그의 힘이 왕성한 사울왕과 그의 3아들들의 죽음을 보라(시무엘 상 31:1-6). 그리고 의기가 양양한 제사장으로서 홉니와 비느하스의 형제를 보라(시무엘 상 2:12, 2:13-16). 이들 역시 죽음 앞에서는 아무 것도 아니었고 무너지는 썩은 새끼줄에 불과 하였다(사무엘 상 4:10-11).
여자로서 왕비인 요부 이세벨을 보라. 그는 하나님의 사람 엘리야를 죽이려고 의기양양 하게 그에게 선전포고까지 강행을 한 자이다(열왕기 상 19:1-4). 그러나 나타난 바의 그녀의 죽음을 보라. 그녀의 시신을 개들이 와서 뜯어 먹었다(열왕기 하 9:29-37).

이런 것들이 그러면 그 무엇을 알리시고 있는 것인가? 태어난 아기 예수를 죽이는데 열성을 다한 대 헤롯의 죽음과 그의 열성 신하들의 죽음을 보고(마태복음 2:18-19) 그리고 다시 대 헤롯의 장손자인 헤롯 아그립바 1세의 죽음을 보라(사도행전 12:20- 23). 이 사람은 사도인 야고보를 죽인 그 장본인이 이니고 무엇인가? 그렇게도 당당한 그의 죽음을 유념하여 보라. 그것이 바로 비극 그 자체이고 비참 그 자체가 아닌가?

6. 그러면 모든 사람들이 숨도 크게 못 쉬고 그리고 소리도 크게 못 지르고 그 앞에서 노래도 크게 부르지 못하고 죽음으로 갔는데 그러면 그 저의는 무엇인가? 지금도 무수한 자들이 쉬지 아니하고 죽어들 가고 있음을 보라. 그럼에도 인간에게 죽음은 오직 단 한번 뿐이다. 다니엘 11:9-10절을 보면 여기서 성서는 이 땅위의 모든 청년들에게 죽음에의 이리가 오면 다 별것이 아니기에 죽음에의 이리가 찾아오기 이전에 조심들을 하고 주의를 하라고 경고까지 하고 있다.

그리고 다시 다니엘 12:1절을 보고 그리고 다시 다니엘 12:2절을 유의하여 보라고 한다. 여기서도 혈기가 왕성한 청년들에게도 역시 죽음을 준비하고 조심하라고 경고까지 하고 잊지를 아니하는가? 그러니 죽음은 참으로 인간에게 무서운 질병이고 악이고 독이고 이리인 것이니 죽음 앞에서 원하는 바를 바로 이해할 것을 경고하고 있다. 죽음은 인간에게 호랑이나 사자보다 더 무서운 대상이지만 그러나 장차 부활의 역사와 완성을 통하여 "육신과 영혼"이 다시 만나게 되기에 그것은 영광이고 기쁨이고 즐거움이 아니겠는가?

### 제 7절, 죽음을 통하여 인생은 하나 같이 깊은 미궁과 수렁 속으로 마구 떨어지고 빠지기도 한다.

1, 젊은이나 청년이나 장년이나 노인들에게 죽음이 오면 이상한 현상과 역사와 물체가 눈에 보이게 되고 그리고 각종 이상한 물체와 현실과 사상과 생각이 떠오르게 되고 주위를 오고 가게 된다. 심지어는 아름다운 세속도시와 향락과 쾌락들이 앞에서 보이거나 생각이 나기도 한다. 누가복음 16:19절을 보라. 그러나 그 뒤에는 음부와 지옥의 열기와 불구덩이가 쉬지 아니하고 타오르는 그 형상이 보이기도 한다.

죽음이 가까이 오면 음부의 고통이 눈과 마음에 보이고 생각나고 드러나기도 한다. 누가복음 16:24하반절을 유의하여 보라. "내가 이 불꽃 가운데서 고민 하나이다"라고 고백하고 있음을 말이다. 그러면 이것이 그 무엇을 가르치고 있는가? 그것은 바로 이 죽음 이후의 세계에서의 불꽃 현실과 현상이 아니겠는가? 인생의 죽음을 어떤 이는 심연에 비유하여 빠진다고 하고 어떤 이는 깊은 미궁과 수렁 속으로 빠지고 떨어진다는 것을 주장하니 이를 잊으면 결코 아니 된다.

2, 죽음의 세계에서는 인간들에게 가시의 꽃과 수렁이나 구렁 속으로 마구 몰아넣기도 함을 잊지 말라. 왜냐 하니 죽음은 인간으로 하여금 모든 것을 버리고 포기하게 만드는 바람이고 불이고 물이고 칼이니 말이다. 누가복음 12:20-21

절을 보고 그리고 다시 누가복음 16:22-25절을 보라. 죽음이 모든 것들을 다 버리고 포기하게 만드니 욥기 1:21절과 같이 공수래공수거가 되게 하는 것이 아닌가? 그러니 날 때에도 인생은 빈손이었는데 죽을 그 때에도 보니 다들 빈손이니 허무하고 답답하다는 것이 아닌가?

그러기에 다들 죽지 아니하려고 큰 꾀와 작은 꾀를 부리고 권모술수에 능란함을 부리거나 보이기도 한다. 세속이나 장사술에 능수능란한 부자도 하루 밤 사이에 죽는 것을 보라(누가복음 12:20-21). 그러면 이 부자가 왜 죽었는가? 병이 들어서 인가? 아니면 너무나 할 일들이 많으니 일에 시달리고 매달려서 죽은 것이 아닌가?

그러니 다가오는 죽음 앞에서 일이 없는 자들도 문제이지만 그와는 반대로 해야 할 일들이 너무 많은 자들도 문제가 되는 것이다. 가인은 박명이라고 하듯이 너무 잘난 자도 빨리죽고 너무 앞선 자도 빨리 죽고 일의 복이 터져서 일이 너무 많은 자도 빨리 죽고 말을 아주 잘하고 많은 자들도 빨리 죽는 것은 당연한 이치가 아니겠는가?

그러면 누가복음 12:20-21절에 나타난 이런 유형의 인간이나 마태복음 19:16-24절의 이런 자들 역시 각기 그날 밤에 급히 죽어야 할 대상들이 아닌가?(욥기 34:20, 34:25, 이사야 17:14). 그 누구라서 이 정도를 모르겠는가?

그러니 독자 당신도 지금 일을 하고 있는 그것들이 너무나 많은가? 그래서 그 손에 잡을 것들이 너무나 많은가? 그러면 오늘 밤을 조심하라. 죽음의 사자가 오늘 밤에 당신을 찾아 올지도 모른다. 인생은 그 손에 많은 일을 잡으면 각종 질병에 시달리거나 빨리 죽게 되어져 있음도 잊지 말라.

3, 그러면 왜 죽음의 사자가 일단 찾아오면 너와 나를 역사의 미궁 속으로 밀어 넣는가? 그것이 아니면 현실의 미궁 속으로 마구잡이로 밀어 넣기까지 하는가? 그러면 그 이유는 무엇이고 그 어디에 있는 것인가? 인생이 죽음 앞에서 어처구니가 없는 것은 바로 순식간에 미로나 심연 속으로 떨어지는 그것이다. 그리고 무섭고 사나운 음부와 지옥의 불 속으로 밀어서 떨어져 고통과 고난을 당하기 위한 것인가?

그리고 누가복음 16:25절을 유의하여 보라. 이 세상에서 그리고 세속도시 속에서 허영과 사치를 일삼고서(누가복음 16:19) 구원을 얻어 극락이나 낙원세상으로 가려고 하는 사고나 망령이나 어리석음 등을(누가복음 16:25) 버리지 못하면 절대로 아니 된다.

4, 이 세상에는 죽음에 이르는 각종 질병들을 앓고 있는 자들이 너무나 많다. 각종 암이나 각종 치매나 각종 파킨슨병이나 정신이상자나 각종 마음의 질병이나 뇌졸증이나 각종 중풍병이나 기타 이런 저런 질병들이 참으로 많은 것은 사실이다.

각종 치매병원이나 각종 요양 병원들이나 기타 등의 병원과 병동들을 찾아가 보면 죽음으로 달려가고 있는 환자들이 심히 많다. 그들은 거의가 이미 죽음만을 기다리고 있는데 그런다고 해서 빨리 죽는 것이 아니니 무엇 보다 안타까운 일들이 너무나 많다.

환자들이 병원 등지에 입원들을 하고 있으나 죽어서 가는 자들을 보면 언제나 혼자이거나 그 주위에는 거의가 가족들이 별로 없는 가운데 쓸쓸하게 운명을 하는 자들이 너무 많다. 그러면 죽으면서 그들이 보고 생각하고 느끼고 깨닫는 것이 그 무엇이고 그들이 하나같이 의식하고 마음속으로 느끼고 깨닫는 것은 그 무엇인가?

　죽어가는 이들 하나하나를 보면 거의가 한 없이 깊은 수렁이나 미궁 속으로 그 자신이 떨어지고 있는 것을 발견하게 된다. 그것을 말이나 글이나 형용으로는 무엇이라고 할 수는 없으나 느낌이나 체험적으로 깊은 수렁과 미궁 속으로 떨어지는 것만은 사실이다.

　5. 그 누구이든지 그리고 그 어디에 있는 자이든지 간에 그에게 죽음의 이리가 찾아오면(요한복음 10:12) 그 누구도 골수나 피나 피부가 마르고 꺾이게 된다. 그리고 그 자신의 뼈와 살이 녹으니 그리고 5장6부와 피가 마르니 문제가 심각하게 된다.

　어떤 이는 죽음의 이리가 찾아오면 살이 많이 빠지고 정신이 몽롱해지고 사고와 의식과 사상에 이상이 생기고 기억력이 거의 사라지고 몸과 마음 전체가 말라 버리게 되기에 그 무엇을 생각할 겨를이나 시간의 여유가 없으니 참담하게 된다. 천하의 모든 것들이 필요가 없게 된다.

　그 누구에게도 죽음이 오면 뼈가 마르고 살이 줄어들고 피가 마른다. 그러니 계속해서 눈이 충혈이 되고 의식구조가 매 마르고 그 무엇도 상상이 아니 되는 곳으로 달려가니 일의 중심축과 목적의식이 완전히 상실이 되고 룰과 법과 규칙에서 벗어나고 만다. 그러나 어찌하겠는가?

　6. 죽음의 시간과 순간과 죽음의 사자가 그의 영혼을 데려가려고 그 사람의 주위를 오고가면 손과 팔과 다리와 발에

힘이 사라지고 상실이 된다. 발과 다리가 점차적으로 차가와 지고 생기를 먼저 잃게 된다. 그러니 일단은 자포자기가 되고 그러면서 앞이 아니 보이고 매사에서 심한 불안과 공포와 통증을 느끼며 몸 전체가 심히 흔들리고 동요가 일어나고 아프게 된다. 살과 피가 마르게 되었으니 그리고 뼈만 앙상하게 남아 있으니 그 무엇에 부딪힘이 아프고 열이 나기에 통증과 짜증을 가져오게 된다.

그래서 어떤 이는 죽음의 이리가 가까이 오고 있는 데에도 옆에 누가 오고 가거나 있거나 머무는 그것이 귀찮고 싫어서 눈을 감고는 가라고 하는 자들도 더러 있다. 그러니 그 사람에 따라서 그가 취하는 태도가 다르다는 것을 잊으면 아니 된다. 당신에게도 죽음이 오는데 그것을 그 무엇으로 막을 것인가? 당신의 손바닥으로 막을 것인가? 아니면 입이나 몸으로 막을 것인가?

### 제 8절, 악한 영들이 임종하려는 당신을 부르는 소리를 들을 것인가?(?)

1, 사란들은 그 자신이나 이웃의 죽음에는 귀신들도 일익을 담당한다는 말들을 한다. 지금 죽음을 기다리고 있는 자들의 상당수는 각종 악한 영들이 자기를 부르는 그 소리를 듣고 있다. 당신에게도 죽음의 시간과 순간이 서서히 다가오면 역시 마찬가지임을 잊지 말라.

그리스도 안에서 사는 자들은 그렇지 아니하지만 이들과는 달리 악한 귀신들이 쉬지 아니하고 찾아와서 죽음을 맞고 있는 그 사람을 향하여 그의 이름을 부르면서 하는 소리가 "너는 불지옥이다." 그리고 "너는 지금 음부의 불속에 떨어질 것이다". "지금 이 순간에 무시무시한 지옥의 불이 너를 기다린다"라고 외친다. 그러니 참으로 악순환이다.

그리스도를 믿지 아니하는 불신자들에게는 염라국의 염라대왕이 너를 기다린다. 그러니 지금의 너는 지옥의 불이 안성맞춤이고 그리고 너의 가는 그 길을 지옥의 안방이라며 속삭인다. 그러니 엄청나게 겁이 나고 심히 무섭고 떨리며 오금이 저리기까지 한다. 도망을 칠 수만 있으면 그 어디론가 도망을 칠 것인데 어찌된 영문이지 다리와 발이 무겁고 천근이다. 모든 것들이 내 말을 듣지 아니한다. 발과 다리만이 아니다. 팔과 손도 말을 듣지 아니하고 꼼짝을 하지 못한다. 여기서 평생 삶의 실수와 생의 패배 의식과 죽음의 각종 의식을 맛보게 된다.

2, 여기서의 문제는 이미 눈도 멀어있고 귀도 막혀 있고 혀는 석고가 되어서 말을 전혀 할 수가 없는데 그럼에도 얼토당토 아니 하게 귀에는 이상한 소리가 들린다. 그 소리는 각종 귀신들의 소리이다. 각종 귀신들의 소리가 들리는데 하나 같이

Ⓐ 하나님을 부인하고 거부하라. 이제는 모든 것이 끝났다.

Ⓑ 사후의 세계가 없다고 부인하라. 어서 속히 해라.

Ⓒ 성서를 부인하고 거부하라. 성서는 하나님의 말씀이 아니라고 부인하라.

Ⓓ 지금의 나는 천국이나 낙원(극락)을 가지 아니해도 좋다라고 고백(소리)을 하라.

Ⓔ 나는 지금 이대로 죽겠다고 고백하라.

Ⓕ 이 시간에 그 누구도 나에게 사후세계를 운운 하면서 괴롭히지 말라고 하라.

이렇게 고백을 하라고 악한 영들이 속삭인다. 그러면서 압박을 가하고 갖은 수모와 고통과 괴로움을 안겨 주기까지 한다. 견디기 어려운 위해를 가하려고 압박을 가한다.

그러면서 자기의 말을 듣지 아니하면 공갈과 협박을 한다. 그러면서 하는 말이
　Ⓐ 어차피 너는 죄인이니 죽는다.
　Ⓑ 너는 반드시 음부나 지옥의 불속에 던져진다.
　Ⓒ 이왕 지옥의 불속으로 던져질 것인데 용감하게 행동을 취하라. 그것이 무엇인지를 너희는 알 것이 아닌가?
　Ⓓ 너는 이 세상에서 귀신과 미신과 우상과 잡귀들을 믿고 섬기며 따라다닌 자가 아닌가? 그런데 이제 와서 하나님을 운운한다고 될 일인가? 마귀의 세상에서 살았으면 행동을 바로 잡고 취하라.
　Ⓔ 너는 죄도 많고 악도 너무 많은 자가 아닌가? 그러니 차라리 지옥의 불속으로 가는 그 편이 보다 더 낫다. 그러니 그 어느 것도 기대를 걸지 말라. 위의 이런 것이 옳은 행동과 자세가 아닌가?

그러니 믿음이 없는 소인배와 모리배가 되고 하나님을 믿는 것 처럼 행동을 하는 자는 되지 말라고 권고와 경고까지 한다. 그것이 아니 되면 갖은 권모술수와 거짓과 위증과 허위와 위선과 악함과 추함 등을 그 근거로 해서 마구 윽박지름을 당하게 된다. 참으로 안타깝고 난감하고 어처구니가 없는 악의 현장의 현실로 돌변하게 되는 것이다. 그래서 사람들이 임종을 할 그 때를 주시와 유의하여 보라. 어떤 현상들이 그에게서 나타나는 것인지를 말이다. 어떤 이들은 억울하

고 분해서 용을 쓰고 두 주먹을 쥐었다가 펴기를 계속하고 자기의 이를 마구 갈기도 한다. 이런 경우들은 하나 같이 억울하고 분해서이다.

3. 어디서인가 그리고 찾아온 저승사자인 천사들이 계속해서 가자고 윽박지르고 겁을 주고 경고까지 하기도 한다. 여기서 그리스도 안에서 사는 자와 그 밖에서 사는 자의 결과가 완전히 달라진다. 그래서 성서는 누가복음 16:22상반절을 보고 그리고 다시 누가복음 16:22하반절을 찾아보라고 권고하고 있다.

그래서 필자가 이 과정에서 보는 견해는
Ⓐ 누구든지 임종이 오면 믿는 자들이 듣는 소리가 따로 있음을 알게 된다.
Ⓑ 그리고 믿지 아니하는 자들이 듣는 소리가 따로 있다는 것을 알게 된다. 그러면 이 믿지 아니하는 자들이 듣는 그 소리는 무엇들인가? 그럼에도 그것은 악하고 음란한 마귀의 소리인 것이다.

솔직히 누가복음 16:22상반절에서 거지 나사로를 모시려고 나타나는 천사의 소리와 누가복음 16:22하반절에서 홍포를 입은 부자를 잡아가려고 나타나는 사자의 소리가 어찌 같을 수가 있겠는가? 데리려고 오는 소리와 잡아가려고 오는 소리는 완전히 다르다. 저승사자가 악인이나 일반인을 잡아가려고 할 그 때에는 고랑과 쇠사슬로 묶거나 채워서 끌고가는 경우도 있고 어떤 이는 하늘에서 가져온 밧줄로 온 몸을 묶어서 끌고가는 경우도 있다. 이런 양식과 방식이 다양하기에 누구는 어느 것이라고 말을 할 수는 없다. 다만 그 과정이 너무나 사납고 무섭고 두렵고 떨린다는 것이다.

 분명한 것은 사람들이 그 자신의 죽음을 얼마 정도 앞에 놓고서는 매일 밤 또는 자주 밤중에(밤 12시-4시 사이) 그 자신을 부르는 이상한 소리를 듣는다. 바로 옆에 있는 누구도 그 부르는 소리를 듣지를 못하게 된다. 심지어는 이상한 현상으로서 그 자신이 죽는 각종 꿈을 자주 꾸게도 된다. 여기서도 심각하고 이상한 꿈이나 환상이나 영상을 보게 되고 이상하고 야릇한 문제를 발견하고 그리고 기가 죽어서 숨도 크게 못 쉬고 나오는 소리도 적어지고 노래도 목구멍 속으로 들어가는 찬송도 부르는 그것이 일반적인 상식선이다. 그러기 때문에 인생인 너와 나는 그 누구도 이를 놓고서 바른 이해가 없으면 결코 아니 된다.

 4, 죽음의 문턱에서 그 누구도 사람으로서는 가장 듣기가 싫은 그 소리가 바로 마귀나 귀신들의 각종 이상한 소리를 듣는 그것이다. 마귀는 그에게 접근을 하면서 속삭인다. 자기와 손을 잡고서 이 죽음의 순간을 탈피 하자고까지 요구를 한다. 그러니 답답하고 안타깝다.
 너와 나는 피조물이고 그리고 너와 나는 범죄한 죄인이고 악인이다. 너와 나는 어차피 음부나 지옥의 불속으로 가야만 한다. 그러니 더 이상 바랄 것이 그 무엇인가? 천국이나 낙원(극락)에 대한 미련을 너무 크게 두지를 말라. 이제 와서 극락(낙원) 세상에다 미련을 둘 이유나 필요가 없는 것이 아닌가? 이생에서의 너의 생과 삶이 결코 선하거나 의로운 것이 아닌데 말이다.

이 과정에서 마귀나 악한 영들은 너와 나를 향하여 우리는 피조물로서 에덴에서 범죄를 같이 해 놓고서(창세기 3:1-6) 이제 와서 너희가 꼼수를 부리고 꾀를 내고 쓸 이유나 필요가 없는 것이 아닌가? 너는 이제까지 인간답게 못 살았으니 이제는 인간 답게 끝을 내라. 어리석고 야비한 인생을 죽음에의 그 앞에서까지 살지 말라. 솔직히 떳떳하고 용기 있게 죽어라. 그리고 죽으면서 까지 비굴하지 말라. 모든 것을 비토하고 간사하게 살지 말라고 경고를 하면서 마귀나 귀신들은 속삭인다. 그래서 임종을 맞은 각종 인간들이 이 소리에 가장 환멸과 배신감을 느끼고 맛을 본다. 그 누구도 이 모든 것에 대한 바른 이해가 없으면 결코 아니 된다.

　5. 그리고 그 누구도 임종시나 임종직전이나 간에 그의 귀에 들려오는 각종 소리가 있는데 이를 유추하여 보면
　Ⓐ 그 하나는 창조주 하나님의 소리이다.
　Ⓑ 그 하나는 성령의 소리이다.
　Ⓒ 그 하나는 찬군과 천사들의 소리이다.
　Ⓓ 그 하나는 악령의 소리이다(마귀와 귀신들의 소리).
　Ⓔ 그리고 세미한 양심(마음)과 신앙의 소리이다.
　Ⓕ 그리고 기타 등의 소리들이다.
　그러기에 인간은 죽음의 이리 앞에서 들려오는 이 많은 소리를 들으며 서서히 죽어간다. 물론 들려오지 아니하는 소리도 이 중에는 있을 것이다. 그러면 여기서 죽어가는 자로서 어느 소리를 들어야만 하는가? 들려오는 각종 소리를 잘 들어야 구원을 얻거나 그리스도의 보호하심을 받게 되는 것이다.

## 제 9절. 죽음 앞에서 거의가 심히 두려움을(공포) 느끼는 경우도 있다.

1. 죽음의 기운이 가까이 오고 죽음의 사자가 곁에서 손을 잡거나 팔을 잡거나 아니면 몸을 잡으면서 "이제는 가자" 또는 "이미 늦었다 빨리 가자" 그것이 아니면 "별로 세상에서 할 일"도 없으면서 빨리 가지 못하고 왜 더 살려고 미련을 가지는가? "이제는 더 이상 머물 이유가 없다"라고 하면서 이끌게 되니 가는 그것이 상책이 아닌가? 너를 보고 나를 보라. 앞에 가는 저 사람을 보고 그리고 다시 뒤에서 오는 저 사람들을 보라.

이 세상에서는 별로 한 것도 없고 한 일도 별로 없는 자들이 죽으니 그 사람의 무덤들이 너무나 크고 웅장 하듯이 세상에서 별로 한 일도 없는 자들이 천국이나 낙원(극락)을 가려고 허우적거리고 야단법석들이고 구걸을 하는가 하면 그리고 생각과 마음을 먹고 있는 것을 보면 심히 안타깝고 부끄럽고 쑥스럽고 창피스러움이 하늘을 덮고 있다.

그 누구라서 죽음에의 현장의 현실 앞에서 큰 소리를 치고 있는가? 인간은 하나같이 죽음 앞에서 너무나 부끄럽고 수치스럽게 살고 있다. 그런데 내세를 외치며 다니고 있는 각 종교의 지도자들을 보라. 이들은 하나 같이 일반인들 보다 "죽음을 더 두려워하고 무서워 하고 있으니" 그것이 현실의 아이러니가 아닌가?

2. 사람이 이 세상을 살아가면서 가장 무서움을 느끼고 가지는 것은 바로 각종 사고나 질병이 아니고 "죽음과 죽음의 이리"를 맞는 그리고 보는 그것이다. 왕이나 폭군도(마태복음

2:18-19) 가장 무서워한 그것은 바로 그 자신들의 죽음이 아니겠는가? 그 누구도 이에서는 무서움과 두려움이 필연적인 과제이다. 사도행전 12:20-23절의 헤롯 아그립바 1세 왕을 보라. 그가 요구하고 바라는 것이 그 무엇인가? 모두에게 개의 죽음과 같은 것이 다가오는데 피할 수도 피할 길도 없고 되돌아가라고 명령을 할 수도 없는 것이 아닌가?

3, 죽음에의 시간과 순간이 오면 죽음의 사자가 무시무시하고 엄청난 칼과 고랑과 쇠사슬과 몽둥이와 묶을 줄을 들고 그 자신을 향해 달려오는 그것이 기쁘고 즐거울 것인가? 그것이 아니면 그것이 너무 무서운 것인가?
그런데 어떤 이는 죽음에의 사자 앞에서 "죽기 싫다"고 소리를 친다. 그러면서 "내가 왜 지금 또는 이렇게 빨리 죽어야 하는가"를 고백하면서 오늘은 못가고 나중에 가겠다고 의식과 무의식 적으로 우긴다. 어떤 이는 죽는 것을 원치 아니한다고 발악과 발광까지 하고 있다. 그러니 이를 어찌 해야 하는가?
그러면 오늘에서 필자나 독자들은 어떤가? 너와 나도 죽기가 싫다며 울고불고 가슴을 치면서 끝까지 버틸 것인가? 그리고 어떤 이는 죽음의 사자 앞에서 살려 달라고 애원을 하면서 쇼를 부리고 아우성까지 치고 할 것인데 그것이 가능한가 함이다. 이에 대한 바른 이해가 있는가?

4, 어떤 이는 죽음 앞에서 내가 왜 죽어야 하는가를 반문하거나 외치거나 발을 동동 구르고 심한 공포와 갈등과 두려움과 몸의 전율은 느끼거나 머리와 얼굴과 마음의 현상이 새파랗게 질리기도 한다. 그 누구도 그 순간에는 눈에 보이는

것이 없고 오직 어두움과 안개와 불안과 공포만 급습하여 몰려오기도 한다. 인간은 누구도 자기가 스스로 파 놓은 함정 속으로 모두가 빠지고 심지어는 죽어가면서도 죽음의 진의와 참 뜻을 알지 못하고 있으니 큰일이다.

　모두에게 다가오는 그 죽음을 피하려고 수고와 노력을 하는 이도 없고 죽음을 일단 건너뛰어서 넘어가려는 자도 없고 죽지 아니하기 위해서 불사주와 불노초약을 준비해 놓고 그 무엇을 행하려는 자도 없으니 문제가 심각하여 진다.

　5, 그러면 어제와 오늘에서 너와 나는 이 죽음의 세계에 대하여와 사후의 세계에 대하여 그 무엇인가를 조금이라도 알고 있는 것인가? 그럼에도 죽음도 모르고 죽음의 사자도 모른다면 그것은 심각한 자주가 아니고 그 무엇인가?

　그럼에도 불구하고 너와 나만이 아니고 전 인류는 각기 다가오고 있는 그 죽음 앞에서 아무 일도 하지 못하고(누가복음 12:20-21) 속수무책적으로 당하고만 있으니 그리고 죽음의 사자 앞에서 입도 벌리지 못하고 유구무언인데 그 무엇을 기대거나 이야기 할 것인가 하는 것이다. 이 시점에서 그러면 당신은 죽음 앞에서 노리고 바라는 것이 그 무엇이고 종교인들이 바라는 것이 그 무엇이고 교회당 안이나 밖에서 목사나 교인들이 바라는 것이 그 무엇인가?

　6, 인생아! 너는 오늘 하루 동안 그 무엇을 하였는가? 과연 돈을 벌었는가? 돈을 벌었다면 그 얼마나 벌었는가? 그런데 하루의 일과 속에서 죽음을 향하여 뛰면서 돈을 벌었는가? 그것이 아니면 삶을 향하여 뛰면서 돈을 벌었는가?

　그럼에도 불구하고 오늘의 이 밤에 죽음의 사자가 당신을

찾아오면 오늘에서 당신이 번 그 돈을 내어 놓으라고 경고
할 것인데(누가복음 12:16-21 참조) 당신은 이 과정과 와
중에서 다 내어놓을 것인가? 그것이 아니면 아나니아와 삽비
라 마냥(사도행전 5:1-11) 조금 감추고 내어 놓을 것인가?
그랬다가 죽음을 면치 못하는 어리석은 인생이 될 것인가?
 그러면 당신은 이런 과정에서 바라고 요구하는 것이 그 무
엇인가? 죽음과 죽음의 사자 앞에서 돈을 감추거나 유산 상
속을 하다가(시편 17:14하반절) 삶을 포기하고 죽음을 선택
할 것인가? 그러면 그대로 그 자리에서 말이 없이 죽고 말
것인가?

 7. 인생은 죽음의 바로 그 앞에서 잘난 자도 못난 자도 성
직자들도 유산 상속을 하고 있는데(시편 17:14) 당신은 이
과정에서 어찌할 것인가? 누가복음 16:27-30절을 보면 음
부의 불속에 던져진 홍포를 입은 부자도 보니 유산 상속을
한 것이 분명한데 솔직히 오늘의 당신의 신앙과 신념과 속성
과 사고는 절대로 유산 상속은 하지 아니할 것인가? 유산상
속은 범죄이고 지옥의 불속으로 던져지고 떨어질 매표 구입
이고 지옥의 행진곡이고 장송곡이 아니겠는가?
 그 누구도 자신의 유산 상속을 행하고서 천국이나 낙원(극
락)을 가려고 하는 것은 그것 자체가 고등 범죄가 아닌가?
이 세상에서 땅의 것은 그 어느 것 하나도 창조주의 것이지
인간 그 개인의 것은 하나도 없다. 그럼에도 죽으면서 유산
상속을 하거나 운운하는 그것 자체가 침범과 도전과 죄와 악
행인 것이다. 죽음 앞에서 그 누구도 자녀에게 재산 상속을
해 주고 극락이나 천국을 가려는 의지나 의식이나 사고나 사
상이나 믿음은 철저히 내세적 미신이니 버리는 것이 좋다.

유산상속은 범죄이고 고등 악이고 그 자신을 지옥이나 음부의 불속으로 밀어 넣고 던지는 악행인 것이다.

### 제 10절, 어떤 이는 조용히 죽음을 맞는 경우도 있다.

1. 다가오고 있는 죽음을 앞에 놓고서 인간은 그 무엇을 생각하고 있는가? 야고보 4:14하반절을 보면 "너희는 잠깐 보이다가 없어지는 안개" 라고 규정하고 있는데? 그러기에 세계를 지배한 바벨론왕 벨사살이나(다니엘 5:30-35) 시저나 알렉산더 대왕이나 나폴레옹이나 히틀러나 징기스칸 역시 오래 살지 못하고 이슬이나 안개로 나타났다가 안개 속으로 사라진 것을 보라.

그런데 이들이 죽어서 간 그 곳은 바로 "이름이 없는 자들이 들어가는 그 곳"이 아니겠는가? 누가복음 16:24-25절을 보라. 홍포를 입은 자가 들어간 그 곳은 바로 "이름이 없는 자가 들어간 곳"이 아닌가? 그 곳에는 분명히 들어갈 자들도 많은데 이름들이 없는가? 그것은 아무도 그 곳에서는 들어온 그 사람의 이름을 부르지 아니하기 때문이다. 이에 대하여는 그 누구도 바른 이해가 없으면 결코 아니 되는 것이다.

2. 믿음을 크게 가졌다고 하는 자들도 죽음이 오면 조용히 그리스도의 이름을 부르며 가는 것이 상책이다. 스데반이 취한 자세를 보라. 그러니 사도행전 7:54-56절을 보고 그리고 다시 사도행전 7:57-58절을 보고 그리고 다시 사도행전 7:59절을 보라. 그는 끝내 "주여 내 영혼을 받으시옵소서" 하고는 죽음을 받아드리게 된다. 이것이 죽음 앞에서 참된 그리스도인의 자세이고 행동인 것이다.

사도행전 12:1-2절의 야고보 사도를 보라. 그는 그 누구보다도 조용히 죽음을 받아드리고 있다. 사도행전 12:3-6절의 베드로를 보라. 의식이나 사고나 신앙이나 그 무엇도 바라지 아니하고 다가오고 있는 죽음을 받아 드리고 있다. 그리고 디모데 후서 4:7-9절에서는 바울이 다가오고 있는 죽음을 그대로 받아드리고 있지 아니하는가?

죽음에서 그 다음의 문제는 하나님과의 관계가 문제이니 여기서는 우리의 소관에서 완전히 벗어나게 된다. 이는 믿음이나 힘이 없어서 조용한 것이 아니다. 성령 그것이 순교자의 길이라고 해도(계시록 6:11) 신원함의 문제가 그대로 남아 있으니(계시록 6:10) 조용히 그 끝을 맞게 되는 것이다.

3. 믿음이 없는 자의 죽음과 그리스도를 바로 아는 자의 죽음도 완전히 다르다. 구약의 선지자들을 보고 신약의 사도들과 이방사도들과 속사도들을 보라. 이들은 하나 같이 죽음이 오니 그대로 받아 드린다. 왜 그런 것인가? 그것은 이미 이 죽음은 에덴동산에서부터 예고가 된 것이니 어찌하겠는가?(창세기 3:19) 이미 예고와 예견이 된 그것이 소리소문 없는 예정과 섭리이니 그대로 믿거나 받아드린다는 의미가 되니 이를 조용히 받아 드려 감사한다는 것이다.

어떤 이들은 "이미 올 것이 오는구나" 라고 하면서 받아 드리고 어떤 이는 "이미 올 것이 왔다" 라고 하면서 모든 것을 자포자기를 하면서 받아 드리는 경우들도 있다. 그러나 어떤 이는 속수무책이고 그것이 나타나니 그 자신의 주변의 삯꾼들은 그 순간에 다 자신을 버리고 도망을 가는 현장의 현실과 역사를 나타내 보이기도 한다.

　그럼에도 불구하고 믿음이 없거나 그리스도를 모르는 자들에게 "믿음이 있는 자의 죽음"을 설명한다고 해서 그들이 받아 드릴 것인가? 그것은 결코 아니라는 것이다. 인생의 가는 그 길이 다르고 보는 것과 생각하는 것이 다 다른데 받아드릴 것이 있고 그와는 반대로 외시를 하고 버리고 받아드리지 아니할 것이 따로 있음도 바로 알아야 한다.

　4, 죽음의 사자 앞에선 그 인간은 그 누구를 막론하고 이미 살이 녹고 골수와 뼈가 무너진다. 이것들이 자기 기능을 상실 당하게 되니 어느 하나도 필요가 없게 된다. 그러면 전도서 12:3-7절을 보라. 이것들이 그 무엇을 현실적으로 가르치고 있는 것인지를 바로 보라. 그러다 보니 참으로 하찮은 것이 인생이고 인생사가 아닌가? 구약 욥기 4:19하반절을 보라. 인생은 하루살이보다 못한 자가 아닌가? 그 누구라서 이 정도를 모른다고 소리를 치고 또한 외시나 외면을 할 것인가 함이다.

　어느 인간에게든지 죽음의 시간과 순간이 오면 먼저는 죽음의 사자가 달려오고 그가 너와 나를 잡아가거나 데려갈 것인데(누가복음 16:22상반절, 하반절) 이 때에는 이미 골수와 뼈와 피가 마르고 정신은 혼미와 혼돈을 하게 될 것이다. 이때에 4지 100체가 망가지고 부셔지고 무너지고 금이 간다. 그래서 이때에 모든 것을 내려놓게 된다. 그런데 이때에 이것들 보다 더 어처구니가 없는 것은 "악한 영들 곧 각종 귀신들이 찾아와서 사경을 헤매고 있는 그 인간"을 향하여 갖은 권모술수와 회유책으로 회유를 하고 윽박지른다. 이때에 악한 영들의 회유책과 공갈과 협박은 형언과 형용이 전혀 아니 될 정도이다.

그 때에는 이미 혀가 꼬부려지고 입안이 석고가 된다. 그 와중에 말문이 막혀서 순식간에 언청이나 바로가 된다. 소리를 듣고 싶으나 거의 소리가 들리지 아니하고 보고 싶으나 눈에 안개나 구름이 끼어서 보이지 아니한다. 말을 하고 싶으나 이미 그 혀가 석고가 되어서 말문이 막히게 된다. 이때가 오면 인간은 조물주께서 요구하고 바라시는 것이 그 무엇인지를 깨닫게 되나 이미 모든 것은 그 끝이 나 있다. 그래서 인생은 그 누구도 죽음이 가까이 오면 후회를 하고 낙심을 하고 실망까지 하게 된다.

5, 인생은 그 누구도 그 자신의 삶을 향하여 뛰거나 달려가는 것이 아니고 죽음을 향하여 뛰거나 달리고 있으면서도 그럼에도 그것을 다들 전혀 모르고 있으니 큰 일이 아닌가? 지금 당신의 건너편에서 당신을 향하여 달려오고 있는 그 죽음은 다른 사람이 아닌 바로 너를 요구하고 있다. 주위를 둘러보라. 당신의 주변에는 당신을 잡으려고 오는 "죽음에의 사자" 그분뿐이니 이를 바로 알라.

길을 가면서도 보고 변소에 가면서도 보고 목욕탕에 가서도 보고 밤에 잠자리에 누워서도 주위를 살펴보라. 무엇인가 어두움의 기운이 숨어서 너를 보고 있다는 것을 바로 알라. 그러니 큰 소리를 치지 말고 겸손하고 낮아지라.

인생은 하나 같이 생과 삶을 위해서 새벽부터 밤 늦게까지 뛰고 달리고 하는 것이 아니다. 하나같이 죽음의 가시나무가 가시꽃을 피우기 위하여 뛰고 달리듯 한다. 죽음에의 향연과 잔치를 위해서 급조되어서 나타난 그것이 화장터인데 언제나 그 곳에는 점차 "만원사례"를 이루고 있다. 공동묘지 역시 언제나 만원사례를 외치며 "하는 말들이" 오늘의 당신도 대 환영을 하고 건너편의 저 사람도 대 환영을 할 것이니 늦거나 뒤지지 말고 빨리 달려와서 죽어주라고 요구하는 것이다. 너무나 기가 차고 한심하고 목구멍이 갈할 지경이다.

  6, 죽음의 이리가(요한복음 10:12) 오늘에서 너와 나에게 찾아오면 인생들은 생의 모든 탈과 가면과 그리고 삶에서의 모든 가면극들을 벗어다가 원위치에로 돌리고 그 영혼 역시 그 본래대로 돌아가야 하는 것이다. 예수 그리스도 안에서 사는 자들은 자기의 본 고향을(창세기 2:7) 찾아가는데 반하여 어리석고 무식한 자들은 "빛도 없고 이름도 없는 자들이 가는 그 곳에 각기 동참을 해서는" 살려 달라고 요구하니 그것이 심각한 문제와 고민거리가 되고 있다.
  그러면서 하나같이 "올 것이 왔구나" 또는 가야 할 곳으로 "이제는 가는구나"라고 하면서 말없이 빛도 이름도 없이 끌려가지만 항의나 항변이나 반항이나 부정적인 말 한마디도 없이 끌려가고 있으니 그것이 한숨이고 저주인 것이다.

  그러면 죽음은 당신에게 필연적인 과제인가? 그리고 죽음은 "당신에게 불가항력적인가" 하는 것이다. 어제도 죽음이 너를 부르고 오늘도 너를 부르고 있다. 그러면 오늘에서 당신이 보고 있는 그것은 세상적인 출세와 성공인가? 그것이 아니면 다가오고 있는 죽음인가? 그런다고 해서 우리들 모두가 이에 대한 반대론 자이거나 아니면 자살 찬성론자이거나 허무주의자들은 결코 아니라는 것을 알아 두어야 한다.

## 제 11절, 죽음과 자살에 대하여

1, 인간의 역사가 시작이 된 그 이후부터 이 자살들은 쉬지 아니하고 이어져 내려온 것은 사실이 아닌가? 성서에서 보면 사울은 못되고 못나고 심히 사악한 왕이지만 전쟁터에서 그는 자살로 여생을 마쳤다. 그러면 사무엘 상 31:1-6절을 보라. 그리고 다시 가룟 유다는 예수의 12명의 제자들 중에 그 하나이었으나(마태복음 10:1-4) 그는 자살로 그 여생을 마감하고 말았다(마태복음 27:3-5). 그런데 놀랍고 어처구니가 없는 것의 그 하나는 국가의 왕이었고 다른 그 하나는 예수의 제자들 중에 그 하나이었으니 각기 모든 면에서 큰 차이가 나지만 자살을 했다는 면에서만은 별반 차이가 없는 것이다. 그러면 왜 이런 지도자들이 자살을 한 것인가? 그것이 그 누구 때문이고 그 무엇 때문인가?

오늘에서 한국의 경우를 보라. 수치스럽게도 한국은 세계에서 자살율이 1-2위에 올라서 있다. 참으로 어처구니가 없는 형국이다.

2, 자살은 심리적으로 아주 강한 자들이 장소와 환경과 이유나 여건에 따라서 크고 작은 강압을 받게 되면 순간적으로 자살 충동을 느끼고 자살을 자행하는 경우도 있고 그리고 어떤 이는 불의와 불법에 의해서 양심의 가책을 느낀 나머지 자살 충동을 가지게 되고 극단적인 행동으로서 자살을 하는 경우가 허다 하다. 이 자살은 순식간에 일어나는 경우도 있고 사전에 허무주의 사상에 빠져서 일어나는 경우도 있고 타인의 권유와 꾀임에 빠져서 자살로 가는 경우도 있다.

자살은 자신의 집이나 자동차 안에서 하는 경우도 있고 호텔이나 모텔 그리고 산이나 들에서 각종 약을 먹거나 목을 매는 경우도 더러 있다. 나무에다 목을 달거나 낭떠러지에서 떨어지거나 바다에 투신을 하거나 아니면 높은 다리 위에서 아래의 강으로 뛰어 내려서 죽는 경우도 있다.

그리고 다시 자살은 어슥한 곳이나 어슥한 강이나 연못가와 같은 곳에서 자행하거나 사람의 왕래가 없거나 누가 찾기에 어려운 곳에서도 한다. 그리고 어떤 이는 동반자살도 하고 연인끼리 함께 자살을 동반하기도 하고 이성끼리 자살을 행하기도 한다. 물론 동성끼리 자살을 행하기도 하고 그리고 부모가 어린자녀들과 더불어서 동반 자살을 하는 경우도 많다. 그럼에도 불구하고 자살은 신에 대한 도전이고 창조에 대한(창세기 1:26-28) 반역과 도전행위이고 범법 행위이다.. 그러니 자살을 바로 아는 그것이 중요하다.

3, 요즘 보면 인터넷이나 각종 매체를 통하여 자살을 할 자들을 모집하기도 하고 동반자를 구하는가 하면 집단적으로 자살을 할 자를 모집하기도 한다. 심지어는 자살 모의작전을 구사하여 보기도 한다. 심지어는 도처에서 자살 그룹이 생겨나기도 한다.

여기서 놀라운 것은 못되고 악한 자들은 대개가 자신은 자살을 하지 아니하고 심약하고 모자라는 자들을 유도하고 유인해서 자살을 하게 하고 그 자신은 사람들이 자살하는 그것을 보면서 쾌감을 느끼는 자들도 있다. 그러나 그도 역시 얼마 못가서 자살의 지병과 충동질에 의해서 죽게 되는 경우도 허다하다. 이것이 어리석은 현실이고 악한 역사이다.

그러나 자살은 큰 범죄이고 악한 병이다. 자살은 창조주 앞에서 용서가 아니 되는 사악한 범죄행위이며 신에 대한 도전이고 못되고 악한 병이다. 이는 창조에 대한 철저한 도전이고 거역행위이기에 하늘이 결코 용서치 아니하는 지옥갈 죄와 악행이다. 그 누구도 이를 잊지 말라. 자살에 동조하거나 부화뇌동이 되면 그 누구도 아니 된다.

4, 어떤 이는 심신이 피곤하고 허약이나 약함으로 해서 자살을 하고 어떤 이는 심리적인 각종 병이나 정신적인 질병에 의해서 자살을 하는 경우도 많다. 어떤 이는 심리학적으로 또는 철학적으로 또는 정신 분석학적으로 악한 병에 걸려서 자살을 자행하기도 한다. 이런 자들은 분명히 악하고 못된 자들이다.

그런데 그 자신은 자살을 실행하지 아니하면서 자살의 참됨을 공식화해서 자랑하고 칭송하여 타인을 그 악한자의 속임수와 꾀임에 빠져서 자실을 하게 만들고는 그럼에도 그 자신은 자살을 하지 아니하는 사악한 철학자와 문학자들이 많으니 안타까운 일이다.

그 자신은 자살을 피하고 어리석은 자들과 청년들을 자살로 내모는 철학자들과 문학자들은 마태복음 7:15절의 "양의 옷을 입고 돌아다니는 이리들이니" 멀리하고 조심하고 주의해야 한다. 그러니 이런 자의 주위는 피하는 그런 자가 되라. 분명히 자살을 말하는 자와 자랑하는 자와 글이나 그 어떤 것으로도 이를 내세우고 주장하는 자를 멀리하라. 이들은 그 양심이 이미 화인을 맞고 없는 이리새끼들이니라.

하나님과 국가를 배신한 사울 왕이나(사무엘 상 31:1-6) 자신의 스승을 돈으로 팔아먹은 가룟 유다마냥(마태복음 27:3-5) 그 자신 하나만의 일시적이고 심리적인 충동에 의해 자살을 하는 경우는 그래도 좀 나은 경우가 아닌가? 오늘날 마냥 자살을 충동질 하거나 찬양하고 돌아다니는 몰상식의 악인들 마냥의 행위와 행동은 결코 합리나 합법적이지 못한 것만은 사실이다.

현금당대의 자살은 거의가 찬란한 범죄이고 고차원적인 악과 악행이 아니고 그 무엇인가? 현대판 자살은 신에 대한 도전이고 예수 그리스도의 급단적인 사랑에 대한 도전이고 부모와 국가와 이웃에 대한 도전임을 잊지 말라. 자살을 한다고 누가 보아주고 알아 주는가? 그 누가 칭송을 하고 박수를 치고 축하를 하겠는가?

5, 그러기에 그 누구도 자살을 칭송 하거나 아름답게 미화를 시키거나 그렇게 요구하고 바라서는 아니 된다. 현대판 자살 해위는 귀신이나 악한 영들의 수작과 농간 탓도 상당수 있다는 것을 유념하라.

그러면 자살은 그 누가 하는가? 그 누가 하려고 하고 있는가? 그것은 바로 하늘이 버리고 땅이 버린 자들이 한다. 그러니 이런 자들은 하늘에 갈 곳이 마땅하지 아니하니 결과적으로 하늘에 있는 "이름이 없는 자들이 가는 곳"에 가게 된다 (누가복음 16:25). 왜냐 하니 하늘과 땅에서 필요가 없는 자들이 하늘에 있는 이름이 없는 자들이 가는 곳으로 가야 하기 때문이다.

그러니 그 누구도 자살을 생각하지 말라. 자살은 반드시 60-70%가 귀신이나 악한 영들의 수작으로서 이것들이 달라붙고 개입을 한다는 것을 잊지 말라. 자살은 어느 시대에서나 비그리스도교적이며 비성서적이며 비그리스도적인 행위와 행동임을 잊지 말라.

### 제 12절, 상당수의 사람들은 죽음에의 그 순간에 마음과 정신적인 이상 증세를 느끼거나 일으키기도 한다.

1, 아무리 유능하고 학식이 풍부하고 명예와 지위가 있고 높던 자들도 죽음의 순간이 다가오면 80-85%가 마음과 정신과 사상적으로 이상 현상을 일으킨다.

그래서 먼저는 얼굴이 변하고 눈이 충혈이 되고 그 마음이 아주 이상하여 지고 가슴이 뛰고 흔들리며 온 몸에 열이 오르며 인간으로서는 도저히 참거나 상상 할 수가 없는 현상이 열기와 함께 일어나고 나타나게 된다. 그래서 그 누구도 죽음의 시간과 순간이 오면 숨이 막혀서 허덕거리게 된다. 어느 누가 자신의 목을 누르고 있는 것도 아닌데 숨이 차고 그리고 말문이 막혀서 소리가 나오지 아니한다.

하나 같이 숨을 편히 쉬지 못하니 안정이 아니 된다. 그러기에 죽음의 순간이 오면 마음과 정신에 사람에 따라서 다르지만 크고 작은 이상현상이 나타나서 겁을 먹고 두 손으로 무엇인가를 잡고 싶어서 잡으려 하나 두 손과 두 팔이 말을 듣지 아니한다. 왜냐 하니 이미 두 손과 팔에서 마비 현상이 나타나고 있기에 꼼짝은 커녕 아무 것도 할 수가 없기에 마비가 되고 있다. 그러니 그 결과가 어찌될 것인가?

2, 죽음의 시간과 순간이 오면 온 몸이 마비현상에 의해서

꼼짝을 할 수가 없게 된다. 정신이 몽롱해지니 생각하는 것이 거의 없고 의식과 의지할 그 대상이 사라지게 된다. 그러니 먼저 시편 146:3-4절이 된다.

그런데 놀라운 것은 그 때에 움직일 수 없는 손과 발을 이상한 힘과 물체가 계속해서 잡고 만지고 있다. 그러니 그 힘에 잡히지 아니하려고 최선을 다하고 있으나 아무 것도 할 수가 없는 그 자신을 무의식 중에 찾게 되고 느끼게 된다. 마음이 꽉 막혀 있고 정신은 혼돈과 혼미상태에 빠지고 떨어져 있다. 그러니 그 마음이 순간적으로 따로 놀고 정신과 사상 역시 각기 따로 논다. 생각하면 이는 괴기현상이다.

그런다고 해서 죽음의 사자가 죽음에 이른 자의 그 손을 사로잡지 아니하는 것이 아니다. 죽음의 사자는 그 누구에게 임하면 그를 잡거나 사로잡는 것은 예외가 아니고 현실이다. 그런데 그가 하늘에의 쇠사슬과 고랑을 가지고 와서 잡을 것인가? 아니면 하늘에의 밧줄과 그물로 사로잡을 것인가 하는 것이다. 그러면 왜 이와 같은 상태와 현실이 벌어지는 것인가? 그것은 이 죽음의 시간과 순간부터 음부나 지옥의 불과 고통과 괴로움의 맛을 보아야 하기 때문이다. 여기서는 너도 예외가 아니고 나도 예외가 아니다. 교회당의 목사나 사찰의 스님들도 예외가 아님을 유념하라.

3, 타살을 당하는 자들을 보고 그리고 다시 자살을 하는 자들의 현 주소지와 실제적 상황과 현실을 보라. 거의가 정상적이 아니고 못된다. 왜 그런 것인가? 죽음의 순간과 현실이 다가오면 먼저는 의식상실증이 오고 지식 상실증이 오고 인격 상실증이 오고 기억 상실증에 사로잡히고 빠진다. 그리

고 사고도 사상도 사라지고 없어진다. 그러니 문제가 생긴다.
　죽음에 이르게 되면 어제의 기억이 다 상실되고 내일은 역사나 현실에 없는 날이 된다. 그러니 여기서 크게 문제가 되고 생기는 것은 어찌할 도리가 없다.
　죽음의 순간이 서서히 다가오면 영혼도 문제이지만 그 보다는 그 육신이 심히 동하고 흔들리고 그 무엇에 이끌려 가는 것은 어찌할 도리가 없는 일이다. 그리고 우리의 영혼이 흙집에서 살다가 그 곳에서 빠져 나오려고 하면 어려움을 겪는 것은 사실이 아닌가?

　4, 죽음의 사자는 함부로 그 사람에게 접근을 하는 것이 아니다. 그 인간을 만나고 그에게 죽음의 현실과 역사와 사실을 알린다. 누가복음 12:20절을 보라. 여기서 이를 알리시고 있지를 아니하는가? 그러면 하나님이 자기가 부리고 있는 천사를 통하여(히브리 1:14) 인생에게 죽음의 사실과 그 시간대를 알리신다는 것은 놀라움이고 신비함이 아닐 수 없는 것이다. 그러니 본 과제인 "죽음의 순간"이 오면 일단 마음과 정신과 사상과 사고에 이상 현상이 나타나 만사를 잊고서 무방비 상태가 되고 그리고 의지와 의식과 기억력이 상실됨으로 해서 모든 것을 잃거나 빼앗기는 그런 상태와 현실이 된다는 것이다. 그러면 그 결과가 어찌 되는가? 이 문제는 너도 주의하고 나도 주의하지 아니하면 아니 된다.

### 제 13절, 인생에게 죽음의 순간이 오면 심한 반발을 일으키게 된다

　1, 인간에게 죽음에의 시간과 순간이 오면 온 몸에서 심한

염증과 반발과 경련을 일으키며 반발하게 됨을 엿보게 된다. 그 누구에게도 죽음의 순간이 오면 "영혼과 육신"이 분리가 되어야 하는데 그 과정에서 "영혼이나 육신"에게서 반발과 경련을 일으키는 것은 도리가 없는 것이 아닌가? 이 양자는 한 평생 함께 하였는데 서로가 헤어진다는 것은 엄청난 역사와 현실이 아닐 수가 없다.

　죽음에의 순간이 오면 육신은 이에 대하여 심한 반발을 일으키게 된다. 왜냐 하니 그 육신이 이로 인하여 영혼과의 분리를 가져오게 되니 말이다. 누가복음 16:22상반절을 보면 그리스도인은 조용하나 그와는 반대로 누가복음 16:22하반절에 나타난 이 홍포를 입은 부자의 현장 현실과 역사는 너무나도 시끄럽고 놀라운 것이 아닌가? 이를 바로 아는 그것이 중요한 과제이다. 이 엄청난 과정과 현실에서 왜 그런 현상이 나타나지 아니할 것인가?

　2, 인생에게 죽음의 순간이 오면 "교인들 모두가 아멘" 하거나 "할렐루야" 하거나 아니면 "주여 감사 합니다"라고 할 것인가? 그러면 이에 대한 바른 이해가 있는가? 죽음에의 순간이고 죽음에의 세계로 들어가게 되는데 심한 경련과 어지러움과 말로서는 표현이 불가능한 그 무엇도 직접 그 현장에서 느끼고 체험을 할 것이 아닌가? 그 누구도 이에 대한 바른 이해가 심히 요구되는 것은 사실이 아닌가? 그러나 인간은 "사후의 세계"나 그리고 "죽음에의 세계"에 대하여는 하도 어리석고 무지하고 무식하니 이를 어찌할 것인가? 다 자기 잘난 맛에 산다고 하지만 너무 모르니 문제가 아닌가?

　3, 오늘에서도 여기나 저기에서 그리고 이 나라와 저 나라

에서 죽어가고 있는 자들이 너무나 많다. 그런데 그 죽는 자들을 보면 조용히 죽는 자는 10-20%도 아니 되고 발악을 하며 죽는 자들과 죽음에 대한 부담과 공포를 순간적으로 느끼는 자들과 이를 가는 자들과 한숨과 후회와 눈물을 흘리는 자들과 비애와 하소연을 하는 자들이 너무나 많다.

그러면서 가슴을 치는 자들과 스스로 자살을 해야 하는 자들도 생겨난다. 어떤 이는 열을 내고 광기를 부리기에 입에서 피가 마구 나오기도 하고 그의 목구멍에서는 열에 의해 썩은 피를 내 쏟기도 한다. 너무나 심한 반발에 의해서 보기에도 좋지 못한 또한 가슴이 아주 아픈 현상까지 나타내기도 한다. 그런다고 해서 인생을 잡으려고 달려온 하늘의 사자들이 기회를 다시 한 번 더 주거나 아니면 뒤로 물러설 것인가? 그것이 아니면 오늘은 일단 물러가고 언제인가 다시 그를 잡으려 올 것인가? 이에 대한 바른 이해가 있어야만 한다. 죽음 앞에서 인간의 문제는 안타까움이 너무나 많다.

4, 그런데 이 죽음에의 순간이 막상 다가오면 심한 경련과 염증과 압박관념과 피로와 괴로움을 느낀 나머지 심한 발악과 거부감을 느끼지만 그럼에도 이를 받아드릴 것인가 하는 것이다. 심한 경련과 불안과 초조와 무서움과 두려움을 느끼고 점점 불안의 요소와 함정 속으로 빠져들어갈 것인데 이를 어찌 히야 하는가?

죽음에의 이리나 죽음으로 가는 병과 악과 길은 이리와 같은 것이기에 보기를 즐기고 파괴를 요구할 것인데 그것을 즐기고 반길 것인가? 그러면 이때에 인간은 죽음을 맞아드리면서 눈을 감고 조용히 갈수는 없는 것인가? 이 문제를 그 누구에게도 강압적으로 요구를 하거나 바랄 수는 없는 것이 아닌가? 그럼에도 유의할 것은 인간에게는 자유의지가 있으니 어느 것 하나도 함부로 할 수는 없는 것이 아닌가? 고로 이 죽음에 대해서도 "죽음에 대한 자유의지"가 있으니 그 누구도 죽음 앞에서 왈가왈부를 할 수가 없는 것이 아닌가? 너의 죽음이나 나의 죽음이나 우리들 모두의 죽음에서 말이다.

5, 죽음의 순간이 오고 죽음에의 이리가 달려오면 가족이나 형제나 이웃이나 교회나 목사나 교인들이 그것을 알고 그 순간을 받아 드릴 것인데 솔직히 죽음을 맞아 드리고 있는 그가 이에 대하여 다소나마 반발과 반기를 들고 일어나는 것은 당연지사가 아닌가? 이 죽음에 대하여는 그 누구도 순수하게 받아 드리지 못할 것이다. 그래서 성서를 보면 인생은 낮 보다 밤에 더 많이 죽는다고 한다(욥기 34:20, 34:25, 이사야 17:14 시편 101:8). 그러면 그 이유는 무엇인가? 이에 대한 바른 이해가 심히 요구되고 있다.

### 제 14절, 죽음의 순간이 오면?

1, 인간에게 특히 너와 나에게 죽음에의 순간이 다가오면 이해하지도 알지도 그리고 평생 단 한번도 알아보지 못한 이상한 힘과 어두움의 힘과 엄청난 세력의 힘이 우리 자신을 억누르고 사로잡는가 하면 그 막강한 힘의 세력이 그 자신의 손과 팔 그리고 몸을 어루만지고 사로잡고 있음을 느끼게 된다. 이런 일은 그 누구도 죽음 앞에서는 당연한 것으로 모두가 받아드리고 인식들을 한다.

이상한 능력이나 힘이 그 자신의 팔이나 손을 잡고 잡어당

기거나 아니면 그 자신의 발과 다리를 잡거나 쥐고서 마구 당기는 것을 체험하고 맛보게 된다. 죽음 앞에 있는 자들은 이 모두를 느끼는 바이다. 참으로 놀랍고 기이하고 어처구니가 없는 현상과 현실이다. 나 아닌 다른 자의 그 무엇의 힘이 또는 팔이나 손과 같은 이미 죽어가는 그 자신을 잡아당기고 있는 현상과 현실은 놀라움을 역사 위에서 더하여 주는 것은 사실이다. 그러니 그 누구도 이 문제에 대한 바른 이해를 현실에서 죽기 전에 갖지 못하면 아니 된다.

2, 거두절미하고 엄청난 힘이 또는 엄청나고 놀라운 팔의 힘이 죽음을 향하여 가고 있는 나를 사로잡고 이끌고 있다니 놀라움이 아닌가? 그 잡아당기는 힘이 워낙 강해서 죽어가고 있는 그 당사자로서는 이기거나 그 힘에 이끌리는 데로 따라서 갈 수밖에 없다. 나의 힘이나 능력 보다 잡아당기는 그 막강한 힘의 세력에 의해서 이끌려갈 수밖에 없다. 그러니 사전에 그리스도인들은 그 힘이 무엇이고 이 때에 다가오는 힘의 원동력과 능력과 역사가 그 무엇인지를 바로 아는 그것이 중요한 과제이다.

3, 죽음에의 자리나 즉음의 문턱에 이르면 알지 못하는 사악한 힘이 두 팔과 두 다리를 잡아서 이끌어 가고 있다. 그러기에 인생은 이런 엄청난 힘을 예의 주시하면서 현실을 바로 직시하지 못하면 곤란하여 진다.

기독교적인 입장과 관점에서 보면 이 막강한 힘의 소유자는 마귀 또는 악한 영들의 기운과 그 힘들이 아닌가 한다. 이를 기독교에서는 보편적으로 받아 드리고 있다. 그러면 왜 이 악한 마귀나 귀신들의 힘이 임종 시에 나타나 인간을 괴롭히고 있는가? 그 저의는 무엇이고 그 어디에 있는가 하는 것이다. 그것은 바로 인생이 세상에서 사는 날 동안 평생 범죄를 하고 죄를 지었으니 그것에 대한 보응과 심판을 이 땅 위에서 마지막으로 영과 육이 동시에 받고 있는 중이다. 그 무엇들의 반대급부에도 불구하고 이상한 힘 곧 악한 영들의 엄청난 힘에 의해서 견디기가 매우 힘이들 지경이다. 그러나 어찌하는가? 기독교나 교회당이나 목사들에게는 이런 힘을 이길 수 있는 능력이 전혀 없는데 말이다.

4, 각종 세상의 힘이나 그리고 어두움의 세력들과 힘이 발동을 하고 발악을 하고 있으며 경우에 따라서 그 사람에 따라서 악과 독과 비진리로 속삭이고 있으니 그것이 추한 문제가 되는 것이다.

누가복음 12:20-21절의 이런 부자를 그 누가 데리고 갔는가? 그가 이 부자를 데리고 가서 던진 곳은 그 어디인가? 그리고 누가복음 16:22하반절-25절의 홍포 입은 부자를 그 누가 그리고 그 무엇이 데리고 갔는가? 하나님의 천사들인가? 아니면 미가엘 대군 소속의 저승차사들이 와서 잡아 갔는가? 그리고 사도행전 12:20-23절이 헤롯 아그립바 1세 왕은 그 누가 잡아 갔는가? 그는 스스로 자멸을 한 것인가?

5, 분명한 것은 사람이 임종을 기다리고 있으면 그 무엇이 그 눈앞에 오고 가는 것이 보인다. 그 무엇이 눈앞에 나타나서 오고 가는 그것이 눈에 보이니 문제가 생긴다. 그는 건강할 그 때에는 평생 한번도 나타난 적이 없는 자이었다. 그 무엇이 머리와 몸을 스치며 지나간다. 세미한 소리 또는 오고 가는 발자국소리가 들린다. 그 무엇이 자기 앞을 오고 가는 것이 보인다. 그것이 바로 죽음의 사자로서 오고 가는 것이 아니겠는가?

그러면서 희미하게 나마 죽음의 사자가 눈에 보인다. 그러면 여기서 임종을 기다리는 자가 얻는 것은 그 무엇인가? 그리고 그 자신을 잡아 가려는 사자가 얻는 것은 그 무엇인가? 그 누구도 이 문제를 놓고서 심각한 의미나 사고를 갖지 아니하면 아니 된다.

6, 여기서 유념할 것은 죽음의 사자는 죽을 자를 찾아와서 손이나 팔을 잡게 되는데 그 때에 코너에 몰려 있는 그 인간을 향하여 1차로 경고를 하고 심판까지 하고 있다. 그러면서 지금 가자. 그것이 아니면 아니 된다. 지금 당신을 위해서 이름이 없는 인간들이 모이는 그 곳에서 모두가 당신이 오기를 기다리고 있다. 그러니 이름이 없는 자들이 기다리는 그 곳으로 빨리 가자. 홍포를 입은 그 부자도 이름이 없는 자들이 모이는 곳으로 가서 고통과 괴로움을 당하고 있듯이 당신은 누가복음 16:24절과 그리고 다시 16:25절을 보라. 여기서는 당신도 예외가 아님을 유념해야 한다.

죽음이후의 세계로서 사후의 세계는
Ⓐ 먼저는 이름이 없는 자들이 들어가는 곳이 있다. 그 곳을 음부라고도 하고 지옥이라고도 한다.
Ⓑ 다른 하나는 이름이 있는 자들이 들어가는 곳이다. 이곳을 성서는 낙원(극락)과 천국이라고들 한다.

그럼에도 여기서 반드시 유의할 것은 이 양자 중에서 어느 하나를 당신과 나는 반드시 선택을 해야만 한다. 이것을 바로 아는 그것이 지식이고 지혜이다. 이 문제에서는 그 누구도 결코 예외가 아니다

# 제 6장, 죽고난 이후 시신처리와 영혼의 문제에 대하여

사람은 누구도 한번은 반드시 죽는다(히브리 9:27상반절). 그가 죽고 나면 그 시신을 반드시 처리를 해야 한다. 그것이 매장이거나 그것이 아니면 화장이거나 간에 말이다(욥기 30:19). 물론 전쟁터에서는 어느 나라에서나 간에 시신처리가 만만하지 아니함을 유념해야 한다. 그러나 모두가 흙이니 땅으로 돌아가야만 하는 것이 기본이다. 본과제 역시 여기서 벗어나지를 못하고 있다.

### 제1절, 그 누구도 죽기 이전의 세상과 현실

1, 사람이 병이 들어서 집이나 병원 등지에서 누워 있을 그 때에는 그 누구도 자주 오고간다. 그러나 그 사람에게서 무서움이나 두려움 그리고 지나친 살이 썩는 냄새가 나거나 하지를 아니한다. 그리고 집이나 병원이나 요양원 등지로 찾아가거나 오고가는 것을 부인하거나 초조해 하거나 하지를 아니한다. 그리고 그런 것에 짜증이 나거나 열이 오르거나 아니면 찾음과 병문안이 그렇게 싫지 아니한 것은 사실이다. 어떤 경우에는 그 병문안이 기쁘고 즐거울 수도 있다.

그러나 그런 그임에도 불구하고 일단 죽어서 그의 육신이 시신이 되어서 집에 누워 있거나 아니면 병원의 영안실 등지에 가서 있으면 이상하게 그 곳에 가는 것이 싫어지고 그리고 죽은 시신에서 고약하고 이상한 그리고 몸이 썩는 냄새가 나는 그것이 아주 싫고 기분이 나쁜 것은 사실이다.
 성서를 보면 사람이 죽어서 2-3일 정도가 지나가야 어느 약한 부분 등지로부터 살이 썩는 냄새가 난다고 한다. 그러기에 다들 시신이 있는 곳을 싫어하고 멀리 한다. 그래서 욥기 19:26절에서 사람이 죽어서 2-3정도가 지나면 그 몸이 썩어가기 시작을 하는데 그 때에 그 몸 밖에서 그의 영혼이 하나님을 뵙게 된다고 기술하고 있는 것은 의미를 많게 하는 것이다. 그래서 성서는 이런 진리와 원리를 바로 깨달아야 한다고 강조하고 있다.

 그래서 예수께서도 우리 시간(로마시간)으로 오후 6시경에 운명하시고 그 뒤를 이어서 장례식을 거행한 것이다(마태복음 27:57-62). 이는 그가 임종을 하신 이후에(마태복음 27:32-50) 오래가지 아니해서 무덤에 들어가신 것을 가르치심이다. 그리고 나서 제 3일에 다시 사셨으니(마태복음 28:1-10) 그러면 이것들이 그 무엇을 우리에게 가르치고 있는 것인가?

 2. 그러니 예수 그리스도 역시 죽음의 이전과 죽음 그리고 죽음의 그 이후를 생각지 아니하면 아니 된다. 그런데 사람은 그 누구도 살아 있을 그 때를 보라. 그리고 다시 그가 병들어서 누워 있을 그 때를 보라. 그가 병이 들어서 누워 있으나 여전히 그는 활력이 있는 사람이고 인격체이고 인류 공동체의 한 멤버이다. 그러기에 그에게서 죽음에의 냄새와 썩은 시신 냄새는 전혀 없다.
 그러나 일단 죽어서 몇 시간만 지나도 이곳 저곳애서 냄새가 나고 그가 앉은 곳과 그가 누워 있는 곳이나 둥지에서 각종 냄새가 나게 된다. 심지어는 그가 누워 있던 병원의 침대에서 그리고 죽음과 동시에 그가 누워있던 곳의 침대 침구와 기타 등을 가차 없이 치우게 된다.

 심지어는 그가 살아서 입고 사용한 모든 의복이나 도구들을 모아서 버리거나 태우거나 산과 들로 가져가서 묻어 버리기까지 한다. 그래서 다른 사람들에는 그가 죽기 이전에 각종 의복이나 물건들을 나누어 주기도 한다. 그러니 이런 원리와 기본을 바로 아는 그것이 역사의 현장에서 중요한 과제이다.

 3. 죽은 자가 살아 있을 그 때에는 그가 그 어디에 있거나 간에 죽은 자로 처리하지를 아니한다. 산자에게는 그가 그 누구이든지 간에 탓하거나 원망하지를 아니한다. 그를 살아 있는 그대로 보고 그대로 대하고 한다. 그러나 그가 일단 죽고 나면 태도와 자세들이 그 순간에 돌변을 하고 의식과 구조와 마음들이 역시 변하고 만다.
 그렇게 되면 이런 핑계나 저런 핑계를 대고 산자 보다 죽은 자에 대한 이런 저런 변명을 늘어놓거나 일삼는다. 그러니 산자와 죽은 자의 현실과 역사와 무덤을 바로 보아야만 한다. 왜냐 하니 그것이 역사이고 현실이니 어찌하겠는가?

 4. 모름지기 살아생전에는 몰라도 죽고 난 이후에는 문제가 완전히 달라진다. 병든 자가 살아 있을 그 때와는 모든 것이 완전히 달라진다. 일단 죽으니 살아 있을 그 때와는 완전히 달리 그를 죽은 시체나 시신으로 취급을 하고서 장례문제를 논하게 되니 주변의 판도가 급변하게 되는 것은 도리가

없는 현실이다

 사람은 그 누구도 일단 죽으면 그 다음은 화장터로 갈 것 인지 그것이 아니면 관에 넣어져서 매장지로 갈 것인지? 그 것으로 나누워 지게 된다. 전도서 6:3-4절을 보라. 사람이 죽어서 매장지를 가지 못하고 화장터로 가면 그 사람은 차라 리 출생하지 아니한 것 보다 못하다고 성서의 선언이 이미 내려져 있다. 그러나 현실은 무시 할 수는 없다.

 5, 그러면 하나님의 요구는 그 무엇인가? 살아 있을 그 때 에는 그는 그 누구이고 그 무엇인가? 그리고 죽어서의 시신 이 되어서의 그 때에는 그는 누구이고 그 무엇인가? 그리고 죽음 그 이후에 장례의 과정에서 하나님이 그에게 요구하고 바라시는 것이 그 무엇인가 하는 것이다.

 하나님께서는 인간의 시신에게 바라는 것이 있는가? 아니 면 바라는 것이 전혀 없는가? 그것이 아니면 하나님은 우리 각인의 영혼에게 그가 죽은 이후에 그 무엇을 바라는 것이 있는가? 누가복음 16:22상반절의 나사로에게나 그리고 누 가복음 16:22하반절- 25절의 홍포를 입은 부자에게 하나님 이 요구하시고 바라시는 것이 있는가? 아니면 역시 바라는 것이 전혀 없는가? 하나님은 살아있을 그 때보다 죽고 난 그 이후에 죽은 영혼에게 바라는 것이 있는가? 그것이 아니면 죽은 그 시신에게 바라고 요구하시는 것이 있는가?

 6, 죽음을 앞에 두고 있는 우리는 가야 하는 그 곳이 바로 "이름이 있는 자들이 가는 그 곳"으로 가려고 하는가? 그것 이 아니면 "이름이 없는 자들이 가는 그 곳"을 가려고 마음을 먹고 생각들을 하고 있는가? 이에 대한 바른 이해가 있는

가? 아니면 이것 역시 관심이 거의 없으니 체념을 하고 있는가? 누가 그 무엇이라 하여도 이런 문제들은 기존의 종교들이 그 자신들의 울타리(우리) 안에서 다루어야 하는 것이 아닌가? 그래야 신자들이 좋아하고 반길 것이 아닌가? 그럼에도 기존의 종교들이 아직까지 전혀 다루지를 못하고 있으니 아이러니한 현실과 현상이 아닌가?

거두절미하고 이름이 없는 자들이 이름이 없는 자들이 들어가는 그 곳에서 벌을 받는 것을(누가복음 16:22하반절-25) 보면서 이에 대한 관심도 없고 생각도 없다는 것은 소인배적이고 모리배적인 행동과 행위임을 바로 알라. 거두절미하고 종교란 것이 그 무엇인가? 이런 것들을 가르치고 검토와 분석해서 밝히는 그것이 기본과 정의가 아닌가?

## 제 2절, 일단 죽고 난 이후에는 시신이 어느 한 곳에 머물러 있는데?

1, 일단 너와 내가 숨이 끊어져서 죽게 되는데 그런 경우에 그 시신이 그 자신의 가정이나 영안실에 머무는 동안까지는 그 자신의 영혼이 자신의 시체주변에 여러 날 동안 머물러 있는 것인가? 아니면 전혀 그것이 아닌가? 설령 그 곳이 가정이 아니고 병원의 영안실이거나 아니면 장례식장이거나 기도원이나 기도실이거나 간에 그 시신이 머물러 있는 동안에는 그의 영혼이 그 주변을 떠나지 아니하고 머물러서 하나하나의 전 과정들을 보고 있는가? 그래도 영혼과 육신은 한 평생 함께 머물며 살았는데 말이다.

그러면 여기서 먼저 욥기 19:26절을 보고 다시 욥기

19:27절을 유의해 보라는 것이다. 여기서 성서는 다소의 차이점을 보이면서 이 문제를 심도 있게 다루고 있지를 아니하는가? 일단 그의 영혼이 떠났는데 그런다고 해서 그의 영혼이 과연 매몰차게 육신을 버리고 순간적으로 하늘로 올라가 버릴 것인가? 아니면 그래도 미우나 고우나 한 평생 함께 살아 왔는데 아직 그 시신이 집이나 영안실을 떠나지 아니하고 머물러 있는데 며칠간 시신 주위에 머물러서 보고 있을까? 이 문제는 두고두고 의미를 많게 하고 있음은 사실이다.

2, 동양철학과 신앙과 사상에서는 그리고 한국의 고유신앙과 사상과 철학에서는 사람이 죽으면 일단 그의 육신과 영혼이 분리가 되는 것은 사실인데 그럼에도 그 과정에서 그의 영혼은 자기와 함께 한 그 시신을 함부로 떠나지 아니한다는 것이다. 그래서 그 자신의 시신이 머문 그 곳의 주변을 며칠간(2-3일 또는 3-4일 간) 맴돌거나 배회하다가 일단 그 시신이 머문 그 집이나 영안실에서 떠나게 되면 그 때에 그의 영혼 역시 그 시신에게서 벗어나서 자신이 가야 하는 그 곳(하늘)으로 가게 된다고 주장을 한다. 그래서 그의 죽은 시신과 영혼이 그 때에 헤어지고는 다시는 만나지 못한다고 주장한다. 동양이나 한국의 각종 종교에서는 6도 윤회설을 주장하기에 아주 이상한 수렁과 굴레 속으로 휘말리거나 빠지게 된 것이다.

3, 여기서 우리가 반드시 유의해야 할 것은 바로
Ⓐ 죽기 이전의 세상과 현실
Ⓑ 죽음 그 이후의 세상과 현실
Ⓒ 죽음의 이편과 그 이후의 현실

Ⓓ 죽음의 이편과 저편과의 현실
Ⓔ 기타 등등

이런 문제들을 놓고서 예의 주시치 아니하면 결코 아니 되는 것이다. 이런 문제들은 죽음과 삶의 문제에서 두고두고 생각할 과제인 것이다.

분명히 본 과제는 과거나 현재에서 동서고금을 막론하고 생각할 과제들인 것이다. 왜 그런 것인가? 이런 과정이나 과제나 현실이 문젯거리로 등장하기 때문이다.

4, 그러면 이 시점에서 독자께서는 사람이 일단 죽어서 그 자신이 가정이나 교회당이나 병원이나 영안실 등지에 머물고 있으면 그 때에는 그의 시신은 과연 그 어디로 가야 하는 가 함이다. 몸과 영혼이 함께 있을 그 때에는 삶을 유지 했으나 그러나 영혼이 그 몸을 떠남으로서 죽음이 오고 그리고 그의 몸은 시신이 되었는데 아직 그 시신이 그가 머물고 있던 그 곳을 떠나거나 벗어나지 아니하고 머물러 있는데 영혼은 육신 곧 시신이 된 과거의 자기 몸을 뒤로하고 하늘로 떠나고 마는가 하는 것이다.

그러면 지금에서 시신이 이 땅의 그 어느 곳에 머물러 있는 동안에 그의 영혼은 하나님의 나라인 사후의 세계로 떠나 간 것인가? 그것이 아니면 몸을 벗어난 그 영혼이 어디로 잠시간 가서 머물고 있는가? 그래서 욥기 19:26절은 의미를 많게 하고 있는 것이다. 고로 이 과정에서는 바른 이해가 심히 요구되고 있다.

5, 거두절미하고 영혼이 떠난 시신이 머무는 그 곳(두는 곳)이 심히 어수선하고 보기에도 민망하다. 그 시신이 있는

곳은 이 세상이지만 그럼에도 그 곳이 이 세상과는 그 무엇도 달리하고 있음이 분명하다. 죽은 그 사람의 시신이 2-5일 사이를 머무는 그 가운데 그 인간에게서 떠나간 그의 영혼은 이미 이름이 없는 자들이 가는 그 곳으로 가고 없는 것인지 (누가복음 16:22-25) 이것들을 기독교나 성서적 관점에서 생각해 보지 아니하면 아니 된다.

누가복음 16:22-25절에 나타난 홍포 입은 부자가 불쌍하고 가련한 것은 그가 바로 "이름이 있는 자들의 공동체에 동참이 된 것"이 아니고 그는 이름이 없는 자들의 공동체에 동참을 하여 어리석음의 행보와 미련함의 악을 보이고 있으니 그것이 문제이고 큰일이라는 것이다.

### 제 3절, 죽은 자의 시체가 머무는 그 주위에 가면 상당한 이상과 무서움을 발견하고 느끼게 되는데?

1. 사람이 일단 죽으면 죽은 그 자리에서 그의 시신은 다른 곳으로 옮기게 된다. 왜냐 하니 그에게서 영혼이 이미 떠났기 때문이다. 그는 이미 육신과 영혼이 구별이 되어서 그의 영혼이 그 원래의 주인에게로(누가복음 12:20) 돌아가야 하니 그것이 크게 문제가 되고 있다.

그런데 이 과정에서 놀라운 것은 그가 죽기 이전에는 그런대로 상관이 없었는데 일단 그가 죽고 나면 죽은 그 장소도 싫고 그리고 시신을 안치한 집의 방이나 병원의 영안실이나 양노원이나 기도원이나 기도실이나 그 어디이던 간에 그 곳이 심히 무섭고 우려스럽다는 것이다. 무엇이 그 안에 있는 것 같이 보이고 느낀다는 것이다. 가족만 그것을 느끼는 것이 아니고 형제나 이웃이나 교회당의 목사나 교인들 역시 그것을 고스란히 느낀다는 것이다.

2, 죽은 시신이 누워 있는 방안이나 영안실 주위로는 사람들이 가지 아니하려 주저한다. 특히 직계 가족들이 의지나 의식이나 심적으로 큰 부담과 고통과 어려움을 겪기도 한다. 특히 밤이 되면 어깨나 온 몸이 어슷해지고 오싹해 지면서 겁을 먹게 되는 것은 어찌할 도리가 없는 것이다. 그래서 이를 두고 동양이나 한국에서는 망자께서 그 자신의 가족들에게 정을 떼고 나서 가려고 그런다고들 말을 한다. 망자께서 한 평생 더불어 또는 함께 정과 사랑과 마음을 주거나 받으며 살았는데 그런 사랑과 정과 기타 모두를 준 그들에게 쉽게 준 그 사랑과 정과 기타 등을 포기하고 냉정하게 떠나고 돌아서겠는 가하는 것이다.

특히 이런 경우에 밤이 되면 시신이 머물고 있는 그 곳과 그 주위에서 지낸다는 것이 정신과 심적으로 심히 어렵기에 벗이나 친지들을 끌어 모아서 그 밤들을 지새우게 하는데 그 곳에서는 노름과 고스톱과 마작과 각종 술내기들을 하여 그 밤을 지새우게 만들기도 한다. 망자의 가족이 이렇게까지 해서 심신과 정신적인 어려움을 겪고 당하기까지 하는 그 저의가 무엇이고 그 어디에 있는가?

3, 그래서 이런 것과 저런 과정들 하나하나가 죽은 망자께서 남겨진 자신의 모든 것들을 그 곳과 가족들에게 이별을 시키려 하는 의도이니 이는 여러 의미에서 많은 것을 제공하고 있는 것이다. 평생 나누어 주었던 정들과 상호간의 관계를 끊으려 한다는 것은 분명히 의미가 있는 것이다. 그러면

죽은 망자께서 남겨진 가족들과의 정과 사랑의 관계를 끊으려는 것이라 한다면 의미가 다분한 것이 아닌가?
 그러면 죽은 자와 남겨진 가족들과의 관계가 합리적이라면 시신이 그의 집이나 예배당이나 영안실에서 떠나 매장지나 화장터로 가는 그 때까지는 "인연과 관계" 또는 "운명과 관계 설정"이 세상적으로 연관과 연결이 되어져 있다는 것을 유념해야만 한다.

 4, 사람은 어느 누구도 한번은 죽는다(히브리 9:27상반절). 그것이 바로 하나님의 요구사항이고 경고이고 명령이다(창세기 3:19). 그럼에도 상당수는 그 누군가가 숨을 거둔 그 장소에 다 시신을 오래 두는 그런 경우는 그렇게 많지 아니하다.
 그러기 때문에 사람은 그 누구도
 Ⓐ 출생을 하는 그 장소가 다르고
 Ⓑ 살거나 생활을 하는 그 장소가 다르고
 Ⓒ 그리고 죽음의 장소가 다르고
 Ⓓ 죽은 이후에 임시로 시신을 옮기는 그 장소가 다르고
 Ⓔ 그리고 그 본래의 흙으로(육신을 만든 그 흙) 돌아가는 그 장소가 다르고
 Ⓕ 어떤 이는 화장을 해서 어디에다 묻거나 아니면 재로서 강이나 바다나 산에 뿌려지는데 그 장소가 다르다.
 그러기 때문에 인간은 죽음에 의해서 가야 할 그 곳으로 모두가 가게 되는데 이것 또한 의미하는 바가 많은 것이다.

 5, 그러면 육신과 영혼의 이별과 분리에서 그리고 죽으면 (누가복음 12:20) 일단 분리가 되는데 이 과정에서 많은 것

을 우리에게 제공하고 있다. 죽은 이후 그 어느 장소에서 과연 며칠간이나 머물게 되는 것인가? 그 육신은 어떤 이는 하루 어떤 이는 이틀 그리고 어떤 이는 3일 5일 7일 100일간을 시신으로 머물기도 한다. 사전에 영안실의 냉동실에 시신을 넣고서 수년씩 두는 경우도 더러 있다.

그러면 흙으로 만들려진 육신은 하나님의 생기(생령)를 그 코에 넣어서 생명을 가지게 된 것인데 그럼에도 그의 그 영혼은 육신을 떠나서 육신 밖으로 나오게 되었는데(누가복음 12:20) 그러면 그 영혼은 육신에게서 나오는 바로 그 날 그 시간에 낙원이나 음부 그리고 천국으로 가게 되는 것인가? 아니면 며칠 간 세상에 또는 시신의 곁에서 머물게 되는 것인가?

예수께서도 십자가에서 죽으시면서 아버지여 "내 영혼을 부탁하나이다"라고 하시며(누가복음 23:46) 죽으셨고 그리고 스데반집사도 "주 예수여 내 영혼을 받으시옵소서"(사도행전 7:59) 라고 하시면서 가신 것이다.

그리고 다시 한 강도와의 대화에서 "오늘 내가 너와 함께 낙원에 있으리라"(누가복음 23:43)고 강조 하셨는데 여기서 말하는 것이 "죽은 자의 그 영혼"이 그 날 그 시간대에 낙원으로 가셨는가 하는 것이다.

### 제 4절, 죽은 자의 시신이 가정이나 영안실에서 밖으로 나갈 그 때까지는 그의 영혼이 자신의 시체 주위를 맴돌고 있는 것인가?

1, 동양사상과 신앙과 철학에서는 그 사람의 시신이 가정에서나 영안실에서 그 밖으로 나가는 그 때까지(2-5일 사이)

는 그의 영혼이 그 사람의 시신 주위에서 계속 주시하고 내려다보고 있다고 주장들을 한다. 과연 그런 것인가? 이에 대하여 한국의 기독교는 유구무언으로 그냥 두고서 보고만 있으면서 입들만 살아 있다.

거두절미하고 한국인들은 60-70% 정도가 이것을(2-5일간 그 주위에 머문다는 것) 암암리에 믿고 받아드리고 있는데 다만 기독교 신앙에서만 이런 기본과 원리를 거부하고 있다(기독교에서는 목사와 교인들 중에 이를 실제적으로 믿지 아니하는 자는 20-30% 정도이고 모른다며 함구하는 자들 역시 20-30% 정도이다). 그러니 이를 어찌할 것인가?

2, 요즘에서는 사람이 죽으면 자기의 집이나 직장이나 교회당이나 병원이나 영안실이나 요양병원 같은 곳에다 가져다 놓는다. 그러니 사람이 병이 들어서 오고가는 곳이 다르고 그리고 죽음의 장소가 다르고 그리고 시신을 모셔다가 두는 장소가 다르고 그리고 시신을 처리하는 그 장소 역시 다르다는 것을 잊으면 결코 아니 된다.

문화국이나 종교와 신앙이 높은 나라에서는 사람이 죽으면 영안실에다 죽은 시신을 가져다 두고 장례식까지 치르게 하는데 비 문화국이나 사는 생활이 낮은 나라에서는 거의가 죽은 자를 자기 집에다 두는 경우가 많다. 그러면 그 집 주위가 심히 어수선하고 무섭고 겁이 나고 자연히 장례식 때까지는 오고가는 인적이 더 문제가 된다. 낮에는 사람들이 오고 가나 그러나 그 밤이 문제가 된다.

3, 어떤 경우는 지방이나 시골에서 그 시신을 안치시킨 그 집 주위의 산이나 들에서는 이리가 우는 소리가 들리고 사나

운 맹수들이 여기저기에서 이상한 냄새를 맞고서 울부짖으며 나타나기도 한다. 그리고 시신을 가져다 안치한 그 집 주변에서는 이상한 소리가 들리고 귀신들의 작당이 시시각각으로 등장하고 귀신들의 우는 소리까지 처량하게 들리기도 한다. 이런 저런 소리를 죽은 자의 집 곧 시신이 안치되어져 있는 그 집 주변에서 나타나니 어떤 경우에는 그런 집이 흉가가 되기도 하고 흉물스러운 집으로 돌변하기도 한다.

전국의 각 지방에서는 주로 이런 집들이 흉가나 패가가 되기도 한다. 그래서 크게 문제가 되고 있다. 여기서 유의할 것은 한번 찾아온 귀신이나 악령들이 그런 집을 결코 떠나지 아니 한다. 일단 정한 날과 시간이 되어서 일단 떠나서 매장지나 화장터로 가고 없으나 그러나 한번 찾아온 악령들이 그 집을 떠나지 아니하고 상당 기간 그 주변을 맴돌고 있으니 그것들이 문제가 되기도 한다.

4, 선진국에서는 보편적으로 영안실로 가지만 상당수의 후진국에서는 가정에다 안치를 하기에 이것들도 감안을 해야만 한다. 물론 종교적으로 득심이 강한 자는 사찰이나 교회당에다 그의 시신을 가져다 며칠간 모셔 두기도 하고 기도원이나 기도실 등지에 며칠간 놓아두기도 한다.

불교에서의 노승들이나 고승들을 보라. 그들이 입적을 하려고 하면 사찰의 어느 암자에 며칠간 모셔두었다가 돌아가면 다비식을 거행하기도 한다. 그러면서 하나같이 주장(말) 하기를 시신이 이생에 특히 그 곳에 머무는 그 순간까지는 그의 영혼도 먼저 저승으로 가거나 떠나지 못하고 자기의 시신이 머무는 그 곳에 며칠간 머문다고 믿거나 주장들을 한다. 설령 이런 주장들이 기독교 신앙과는 맞지 아니하고 반대가 된다고 하여도 비판을 하거나 거부해서는 아니 된다. 왜냐 하니 그것이 그들의 신앙과 사고와 사상과 의식과 의지와 역사이기 때문이다. 이 문제에 대하여는 기독교 역시 뚜렷한 그 무엇(교리와 사상)을 내어놓지 못한 상태에 있으니 큰일이다.

5, 과거의 한국이나 오늘의 한국적 사회상과 종교상에서는 비가 오지 아니하고 가물면 천신이 노해서 그런다고 해서 왕이나 아니면 지역마다 천신제(기우제)를 드리기도 하였다. 가뭄에 의해서 기갈과 기근이 심하고 나무와 풀이 말라죽고 농사에 치명타를 입히면 땅의 신과 지신들이 노하고 화가 나서 그런다고 하면서 곳곳마다 지신제를 드렸다. 바다에 풍파가 심하고 강풍이나 해풍이 심해서 고기잡이를 제대로 못하고 사람들이 많이 물에 빠져서 죽고 배가 뒤집히고 하면 용왕신이 노해서 그런다고 하면서 용왕제를 드리기도 하였다.
그리고 다시 비가 많이 오고해서 낙산이 심하고 큰 산사태가 일어나고 구석구석에서 물난리와 지진이 생기면 산신 곧 산신령이 노해서 그러하다며 산신제를 드려주기도 하였다. 심지어는 각 가정에서 우환이 심하고 식구들이 죽고 하면 조상신이 노해서 그런다고 하여 조상묘지로 가서 조상제사와 산제를 드려 주기도 하였다.
그런데 위의 이런 것들 모두는 사람의 질병이나 죽음과도 밀접한 관계들이 있는 것이라고 하겠다. 우리는 여기서 이 점을 양지해야만 한다.

6, 한국의 경우는 사람이 죽으면 요즘은 대개가 영안실로 가지만 과거 수천 년 동안은 집의 안방이나 사랑체의 사랑방에다 시신을 두고서 장자나 차자가 문안하려는 자들을 맞게

되는데 그러기 위해서는 사전에 유명한 지관이 와서 지맥을 보게 된다. 그 곳의 주위나 땅 밑에 흐르는 수맥은 없는지 그것이 아니면 시신을 가져다 안치를 한 그 방 주위가 각종 신들이 반기지 아니하는 그리고 언제나 악한 영들이 오고 가는 길목이거나 그리고 수맥이 있는 곳은 아닌지 해서?

그리고 그 곳 주변이 악귀나 사귀나 몽달귀신이나 배가 고픈 걸귀신들이 오고 가는 길목은 아닌지 이것들 하나하나를 지관들이 와서 보고 지적을 해 주어야만 했다. 그래서 며칠간 그 시신이 그 곳에 머물러서 편히 쉬게 해야 한다는 것이 인간윤리와 도의 기본이었다. 이런 것도 동양사상과 그리고 수천 년간 한국의 고유사상과 믿음과 밀접한 관계가 있다고 믿고 따르고 주장해 왔으니 의미하는 바가 심히 많은 것이다.

### 제 5절, 시신이 가정에 머물러 있을 그 때에?

1, 오늘의 선진국가의 시신문화들이 한국에도 들어오니 무엇 보다 먼저는 장례문화가 달라지고 뒤바뀌게 되었다. 과거의 우리 조상들은 가난하거나 천하거나 백정이거나 상민들은 죽으면 어느 구석진 곳에 시신을 두었다가 입은 옷 그대로 관도 없이 멍석에 말아서 어느 산기슭이나 강가나 다른 사람이 알지 못하는 곳에다 야밤에 가져다 묻었다. 그러니 봉은 거의가 없었고 그리고 앞에 세우는 비석들 역시 거의가 없었다. 문자 그대로 그런 무덤들은 천민의 무덤이고 상민의 무덤이고 헐벗고 굶주리는 자들의 무덤에 불과한 것이었다.

그러니 과거의 우리 민족은 이 무덤의 문화문제에서 부자나 권력자나 그 지역에서 활동을 많이 한 양반의 무덤이나 이름과 가문의 뼈대가 있는 자들의 무덤만 존재하고 다른 이들은 거의가 없었다. 그러니 죽은 시신에 대한 대접은 완전히 달랐고 그리고 수의나 관이나 무덤 그 자체에 대한 대접역시 완전히 다른 것이었다. 그럼에도 그 당시의 망자에 대한 현실과 역사가 거의 그러한 것을 어찌 하겠는가?

2, 가난하거나 천민이거나 상민이거나 백정이거나 이름도 거의 없고 그리고 소작민이거나 농민이거나 산지기들의 무덤은 전국의 그 어디에도 없었다. 이런 유형의 인간들은 살아서도 대접을 받지 못하고 죽은 이후에도 대접은커녕 그들의 시신마저도 이름도 빛도 없는 땅에 거의가 버려졌다.

그러나 양반이거나 벼슬을 크게 한 자들이거나 권위나 위엄이나 그의 이름을 크게 확대를 시킨 자들의 시신은 살아서도 죽어서도 크게 환영과 존경의 대상이 되고 있었다.

그래서 죽은 자의 집에다 시신을 임시 또는 며칠간 안치하는데에도 유명하다는 지관들을 불러다가 동서남북과 사방을 둘러보고 그리고 다시 지맥을 보고 하여 명당 자리까지를 정한다.

안방이나 대청마루이거나 사랑체의 사랑방이거나 어느 한 곳을 정하고 시신의 머리가 북방을 향하거나 동방과 서방을 향해 두는 것까지를 정하게 되니 이런 자들은 살아서나 죽어서나 큰 대접을 받게 되었다. 그러다 보니 여기에 미신화나 신화화가 크게 문제가 되고 있는 것이다.

3, 죽은 자가 얼마간의 시간이 흐른 연후에 입관식을 하는 그 과정에서 우리의 양반 댁에서는 아무나 또는 함부로 하지를 아니하는 것이 통상례이고 기본법과 도덕적 절차인 것

이다. 그런데 동양적이거나 한국적이거나간에 이 입관절차는 가난한 자들은 별로이나 명문대가나 가문이 활발하게 움직이는 그런 가문에서는 상례이었다.

　가정에서의 어른의 장례식의 입관절차는 대단하고 거창한 것이었다. 임관식에서는 시신의 입에다 쌀 3스푼이 그리고 옷에는 동전의 3푼을 넣어 주었다. 이것이 장례절차에서의 현실이고 절차이고 역사이었다. 이렇게 넣어주면서 저 세상에 가서 3천년을 살라는 간절한 염원과 절차이기도 하였다. 그래서 저 세상에 가서 가져간 그것들을 잘 사용과 활용을 하라는 요구이기도 하니 비참 그 자체이었다.

　이런 풍습과 관습과 예법은 오늘의 기독교에서도 별로 예외가 아닌 듯하다. 여느 큰 교회당에서 그 교회당의 부자장로가 죽으면 장례식 예배에서 "XXX 장로 천국입성 환송예배"라 하면서 거창하게 드려지는 것을 보는데... 이는 어쩐지 모르게 위선과 허풍과 외식된 고무풍선식 자랑의 무엇과 같이 보이고 있다. 이런 것은 미신적 시신 장례식 현상이다.
　유념할 것은 기독교적 "천국입성 환송예배의식"은 어느 시대나 어느 나라에서나 간에 아주 미신과 우상적이다. 그런데 동시대성적 차원과 의미에서 이런 것들은 그 차원과 맥락을 같이 하고 있기에 비웃음과 코웃음이 절로 나는 것이다. 그러면 기독교 성서에서는 천국입성 환송예배가 온당한가? 그러면 그와는 반대로 "XXX 장로 지옥입성 환송예배"를 드려야 할 의무나 현실은 없는 것인가? 전자나 후자에서 과연 어느 것이 현명하고 현실적인가 하는 것이다.

　4, 그러면 죽은 자의 시신이 안방이나 대청마루나 사랑방

이나 그것이 아니면 사찰이나 교회당이나 기도원 등지나 기도실이니 각종 영안실에서 각종의식을 마치고 그 시신이 임시로 머물러 있던(2-3일 또는 3-5일) 그 곳을 떠나갈 그 때까지 그 주위에서 자신의 죽은 그 시신을 그의 영혼이 그 주위에서 며칠간 머물며 보고 있던 그 영혼이 그제야 그 곳을 떠나서 자신이 가야할 하늘로 그 곳에서 떠나는 그것이 동양사상과 철학의 핵심적 주장이고 한국적 종교나 일반인들의 의식과 사고와 신앙이 되어서 믿고 있는데 그럼에도 오늘에서 독자인 당신은 이것을 액면 그대로 또는 의식적으로나 의지나 기타적으로 믿고 받아드리고 있는가 하는 것이다.

이런 사고나 사상이나 의식이나 미신적인 신앙 사조나 역사를 믿거나 아니면 믿지 아니하거나 간에 큰 문제는 아니지만 한국의 역사와 의식과 신앙의 사조와 경우는 수천 년간 그렇게 전달이 되어져 내려오고 있으며 그리고 지금도 음으로나 양으로 사회적 현실과 사조와 풍조에서 그렇게 믿어 오고 내려오고 있다는 그것이 문제이다.

5, 그러기에 시신이 입관식을 마치고 관이 있던 그 곳에서 며칠 후에 출간을 하게 되는데 그 때까지 그의 영혼이 그 곳에 머물며 이것과 저것을 보고 있는가? 그것이 아니면 산이나 들로 나가서 무덤에다 시신의 하관식을 끝내고 할 그 때까지 그 과정을 영혼이 따라가서 보기까지 하는 것인가? 그러면서 무덤주위에 함께 한 가족이나 친구나 이웃이나 교인이나 목사들 하나하나를 그의 영혼이 주시하고 있는 것인가? 그런 연후에 전도서 3:20-21절화 하고 마는가? 아니면?
솔직히 시신을 가정의 어느 곳에 두게 되면 2-3일 또는

3-4일 경우에 따라서 5일 이상을 두게 되는데 그러면 그런 연후에 시신이 그 집을 떠나가지만 그럼에도 그가 누워있던 그 곳은 이상 하리만큼 무섭고 겁이 나고 또한 싫어지고 하는데… 심지어는 아무리 그 장소를 소독과 청소를 하고 약을 뿌리고 향수로 범벅을 하고 해도 그럼에도 조금 냄새가 나는 것은 어찌할 도리가 없는 것이다.

그리고 그것뿐만이 아니라 시신이 그 방이나 그 집에 머물고 있을 그 때에도 그 방이나 시신이 머물고 있는 그 주위에서 이상한 소리가 밤이 되면 들리게 되는데 그리고 시신이 그 집이나 그 방을 떠난 이후에도 상당 기간 종종 이상한 소리가 들리고 그 무엇이 야밤에 그 집이나 방을 찾아오는 경우도 더러 있는데 이는 그 무엇을 의미하고 있는가? 이것 때문에 선진국의 장례문화에서 "영안실 제도"를 따로 두게 되는데 그런다고 해서 다가오는 이런 이상 현상이 어디로 또는 어떻게 되는 것인가 하는 것이다. 지금도 이런 현상과 사조와 사상과 신앙은 음으로나 양으로 전이와 전수가 심각하게 되고 있는데?.

이런 문제는 타 종교들만의 문제도 아니고 그리고 기독교적이고 사회학적인 사안과 문제만도 아니고 그리고 현재적이고 현실적인 문제만도 아닌 것이다. 여기서는 바른 이해가 요구되고 있다.

제 6절, 사람들은 하나같이 무덤의 주위(주변)를 무서워 하는가? 과연 그런 것인가?

1, 왜 인간들은 하나같이 각종 무덤의 주위나 주변을 무서워하고 겁을 먹는가? 아무리 큰소리를 치는 자도 낮이나 오

후가 지나고 나면 모두가 다 그 무덤에서 떠나 하산을 하게 된다. 그래서 밤이 되면 공동묘지나 무덤에는 친지나 가족들이 거의 머물지를 아니 한다. 설령 그 무덤이 사랑하는 아내나 남편이나 부모나 자녀의 무덤이라 하여도 저녁이 되면 다 떠난다. 설령 그 무덤이 사랑하는 연인이나 애인의 무덤이라 하여도 낮에 찾아가지 밤에는 일체 찾아가지 아니한다. 왜 그런가? 그것이 현장의 이상한 현실과 역사이기 때문이다.

그리고 설령 그 무덤이 존경하고 사랑하는 스승의 무덤이라고 해도 낮에 찾지 밤에는 거의 찾지를 아니한다. 예수의 여제자들을 보라. 이들은 밤에 예수의 무덤을 찾지 아니하고 이른 아침 또는 새벽에 스승의 무덤을 찾아가고 있다(마태복음 28:1, 마가복음 16:1-2, 누가복음 24:1). 왜 저들이 그런 것인가? 그것은 그 누가 무슨 말을 해도 밤에 무덤을 찾는 것은 심리적으로나 육체적으로나 정신적으로 큰 부담이 되는 것이고 또한 망자에 대한 예의가 결코 아니기 때문이다. 그리고 밤은 언제 어디서나 악한 영들의 활동과 기운과 능력과 밀접한 관계가 있는 것이니 이를 알라는 경고이다.

2, 거두절미하고 인간은 그 누구도 무덤의 그 주위나 주변이 무섭고 떨리고 은근히 겁이나는 것은 어찌할 도리가 없는 것이다. 이는 너만의 문제 의식이 아니고 나도 역시 마찬가지이다. 무덤의 위는 같은 땅이고 이런 것들과 저런 것으로 그 밖을 화장과 칠을 하고 있으나 그럼에도 그 곳이 그렇게 반갑고 기쁜 곳만을 아닌 것이다.
그러면 사람들이 각종 무덤을 은근히 무서워 하는 그 이유는 무엇인가? 그것은 그 곳이 악한 마귀나 귀신들과 밀접한 관계가 있고 되기 때문이다. 그것은 귀신들이나 악한 영들은 영체이기에 육체를 입어보지를 못하였으니 무덤 속의 몸마져 그리워하고 탐을 내고 있으니 다들 그 곳에 머물기를 좋아하지 아니하는 것이다.

그러기에 이 세상에서 귀신이나 마귀가 가장 좋아하는 곳이 바로 3곳이 있는데 그러면 다음을 보라.
Ⓐ 제일 먼저는 산과 들에 자리를 잡고 있는 각종 기도원들과 수양관들과 각종 사찰과 암자들과 그리고 종교적인 기관들 등이다. 이런 곳들에는 자기들(악한 영들)과 그 속성이 비슷하고 유사한 자들이 많이 오고 가거나 와서는 여러 날씩 머물고 있기 때문이다. 그래서 밤에는 이런 곳을 오고 가거나 자주 이런 곳을 찾아가는 자를 모두가 조심하라고 경고까지 하고 있다. 귀 넘어 듣지 말고 유의할 사항이다.

Ⓑ 둘째는 도시나 지방에 세워져 있는 각종 교회당들과 사찰들과 성당들과 기타 종교들의 교회당(회당)들이다. 여기에 모이는 자들 중에는 사단이나 귀신들이 볼 그 때에 자기들과 그 속성이 비슷하고 유사한 자들이 오고 가거나 너무 많이 머물러 있기 때문에 그러하다. 솔직히 밤에 성당이나 교회당의 담 밑을 오고가 보라. 으슥으슥한 느낌을 그 누구도 가지게 되고 그리고 밤에 사찰의 경내를 다니거나 갓길을 다녀보라. 너무나 으슥하고 몸이 떨리고 뒤나 그 주위를 두리번 그리게 된다.

Ⓒ 그리고 그 마지막은 도처에 자리를 잡고 있는 무덤들이나 각종 공동묘지나 공원묘지들이다. 누구도 이런 곳들을 멀

리하고 너무 자주 찾지 아니하는 것이 좋다. 그것은 그것들을 가장 좋아하는 자들이 바로 악한 영들이니 그러하다. 악한 영들은 영체이기에 육체를 입어보지 못한 자들이다. 그러니 영체를 입은 인간이나 심지어 죽어서 썩어져 있는 무덤까지 좋아하고 있다. 그러니 그 누구도 누구의 무덤이거나 간에 자주 찾는 것은 결코 좋은 현상이 아니다. 이런 자들은 악한 영들의 사술에 빠져서 허무주의에 사로잡히거나 무의식 상태에서 비관주의와 우울증과 자살 충동에 빠지기가 쉽기에 이를 유념해야만 한다. 그리고 이런 유형들은 은근히 세상을 두려워하게 되고 공동체적 생과 삶을 싫어하고 멀리하게 된다. 그러니 이를 바로 알고 바로 보아야 한다.

3. 거두절미하고 솔직히 말을 해서 사람들은 하나 같이 그 자신도 죽으면 화장터나 공동묘지나 아니면 자비량 묘지나 가족 묘지로 가야 하는데 왜 묘지들을 멀리하고 가까이 하지를 아니하는가? 그러면 그 이유는 무엇이고 그 어디에 있는 것인가? 당신은 묘지나 공동묘지를 좋아하는가?
그리고 하나같이 밤이 되면 각종 묘지나 공원이나 공동묘지들을 두려워하고 무서워한다. 낮에는 그런대로 좀 나은데 밤에는 거의 인기척이 없다. 설령 공동묘지로 가서 보면 밤에 종종 그 곳으로 나오는 자들이 있는데 그런 자들은 심령과 정신과 사상과 의식과 의지와 신앙적으로 아주 이상 현상을 나타나는 자들이니 정신감정이나 심리과적 진단이나 감정을 자주 받아야 할 자들이다.
다시 말을 해서 이런 자들은 수시로 정신 분열과 정신적인 이상기류나 현장을 일으키는 자들이 많으니 이를 바로 알라. 그래서 정신적으로 이상현상과 신기류적 이상 현상을 몸이나 마음으로 자주 일으키는 자들은 밤에 공동묘지나 공원묘지나 귀신들이 자주 출몰한다는 어슥한 산이나 바닷가나 강가나 호수나 저수지나 연못가로 나가서 거닐기도 한다. 밤낮을 가리지 아니하고 바람이 불고 비가 오려고 할 때에 그리고 밤에 이슬비가 내리고 바람이 불어올 때에 강가나 각종 묘지들의 그 주변으로 가서 맴돌거나 오고 가는 경우도 많으니 이들 역시 정신적으로나 또는 악한 영들에 의해 문제가 된 자들임을 유념하야 한다.

4, 그러면 왜 공원묘지나 공동묘지 등에서는 밤에 허깨비나 유령들이 잘 출몰과 출현을 하는 것인가? 특히 공동묘지나 공원묘지를 보면 오래된 시신이 아닌 이제 새롭게 와서 안장이 되어 있는 자들이 있으면 왜 그런 곳에는 쉬지 아니하고 나타나는 이상한 기운과 현상이 강하게 나타나는가 하면 그리고 낮이나 밤에 다른 묘지들 보다 아주 이상한 그 무엇들이 나타나는가?

그러기에 그 누구도 이를 함부로 생각하지 말라. 철학자나 과학자나 정신분석 학자들은 또는 종교가들 중에도 귀신이나 판타스마나(유령) 악한 영들의 세계나 실체를 부인하는 자들이 더러 있는데 이런 자들은 자기 망상에 젖은 자들이다. 이런 자들을 비가 오려고 하고 이상기류와 바람이 불려는 날에 공동묘지로 데려가서 며칠만 밤을 세우게 하면 그런 휘황찬란한 말 재주는 피우지 아니하게 될 것이다.

필자는 이런 자들을 위해서 몇 가지 실례를 주려고 한다. 귀신의 세계를 부인하면서 밤에(밤 12-4사이) 아무불도 없이 공동묘지를 찾아가 본적이 있는가? 그리고 비가 오려고 하고 이상한 바람이 불려고 할 그 때에 위에서 지적한 그런 곳으로 나가본 이후에 입을 열고 말을 하라.

그리고 다시 목사가 기도를 많이 하고 성소 기능이 가능한 교회로서 참된 목사가 인도하는 교회당으로 밤에 12-4시에 나가서 강대상 앞에서 방석을 하나 놓고 그 위에 앉아서 묵상을 하여 보라. 그러면 그 누구의 발자국 소리와 지나가는 것들이 보이거나 들릴 것이다. 그 발자국 소리는 하나가 아닌 둘임을 깨닫게 될 것이다. 그리고 상당한 향수(향기)가 그 주변에 뿌려지는데 그 향수의 냄새가 하나가 아닌 각기 다른 두 종류가 뿌려지는 것을 맛보게 되고 또한 체험을 하게 될 것이다. 그러나 딴따라 교회당에서는 이런 현상이 거의 나타나지 아니함을 바로 알라. 목사로서 이런 체험이 없는 자들은 정신들을 차려야만 한다.

5. 그러나 여기서 바로 알 것은 거짓되고 가짜가 된 목사는 교회당 안에서 성령체험과 천사를 만나보는 현실적인 체험을 거의 하지를 못한다. 교회당의 목사로서 이런 것들에 대한 각종 체험들이 없으면 목구멍을 채우기 위한 수다사 목사이지 하나님의 사람은 아니다.

목사는 교회당 안에서 성령을 받기도 하고 천사를 만나기도 하고 악한 영들을 만나기도 하고 그리고 깊은 밤에 공동묘지로 나가서 귀신들도 만나보고 귀신들의 작당이 그 얼마나 심하고 놀라운지를 체험(구경)을 해보고 그런 것들을 친히 경험하여 보고 그리고 무덤들의 그 주변에는 왜 귀신들의 출현이 아주 심하고 강한지 그것들도 찾거나 경험들을 해보고 그리고 그 이유와 연유가 무엇이고 그 어디에 있는지 그것을 연구와 분석과 검토까지 좀해 보기도 해야만 한다. 그래야 하나님 앞에서 바른 목사가 아니겠는가? 교회당에서의 현대설교는 초등하고 6학년 정도 실력이면 거의가 다 하는 것이 아닌가?

 그러니 여기서는 기독교와 목사를 바로 알아야 한다. 왜 그런가? 기독교는 하나님의 말씀의 종교인 동시에 영적인 종교이니 그런 것 아닌가? 그러니 그 누구라서 이것을 모른다고 하거나 이런 것에 그 자신은 관심이 없다고 할 것인가? 그러면 그는 이미 하나님의 목사가 아닌 스스로 직업을 위한 목사일 것뿐이다. 목사로서 하나님의 천군이나 천사를 만나보지도 못한 자가 목사로서 일을 정상적으로 할 수가 있을까? 그것은 언어도단이다. 속이거나 성서를 곡해하지를 말라.

## 제 7절, 죽음은 인간의 시신을 무덤으로 보낸다(어떤 이는 화장터로)

 1, 사람은 반드시 한번은 죽는다(히브리 9:27상반절). 그것이 바로 어제와 오늘의 너이고 나이다. 너도 가고 나도 간다. 아무리 떠들고 가지 아니하려고 수다와 수단과 방법을 다 동원을 해고 인간은 다 간다.

 인간을 조성하신 이후에 얼마 못가서 하나님이 아담에게 "너는 흙이니 흙으로 돌아가라"고 경고명령을 하셨으니(창세기 3:19) 그 명령과 경고와 원리에 따라서 한번은 죽는 것이 기본이고 원리가 아니겠는가? 그러면 너와 나는 죽을 그때에 가지고 갈 만반의 준비들을 하고 있는가?

 지금에서 너와 내가 손에 쥔 그것들은 다 내려놓고 가야 한다. 너와 나의 호주머니에 있는 것이나 집이나 은행에 숨겨둔 것들도 다 내려놓아야 한다. 증권이나 주식이나(무기명이나 유기명들) 해외에 숨겨놓은 펀드들 안에 있는 것들이나 그리고 부동산이나 동산들 다 내려놓고 가야 한다. 이런 것들을 가지고는 저 세상을 갈 수가 없다. 가려면 티켓 한장 남은 것이 있는데 그것이 바로 "불 지옥티켓이고 유황불 음부티켓"이다. 창조주께서는 이것도 좋으니 가져가고 싶으면 가져 가라고 명령하신다.

하나님의 그 뜻과 명령에 따라서 인간은 그 누구도 죽을 그 때에는 반드시 누가복음 16:22상반절 마냥 죽음의 사자로서 천사가 데리려 오거나 아니면 누가복음 16:22하반절로서 죽음의 사자로서 천군이 무시무시한 하늘에의 검과 고랑과 쇠사슬과 밧줄과 몽둥이를 가지고 오게 된다.

나사로를 데려간 전자의 사자는 그룹군 소속의 천사이거나 아니면 스랍군 소속의 천사일 것이다. 그러나 그와는 달리 후자는 미가엘 대군의 소속 사자로서 그는 "천군" 곧 저승차사인 것이다. 그는 천군이니 홍포를 입은 부자를 끌어다가 음부의 불속에(누가복음 16:24) 던져 넣은 것이다. 미가엘 대군소속의 천군들이니 하늘의 무서운 군대들이다. 이들에 대한 기술은 계시록 12:7-9절을 보라. 이들이 그 얼마나 힘이 있고 능하며 무섭고 두려운지를 말이다.

2, 사람은 죽는데 예수 그리스도 안에서 죽으면 누가복음 16:22상반절과 같이 아버지 아브라함의 품에 안긴다고 한다 (누가복음 16:22-23). 그러나 그와는 반대인 자가 죽으면 그는 음부의 불속으로 잡아다가 던진다(누가복음 16:24-25). 솔직히 음부의 불속으로 떨어지는 자가 그 무엇을 할 수가 있겠는가? 그 곳에서 물 한 방울을 구걸하고 있는 홍포

를 입은 부자의 몰골을 보라(누가복음 16:24). 물 한 방울도 없는 또한 구하지 못하는 불구덩이 속에 버려진 그가 구하거나 찾을 수 있는 것이 그 무엇인가?

그리고 그 곳에서 필요한 것을 구하나 하나도 얻을 수가 없는데(누가복음 16:24-25) 그런 곳에서 구걸을 하면 무엇하고 또한 일을 하면 그 일이 무엇이고 그리고 얻을 것이 없는 그 곳에서 무엇을 찾고 발견하고 얻을 것인가 하는 것이다. 이런 곳이 바로 그리스도 밖에서 사는 우리들 모두가 가야 하는 바로 그 죽음의 세계가 아닌가? 이런 곳으로 가려고 새벽부터 저녁까지 쉬지 아니하고 각종 일을 하고 있는가? 그것도 삶의 일이 아닌 "죽음에의 일"을 말이다.

3. 그럼에도 불구하고 어리석고 못나고 못 생기고 별 볼일이 없는 인간의 그 죽음의 세계마저도 잘 모르니 문제이다. 거지 나사로는 죽음의 세계에서 이미 아버지 아브라함의 품 안에 안겨서 쉼과 평안과 평화와 희열을 심히 맛보며 살고 있다. 그러나 홍포를 입고 산 부자는(누가복음 16:19) 죽어서 간 곳이 바로(누가복음 16:22하반절) 이름도 성도 없는 자들이 집단적으로 모여서 공동체를 이루고 사는 그 곳이니 그 곳에서 소원이 성취되지 못하고 아무리 얻고 싶어서 구걸을 하여도 물 한 방울을 얻지 못하는(누가복음 16:24) 심히 매 마르고 목이 갈한 부끄러움의 곳인 곳이다.

그러니 보는 것이 거의 없고 듣는 것이 하나도 없다. 어느 것 하나도 거부와 거절이 되지 아니하는 것이 없다(누가복음 16:24-25). 그리고 무엇을 얻어서 먹고 싶으나 상호간에 오고 갈수가 없다(누가복음 16:25). 이 세상에 있는 가족들에게는 안부를 전하고 싶으나(누가복음 16:26-30) 그것마저 전달할 길이나 방법이 없다. 그러면 어찌 되는가? 죽고 싶으나 그 곳에서는 음부에 들어온 영혼은 그 누구도 죽을 수 있는 자유가 없다. 아니 죽음이 없다. 그러니 이를 어찌 해야 하는가?

4, 그런 사정과 현실과 환경 하에 놓여 있기에 여기서 모든 것이 문제가 된다. 전도서 3:20-21절에 의해서 남겨진 그 시신이나(시편 104:29) 하늘로 올라간 그의 영혼이나 다를 것이 별반 하나도 없다. 저 생으로 올라간 영혼이 누가복음 16:22하반절-23절과 누가복음 16:24-25절에서 당하고 있는 현실을 바로 직시를 하여 보라. 결코 어느 것 하나도 상상이 아니 되고 있다.

그리고 다시 그의 영혼은 떠나고(누가복음 12:20, 전도서 3:21) 육신만 남아 있는 땅의 그 현장에의 그의 육신을 보라. 그는 이미 시신과 시체가 되어져 있다. 그는 3일 정도가 지나면 몸이 서서히 썩어가게 된다. 그 때로부터는 그의 몸에서는 고기 썩는 냄새가 진동을 하게 된다. 육 고기가 썩는 냄새가 진동을 하게 되니 악한 영들과 판타스마가 달려와서 그 시신을 심히 괴롭히게 된다. 그의 시신은 악한 영들의 악하고 못된 수작에 의해서 엄청난 괴롭힘을 당하게 된다. 그래서 그 육신이 망신창이가 된 그 상태에서 무덤이나 화장터로 넘어가게 된다는 것을 잊지 말라.

5, 그래서 그 인간의 시신도 문제가 됨을 우리는 유다서 1:9절을 보고서 알게 된다. 이미 죽은 모세의 시신 그것 하나를 놓고서 미가엘 대군과 마귀가 싸우고 있지 아니하는가? 마귀는 모세의 시신을 가지고 가나안으로 들어가서 그 무엇

을 하려고 하는지 그것을 바로 아는 것이 시급한 과제이다.

　비가 오려고 하고 이상한 바람이 불고 있는 그 날 밤에 공동묘지나 공원묘지로 나가서 실습을 하여 보라. 밤 12-4시 사이에는 그 곳의 "여기나 저기에서" 이상한 소리가 자주 들린다. 주위에 아무런 사람이 없어도 그것을 상관하지 아니한다. 무엇이 오고 가는 것이 종종 보인다. 낮에는 무엇이 보이고 사람들이 오고 하니 그래도 상관이 없으나 밤에 나가서 그 소리를 들어 보라. 기가 차고 정신과 의지가 몽롱하여 지고 사고나 의식을 상실 당하게 된다.

　솔직히 기독교를 반대하고 악령의 세계를 반대하고 귀신의 세계를 반대하는 자들 역시 이런 곳에서 1-2차 시험이나 실습을 해 보고 그런 연후에 이런 문제를 다루어야 한다. 필자는 잘 아는 몇몇 성직자들이 일생 귀신의 세계를 반대 하고서 단 한번 그것을 목격하고서 졸도를 했다가 깨어난 이후부터는 앞장 서서 귀신의 세계를 전달하는 그것을 친히 본 적이 있다. 오늘에서 당신도 그런 유형인가? 아니면?

**제 8절, 죽음에 의한 시신과 무덤과의 상호관계**

　1, 창세기 3:19절의 기본 원리는 그 무엇인가? 너는 흙이다. 그러니 흙으로 돌아가라는 그것이 바로 원리와 기본적인 면에서 화장이 아니고 매장의 원리와 기본을 말하는 것이 아닌가? 그러면 인간이 창조가 된 이후에(창세기 2:7) "육신(흙) + 생기(영혼) = 인생"이 되었는데 이것이 죽음과 동시에 "육신- 영혼= 죽임"이 된 것이니 인간의 시신은 영혼을 떠나서 산이나 들의 무덤으로 가서 내려가는 그 상태를 의미하는

것이니 많은 것을 제공하고 있다.

　예수께서도 골고다의 십자가에서 죽으시니(마태복음 27:50) 그도 역시 그의 육신은 무덤으로 내려가신 것이 아닌가? 그러니 마태복음 27:57-60절을 보라. 그도 역시 인간의 몸을 입었으니 인간들이 들어가는 그것의 절차를 다 밟으신 것임을 바로 알라.

　2, 공자가 죽으니 그의 제자들이 그를 산동성 곡부원에다 안장을 하였고 석가가 죽으니 인도의 부드가에다 그의 시신을 안장하였고 마호멜이 죽으니 그의 시신을 아라비아 메카에다 안장을 하였다. 그러기에 이들의 시신들이 지금까지 각기 그 곳에 보존이 잘 되고 있지 아니하는가?

　그러나 예수께서는 들어간 그 무덤에서 며칠 계시다가 제3일에 승리에의 부활을 하셨다(마태복음 28:1-10). 그러기에 그의 무덤이 빈 무덤이 되었고 그가 그 이후에 40일간 계시다가 하늘로 승천을 하시니(사도행전 1:9-11) 그의 시신이나 부활 완전체는 이 땅위에는 이미 없으나 그럼에도 그가 자기의 사랑하는 사람들과 함께 장차 오실 것이니(데살로니가 전서 4:14-17) 그 때에 죽은 자와 살아 있는 자들 모두는 그를 정정당당하게 만나게 되고 그를 보게 될 것이다.

　3, 그러니 여기서 유의할 것은 사람은 죽으면 그 누구도 무덤과 상호적인 관계를 가지고 있으니 이를 바로 아는 그것이 그 무엇보다 중요하다. 석가나 공자는 죽은 지가 2500년 전이지만 아직도 둘 다 무덤에서 벗어나지 못하고 있지 아니하는가? 이들이 그 무덤을 벗어났으면 그 무덤은 빈무덤이 되었을 것인데....

이스라엘의 조상 아브라함도 이삭도 야곱도 죽어서 아직까지 그 무덤에 누워 있다. 다윗도 솔로몬도 죽어서 묻힌 그 무덤에 누워있다. 선지자인 이사야나 예레미야는 무덤이 없으나 그 어딘가에 그들도 누워있을 것이다. 그러나 이들 모두가 오직 그들 나름대로는 무엇인가를 생각할 것이다. 그들은 죽기 이전의 그대로 말이다.

그러나 예수께서 다시 오시면 이들 모두는 첫째 부활에 동참하거나 아니면 둘째 부활에 참례하게 될 것이다. 누구도 이에 대하여는 왈가왈부를 해서는 아니 된다. 왜냐 하니 이는 철저히 종교적인 문제이고 신앙적이고 성서적인 문제이니 말이다. 이 모든 심판의 권리는 하나님과 그의 아들만이 하실 수가 있는 권리이기 때문이다(요한복음 5:22-24, 5:27. 5:30).

4, 인간은 그 누두도 어차피 죽으면 무덤에서 벗어나거나 떠날 수는 없다. 창조주께서 처음 사람 아담에게 "너는 흙이다 그러니 흙으로 돌아가라"고 할 그 때에(창세기 3:19) 이미 그 무덤의 문제에서 인간이 벗어나거나 떠나서 살게 하신 것이 아니다. 인간은 이 세상에서 그 누구도 무덤의 문화권에서 살고 있다. 그것이 산이 되거나 들이 되거나 광야나 사막이 되거나 아니면 돌 바위의 무덤이거나 간에 그것에서 결코 벗어날 수가 없는 것이 현실이고 역사이다.

인간은 하인을 막론하고 무덤 공동체 안에서 살고 벗어나지 못한다. 그래서 수천 년 또는 수백년 간 그렇게 사는 것이 아니겠는가? 그러기에 그 누구도 흙으로 돌아가는 이 원리와 명령에 의해서 흙으로 돌아갔다가 벗어나려면 먼저 무덤부터 빈 무덤으로 만들어야 한다(마태복음 28:1-10, 마가복음 16:1-10). 무덤을 빈 무덤이나 공허한 무덤으로 만들지 아니하고 서는 무덤 밖으로 나올 수가 없고 무덤을 빈 무덤으로 만들 수가 없는 것이다. 그러니 그 누구도 죽은 시신과 무덤 그리고 죽은 시신과 흙을 생각하지 아니하면 아니 된다.

5. 그러니 우리가 여기서 바로 알아두어야 할 것은
Ⓐ 먼저는 죽은 시신과 무덤을
Ⓑ 다음은 죽은 시신과 그 본래의 흙을
Ⓒ 다음은 죽은 시신과 세상(현세)을
Ⓓ 다음은 죽은 시신과 무덤과 빈 무덤을
Ⓔ 다음은 죽은 시신과 영혼의 결합을
Ⓕ 다음은 죽은 시신과 영혼의 분리작업을
Ⓖ 다음은 죽은 시신(육신)과 영혼의 재결합을
그러기에 위의 이런 문제를 바로 생각하지 아니하면 아니 된다. 위의 문제들은 언제나 바른 자세와 바른 의미에서 생각하지 아니하면 아니 된다.

그러면 누가복음 12:20절의 원리나 창세기 3:19절의 원리에 의해서 영혼과 육신이 분리되었다고 해서 언제인가 때가 되면 "다시 육신 + 영혼 = 부활"에의 새 생명과 부활에의 완성체를 입게 된다는 사실을 기독교적 신앙에서 모르거나 벗어나면 결코 아니 되는 것이다. 그러니 인간은 육신과 영혼의 마이너스에서는 죽음을 가져오지만 그러나 육신과 영혼의 재결합인 플러스에서는 부활에의 승리와 완성체를 가져오기에 누구도 이를 잊으면 결코 아니 된다. 예수 그리스도 안에서 새로운 피조물적인(고린도 후서 5:17) 현상과 현실과 역사이니 이를 감사해야 한다.

# 제 7장, 죽음과 화장 또한 즉음과 매장

창조주께서는 하나님의 모양과 형상을 따라서 인간을 창조하시고 창성과 번성하라 명하시고 땅을 정복하라고 명령하셨다(창세기 1:26-28). 이 때까지는 죽음의 문제가 일체 거론이 되지 아니하였다. 그럼에도 인간을 창조하시는데 그것의 하나는 바로 "땅의 흙이라는" 것이다(창세기 2:7, 시편 104:29). 그리고 다른 그 하나는 생기의 생명체(영혼)를 주셨다는 것이다.

그 때까지 이 죽음의 문제는 일체 논의가 된바가 없다. 그러니 그 누구도 이에 대한 바른 이해가 없으면 결코 아니 되는 것이다. 그러면 이하에서 다음을 보라.

## 제 1절, 사람이 일단 죽으면 영혼과 육신이 분리가 되는데? 너는 이를 어떻게 보는가?

1, 사람은 죽으면 일단 그 육신과 그 영혼이 분리가 되어서 각기 그 본 고향으로 돌아간다는 것이다(시편 104:29).. 그것이 여자이거나 남자이거나 아니면 유아이거나 소년이거나 그것들은 문제가 아니 되니 결코 개의치 아니하고 각기 가야 할 곳으로 돌아가야만 한다는 것이다.

그런데 문제는 이러한 세상에서 생육과 번성하라는 명령이 있기에 남자와 여자가 있는데 생명체는 인격체이니 남자와 여자가 없다는 것을 바로 알아야 한다. 그러니 여기서는 동양이나 한국적인 환생이나 6도 윤회설을 철저히 배격하고 있음을 바로 알아야 한다.

그러기 때문에 우리는 누가복음 16:22-23절의 거지 나사로를 보고 그리고 다시 누가복음 16:22하반절의 홍포를 입은 부자를 바로 보아야 한다. 그도 역시 아버지 아브라함의 품안에서는 남자도 여자도 아닌 그리고 노소도 아닌 단순히 하나님의 휘오스가 되어져 있다는 것을 유념하여야 한다. 하나님의 휘오스가 되었으니 시간과 공간에서 이미 벗어나 있고 유한성에서도 완전히 벗어나 있으니 무한과 영원성에 속하여 있음을 깨달아야 한다. 유한과 시간성에서 벗어나 있으니 무게도 없고 부피도 없으니 이에 대한 바른 이해가 먼저 있어야만 한다.

2, 일단 사람은 죽으면 육신과 영혼이 분리된다는 것이다. 그런데 육신은 DNA상 오래전에 죽은 자들도 검토해 보면 그는 여자이고 남자임이 밝혀지고 있다. 그러나 하나님의 나라라고 하는 낙원(극락)이나 천국(천당)에는 남자와 여자가 없다. 그것이 그 나라의 기본이다. 유아나 소년이나 청년도 없고 장년이나 노인도 없다. 그 나라에서는 남녀노소가 없고 유무식이 없고 빈부귀천도 없고 가진 자도 없고 못가진 자도 없다. 여기서의 이슈는 육신과 영혼이 각기 가야할 그 곳으로 가는 것은 당연자시이고 기본이다.
그러면 여기서 우리는 전도서 6:3절과 그리고 다시 전도서 6:4절을 먼저 유의해 보아야만 한다. 그러면 이것들이 그 무엇을 알리시고 있는가? 이는 하나님의 공의와 역사와 현실성을 우리에게 바로 가르치는 것이다.

3, 그러면 여기서 전도서 6:3절과 그리고 다시 전도서 6:4절을 보면서 사람은 죽으면 그의 영혼은 하늘로 올라가

야 하는 것은 기정사실이다. 전도서 3:20-21절부터 이를 먼저 유의해 보지 아니하면 아니 된다. 전도서 6:3-4절에서는 사람이 죽으면 반드시 그 육신은 본래의 흙으로 돌아가는 그것이 기본이고 원리이다.

그리고 다시 구약성서 욥기 30:19절을 보라. 여기서 성서가 그 무엇을 가르치고 있는지를 알리시는 것이 아닌가? 이 본문에서는 사람은 죽어서 화장터로 가는 경우도 있고 그리고 경우에 따라서는 공동묘지로 가는 경우도 있는데 이 양자 중에서 어느 것이 하나님의 요구나 뜻인지를 바로 알라고 하신다. 그러니 이것들부터 심사숙고하지 아니하면 아니 된다.

4, 그러면 다시 여기서 욥기 10:9절을 먼저 유념하여 보라. 인간은 죽으면 그 육신은 기본이 흙이니 흙으로 돌아가는 것은 원리이다. 모름지기 이것이 바로 하나님의 인간 창조의 기본과 원리이다

그러면 창세기 2:7절과 그리고 다시 창세기 3:19절을 유의해 보라. 인간은 그 기본이 흙에서 창조되지만 에덴에서의 범죄로 인하여(창세기 3:1-6) 그 생명까지도 잃게 되었으니 그 본래의 흙으로(시편 104:29, 146:4) 돌아가야 하는 것은 어찌할 도리가 없는 것이다. 이런 것들은 하나님의 창조의 신비이고 비밀인 것이다.

그럼에도 불구하고 동양에서는 그리고 한국과 같은 나라에서는 매장보다 화장으로 점점 그 끝을 맺으려 하고 있으니 그것이 문제가 되고 있다. 그러면 오늘에서 필자나 독자께서는 죽음이 오면 화장터로 갈 것인가 그것이 아니면 매장산으로 갈 것인가 하는 그것이 남겨진 숙제이다. 그 누구도 그 자신이나 자신의 유언에 따라서 달라질 것이다.

5, 어떤 이는 그 자신의 유언에 의해서 화장을 하거나 매장을 하는 경우도 있지만 그와는 반대로 부모의 유언은 오간데 없이 선산이 있다거나 행여나 매장지를 구입해 두었거가 아니면 산소의 관리가 어렵고 쉽지 아니하니 유언을 묵살하고 화장을 하고서 수목장이나 안장 터로 가져다 두거나 그것이 아니면 바다나 강가에다 그 뼈를 가루로 만들어서 제로 뿌리거나 산에 가서 그 가루를 뿌리고 마는 경우도 있는데 여기에서는 어느 것이 옳다거나 나쁘다고 하기보다 전도서 6:3-4절에서 그 해답을 찾는 그것이 가할 것이다.

이런 문제는 과거도 현재도 심각한 문제가 되고 있는 것만은 사실이다. 그러니 여기서 누구도 문제 제기나 토를 달아서는 결코 아니 된다.

제 2절, 너와 내가 죽으면 화장을 해야 하는가?

1, 상당수의 동양 종교에서는 사람이 죽으면 거의가 화장을 하여 그 근거를 남기지 아니하려고 한다. 어떤 나라에서는 누가 죽으면 산으로 죽은 그 시신을 가져가서 시신을 바위 우에 올려놓고 산의 짐승들이나 산의 새들이나 쥐들이 와서 다 먹어 치우기를 바라기도 하고 과거의 어느 나라에서는 죽은 그 부모를 자녀들이 마당에서 불로 구워서 그 시신을 며칠 동안 뜯어 먹기도 하였다. 그리고 어떤 곳에서는 죽은 그 시신을 산과 들에다 마구잡이로 가져다가 버리기도 하였다. 그리고 상당수의 나라에서는 죽은 자들을 배에다 싣고서 강이나 바다로 떠내려 보내면서 불을 질러서 일부는 화장을 하고 남은 시신은 강이나 바다의 고기들이 나누어 먹게 하기도 하였다.

그와는 반대로 그의 영혼이 하늘 나라로 간 그것을 생각할 그 때에 "남겨진 그 시신을 함부로 취급해서는" 결코 아니 된다. 죽은 자의 육신을 생각하는 것과 죽은 자의 영혼을 생각하는 그것이 완전히 다르다. 하늘로 올라간 그의 영혼도 귀중한 것이지만 그가 남기고 간 그의 육신도 귀한 것임을 잊으면 결코 아니 된다. 왜냐 하면 죽어서 남겨진 그 육신도 그리스도께서 다시 오실 그 때에 "함께 부활의 완성체"를 입어야 하기 때문이다. 그러니 그 누구도 하나님이 나에게 선물로 주신 그 육신을 귀히 여기고 사랑해야만 한다.

2, 그러면서 이 시점에서 당신은 죽으면 육신을 화장터로 데려가서 화장을 하기를 원하는가? 그것이 아니면 산과 들의 매장지 또는 공동묘지로 매고 가서 매장이 되기를 원하고 있는가? 그러니 당신은 "화장파"인가? 그것이 아니면 "매장파"인가함이다. 그리고 당신은 이곳과 저곳을 돌아다니면서 다른 사람들에게 화장을 권할 것인가? 그것이 아니면 매장을 권할 것인 가함이다.

그래도 사람들은 화장 보다 매장을 원하고 있으나 여러 가지 여건상 매장을 하려고 오고가는 그것이 힘이 드니 화장을 해서 얼마간 뼈를 맡기는 곳에 임시 두었다가 15+15=30년 이후에 가져다 어딘가에 버리려 하고 있는가? 이것이 범죄한 인간의 속성적 타락성과 욕심인 것이다.

3, 자녀들은 일단 그 부모가 죽고 나면 영안실이나 집에 모여서 "유산 상속"의 문제를 논하지만 부모의 시신 처리의 문제에 대하여는 별로 관심들이 없다. 다들 죽은 그 시신은 귀찮으니 빨리 화장이나 매장을 해서 치워버리고 부모가 남

기고간 그 재산들의 분배 때문에 그 눈들이 뒤집히고 나니 빨리 유산상속 때문에 자녀들끼리 싸우고 법정까지 오고가니 보기에 민망스럽고 좋지를 못하다.

그러기에 한국의 유산상속의 문제는 악법이고 탈법이다. 유산 상속은 현재와 같은 경우는 아니 된다. 유산상속이 시편 17:14절화 하면 어찌 되겠는가? 유산 상속은 오직 구두유언상속법으로 해야만 한다. 그렇지 못하고 현재와 같은 경우는 절대로 오래가서는 아니 된다. 이런 문제는 자녀들 보다 부모들이 먼저 정신들을 차려야만 한다.

4, 그러면 인생은 죽은 시신을 산으로 가져가서 매장을 하거나 아니면 화장터로 데려가서 태워서 그 재를 산이나 강에다 뿌리거나 아니면 그의 시신을 가져다 산에 다시 묻거나 간에 언제인가는 다 흙으로 돌아가서 흙이 되고 말 것인데 그러면서 흙의 애찬론을 펴는 자들도 있을 것이다.

죽은 시신을 화장을 함에 있어서는
Ⓐ 여러 가지 여건상
Ⓑ 자녀가 없어서
Ⓒ 자녀들의 각종 어려운 문제로
Ⓓ 어디에다 묻거나 화장해서 없이 하려고 하니 분쟁의 여지가 있으니
Ⓔ 각종 종교적 신앙과 신념에 의해서 화장도 하고 매장도 할 것인데 그것에 대하여는 오늘에 와서 왈가왈부를 할 이유가 없으나 그러나 바른 이해와 바른 자세가 요구되는 것은 사실이다.

고래로부터 기독교 신앙의 역사와 요구는 매장문화이지만

(전도서 6:3-4) 그러나 그것은 이 세상에서는 그 누구도 결코 쉽지는 아니할 것이다. 그것이 여러 가지 여건상 말이다.

5, 사람은 그 누구도 살아서는 자유이나 죽어서는 자유가 없고 파괴가 되고 갇히게 된다. 일단 죽으면 관에 넣고 시신을 놓고 매장과 화장의 문제를 가지고 다투거나 싸우거나 실랑이를 편다.

모름지기 당신은 지금 공장이나 학교에서 회사 등지에서 그리고 산과 들에서 그리고 바다와 들과 육지 등에서 화장을 바라고 요구하는가? 그것이 아니면 매장을 요구하는가? 과연 어느 쪽인가? 이에 대한 바른 판단이 요구되고 있는데 과연 어느 쪽을 솔직히 요구하는가?

이 문제에서 어떤 이들은 매장을 어떤 이들은 화장을 요구하고 있다. 그러나 대다수는 이것도 아니고 저것도 아니어서 수수방관들을 하고 있다. 상당수는 다 자신들의 일임에도 될 대로 되라는 것이 아닌가? 한국과 같은 나라는 땅이 워낙 적다 보니 근자에 와서 화장 문화가 점차 강세로 가고 있는데 그러면 장차는 어찌 될 것인가?

그러면 당신은 과거도 현재도 그리고 미래에서도 화장 문화를 요구하고 바라고 있는가? 그것이 아니면 매장 문화를 요구하고 바라는가? 그것이 한국과 같은 좁은 공간이나 국가에서는 화장 문화를 그러나 러시아나 미국과 같은 영토가 대국인 나라에서는 아직은 매장 문화를 지지할 것이고 그렇게 실천들을 할 것이 아닌가?

### 제 3절, 죽으면 시신을 무덤에 묻어야만 하는가?

1, 거두절미하고 사람은 죽으면 무덤에 반드시 묻어야만 하는가? 그것이 아니면 화장을 해서 근거를 남겨서는 아니 되는가? 시간이 흐르면 어차피 다 그렇게 될 것인데? 그럼에도 불구하고 창세기 2:7절을 보면 하나님이 인간을 창조하실 그 때에 사용하신 재료는 "흙과 생기"인데 그것으로 인간을 아름답게 만드신 것이 아닌가?

그럼에도 불구하고 인간이 타락됨으로 해서(창세기 3:1-6) 죽음의 맛과 길을 가게 되었는데 하나님께서는 아담을 보시고 경고 하신 말씀이 바로 "너는 흙이니 흙으로 돌아가라"고 창세기 3:19절에서 강조와 말씀을 하시고 계시는데 여기서 그 무엇보다 문제가 되는 것은?

Ⓐ 그 하나는 흙이니 흙으로 돌아가라는 것이고

Ⓑ 그러기 위해서 "생기 곧 생명과 그 흙"의 분리를 가져와야 된다는 것이고.

Ⓒ 그럼에도 불구하고 창세기 3:19절에서는 매장문화나 화장 문화에 대하여는 일체 언급이 없는 것도 한 사실이다.

그러던 것이 세월이 흐르고 시간이 지남에 따라서 나라와 만족과 그 지역과 형편에 따라서 매장도하고 화장도 하는 일이 생겨난 것이다.

2, 그런데 여기서 유념할 것은 사람이 죽어서 매장을 한다고 하여도 결과적으로는 다 흙으로 돌아가고(시편 104:29) 그리고 화장을 한다고 해도 다 흙으로 돌아가게 된다. 요즘은 화장장이 있어서 전기 열로 시신을 태우지만 과거에는 나무로 각종 기름으로 화장을 하기에 거의가 타다가 중단이 되고 그것을 산 짐승들과 독수리들에게 주어서 먹게 하고 또한 사나운 맹수들이 남은 것을 먹어 치웠다. 이것이 지나간 한

역사 과정의 현실인 것이다.

그러면 전도서 6:3-4절을 보라. 사람이 죽어서 매장이 되지 못하면 차라리 뱃속에서 잉태 되지 못하고 죽어서 사산이 된 그것이 더 낮다고 경고하고 있다. 그러면 여기서 매장문화를 선택할 것인가? 그것이 아니면 화장 문화를 선택할 것인가 함이다.

3, 죽음은 육신과 영혼의 분리이니 그렇게 해서 각기 가야 할 곳인 본향으로 돌려 보내는 운동인 것이다. 전도서 3:20-21절을 보라. 영혼은 하늘로 육신은 본래의 자기 땅으로 (시편 104:29) 돌아가게 하는 대 역사가 비로 이런 것이 아닌가? 그러면 당신은 이제 죽으면 화장장으로 가기를 원하는가? 그것이 아니면 매장지로 가기를 원하는가?

그러면 왜 매장지로 가야 하고 아니면 화장터로 가야만 하는가? 이것이 과연 선하신 하나님의 뜻이고 요구사항인가? 과연 그런 것인가? 그러나 여기서 유의할 것은 죽은 시신을 화장을 하거나 매장을 하거나 간에 그것은 시한부적이고 일시적인 것이다. 그리고 그것은 시간성 안에 있는 것이니 유한적이 된다. 그러나 예수 그리스도께서 다시 오실 그 때에는(데살로니가 전서 4:14-17) 먼저 가서 낙원에서 기다리고 있던 자들로 하여금 부활에의 완성체를 입기 위해서 모두를 다 데리고 온다는 사실을 잊으면 결코 아니 된다. 그 때에는 살아남은 우리들도 동참을 하기 위해서 공동체를 이루게 된다.

4, 죽음은 분명히 육신과 영혼의 분리를 가져오게 하는 운동이지만 예수 그리스도의 재림에 의한 전 인류를 예수 그리

스도 안에서 부활의 완성체를 입게 하려면 "육신+ 영혼= 부활의 완전체"를 입어야만 하는 것이다.
　그 누구도 이 부활에의 완전체를 입지 못하면 백보좌의 심판을 받아야만 한다. 로마서 14:10-12절을 유의해 보고 그리고 다시 계시록 20:10-12절을 유의해 보라. 이것이 그 무엇을 우리에게 제공하고 있는 가함이다. 분명한 것은 죽음은 이병이니 슬프고 고통스러운 것이지만 그러나 그리스도의 재림에 의한 전 인류의 부활 완성체를 입으면 그것은 기쁨이고 즐거움이고 만족이고 영광이 아니겠는가?

　5, 사람이 죽어서 그 육신을 본래의 흙으로 돌려보내는 이 사건은 시간과 공간 그리고 시한부적으로는 여러 의미에서 어려움이 수반 될 것이지만 그러나 그것에 의한 다가올 부활 승리의 영광과 기쁨을 맛 볼 수가 있기에 기쁨과 즐거움이 아닐 수가 없다.
　죽으니 영과 육의 분리와 각기 가야 할 그 곳으로 가야 하는 것은 기본과 원리와 정의적이지만 그러나 장차 나타난 부활의 영광과 부활에의 승리역사는 헤어짐에서 영광의 승리와 연합 공동체를 이루심이니 이것이 감사와 축복이 아니고 그 무엇인가 하는 것이다. 그래서 성서는 고린도 전서 15:57절에서 이로 인하여 "우리에게 이김을 주시는 하나님께 감가한다"라고 하시는 그 성서적 참된 저의는 과연 무엇인가 하는 것이다.

　그러니, 이 시점에서 당신은 죽어서 무덤에 들어가기를 바라는가? 공자나 석가도 무덤에 들어가서 2500년이 넘도록 누워 있지 아니하는가? 너희는 오늘이나 내일에서 죽으면 무덤 곧 매장문화의 해택을 보려고 하는가? 이것이 아니면 그 무엇을 바라보고 요구하는 것인가? 그 누구도 이에 대한 그 자신의 바른 이해가 없으면 결코 아니 되는 것이다.

## 제 4절, 죽음에서 시신정리는 장단점이 있는 것인데?

1, 사람은 그 누구도 죽으면 육신과 영혼은 반드시 분리가 된다. 함께 있으려고 해도 육신(흙)에게서 그의 생명(영혼)이 떠났으니 살고 싶으나 이미 살 수가 없다. 왜냐 하니 죽었으니 시신 처리는 불가항력적이 아니겠는가?

물론 시신 수습이나 처리에서 매장이거나 아니면 화장함에 있어서 각기 장점과 단점은 분명히 있는 것이다. 이 양자에서 어느 하나를 찬성하고 다른 하나는 반대 하려는 것이 결코 아니다. 전도서 6:3, 6:4절적으로는 분명히 시신은 반드시 매장이 되어야만 한다. 그것이 기본이고 성서의 가르침인 것이다.

왜냐 하니 성서는 처음부터 매장을 요구하고 있으나 아들이 없고 딸만 있거나 아니면 자녀가 있으나 외국으로 이주를 하고 없거나 그것이 아니면 자녀들이 먼저 죽었거나 자식들이 부모의 유산만을 나누어가고 그의 묘지는 돌아보지 아니 하는 것이 유행이고 현실이고 악한 병인데 누가 그 묘지를 지키고 돌보는 가함에서 화장을 권유하기도 한다.

2, 모름지기 성서가 매장문화를 장려하고 있으나 자녀 곧 그의 후손이 없으면 어찌 되는가? 산으로 가서 무덤들이 무너지고 있는 것들을 보라. 그 누구도 무덤을 돌아보지 아니해서 무덤이 무너지고 무덤에 나무들이 울창한 경우도 본다.

그런 경우는 차라리 화장을 한것 보다 못하지 아니하는가? 그래서 3,500년 전에 기술이 된 욥기 30:19절에서는 사람은 죽으면 매장지로 가는 이도 있고 화장장으로 가는 이들도 있음을 알리시고 있지 아니하는가?

3, 인생은 죽으면 그 결과적으로 상당수가 무덤으로 가지만 그 무덤의 효과와 유익은 그 무엇인가 하는 것이다. 설령 자녀들이 있다고 하여도 자녀들은 부모의 무덤을 돌보았지만 그 아래로 내려가면 거의가 그만 돌아보지 아니한다. 그 결과로 인하여 그 무덤의 봉들이 무너지고 풀과 나무가 전체를 뒤덮게 되는데 그것이 과연 승리이고 아름다운 것인가 하는 것이다. 어차피 이러나 저러나 간에 사람이 죽으면 이생에 대한 모든 것은 끝나는 것이니(시편 146:4) 이에 대한 사전에 준비가 철저히 있는가? 아니면 준비가 거의 없는가 하는 것이다.

기독교적 차원에서 구약의 선지자들이나 신약의 사도들 그리고 이방사도들은 거의가 순교를 당했기에 그의 시신들이 온전히 장례를 치르지 못하고 버려졌다. 그런다고 해서 장차 부활에의 영광을 얻지 못하는 것은 결코 아니다. 그러면 계시록 6:11절을 유의하여 보라.

4, 인간은 죽은 이후에 무덤으로의 매장문화도 문화이려니와 그 반대인 화장문화도 그 효과나 실속이 있을 것인데 그 매장과 화장문화에의 승자는 무엇인가? 화장문화는 묘지가 없으니 국가나 사회적인 차원에서 지저분하지 아니하지만 그러나 묘지문화는 국가의 많은 땅을 차지하고 있으니 국가적으로 그것은 무익이지 유익은 아닌 듯하다.

# 제 8장, 죽음의 세계에서의 신비와 비밀

제 1절, 죽음의 세계에서의 신비와 비밀(Ⅰ)

 인간은 그가 그 누구라고 할 것이 없이 죽음에의 시간이나 그 장소에 따라서 상당한 차이가 나며 그리고 그가 이 세상에서 산 그의 생활과 삶과 여건 환경과 시간에 따라 다소 다르다는 것을 바로 알아야 한다. 창세기 3:1-8절을 보고 다시 창세기 4:8-10절을 보라. 인간은 기본적으로 아주 야비하고 추하고 모자라는 존재들이니 그 무엇도 대안이 없다.
 솔직히 사람이 이 세상에서 출생을 하는 것이나 죽는 것은 어느 것을 보아도 신비하지 아니한 것이 없다.

 **죽음에의 시간문제에 대하여 다음을 보라.**

 ① 그 사람의 인생사에서 새벽 1-2시에 이르러서 죽는 자들이 있다. 이런 사람들을 자세히 보라. 그런 자는 기본적으로 그 성격이 느긋하고 매사에 치밀과 침착하며 살아서도 매사에 느긋하니 죽어서도 매사에 느긋함을 엿보게 된다. 그의 죽음이 새벽 1-2시 사이이니 그는 24+24=48시간 그 이상 이 세상에 그의 시신이 머물게 되니 그것이 육신의 마지막적 기쁨이고 영광이 아니겠는가? 이런 이들은 살아서도 심적으로 복이 있고 죽어서도 복이 있는 자이다. 왜냐 하니 이런 자들은 그의 죽은 시신이 느긋하게 이 세상에 약 50시간 이상을 머물러 있을 수가 있으니 이것도 그의 시신에게 주어

진 축복이 아니겠는가? 어떤 이는 금요일날 죽으니 종교적으로 그 다음날인 토요일에 장례를 치르기도 하는데 말이다. 바로 이런 자들은 살아서도 마음의 여유가 없었고 시달리고 조달리며 살았고 매사에 시간적인 여유가 없었는데 죽어서도 그렇게 된 것이다.

이 세상에서는 세상과 타인들이 보는 인생관이 있는가 하면 그와는 달리 자기가 본 인생관이 다르고 따로 있다는 것을 알게 된다. 사람은 그 누구도 살아생전 보다 죽을 그 때를 보면 그의 어느 것 하나까지도 알게 되는데 그의 죽음이 새벽 1-2시 사이면 그는 여러 면에서 인생을 느긋하게 살고 많은 여유를 두고 살다가 죽는 자이심을 알게 된다. 이런 자들은 죽음에의 복을 다소는 받은 자이다. 다시 말을 하면 인생에게는 크게 두 종류의 때가 있는데 그 하나는 "출생의 때이고" 다른 그 하나는 "죽음의 때 곧 그 시간"인데 이를 보면서 그의 인생관을 보아야 한다.

② 또한 그의 죽음이 이른 새벽 3-4시 또는 5-6시 경에 죽는 자들이 있는데 이런 자들은 아무리 보아도 그가 살아생전에는 부지런 하고 근면과 성실한 자이심을 알게 된다. 그러니 그는 죽은 이후에도 그의 시신이 이틀 가까이 이 세상에서 남겨진 가족이나 친지나 벗들과 함께 편히 쉬는 행운을 얻게 되는 것이다. 이런 사람은 보편적으로 살아생전에 부지런하고 근면 성실하게 살았음을 죽음에서 이를 공개하는 것이다. 그러기에 인생은 하인을 막론하고 그 사람의 죽음에의 그 시간대를 보면 그가 세상(이생)을 어떻게 살았는지 그 것을 바로 알게 된다.

③ 이른 아침이나 오전에 죽는 자들을 보라. 오전 7시-10시 사이나 아니면 11-12시 사이에서 죽는 인생을 보라. 이런 자들은 그의 생과 삶이 일생에서 무난하였음을 알게 된다. 보편적으로 이 시간대에 죽는 사람은 항상 남보다 앞서 가려고 수고와 노력을 한 자이다. 그리고 이런 사람은 다소간 부지런 하며 타의 모범이 되려고 수고하고 노력을 한 자이다. 그러기에 이 사람 역시 그의 시신이 이틀은 아니지만 죽음 이후에 이 세상에 충분히 머물수 있는 시간적인 여유를 다소나마 가진 자이니 이를 감안을 해야 한다. 그 누구도 죽음에의 문턱이나 그리고 죽음에의 그 시간대를 보면 그가 세상을 육적으로나 영적으로 어떻게 살았는지를 알수가 있는 것이다.

④ 그리고 어떤 이는 언제 죽었는지를 잘 모르는 경우도 있고 이미 죽은지 여러날이 되어서 부패한 시신이 된 경우도 있고 금요일 날에 죽어서 그 다음날이 토요일이고 그 다음날이 일요일 곧 주일이니 불가불 시신의 장례를 토요일에 치르는 경우와 불상사를 겪기도 한다. 이런 자는 살아서도 한 평생 무엇인가에 쫓기며 살았는데 죽으면서도 그의 시신이 시간대에 너무 쫓겨서 쉬지를 거의 못하고 끝을 내는 경우를 보게 된다. 이런 사람은 살아서만이 아니고 죽음 이후에도 그의 시신이 단 몇 시간도 쉴 곳이 없었으니 그것이 문제가 되기도 한다.

⑤ 한국의 경우는 장례식이 거의가 3일장이니 오후 3-6시 사이나 아니면 오후 7-8시가 되면 이미 하루의 일과가 거의 그 끝이 나가는 시간대이니 이런 자들은 그 마음이 일생동안 박복한 인생을 살았음을 그의 죽음이 알리시고 있는 것이다.

솔직히 하루의 일과 중에서 오후 3-8사이에 인생을 마치고 그 시간대에 죽는 자는 하루의 일과가 조금 남은 시간대에 죽으니 그의 시신이 죽은 이후에도 얼마 동안을 머물지 못하고 죽었으니 이런 자들은 이런 생을 살다가 간 것을 생각해 보아야만 한다. 이런 인생은 살아서도 죽어서도 심신이 매우 쫓기며 살다가 간 자임을 알게 된다.

⑥ 그리고 흥미로운 것은 그의 죽음이 그 날의 오후 9-10시 경이거나 아니면 11시 경이면 이런 자는 그의 시신이 세상에 머물 그 시간대가 겨우 하루뿐임을 염두에 두어야 한다. 이런 인생은 그의 생활철학이나 삶이 박복하고 계속해서 시간대에 쫓기며 살아온 자의 현장의 현실이 그러함을 알리시고 있다. 이런 자들은 시간에 너무 쫓기며 산 자이니 살아서도 육신이나 마음이 시간대에 쫓기며 살았는데 죽고난 이후에도 그의 시신마져도 시간대에 아주 쫓기고 있는 신세이니 여러 의미를 제공하고 있는 것이다. 이런 자들은 사회인이거나 아니면 종교인이거나 간에 시간대에 너무 쫓기다 보니 항상 바쁜 인간으로서 문제가 생긴 것이다.

⑦ 그러기에 하루의 일과 속에서 초저녁 6-7시 사이에 죽거나 아니면 저녁 8-9시 사이에 죽거나 그것이 아니면 밤 10-11시 사이에 이르러 죽는 자들을 바로 보아야 한다. 이런 사람은 이 세상에서 사는 그 시간들도 문제이려니와 죽은 이후에도 그의 시신이 쉬는 것 역시 하루의 24시간이 조금 넘고 있으니 그것도 문제가 된다. 그러기에 이런 자들은 남이 보는 인생관과 그 자신이 사는 인생관이 너무나 다르고 있었다는 것이다. 그래서 박복하게 살았고 일생 동안 시간대

에 너무 쫓기며 산 자이심을 알게 된다.

　그러기에 그 사람이 한 평생을 세상에 살다가 죽을 그 때를 보면 거두절미하고 그가 어떻게 살다가 죽은 것인지 그것을 알 수가 있는 것이다. 그 누구도 그 사람이 살다가 간 그의 인생관과 일생관을 그의 죽음의 그 과정에서 찾아보아야 하니 이것이 하늘에의 신비이고 비밀인 것이다.
　그럼에도 가장 한심하고 어처구니가 없는 것은 바로 어떤 이는 금요일 날 낮이나 오후에 죽고서 종교적 또는 신앙적인 문제로 불가불 토요일에 장례식을 치르는 경우도 있다. 이미 앞에서도 지적한 바가 있거니와 이런 자는 그 인생에의 가는 그 길이 똑바로 못가고 그리고 못 살고 언제나 그의 속성과 사고가 이리 저리 왔다갔다 하면서 산 자이심을 알게 된다. 이런 자는 안타까운 인생을 살다가 간 자이니 죽은 그의 시신 마져도 잠시간 쉬지 못한 것도 문제가 된다.

　제 2절, 죽음의 세계에서의 신비와 비밀(Ⅱ)

　여기서는 그의 죽음의 장소 문제에 대한 것이다.
　여기서는 그 무엇보다 비상한 관심사가 역시 각기 그 자신의 죽음에의 장소 문제이다. 사람은 그 누구를 막론하고 각기 그 죽음에의 장소가 다 다르니 이를 무엇보다 유념해야만 한다. 솔직히 말을 해서 오늘에서 당신은 그 어디에서 죽기를 요구하고 바라고 있는가? 어떤 이는 상상이나 생각하기조차 싫은 장소에서 죽는 경우도 허다하니 이점을 양지해야만 한다.
　솔직히 사람들은 조용히 집이나 병원에서 죽기를 바라고

있으나 전혀 생각하지 못한 바다나 강이나 호수나 그것이 아니면 개천 등지에서 죽기도 한다. 어떤 이는 산의 낭떠러지나 절벽이나 나무 가지에 걸려서 죽기도 한다. 비나 바람에 의해서 산이 무너질 때 그 흙더미에 깔려서 죽기도 하고 지진에 의해서 죽기도 한다. 이런 문제에서 보면 "사람은 죽음에의 장소"가 워낙 다양함을 엿보게 된다.

그런데 이 죽음에의 문제에 있어서 하나님의 신비와 비밀의 그 하나는 그 자신이 언제 죽는다는 것을 전혀 모르게 하셨다는 것이고 다른 하나는 그 자신이 어디서 죽는데 어떻게 죽을 것인지를 전혀 모르게 하셨다는 것이다. 그래서 사람들은 이 세상에서 평생을 살아가면서 상호간에 지키고 있는 예의가 있는데 그것이 바로 "당신은 언제 그리고 몇 살에" 죽으려고 합니까를 질문하는 자가 전혀 없다는 것이고 그리고 다른 그 하나는 "당신은 어디서 그리고 어떻게" 죽으려고 하십니까를 질문하는 자가 없다는 것이다.

그러면 독자인 당신은 이런 문제를 놓고서 생각이나 연구나 검토를 해 본적이 있는가? 아니면 아직까지 한 번도 없는가 함이다. 자살을 하려는 자는 이를 놓고서 생각하고 궁리를 하고 검토를 해 볼 것이나 그러나 정상적인 일반인은 이에 대하여 전혀 관심이나 생각을 하지 못하고 있는 것은 사실이다.

그런데 놀라운 것은 "사람들의 죽음의 장소가 때때로 얼토당토 아니한 곳에서" 일어나고 생긴다는 한다. 어떤 이는 자기의 집을 두고서 등산을 가서 산에서 "이렇게 또는 저렇게" 죽기도 하고 어떤 이는 해외로 여행을 갔다가 그 나라에서 죽어 시신이 고향으로 돌아오는 경우도 있다. 어떤 이는 지방이나 시골로 여행이나 시찰이나 업무상으로 갔다가 죽어서 시신이 돌아오는 경우도 있다. 어떤 이는 아침에 직장이나 사업장으로 나갔다가 낮이나 오후에 또는 저녁에 시신이 되어서 돌아오는 경우도 다반사이다. 그래서 이런 것을 일컬어서 죽음의 세계에서의 신비와 비밀이라고들 말을 한다. 이 모든 것들은 참으로 아이러니한 일이지 반가운 일은 아니다.

**그러면 여기서 다음을 유념해 보아야 한다.**
① 상당수의 사람들은 출생의 장소와 삶(생활)의 장소와 그리고 죽음의 장소가 각기 다른 것들임을 보게 된다. 왜 그럴까? 사람들은 각기 그 출생에의 장소가 다 따로 있다. 어떤 이는 집이나 병원에서 태어나지만 어떤 이는 어머니가 출장을 가서 출장이나 여행 중에서 태어나기도 한다. 그런데 대개는 출생의 장소에서 사는 것보다 그 곳을 떠나서 사는 경우가 많다. 그러다가 각기 죽음의 때가 되면 대다수는 죽을 자리를 찾아서 고향으로 돌아오기도 한다.

그런데 어떤 이는 한국에서 살다가 미국이나 유럽으로 가서 죽기도 하는데 그러기에 "참으로 죽음에의 신비는 놀라움이다." 요즘보면 한국에서 살다가 해외로 여행을 가서 죽어 시신이 되어 돌아오는 경우가 많다. 왜 이런 기이한 현상이 죽음에의 과정에서 나타나고 있는 것인가? 다들 죽음이 오면 고향으로 돌아와서 죽을 수는 없는 것인가?

② 어떤 이들은 그 자신의 출생에의 장소와 생활의 장소와 죽음의 장소가 같은 경우도 더러 있음을 본다. 이런 경우는 많지 아니 하지만 더러 있는 경우이다. 태어난 곳도 그 곳이

고 그 곳에서 초등학교 중학교 고등학교 등을 졸업하고 심지어는 대학교까지 나온 이후에 장가나 시집도 그 곳에서 그리고 일생동안 그 곳에서 "아내와 남편"을 만나서 살다가 노년이나 말년에 이르러 자기의 고향인 그 곳에서 죽음을 맞는 자들도 더러 있다. 이런 경우는 자유주의 지역보다는 영남과 같은 보수주의 자들이 많이 몰려서 사는 지역에서 많이 나타나는 보수주의적 현상이다. 이런 경우는 장점도 있고 그 반대인 단점도 있는 것은 사실이다.

③ 어떤 이들은 출생의 장소와 죽음의 장소는 같은데 일생동안 살고 생활을 한 그 장소가 다른 대도시인 경우도 있다. 이런 경우는 부모님의 고향에서 출생을 하였는데 자라나는 그 과정이나 장성한 이후에 직장이나 직업을 따라서 또는 고향을 뒤로하고 떠나서 사회생활을 하다가 정년을 퇴임한 이후에 또는 늙거나 병이 들어서 부모의 고향으로 다시 돌아와서 살다가 그 곳에서 죽는 경우도 있다. 이런 것들은 어느 것을 보아도 신비하고 비밀스럽지 아니한 것이 하나도 없다.

그러기에 그 누구도 출생에의 비밀도 놀랍지만 그 못지 않게 죽음에의 신비와 비밀 역시 놀랍지 아니할 수가 없다. 그 누구에게 물어보라. "당신은 그 어디에서 죽으려고 마음을 먹는가"라고 말이다. 그러면 모두가 웃거나 눈을 감거나 아니면 모른다며 손을 휘젓고 만다. 왜냐 하나 이는 "죽음에의 신비와 비밀"에 속한 문제이기 때문이다.

④ 어떤 이들은 출생의 장소와 삶의 장소는 거의 같은데 죽음의 장소가 다른 경우도 허다하다. 이런 경우는 출생에의

장소가 그 부모의 고향이다. 그러니 출생이후 그 곳에서 수십년을 사는 경우이다. 그래서 그 자신은 부모님이 묻혀 계시는 그 옆에 묻힐 것이라고 장담을 하기도 한다. 그러나 뜻하지 아니한 경우를 만나서 자녀들이 사는 미국이나 호주나 캐나다 지역으로 노년에 옮겨가서 살다가 그 곳에서 죽는 경우들이다. 이런 경우는 그의 시신이 한국의 자기 고향으로 돌아오는 것이 심히 어렵다. 설령 돌아온다고 해도 그의 시신이나 산소를 돌아볼 사람이 거의 없으니 말이다. 이런 것들 역시 하늘에의 비밀이니 그 누가 알랴?

⑤ 어떤 이들은 그의 출생의 장소와 삶의 장소가 다르고 그리고 이 두 장소와 죽음의 장소가 완전히 다른 자들도 있다. 이런 자들은 출생은 부모의 고향에서 하고 사는 것은 자신의 고향을 떠나서 도시의 직장을 따라 다니면서 살았고 그러다가 정년퇴임을 하거나 늙고 병이 들면 물이 좋고 경치가 좋은 곳을 찾아가서 얼마간 머물러 살다가 죽는 경우이다. 보편적으로 이런 자들을 일컬어서 어지러운 인생을 한 평생 살다가 간 자들이라고 평가를 한다.

이런 자들은 일생동안 태어나고 자란 어린 시절이 그립고 그리고 고향 산천이 보고 싶으나 그것이 뜻대로 아니 되는 경우이다. 이런 자들이 이 세상에는 상당하나 현실과 여건이 맞지 아니하니 어찌하는가? 이런 자들은 이렇게 살다가 죽도록 섭리된 것을 어찌하는가?

⑥ 어떤 이들은 출생은 한국에서 하고 그의 일생의 삶은 미국 등지에서 그리고 그의 죽음은 아프리카나 유럽인 경우가 더러 있다. 경우에 따라서는 이와는 정반대인 경우도 더

러 있다. 유럽에서 출생을 하여 한국에 와서 살다가 한국에서 죽는 경우도 있고 미국으로 건너가서 그 곳에서 죽는 경우도 더러 있다. 왜냐 하니 이런 것들이 죽음에의 신비와 비밀이니 누가 이 엄청난 하늘과 창조의 신비와 비밀을 바로 알거나 깨달을 것인가?
 이런 문제는 그 누구도 분명히 그 자신의 일이고 문제이지만 알 수가 없는 신비와 비밀의 문제이기에 그 누구도 이에 대하여는 왈가왈부하기를 꺼리고 심지어는 생각조차 하기 싫은 것만은 사실이 아닌가?

 솔직히 당신은 언제 죽으려고 기획하고 설계를 하고 있는가? 그리고 당신은 몇 살에 그 어디서 죽으려고 생각을 하고 기도하고 있는가? 한국에서 죽으려고 하는가? 아니면 미국에서 죽으려고 하는가? 그러면 그 죽음이 40대인가? 아니면 50대이고 60대인가? 그것이 아니면 70대이고 80대인가? 그것이 아니면 그 이전이나 그 이상인가 하는 것이다. 이런 것들은 어느 것 하나도 인생의 죽음과 연관성이 없는 것이 아니기에 이를 감안해야만 한다.

 ⑦ 그리고 여기서 마지막으로 유의할 것은 바로 각기 죽음에의 장소와 그의 그 시신이 묻히는 그 장소가 다른 경우가 있다. 어떤 이들은 미국에서 죽었는데 그 시신이 묻히기는 한국에서 묻히기도 한다. 그리고 한국에서 죽기는 하였는데 묻히기는 미국이나 유럽으로 건너가서 묻히는 경우도 있다. 죽음의 장소와 그 시신이 묻히는 장소가 각기 다른 경우 역시 죽음에의 세계에서의 신비이고 비밀인 것이다. 그 누구라고 이 신비와 그 비밀을 모른다고 발뺌을 할 것인가? 여기서

는 언제나 바른 이해만을 요구하고 있다.

## 제 3절, 죽음의 세계에서의 신비와 비밀(III)

이 세상에서는 쉬지 아니하고 출생의 비밀이 계속 되듯이 그와 함께 죽음 역시 쉬지 아니하고 계속해서 일어나고 있음을 본다. 그럼에도 불구하고 삶과 죽음이 계속해서 연이어지고 있는데 이에 대한 바른 이해가 없으니 그것이 문제이다.
그러면 이하에서 사람들이 죽어가고 있는 그 장소들을 보라는 것이다.

그러면 다음을 보라.
① 바다나 강이나 호수나 댐 등지에서 오고가다가 거기 빠져서 죽는 사람들이 있다. 그런데 그 종류가 너무 다양하고 많다는 것이 놀라움이다. 그리고 죽는 자들을 보면 똑 같은 죽음은 거의 없다는 것이다.
② 각종 산이나 계곡들이나 들이나 섬 등지에서 죽는 사람들도 있다. 그런데 그 죽음에의 종류들도 각기 너무나 다양하다는 것을 염두에 두어야만 한다.

③ 그리고 다시 각종 집들에서 죽는 사람들도 많다. 그런데 그 과정에서 그들의 종류들도 너무나 다양하고 복잡다단 하다는 것을 잊으면 결코 아니 된다. 죽음에의 장소로서는 여기가 가장 안성맞춤이고 가장 많은 사람들이 죽는 그 곳임을 잊지 말라.
④ 그리고 다시 최근래에 와서는 각종 교통사고나 불의의 사고로 죽는 자들도 심히 많다. 물론 자살이나 타살에 의한

죽음도 심히 많다. 각종 교통사고의 경우는 전국적이고 세계적인 추세이니 그 종류만 하여도 많고 다양한 것임은 사실이다. 오늘에서도 각종 불의의 교통사고는 전국적이기에 쉬지 아니하고 일어나는 것은 어찌할 도리가 없는 것이 아닌가? 이렇게 하여 사람들은 하나 같이 "이렇게도 죽어가고 저렇게도 죽어간다". 그러니 이 또한 주어진 하늘에의 신비와 비밀이 아닌가?

⑤ 그런데 유의할 것은 회사나 사무실이나 각종 공장에서 죽는 자들도 많다. 물론 산업현장에서 각종 화제나 재난 등에 의해서 죽는 자들 역시 너무나 많다. 그런데 거두절미하고 그 종류가 너무나 다양하다는 것을 잊으면 아니 된다. 그럼에도 이 죽음에의 문제에 있어서 다들 수수방관적이고 외시적이지만 그럼에도 그것이 하늘에의 신비와 비밀스러움이니 놀라움이 아니겠는가?

⑥ 그리고 각종 전쟁터에서 죽는 자들도 많고 군의 병원이나 아니면 각종 병영에서 폭탄이나 실탄이나 원자탄, 핵무기나 기타 등으로 죽는 자들도 많다는 것을 바로 알라. 그 종류들 역시 너무 많고 다양하다는 것도 잊지 말라.

⑦ 중소 도시나 대도시에서 상상이 아니 되는 일들로 인하여 죽는 자들도 있다. 자살도 있고 타살도 있고 청부살인도 있고 유도살인도 있고 기타 등에의 살인들도 많다. 물론 그 종류들 역시 너무나 많고 다양한 것은 사실이다. 그럼에도 인간은 인격체이기에 함부로 죽는 것은 결코 아니다. 이 모든 죽음에는 반드시 그 비밀과 뜻이 숨겨져 있다는 것을 바로 알라. 설령 창세기 3:19절의 명령이 있다고 하여도 말이

다.

⑧ 각종 비행기나 각종 유람선이나 어선이나 상선이나 기타 등에 의해서 그리고 그런 것들이 머물고 오고가는 장소에 의해서 죽는 자들의 종류도 다양하다. 어느 것 하나도 음미하고 생각해 볼 과제인 것은 사실이다. 죽음들이 하나 같지 아니하고 다르니 말이다.

⑨ 그리고 다시 호텔들이나 모텔들 그리고 원룸이나 아파트, 백화점, 빌딩 기타 등지에서 죽는 자들 역시 너무나 많은 것이다. 그리고 그 종류들 역시 너무나 다양한 것은 사실이다. 그런데 죽는 자들을 보면 그 누구도 하늘의 신비와 비밀과 그리고 밀접한 관계가 없는 것은 없다.

⑩ 그리고 각종 종교 단체들의 교회당들이나 기도원에서 그리고 각종 수양관이나 크고 작은 사찰에서 그리고 천주교의 각종 성당 등지에서 죽는 자들도 많다. 그런데 그들 역시 하나같이 죽음에의 그 과정이나 현실이나 역사가 너무나 다르다는 것을 모르면 아니 된다. 하늘은 예나 지금에서 우리들 모두에게 이것들을 보면서 깨달으라고 명령하신다.

⑪ 세계적인 각종 종교단체들의 모임에서나 큰 종교들의 연례적인 각종 모임에서 죽는 자들의 수효 역시 결코 만만하지 아니하다. 그리고 그들의 종류들 역시 다양한 것만은 사실이다. 이런 문제에서도 타 종교나 종파에 대하여 왈가왈부를 할 것은 아니지만 이 죽음에의 문제에 있어서는 생각할 것이 심히 많은 것은 사실이다. 왜냐 하니 이들에의 죽음에는 하나님의 신비와 비밀이 감추어져 있기 때문이다.

⑫ 그리고 다시 종교적인 사이비 단체나 이단자들이나 그

리고 사이비집단의 교주들 등에 의해서 음으로나 양으로 또는 알게 나 모르게 죽는 자들 역시 그 수효가 적지 아니하다. 그리고 죽는 그 종류도 다양하지만 그들이 죽는 그 장소 역시 다양함을 잊지 말라.

⑬ 거두절미하고 각종 크고 작은 병원에서나 양노원들이나 고아원이나 요양병원들 등지에서 죽는 자들의 수효 역시 결코 만만하지 아니하다. 그리고 그들의 종류도 다양하고 그들의 질병들 역시 너무나 다양함을 알아야 한다. 현금당대에서는 각종 병원이나 요양병원 등지에서 가장 많이 죽어간다. 그런데 죽는 자들을 보면 하나님의 창조의 신비와 비밀이 그 무엇인지를 알게 된다.

⑭ 세계적인 추세에서 각종 종교적 순교지에서 죽는 자들도 많고 다양한 것은 사실이다. 종교적 국가들의 순교지나 종교적인 각종 순교자들(계시록 6:11) 그리고 정치나 권력이나 종파적인 순교지역 등에서 죽는 자들도 많고 그들 역시 다양한 것은 사실이다. 중동이나 아프리카나 서남아 지역이나 동남아지역 등지를 보라. 종교나 종파에 의해서 죽임을 당하는 자들이 그 얼마인가? 여기서도 신비와 비밀이 숨겨져 있으니 이를 바로 알라.
⑮ 그리고 구약성서를 보면 제사장들이나 장로들이나 서기관들이 그리고 신약과 오늘에 와서는 목사들이나 개혁자들이 죽는 곳이 때로는 성전이거나 교회당이거나 기도원이거나 수도원 등지에서 죽임을 당하기도 하였다. 그런데 그들 역시 다양하게 죽는 경우들이었다.
예나 지금에서 우리가 죽는 자들을 보면서 느끼고 깨닫는

것이 그 무엇인가 하는 것이다. 사람은 그 사람의 죽는 시간과 그 죽음에의 장소에는 반드시 비밀이 숨겨져 있다는 것을 바로 알라.

### 제 4절, 죽음의 세계에서의 신비와 비밀(IV)

태초에 하나님이 천지를 창조하시고(창세기 1:1) 상당한 시간이 흐른 이후에 흙으로 인간을 만드시고(창세기 2:7) 그 코로 생기 곧 생명을 불어넣어시니 인생이 생령 곧 생명체가 된 것이다. 그런데 아무리 보아도 창세기 2:7절은 창조의 신비이고 비밀인 것은 사실이다.

결과적으로 인생은 흙인데 그 흙이 생명체와 함께 한 몸을 이루어서 살고 있으니 그것이 신비가 아닌가?

그럼에도 이 문제에서는 다음을 유념하여 보라.

① 인생은 분명히 흙이다(창세기 2:7). 흙임에도 불구하고 생명과 함께 사람이 되어서 공동체를 이루고 있으니 그로 인하여 창성과 번성의 역사를(창세기 1:28) 나타내게 되었으니 놀라움이 아니겠는가?

그런데 흙에 의해서 육신을 입은 그 육신과 생명체에 의해 입은 영혼이 연합을 하여 하나가 되어서 일생동안 움직이고 역사하다가 죽음이란 한 과정을 통하여 분리가 되니 그 하나는 영혼으로서 위로 올라가고 다른 그 하나는 "영혼이 떠난 육신"이 되었으니 죽어서 원래에의 그 흙으로(시편 104:29) 돌아가게 되었으니 놀라움이 아니겠는가? 그러니 육신을 보고 그의 영혼을 바로 보아야 한다. 그러면 여기서는 그 죽음에의 책임과 일생동안 범죄에의 책임은 그 누가?

② 그리고 인생을 보면서 그 출생에의 전 과정을 보라. 흙이긴 하지만 살아있으니 생명체가 되고 그리고 그가 죽어 있으니 시신 또는 시체가 되는 것이다. 그런데 여기서 유의할 것은 바로

Ⓐ 인생은 아담이 흙이니 그냥 흙의 개념으로 내려오는 것인가? 창세기 2:7절이나 시편 146:4절을 보라. 인생은 흙이라고 한다. 여기서 말하는 그 흙의 개념에 의해서 여전히 흙이 되는 것인가? 그것은 아니다. 흙은 언제나 새로운 생명과 연합하는 흙이 되는 것이다

Ⓑ 그럼에도 불구하고 인생은 출생의 그 과정을 보면 그 육신이 그 어디에서 만들어진(가져 온) 흙인지가 아리송하나 그러나 그와는 달리 인생의 죽음에의 그 과정을 보면 인생은 그 누구도 그 어디의 흙인지를 알게 되고 판명이 나는 것이니 놀랍지 아니한가?

③ 모름지기 살아 있는 인생을 보고 그리고 다시 죽은(사망) 자의 그 시신을 보라. 그 어느 것을 보아도 신기하고 기이한 것이다. 솔직히 출생이나 사는 그 과정들을 보니 하나같이 그의 몸이 흙인지 아닌지를 알 수가 없으나 그러나 하나 같이 죽음에의 과정들을 보니 인생은 흙이란 것을 알게 된다(시편 104:29).

Ⓐ 그러면 여기서는 시편 104:29절을 보라. "주께서 낯을 숨기신 즉 저희가 떨고 주께서 저희 호흡을 취하신 즉 저희가 죽어 본 흙으로 돌아가나이다"라고 하심을.

Ⓑ 그리고 다시 시편 146:4절을 보라. 인생은 그 누구도 "그 호흡이 끊어지면 흙으로 돌아가서 당일에 그 도모가 소멸하리로다"라고.

ⓒ 그러기에 인생은 그가 선지자들이거나 아니면 그가 이스라엘의 사도들이거나 그것이 아니면 그들이 그리스도인들이거나 간에 살아서와 죽어서의 엄청난 차이가 나니 그것이 문제가 되고 있다.

④ 그러면 왜 인생은 하인을 막론하고 흙으로 돌아가야만 하는가? 그 이유는 무엇인가?
Ⓐ 그 하나는 그것이 바로 인간 창조의 기본이고 원리이니 그러한 것이다. 인간은 기본적으로 흙이니 그 본래의 흙으로 돌아가야만 한다. 그러면 왜 그런 것인가? 인생의 몸이 흙이기에(시편 104:29) 그리스도가 다시 오실 그 때에 부활에의 완전체를 입어야 하기 때문이다.
Ⓑ 그리고 다른 그 하나는 장차 그리스도가 다시 오실 그 때에 먼저 간 모든 영혼들이 그와 함께 다시 올 것이고(데살로니가 전서 4:14-17) 이 때에 살아남은 자들도 함께 동참을 할 것이다. 그렇게 해서 부활의 완성체를 입게 될 것이니 그러한 것이다.

⑤ 인생은 그 누구도 반드시 한번은 죽는데 그러면 모두가 그 본래의 흙으로 돌아가는 것이 기본이고 원리가 아니겠는가? 그런데 죽음은 영혼과 육신의 이별이고 분리가 됨이지만 그와는 달리 부활에의 완전체를 입으려면 반드시 그리스도의 재림을 기다려야만 한다. 그것이 성서의 가르치심이고 기본인 것이다. 다음은 하권에서 만납시다.

다음 "죽음의 세계" 하권의 목차는 아래와 같다.

제 9장, 죽음의 사자(저승사자)들이 해야 하는 일들
제 10장, 귀신들과 인간(귀신과 인간의 관계)
제 11장, 죽음의 세계에서의(사후의 세계) 부부관
제 12장, 죽음의 세계에서의 연인(사랑하는 님)의 관계
제 13장, 죽음의 세계와 영혼 결혼의 문제
제 14장, 죽음과 6도 윤회설
제 15장, 저생(죽음의 세계)과 이생의 악순환
제 16장, 전생의 업보란 그 무엇인가?
제 17장, 사후의 세계 곧 죽음에의 세계
제 18장, 사람이 죽어서 다른 세상으로 가면?
제 19장, 죽음의 세계 건너편에서 먹고 마실 수 있는가?
제 20장, 죽음의 세계 이후의 극락(낙원)세계
제 21장, 극락(낙원)세계에서의 인간의 성(SEX)
제 22장, 죽음의 건너편 세상에서의 인간의 생과 삶
제 23장, 극락과 지옥(음부)의 관계는?
제 24장, 지옥(염라국)이란?
제 25장, 극락세계에서 인간이 하는 일이란?
제 26장, 음부 지옥에서의 인간의 생
제 27장, 지옥세계에 대한 바른 이해
상권에 이어서 하권을 이렇게 전개와 연구가 되고 있음을 양지하기 바랍니다. 감사합니다.

# 송기호 목사 출간저서들 95권

## 【종말론 13권, 계속될 예정】

| 번 호 | 책 명 | 페이지 | 가 격 |
|---|---|---|---|
| 대환란 제1권 | 대환란의 서막 | 426쪽 | 5,000원 |
| 대환란 제2권 | 피난처 | 434쪽 | 6,000원 |
| 대환란 제3권 | 적그리스도의 출현 | 416쪽 | 6,000원 |
| 대환란 제4권 | 666의 비밀 | 416쪽 | 6,000원 |
| 대환란 제5권 | 대 환란의 시작 | 416쪽 | 6,000원 |
| 대환란 제6권 | 최후의 그날들 | 406쪽 | 6,000원 |
| 대환란 제7권 | 두 감람나무 | 442쪽 | 6,000원 |
| 대환란 제8권 | 성서적 종말사 | 440쪽 | 6,000원 |
| 대환란 제9권 | 종말에 나타난 대사들 | 432쪽 | 7,000원 |
| 대환란 제10권 | 메시야의 선포식 | 434쪽 | 7,000원 |
| 대환란 제11권 | 순교자 | 420쪽 | 7,000원 |
| 대환란 제12권 | 공중휴거냐 환란통과냐? | 451쪽 | 8,000원 |
| 대환란 제13권 | 천년왕국이 있는가 없는가? | 404쪽 | 7,000원 |

## 【마가복음 연구, 전12권】

| 번 호 | 책 명 | 페이지 | 가 격 |
|---|---|---|---|
| 1 | 마가복음 연구 제 1권 | 364쪽 | 4,500원 |
| 2 | 마가복음 연구 제 2권 | 396쪽 | 6,000원 |
| 3 | 마가복음 연구 제 3권 | 470쪽 | 7,000원 |
| 4 | 마가복음 연구 제 4권 | 426쪽 | 7,000원 |
| 5 | 마가복음 연구 제 5권 | 429쪽 | 7,000원 |

| 번호 | 책 명 | 페이지 | 가격 |
|---|---|---|---|
| 6 | 마가복음 연구 제 6권 | 413쪽 | 7,000원 |
| 7 | 마가복음 연구 제 7권 | 429쪽 | 7,000원 |
| 8 | 마가복음 연구 제 8권 | 417쪽 | 7,000원 |
| 9 | 마가복음 연구 제 9권 | 419쪽 | 8,000원 |
| 10 | 마가복음 연구 제 10권 | 416쪽 | 8,000원 |
| 11 | 마가복음 연구 제 11권 | 419쪽 | 9,000원 |
| 12 | 마가복음 연구 제 12권 | 367쪽 | 8,000원 |

## 【천국의 메시지(4복음 설교집 11권), 계속됨】

| 번 호 | 책 명 | 설교편수 | 페이지 | 가 격 |
|---|---|---|---|---|
| 1 | 천국의 메시지 [제 1권] | 26편 | 343쪽 | 12,000원 |
| 2 | 천국의 메시지 [제 2권] | 18편 | 308쪽 | 18,000원 |
| 3 | 천국의 메시지 [제 3권] | 15편 | 304쪽 | 18,000원 |
| 4 | 천국의 메시지 [제 4권] | 14편 | 314쪽 | 18,000원 |
| 5 | 천국의 메시지 [제 5권] | 13편 | 324쪽 | 18,000원 |
| 6 | 천국의 메시지 [제 6권] | 14편 | 314쪽 | 18,000원 |
| 7 | 천국의 메시지 [제 7권] | 14편 | 324쪽 | 18,000원 |
| 8 | 천국의 메시지 [제 8권] | 12편 | 321쪽 | 18,000원 |
| 9 | 천국의 메시지 [제 9권] | 13편 | 319쪽 | 18,000원 |

| 번 호 | 책　　명 | 설교편수 | 페이지 | 가　격 |
|---|---|---|---|---|
| 10 | 천국의 메시지 [제10권] | 13편 | 315쪽 | 18,000원 |
| 11 | 천국의 메시지 [제11권] | 13편 | 311쪽 | 18,000원 |

## 【마태복음 설교 4,000편연구, 58권, 계속됨】

| 번호 | 책　　명 | 설교편수 | 페이지 | 가　격 |
|---|---|---|---|---|
| 1 | 마태복음설교3000편연구[제 1권] | 89편 | 546쪽 | 15,000원 |
| 2 | 마태복음설교3000편연구[제 2권] | 86편 | 547쪽 | 15,000원 |
| 3 | 마태복음설교3000편연구[제 3권] | 83편 | 561쪽 | 15,000원 |
| 4 | 마태복음설교3000편연구[제 4권] | 87편 | 561쪽 | 15,000원 |
| 5 | 마태복음설교3000편연구[제 5권] | 88편 | 561쪽 | 15,000원 |
| 6 | 마태복음설교3000편연구[제 6권] | 92편 | 550쪽 | 15,000원 |
| 7 | 마태복음설교3000편연구[제 7권] | 86편 | 556쪽 | 15,000원 |
| 8 | 마태복음설교3000편연구[제 8권] | 85편 | 556쪽 | 15,000원 |
| 9 | 마태복음설교3000편연구[제 9권] | 85편 | 558쪽 | 15,000원 |
| 10 | 마태복음설교3000편연구[제10권] | 86편 | 555쪽 | 15,000원 |
| 11 | 마태복음설교3000편연구[제11권] | 84편 | 559쪽 | 18,000원 |
| 12 | 마태복음설교3000편연구[제12권] | 84편 | 559쪽 | 18,000원 |
| 13 | 마태복음설교3000편연구[제13권] | 84편 | 557쪽 | 18,000원 |

| 번호 | 책 명 | 설교편수 | 페이지 | 가 격 |
|---|---|---|---|---|
| 14 | 마태복음설교3000편연구[제14권] | 83편 | 559쪽 | 18,000원 |
| 15 | 마태복음설교3000편연구[제15권] | 82편 | 562쪽 | 18,000원 |
| 16 | 마태복음설교3000편연구[제16권] | 83편 | 557쪽 | 18,000원 |
| 17 | 마태복음설교3000편연구[제17권] | 80편 | 560쪽 | 18,000원 |
| 18 | 마태복음설교3000편연구[제18권] | 83편 | 557쪽 | 20,000원 |
| 19 | 마태복음설교3000편연구[제19권] | 82편 | 568쪽 | 20,000원 |
| 20 | 마태복음설교3000편연구[제20권] | 81편 | 559쪽 | 20,000원 |
| 21 | 마태복음설교3000편연구[제21권] | 83편 | 556쪽 | 20,000원 |
| 22 | 마태복음설교3000편연구[제22권] | 81편 | 559쪽 | 20,000원 |
| 23 | 마태복음설교3000편연구[제23권] | 80편 | 560쪽 | 20,000원 |
| 24 | 마태복음설교3000편연구[제24권] | 78편 | 560쪽 | 23,000원 |
| 25 | 마태복음설교3000편연구[제25권] | 80편 | 557쪽 | 23,000원 |
| 26 | 마태복음설교3000편연구[제26권] | 82편 | 554쪽 | 25,000원 |
| 27 | 마태복음설교3000편연구[제27권] | 78편 | 561쪽 | 25,000원 |
| 28 | 마태복음설교3000편연구[제28권] | 77편 | 562쪽 | 25,000원 |
| 29 | 마태복음설교3000편연구[제29권] | 78편 | 558쪽 | 25,000원 |
| 30 | 마태복음설교3000편연구[제30권] | 80편 | 556쪽 | 25,000원 |
| 31 | 마태복음설교3000편연구[제31권] | 80편 | 544쪽 | 25,000원 |
| 32 | 마태복음설교3000편연구[제32권] | 81편 | 559쪽 | 25,000원 |
| 33 | 마태복음설교3000편연구[제33권] | 80편 | 559쪽 | 25,000원 |
| 34 | 마태복음설교3000편연구[제34권] | 78편 | 559쪽 | 25,000원 |
| 35 | 마태복음설교3000편연구[제35권] | 75편 | 559쪽 | 25,000원 |
| 36 | 마태복음설교3000편연구[제36권] | 78편 | 559쪽 | 25,000원 |
| 37 | 마태복음설교3000편연구[제37권] | 77편 | 562쪽 | 25,000원 |

| 번호 | 책 명 | 설교편수 | 페이지 | 가 격 |
|---|---|---|---|---|
| 38 | 마태복음설교3000편연구[제38권] | 75편 | 560쪽 | 25,000원 |
| 39 | 마태복음설교3000편연구[제39권] | 77편 | 557쪽 | 25,000원 |
| 40 | 마태복음설교3000편연구[제40권] | 76편 | 561쪽 | 25,000원 |
| 41 | 마태복음설교3000편연구[제41권] | 75편 | 562쪽 | 25,000원 |
| 42 | 마태복음설교3000편연구[제42권] | 73편 | 557쪽 | 25,000원 |
| 43 | 마태복음설교3000편연구[제43권] | 76편 | 562쪽 | 25,000원 |
| 44 | 마태복음설교3000편연구[제44권] | 77편 | 560쪽 | 25,000원 |
| 45 | 마태복음설교3000편연구[제45권] | 75편 | 562쪽 | 25,000원 |
| 46 | 마태복음설교3000편연구[제46권] | 79편 | 563쪽 | 25,000원 |
| 47 | 마태복음설교4000편연구[제47권] | 76편 | 560쪽 | 25,000원 |
| 48 | 마태복음설교4000편연구[제48권] | 76편 | 565쪽 | 25,000원 |
| 49 | 마태복음설교4000편연구[제49권] | 75편 | 558쪽 | 25,000원 |
| 50 | 마태복음설교4000편연구[제50권] | 75편 | 559쪽 | 25,000원 |
| 51 | 마태복음설교4000편연구[제51권] | 78편 | 559쪽 | 25,000원 |
| 52 | 마태복음설교4000편연구[제56권] | 78편 | 557쪽 | 25,000원 |
| 53 | 마태복음설교4000편연구[제53권] | 74편 | 562쪽 | 25,000원 |
| 54 | 마태복음설교4000편연구[제54권] | 75편 | 562쪽 | 25,000원 |
| 55 | 마태복음설교4000편연구[제55권] | 81편 | 563쪽 | 25,000원 |
| 56 | 마태복음설교4000편연구[제56권] | 74편 | 561쪽 | 25,000원 |
| 57 | 마태복음설교4000편연구[제57권] | 78편 | 564쪽 | 25,000원 |
| 58 | 마태복음설교4000편연구[제58권] | 75편 | 558쪽 | 25,000원 |

## 【사후의 세계 연구, 계속됨】

| 편 | 제 목 | 비 고 |
|---|---|---|
| 제 1편 | 목사나 성도가 "천국이나 낙원으로 갈 그 때"에 가져갈 것이 있는가? | 총회회보 1-8호 |
| 제 2편 | 천국(낙원)은 어떤 곳인가? | 총회회보 9-16호 |
| 제 3편 | 천국은 어떤 자가 들어가는가? | 총회회보 17-24호 |
| 제 4편 | 천국에 있는 것들은? | 총회회보 25-31호 |

위의 이 사후의 세계에 대하여는 불원간에 출간을 할 것이기에 여기서 독자들의 양해를 부탁드립니다. 사후의 세계이니 "천국과 지옥, 낙원과 음부, 무저갱과 깊은 옥과 기타 등에" 대하여 이심을 알립니다.

## 죽음의 세계 (상권)

| | |
|---|---|
| 2018년 10월 15일 인쇄<br>2018년 10월 22일 발행 | 정가 18,000원 |

**판권소유**

- ■ 저　　자 / 송　기　호
- ■ 발 행 인 / 오　영　순
- ■ 발 행 처 / 정 오 출 판 사
- ■ 서울 종로구 숭인동 1420번지(금학빌딩205호)
- ■ 대표전화 / 968-1034, 963-0331, 2254-0691
- ■ 등록번호 / 제300-2005-125호
- ■ 등 록 일 / 2005년 7월 25일

※ 파본은 언제나 교환해 드립니다.

송기호 목사 저서들은 전국 기독교서점에서 판매되고 있습니다.